Light on the Yoga Sūtras of Patañjali

요가 수트라

Light on the Yoga Sūtras of Patañjali

요가 수트라

- 아헹가 선생이 해설한 요가경 -

Thorsons

이 책은 제 마음속에 깃들어 계신
가장 존귀하고 가장 위대한 스승이신
Patañjali께 올리는 저의 소박한 공양입니다.

Light on the Yoga Sūtras of Patañjali

published by Thorsons 1996
Published by The Aquarian Press 1993
First published in great Britain by
George Allen & Unwin, 1966
This edition published by Thorsons 2002

요가 수트라(아헹가 선생이 해설한 요가경)

초판 1쇄 발행일 2015년 2월 12일
2쇄 발행일 2016년 8월 30일
3쇄 발행일 2020년 1월 3일
4쇄 발행일 2022년 5월 15일
5쇄 발행일 2024년 10월 31일

지은이 | B.K.S. Iyengar
옮긴이 | 현천
펴낸이 | 정문수
펴낸곳 | 도서출판 禪요가
등 록 | 2004년 2월 13일 제342-2004-000020호
연락처 | 아헹가 요가 파주 본원 : 031)959-9566
홈페이지 | www.iyengar.co.kr

값 28,000원
ISBN: 978-89-957970-8-2

목 차

기 도 문

yogena cittasya padena vācāṁ
malaṁ śarīrasya ca vaidyakena
yopākarottaṁ pravaraṁ munīnāṁ
patañjaliṁ prāñjalirānato'smi
ābāhu puruṣākāraṁ
śaṅkha cakrāsi dhāriṇam
sahasra śirasaṁ śvetaṁ
praṇamāmi patañjalim

요가로 마음의 평정과 고결함을 얻게 하시고,
문법으로 언어를 명료하고 순수하게 하시며,
약으로 완전한 건강을 이루게 하신
현인 중의 현인, 파탄잘리Patañjali께 우리 모두 경배합니다.
인간의 형상을 한 상체에, 한 손엔 소라를, 다른 한 손엔 원반을 들고 계시며,
천 개의 머리가 달린 코브라의 관을 쓰신 아디셰사Ādiśeṣa 신의 화신 파탄잘리께
우리 모두 경배합니다.
요가가 있는 그곳에 언제나 자유와 번영과 지복이 함께 하리니.

yastyaktvā rūpamādyaṁ prabhavati jagato'nekadhānugrahāya

prakṣīṇakleśarāśirviṣamaviṣadharo'nekavaktraḥ subhogī

sarvajñānaprasūtirbhujagaparikaraḥ prītaye yasya nityaṁ

devohīṣaḥ sa vovyātsitavimalatanuryogado yogayuktaḥ

파탄잘리의 모습으로 이 세상에 출현하여 우리 인류에게 건강과 조화의 축복을 내려주신 아디셰사Ādiśeṣa 신께 경배합니다.

독을 내뿜는 수만 마리 뱀을 머리에 달고 있었으나, 인간 세상에는 오직 하나의 머리만 가지고 와, 무지를 뿌리 뽑고 슬픔을 없애 주신 아디셰사 신께 경배합니다.

모든 지혜의 저장고이신 아디셰사 신께 그분을 따르는 모든 생명들과 함께 경배합니다.

순수하고 눈부신 광명과 해맑은 몸으로 태초의 형상이 지닌 빛을 밝히시며, 인류에게 요가의 빛을 주시어 불멸의 영혼 속에서 살아갈 수 있게 하신 파탄잘리께 경배합니다.

예후디 메누힌Yehudi Menuhin의 추천사

위대한 파탄잘리께서 인류를 위해 요가를 도입하신 지 벌써 2500여 년이 된 지금, 금세기 요가 수행자의 최고의 전형이신 나의 스승 B.K.S. 아헹가 선생에 의해 그의 살아있는 유산이 현대 세계에 소개되어 회자되고 있는 것은 놀라운 성취이자 요가 수행을 위한 인류의 부단한 노력에 대한 헌정이기도 합니다.

인간의 몸과 마음 그리고 영혼의 완전함을 추구하는 실질적인 예술이나 과학, 비전은 흔하지 않습니다. 무엇보다 인류가 특정한 종교적 교의나 교리에 얽매이지 않으면서 오랜 기간 수련해 온 것으로는 요가만한 것이 없습니다. 요가는 '누구나' 수련할 수 있다는 사실을 명심하십시오. 요가의 역사에 커다란 발자취를 남길, 오늘날에 무엇보다 큰 의미를 지닌 이 책은 우리 모두를 위한 것입니다.

예후디 메누힌

서 문

『다이내믹 요가』의 저자, 고드프리 데브루

파탄잘리의 『요가 수트라Yoga Sūtras』는 요가의 성스러운 경전입니다. 그러나 학자들과 연구자들의 손에 들어 있어 일반인들의 접근이 어려웠던 탓에 요가 수행자들은 해도海圖도 나침반도 없이 요가의 바다에서 표류할 수밖에 없었습니다. 50여 년이 넘는 헌신적인 깊은 수행과 가르침에 바탕을 둔 B.K.S. 아헹가 선생의 『요가 수트라』 번역은 현대의 요가 수행자들에게 시의적절하고 유용하여 독보적인 가치를 지닙니다. 종종 너무 간결하여 애매모호한 경문(수트라Sūtras)에 대한 그의 설명에서, 우리는 그의 수행과 이해가 심오한 경지에 이르렀음을 알 수 있습니다. 실제적인 용어로 파탄잘리를 설명하는 아헹가 선생의 능력은 요가 수행의 미묘함과 완전함을 명료하게 밝혀내는 그의 작업이 확장된 것이라 할 수 있습니다. 이 점은 요가 자세에서 그가 신체를 이해하고 하나하나 분석할 때 보여주는 엄격할 만큼의 정밀성 속에 가장 분명하게 드러납니다. 그러나 그는 여기서 그치지 않고 더 멀리, 훨씬 더 깊게 나아갑니다. 정렬에 대한 그의 독특한 탐색 작업에서 그는 신체의 구조적인 완전함이 치유에 필수적이라는 것뿐 아니라, 그것이 에너지의 흐름과 마음속 의식에 없어서는 안 될 미묘한 영향력을 미친다는 것 또한 보여 줍니다.

이 실험에 기꺼이 전념하는 사람들을 위하여 아헹가 선생은 물질과 정신, 육체와 영혼, 물리적인 것과 영적인 것 사이의 구분이 단지 외관상으로만 그렇다는 것을 증명합니다. 그는 신체의 구조적인 완전함의 중요성을 강력히 주장함으로써 수백만의 사람들에게 영적인 길을 열어 주었습니다. 그렇지 않았다면 그들의 마음은 그 교활함subtleties을 결코 포기하지 않았을 것입니다. 여기 자신의 방식으로 파탄잘리를 보여 주는 것으로 그는 그 길을 향한 문을 활짝 열어 젖혔습니다. 이것은 학문적 소양이 가장 적은 수련생이라도 알 수 있을 만큼 아사나와 프라나야마에 관련된 경문經文sūtras에 대한 그의 심오하고 실제적인 해석 속에 아주 분명하게 드러나 있습니다. 특히 여기에서 아헹가 선생의 천재성은 깊은 이해력, 또 모든 열렬한 수련생의 수련을 뒷받침할 수 있는 명료성과 통찰력이라는 위대한 재능으로서 드러납니다.

인도인 스승으로서 서구인들을 가르친 탁월한 경험과 함께 브라흐만 계급의 일원이자 요가 전통의 순수한 맥을 잇는 전수자로서의 경험 덕분에 그는 흔히 볼 수 없는 권위와 신뢰성을 갖춘 시각을 가질 수 있게 되었습니다. 이러한 시각 덕분에 그는 요가의 첫 스승인 파탄잘리의 통찰력과 섬세함을 명쾌하게 실제적으로 해석하고 있습니다. 『요가 수트라』가 제공하는 파노라마처럼 펼쳐지는 세밀한 해도 없이 요가를 수행한다는 것은 다루기 힘들고 언제 위험이 닥칠지 모르는 거친 바다에서 표류하는 것과 같습니다. 또한 아헹가 선생의 심오하고 권위 있는 경험의 나침반 없이 그 해도를 이용함은 불필요하게 자신을 불리한 조건에 처하게 하는 것입니다. 『요가 수트라』는 어떤 요가 수행자에게도 없어서는 안 될 무한한 가치를 지닌 귀중한 저술입니다.

산스크리트어 음역音譯[*1)]과 발음에 대해

산스크리트어는 인도유럽어족이다. 산스크리트어는 고대로부터 쓰인 언어로, 영원불멸을 지향하는 인도의 경전들은 모두 산스크리트어로 쓰여 있다. 사람들은 이미 수천 년 동안 산스크리트어로 된 경전을 읽고 암송해 왔으며, 그 전통은 지금까지도 이어지고 있다.

산스크리트sanskrit라는 말 자체에는 '완전한', '완성된', '문예의', '잘 다듬어진'이라는 뜻이 있다. 산스크리트어는 구조가 지극히 정교하고 문법도 복잡한 언어이다. 하지만 비교적 단순한 형태로 쓰인 일부 문헌들은 일반 독자인 우리도 그 의미를 이해하기가 그다지 어렵지 않다. 『바가바드 기타』, 『우파니샤드』 문헌들, 그리고 파탄잘리의 『요가 수트라』 등은 이러한 유형의 문헌들이다.

산스크리트 문자는 자음과 모음 모두 발성기관에 따라 순차적으로 배열된다. 즉 목에서 나는 후음부터 시작해, 구개음, 설배음('설배음'은 현대에 들어 생긴 용어로서 인도유럽어군에는 이에 해당하는 요소가 없을 수도 있다.), 치음, 순음의 순서를 따른다. 그 다음에는 반모음, 마찰음, 기식음이 온다. 언어학자들은 이러한 소리들에 다양한 이름을 붙이고 있지만, 우리는 그 소리들이 지닌 산스크리트어 의미를 나타내는 유사한 이름을 붙이고자 한다.

이러한 순서는 자음과 모음 모두에 적용된다.

모음의 순서를 나열하면 다음과 같은데, 여기에는 이중모음, 비음, 기식음도 포함된다. 모음에는 장모음과 단모음이 있으며, 이중모음은 장모음이다. 기식음은 앞의 모음을 그대로 반복한다.(예를 들면, a:[아:]= aha[아:], i:[이:]= ihi[이:] 등) :

*1) 현재 국제적으로 통용되고 있는 변환 부호들을 사용하였다.

	발 음		발 음
a	'cut' 에서와 같이	ā	'car' 에서와 같이
i	'sit' 에서와 같이	î	'seat' 에서와 같이
u	'full' 에서와 같이	ū	'pool' 에서와 같이
ri/ru	'rich/rook' 에서와 같이	rî/rū	'reach/root' 에서와 같이
e	'air', 프랑스어의 'été' 에서와 같이	ai	'aisle' 에서와 같이
o	'all' 에서와 같이	au	'owl' 에서와 같이
aṁ	'umbrella', 프랑스어의 'en' 에서와 같이	aḥ	'ahoy', 'aha' 에서와 같이

다음은 자음과 반모음들이다. 자음은 1)선도적leading 경음, 2)선도적 경음의 기식음 형태, 3)상응되는 연음, 4)상응되는 연음의 기식음 형태, 5)상응되는 연음의 비음 등 5개의 그룹으로 이루어진다.

분 류	자 음 군	발 음	
I. 후음	k kh g gh ṅg	cake	bank-holiday
		gale	doghouse
		ink / anger	
II. 구개음	ch chh j jh ñ	chain	church-hall
		join	hedgehog
		inch / angel	
III. 설배음	ṭ ṭh ḍ ḍh ṇ	talk	at home
		dawn	hardheaded
		under / unreal	
IV. 치음	t th d dh n	take	fainthearted
		date	kindhearted
		ant / and	
V. 순음	p ph b bh m	pain	uphill
		bill	abhor
		ample / amble	
VI. 반모음	y r l v	year	rely
		love	vibration / way
VII. 치찰음	ś ṣ s	sheep	(구개에서 발음)
및		shy (두성으로 발음) salve	
기식음	h	high	

이때 다음과 같은 사항을 염두에 두어야 한다.

1) 기식음 형태의 자음에서는 항상 'h' 소리가 발음되어야 한다.
2) '두성으로 발음되는 소리'군에 들어 있는 자음을 발음하기 위해서는 혀를 뒤로 만 후에 혀끝의 뒷면으로 입천장을 쳐야 한다.
3) 치음은 영어의 치음과 비슷하나, 다만 산스크리트어 발음을 할 때는 혀가 치아의 뒷면에 닿아야 한다.
4) 발음은 지방마다 차이가 있다.
5) 자음 아래에 있는 삐침 획은 해당 자음이 고유 모음이 없이 발음된다는 것을 뜻한다.

이 글자들이 합해져 음절을 형성하고, 또한 다양하게 결합되어 '복합' 자음을 형성한다.

주요 용어 해설

『요가 수트라』에는 특별히 중요한 용어 및 개념들이 반복해서 언급되고 논의된다. 요가 철학이나 산스크리트어에 익숙하지 않은 독자의 경우, 아래의 주요 용어 해설을 잘 익혀 두면 많은 도움이 될 것이다. 산스크리트어 용어 전부의 목록은 권말의 '용어 해설'에 들어 있다.

요가yoga	몸, 마음, 영혼의 합일, 그리고 신과의 합일
아스탕가 요가aṣṭāṅga yoga	파탄잘리가 제시한 요가의 여덟 가지 갈래로 다음과 같다.
야마yama	행위에 대한 도덕적 계율
니야마niyama	정신적 계율
아사나āsana	좌법, 자세, 자세 수련
프라나야마prāṇāyāma	호흡 조절을 통한 생명 에너지의 확장
프라티야하라pratyāhāra	감각 기능에서의 해방
다라나dhāraṇā	응념
디야나dhyāna	명상
사마디samādhi	완전한 몰입
삼야마samyama	(다라나, 디아나, 사마디가)통합된 상태
치타citta	의식. 의식은 다음의 세 가지 측면으로 이루어져 있다.

마나스manas	마음
붇디buddhi	지성
아함카라ahaṁkāra	자아
아스미타asmitā	자기 의식
브르티vṛttis	생각의 물결
니로다nirodha	조절, 절제, 그침
아브야사abhyāsa	수련
바이라기야vairāgya	절제, 초탈, 포기
사다나sādhana	수행, 목적을 이루기 위한 자기 단련
사다카sādhaka	수행자
다르마dharma	법, 법칙의 준수
코샤kośa	겹, 층, 껍질
클레샤kleśa	번뇌
아비디야avidyā	무지, 영적 지혜의 부족으로, 모든 번뇌의 근원이 된다.
두카duḥkha	슬픔
카르마karma	행위와 그 결과로, 보편적인 인과 법칙을 말한다.
즈냐나jñāna	지식, 지혜
박티bhakti	헌신
삼스카라saṁskāra	잠재적인 인상, 업
프라나prāṇa	생명력, 생명 에너지, 호흡
파다pāda	장章, 부部
푸루샤puruṣa	영혼, 관조자
프라크르티prakṛti	자연

마하트mahat	자연의 위대한 원리, 우주적 지성
구나guṇas	자연의 속성으로 다음의 세 가지로 이루어진다.
사트바sattva	밝음
라자스rajas	활동성
타마스tamas	불활성, 침체
카이발리아kaivalya	해탈, 해방
이스바라Iśvara	신
아트만ātman	개인의 영혼, 관조자
브라흐만Brahman	우주의 영혼, 최고의 영혼

개정판을 내면서

B.K.S. 아헹가

이렇게 매혹적인 새 디자인으로 나의 책 『요가 수트라 Light on the Yoga Sūtras of Patañjali』를 펴낸 쏘슨스출판사에 깊은 감사의 뜻을 전한다. 이 책은 육체의 눈으로 보아도 향연과 같은 즐거움을 주지만, 지성과 심혼의 눈으로 보아도 역시 그러하다.

언젠가는 죽어야 하는 인간의 제한된 지성으로 요가를 주제로 한 파탄잘리의 불멸의 위업을 다루는 작업을 한다는 것은 나로서는 다소 조심스러운 일이다.

만일 신을 모든 지식의 근본 씨앗이라고 한다면, 파탄잘리는 모든 지식에 있어 '모든 것을 아는 분', '완전한 지혜를 가진 분'이다. 그의 『요가 수트라』의 세 번째 장은 우리가 그를 모든 지식을 아는 분으로, 만능의 인격체로 존중해야 한다는 사실을 분명히 보여 준다.

학문적 소양이 있는 사람들조차도 그가 어떤 지식을 가졌는지 완전히 이해하는 것은 불가능하다. 우리는 그가 예술, 무용, 수학, 천문학, 점성술, 물리학, 화학, 심리학, 생물학, 신경학, 텔레파시, 교육, 시간과 중력 이론 등 방대한 범위의 주제들에 대해 신과 같은 영적인 지식으로 말하고 있음을 본다.

그는 우주 에너지에 완전히 통달하였다. 그는 신체 안의 프라나 에너지 센터를 알고 있었고, 그의 지성은 수정처럼 맑고 깨끗했으며, 그의 언어는 자신을 순수하고 완전한 존재로 표현하였다.

파탄잘리의 글들은 언어와 마음에 대한 그의 위대한 재능으로 씌어졌다. 그는 종교가 가진 고결하고 도덕적인 측면을 세속이라는 천으로 덧씌워 슬기롭게 현실 세계와 영적인 세계 모두에 대한 지혜를 제시해 주며, 그리하여 그 둘을 보편적인 문화로 조화시킨다.

파탄잘리는 각각의 경문을 신의 경험적 지성으로 채워서 그것들을 실타래 풀듯 펼쳐 내어 마침내 그 실로 지혜의 진주로 장식한 화환을 만들고 지혜로운 현인으로서 요가 안에 살면서 요가를 사랑하는 사람들 곁에서 아름다운 향기를 내뿜게 한다.

각 경문은 실제적 수행만 전해 주는 것이 아니라, 그 수행을 뒷받침하는 철학을 헌신적인 수행자들과 구도자들이 삶에서 따를 수 있는 실제적인 철학으로서 전해 준다.

사다나sādhanā란 무엇인가?

사다나는 수행자의 삶의 목표를 성취시키는 정연하고 순차적인 방법이다. 수행자가 얻고자 하는 것은 올바른 의무(다르마dharma), 정당한 목적과 수단(아르타artha), 올바른 욕구(카마kāma), 그리고 궁극적인 해방 혹은 해탈(모크샤mokṣa)이다.

다르마가 의무의 이행dharma śāstra이라면, 아르타는 행위의 정화 수단karma śāstra이다. 우리의 욕구는 성스러운 경전의 연구svādhyāya śāstra와 지혜의 증장jñāna śāstra을 통해 다스려지며, 해탈mokṣa은 헌신bhakti śāstra과 명상dhyāna śāstra을 통해 얻어진다.

육체적, 정신적, 도덕적, 지적, 영적으로 쇠락하거나 곧 쇠락할 사람을 향상시키는 것은 바로 다르마이다. 그러므로 다르마는 인간을 지지하고 지탱하고 떠받치는 것이라 할 수 있다.

이 목표들은 모두 완전한 지식(베단타)으로 향하는 여정에 있는 단계들이다. 베단타vedānta라는 말은 지식을 의미하는 '베다Veda'와 지식의 끝을 의미하는 '안타anta'에서 나왔다. 지식이 도달하는 종착역은 모든 불완전함으로부터의 해탈과 해방이다. 그러므로 구도자의 여행, 혹은 베단타는 삶의 궁극적인 실재를 경험하기 위해 수행자의 행동과 행위를 바꿀 지혜의 비전vision을 추구하는 행위이다.

부족한 지식, 오해, 공포, 자아에 대한 사랑, 그리고 물질세계에 관한 집착과 혐오 때문에 우리의 행동과 행위는 혼란에 빠진다. 이러한 혼란은 욕망kāma, 분노krodha, 탐욕lobha, 열중moha, 도취mada 그리고 악의mātsarya로 나타난다. 이 모든 감정의 동요들은 지성을 가려서 정신에 영향을 미친다.

파탄잘리의 요가 사다나는 이들로부터 비롯된 혼란되고 파괴적이며 격렬한 감정을 불러일으키는 생각과 행위를 최소화하거나 뿌리 뽑기 위해 우리에게 고행의 형태로 제시된다.

파탄잘리의 요가 사다나

사다나는 율동적 흐름을 가지는rhythmic 세 개의 층의 구조를 지니는sādhanā-traya 수행으로 요가의 여덟 측면, 혹은 요가의 여덟 꽃잎을 포함한다. 이때의 요가는 크리야요가kriyāyoga 즉, 행위의 요가로 모든 행위들은 신성으로 수렴되어진다(2장 1절 참조). 세 개의 층은 육체kāyā, 마음manasā, 말vāk을 나타낸다.

- 육체의 차원에서 타파스tapas, 혹은 '정결함에 대한 추구'는 수행자가 수행을 통해 올바른 행위karma mārga로 나아가게 한다.
- 마음의 차원에서 수행자는 자아, 그리고 의식 상태에 있는 마음에 대한 주의 깊은 탐구를 통해 자아에 대한 지식svādhyā을 확장하여 지혜의 길jñānamārga로 나아간다.
- 나아가 목소리를 이용하여 우주의 소리인 '옴aum'(『요가 수트라』 제1장 27절과 28절 참조)을 발성함으로써 깊은 명상에 들어 자아는 에고(아함카라ahaṁkāra)를 버

리고, 덕성śīlatā을 느끼게 된다. 그러므로 이것은 헌신의 길bhakti mārga이 된다.

타파스는 야마, 니야마, 아사나, 프라나야마를 통한 금욕적이고 헌신적인 수행에 대한 열망이다. 이것은 육체와 감각을 정화하며 수행자를 고통에서 해방시킨다.

스바드야야svādhyāya는 실재와 비실재를 규정하는 신성한 문헌인 베다에 대한 연구, 혹은 자기 자신(육체에서 자아에 이르기까지)에 대한 탐구를 의미한다. 이러한 영적인 과학의 탐구는 수행자가 자신을 발전시키는 길을 가도록 유도하고 격려한다. 그러므로 스바드야야는 동요를 막기 위한 것으로, 이것이 잘 이루어질 때 의식에 고요함이 찾아든다. 앞서 말한 타파스의 측면들 외 이 단계에서의 요가의 꽃잎들을 '프라티아하라'와 '다라나'로 부른다.

이스바라 프라니다나īśvara praṇidhāna는 신에게 귀의하는 것이다. 이것은 요가 사다나 중 가장 정교한 단계이다. 파탄잘리는 신을 고통에서 영원히 자유로운, 행위와 그 반작용 혹은 그 행위의 잔영의 영향을 받지 않는 최고의 영혼이라 말한다. 그는 구도자의 말이 신성에 의해 축복받아 불완전 혹은 결함의 종자doṣa bija를 결연히 제거할 수 있도록 신의 이름을 반복해서 외우고, 이를 통해 마음 깊이 신에 대한 생각에 몰두하기를 권한다.

여기에서부터 그는 어떤 방해도 받지 않고 사다나를 헌신적으로 이어간다. 이 수행은 계속해서 지식을 낳고 마침내 그는 최상의 지혜에 도달한다(2장 28절 참조).

파탄잘리는 크리야요가의 틀을 이용하여 자연의 생성에 대해, 그리고 마침내 그 자연을 어떻게 육체와 마음과 언어 안에서 조정할 것인지에 대해 설명한다. 타파스tapas 수행, 연구svādhyāya, 그리고 헌신īśvara praṇidhāna을 통해 수행자는 자연의 변덕스러운 유희로부터 자유로워지고 마침내 참 자아의 거처에 머물 수 있게 된다.

제2장 19절에서 파탄잘리는 구별이 가능한, 혹은 물리적으로 뚜렷한viśeṣa 특징들과 존재를 구성하며 변형되어 개별자를 본체의 상태에 이르게 하는 구별할 수

없는 미묘한aviśeṣa 요소들을 구분하여 밝혀낸다. 그 다음, 세 개의 층의 구조를 지닌 수행sādhanā-traya과 짝을 이루는 아스탕가 요가aṣṭāṅga yoga를 통해 모든 자연 혹은 프라크르티는 통합된 하나가 된다.

그는 자연의 구별 가능한 특징들을 흙, 물, 불, 공기, 에테르 등의 다섯 가지 요소pañca-bhuta, 다섯 가지 행위력karmendriya, 다섯 가지 지각력jñānendriya, 그리고 마음manas으로 정의하였다. 구별할 수 없는 특징들은 탄마트라tanmātra(소리, 촉감, 형상, 맛, 냄새)와 자만심ahaṁkāra으로 정의된다. 이러한 22개의 원리들은 마하트mahat로 통합되어야 하고, 그런 다음 해체되어 자연prakṛti으로 돌아가야 한다. 처음 16개의 구별할 수 있는 특징들은 수행과 훈련tapas으로 제어되고, 그 다음 6개의 구별할 수 없는 특징들은 연구svādhyāya와 반복적 수련abhyāsa으로 제어된다. 자연(프라크르티)과 마하트(우주적 보편 의식)는 이스바라 프라니다나īśvara praṇidhāna를 통해, 그리고 이스바라 프라니다나īśvara praṇidhāna 안에서 하나로 통합된다.

이 순간, 존재를 형성하는 구나guṇas의 모든 동요들이 끝나고 자연에 대한 지배prakṛtijāya가 시작된다. 프라크르티의 이 완전한 침묵에서 결코 지지 않는 태양처럼 참 자아puruṣa가 비쳐 나오기 시작하는 것이다.

하타 요가 프라디피카Haṭhayoga Pradipika에서 스와트마라마Svātmārāmā는 이와 아주 유사한 것을 설명한다. 그에 따르면 육체는 불활성tāmasic을 지니기 때문에 활발한 운동성의 마음 차원으로 상승되기 위해서는 야마와 니야마와 함께 아사나와 프라나야마를 수행해야 한다. 육체가 연구와 수련과 반복에 의해 마음과 같은 활성을 가지게 되면 마음과 육체 모두 사트바 구나sattva guṇa의 본체적 상태를 향해 고양된다. 사트바 구나에서 수행자는 신에 대한 귀의īśvara praṇidhāna의 길을 걷게 되며 구나에서 자유로운 구나티탄guṇatītan이 된다.

파탄잘리는 또 수행력이 약한mṛdu 수행자, 중간 정도의 수행력을 가진

madhyāma 수행자, 수행력이 뛰어난adhimātra 수행자(1장 22절 참조) 사이의 능력의 차이와 그에 따른 서로 다른 가능성에 대한 스와트마라마의 설명에 대해 말한다. 그는 수행력이 가장 낮은 수준의 수행자(활력이 없는 수행자)에게 중간 정도의 수행력을 가진 수행자(활발하며 활성이 있는 수행자madhyādhikārins)가 되기 위해 타파스tapas로서의 야마, 니야마, 아사나, 프라나야마를 따르라 한다. 그리고 이 수련을 강화하여 연구의 길인 스바드야야로서의 프라티아하라pratyāhāra(감각의 철회)와 다라나dhāraṇāa(강력한 집중)의 단계로, 그런 다음 디아나dhyāna(헌신)를 통해 사트바구나sattva guṇa와 구나티탄(구나에 의해 영향을 받지 않는 상태)을 향하여 나아가고, 마침내 이스바라 프라니다나īśvara praṇidhāna를 통해 가장 심오한 명상 상태인 사마디samādhi에 이르라고 한다.

수행자의 수준에 맞는 이러한 단계별 수행에 의해 모든 수행자들은 이르든 늦든 티브라 삼베가 사다나(tīvra samvega sādhanā: 맹렬하고 명민한 수행)를 통해 푸루샤(hrdayasparṣi)에 도달해야 한다(1장 21절 참조).

그러므로 크리야요가의 3종류의 수행sādhanā-traya은 아스탕가 요가의 모든 측면을 포함하며 각각의 것은 다른 것들을 고양하고 보완한다. 수행이 미묘하고 섬세해지면 타파스, 스바드야야, 이스바라 프라니다나는 아스탕가 요가의 여덟 개의 꽃잎과 조화를 이루어 작용하고 수행자의 마음manas과 지성buddhi, 그리고 나'I'ness 혹은 내 것mineness이라는 생각ahaṁkāra은 순화된다. 바로 그때에만 그는 요가 수행자가 되는 것이다. 그의 육체와 의식과 말에 다정함, 연민, 기쁨, 온전한 하나됨samānata이 강물처럼 자애롭게 흘러 그는 무한한 기쁨divya ānanda 속에 살게 된다.

이것이 파탄잘리가 가르친 수행의 길이다. 이 길은 비록 미숙한 수행자일지라도 그를 향상시켜 완숙한 수행에 이르게 하고, 마침내 해탈을 얻게 한다.

이번에 특별판으로 선보이는 『요가 수트라』와 관련, 쏘슨스출판사에 대해 나의 고마운 마음을 전한다. 이제 독자들은 수행의 물에 몸을 담그고 불멸의 감로수를 음미할 수 있게 되었다.

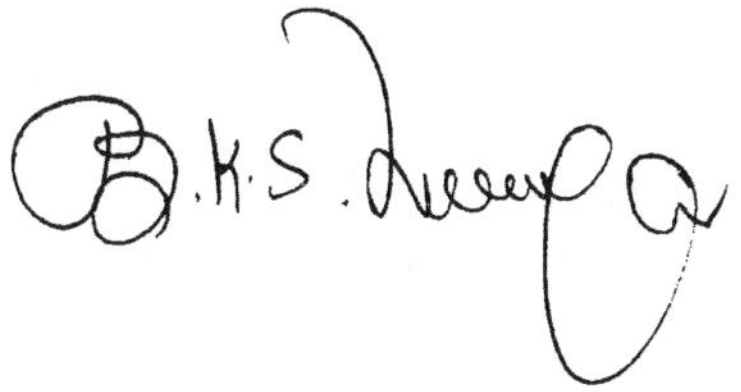

B.K.S. 아헹가

2001년 12월 14일

요가에 대하여

요가는 예술이자, 과학이며, 철학이다. 요가는 인간 삶의 육체적·정신적·영적인 면 모두를 다룬다. 우리 삶을 의미 있고 쓸모 있고 고상하게 만드는 실천적인 방법이 바로 요가이다.

벌집에 들어 있는 꿀이 한결같이 다 달콤하듯, 요가도 그러하다. 요가 수행을 하면 인체를 이루는 모든 체계가 우리 존재의 본질인 내면의 의식하는 관조자와 조화를 이룬다. 오직 요가를 통해서만 수련자는 자신의 내면세계와 자신을 둘러싼 외부 세계를 인식하고 경험할 수 있으며, 만물에 깃든 신성한 기쁨을 맛보고, 그 신성한 풍요와 행복에서 나오는 그윽한 감로를 함께하는 이들과 나눌 수 있다.

파탄잘리의 『요가 수트라』는 그 내용이 간결하고 압축적이어서 불필요한 말은 단 하나도 없다. 『요가 수트라』는 삶의 다양한 측면을 모두 다룰 수 있도록 편집되어 있으며, 삶의 모든 측면을 심도 있게 탐구하고 있다. 파탄잘리는 발심을 한 사람이나 하지 못한 사람, 지적 능력을 갖춘 사람이나 갖추지 못한 사람 모두에게 요가의 원리를 받아들이고 요가의 테크닉을 적절히 변경시키는 방법, 그리고 『요가 수트라』의 각 장章을 심도 있게 이해하는 방법을 제시하고 있다. 그 덕분에 우리는 진실하고 순수하고 신성한 마음을 갖고 요가의 의미를 이해할 수 있다.

진심으로 요가를 완전히 이해하고자 하면 요가는 누구에게나 친구가 된다. 요가는 수련자를 고통과 슬픔의 늪에서 건져 주고, 삶을 충실히 살게 해 주며, 삶의 기쁨을 가져다줄 수 있다. 요가 수행을 하면 나태한 몸에 기운과 활기가 넘치게 된다. 또 요가는 마음을 변화시켜 조화로운 상태로 만들어 준다. 요가를 하면 몸과 마음이 인간의 본질인 영혼과 조화를 이루고, 마침내 이 셋이 하나로 통합되기에 이른다.

벌써 수년 동안 나는 제자들과 지인들로부터 파탄잘리의 『요가 수트라』 경문의 심오한 의미를 쉽고 명료하게 번역하고 거기에 주석을 달아 사람들이 요가의 길을 보다 쉽게 이해하고 향상의 길로 나아갈 수 있게 해 달라는 부탁을 받아왔다. 나는 약간의 망설임 끝에 결국에는 제자들을 위해, 그리고 요가에 관심 있는 다른 사람들을 위해 이 책을 집필하기로 했다.

먼 옛날에는 베다나 우파니샤드 같은 구전 전통의 지식이 입에서 입으로 전해졌다. 그러나 현재는 그렇게 전해지던 지식 중 대부분이 사라져 버린 실정이다. 따라서 과거에 다가가 우리 내면에 잠들어 있는 영혼의 오아시스를 알고 깨닫는 데 필요한 지식을 다루는 이러한 유산을 이해하기 위해서는 글로 된 문헌에 의지하는 수밖에 없다.

책을 통해 배운다는 것은 쉬운 일이 아니지만, 진정한 스승이나 대가를 만나기 전까지는 요가를 책을 통해 배우는 수밖에 없다. 『요가 수트라』의 경문 하나하나에 들어 있는 심오한 의미를 모두 파악하기에는 나의 능력이 부족하고, 또 내 자신 한계가 있다는 것을 잘 알고 있다. 그럼에도 불구하고 이 책을 집필하기로 결정한 것은 동료 수련자를 돕고 싶은 마음에서이다. 이런 실제적인 안내서가 있으면 자신의 내면의 정체성을 찾기가 한결 쉬울 것이다.

파탄잘리의 『요가 수트라』를 다룬 주석서나 서적은 이미 많이 출간되었으나, 진정한 수행자에게 필요한 실제적인 것들을 다루는 것은 찾아보기 힘들다. 번역은 이해조차도 힘든 경우가 있으며, 주석의 내용은 난해하고 불명료하다. 또 해석도 제각기 다르다. 심지어 후대 주석가들이 전범으로 삼는 비야사Vyāsa, 바카스파티 미스라Vācaspati Miśra, 비즈냐나 비크슈Vijñāna Bhikṣu 같은 지성계의 대가들의 의견도 제각각 다르다. 번역이 다르다 보니 요가 수행자들은 혼란에 빠지게 될 뿐이다. 내 주석 역시 똑같은 운명을 겪지는 않을까? 나는 진심으로 그렇게 되지 않기를 바란다. 그것은 이 주석서로 요가의 길을 함께 가는 내 동료들을 돕는 일이 진정 의미 있는 일일 것이라는 사실에 나 자신 마음 깊은 곳에서 만족하고 있기 때문이며, 또 그만큼 이 분야에서 실질적인 안내서가 부족하기 때문이다.

나는 많이 배운 대학자도 아니고, 그다지 박학다식하지도 않다. 다만 나보다 지식이 적은 수련자들을 위해 『요가 수트라』에 들어 있는 단어 하나하나에 여러 가지 사전적 정의를 도입하고, 내가 쌓은 확고한 수련과 경험에 비추어 그 중 확신할 수 있는 것을 선별했을 따름이다.

요가는 고대로부터 전해진 이야기가 쌓인 드넓은 바다와도 같고, 이 책은 그 바다의 물방울 하나에 불과하다. 그러니 내가 실수를 저지르거나 옆길로 빠지더라도 부디 용서해 주기 바란다. 지식 추구를 내 당연한 의무로 여기는 만큼, 건설적 비판과 제안은 기꺼이 받아들여 개정판이 나올 때 적극적으로 반영할 생각이다.

부디 이 안내서가 요가 수행에 불을 붙이는 연료가 되어 열정을 가진 수행자들이 이 책 속에서 한 줄기 빛을 보게 되기를 바란다. 그러면 언젠가는 좋은 지도자를 만나 자신의 지식과 경험을 한층 더 발전시킬 수 있을 것이다.

나는 독자들이 이 책과 더불어 내가 쓴 다른 책들도 함께 읽어 보기를 권한다. 『요가 디피카』, 『요가 호흡 디피카』, '하퍼콜린스'에서 출간된 『The Art of Yoga』와 '파인라인북스'에서 출간된 『The Tree of Yoga』에 실린 나름의 경험을 토대로 『요가 수트라』 경문의 의미를 다양하게 해석해 보면 얻는 것이 훨씬 많아질 것이다.

이 책이 요가를 수련하는 이들에게 도움을 줄 수 있다면, 미미하지만 내 할 일을 다한 것이라고 생각한다.

감사의 말

책을 출간하면서 무엇보다 존경하는 나의 친구 고故 제럴드 요크 선생Mr Gerald Yorke께 깊은 감사를 드린다. 요크 선생은 『요가 디피카』와 『요가 호흡 디피카』를 처음으로 출간한 앨런앤언윈 출판사의 출판 고문이었다. 그는 내 초기 작품의 집필에 도움을 주는 과정에서 참으로 많은 것을 가르쳐 주었다. 요크 선생은 내 문체에 관해 충고할 때 어린 시절 나의 스승처럼 아주 엄한 모습을 보였다.

요가를 가르치기 시작한 지 삼십 년이 넘도록 나는 요가에 관해 글을 쓸 생각을 한 번도 하지 않았다. 당시에는 내 영어 실력도 형편없었다. 이런저런 노력 끝에 처음으로 집필하게 된 책이 『요가 디피카』였고, 현재 이 책은 요가 분야에서 표준 교과서로 자리 잡았다.

600장에 이르는 사진과 본문 내용을 처음 본 요크 선생은 그 도해와 설명에 매우 깊은 인상을 받았다. 그는 테크닉적인 부분의 우수성과 독창성은 인정했지만 서론 부분에 문학적인 암시가 너무 많이 들어가 있어서 각주로 설명을 달아야 한다고 생각했다. '서론 부분을 고쳐서 실질적인 내용이 되게 하십시오. 그렇지 않으면 이 책은 절대 출판될 수 없을 것입니다. 당신이 뛰어난 테크닉을 가진 최고 지도자라는 것은 분명하지만, 글 쓰는 일은 ***하나부터 열까지*** 다시 배워야 합니다.'

요크 선생이 각고의 노력을 쏟아 부어 내가 본문 내용을 고쳐 쓸 수 있도록 도와준 결과 글의 운율과 문체가 살아나 책이 통일성을 갖출 수 있게 되었다. 그의 격려를 기준으로 나는 내 머리에 떠오른 생각들을 가급적 정확하게 표현하려 애를 썼다. 그때부터 요크 선생은 나의 '글쓰기 스승'이 되었다.

그러다 1980년대에 내가 영국에 있었을 때 『The Art of Yoga』의 초고를 가지고 그를 방문한 적이 있었다. 그는 자신이 예술에는 문외한이라면서 대신 철학에는 관심이 있으니 파탄잘리의 『요가 수트라』에 대해 글을 쓰면 도와주겠다며 생각해 보라고 했다. 하지만 헤어지면서 그는 '한번 살펴볼 테니 『The Art of Yoga』의 초고를 두고 가세요.'라고 말했다. 그 후 인도로 돌아온 지 며칠 되지 않아 슬픈 소식이 날아들었다. 그가 자신의 명이 얼마 남지 않아 원고를 끝까지 살펴보지 못할 것 같다며 초고를 돌려보낸 것이었다. 안타깝게도 그의 예감은 적중해서 내가 인도에서 초고를 받은 바로 그날에 그는 세상을 떠났다.

따라서 이 책은 요크 선생이 처음에 창의적 제안을 내고 그 이후로 줄곧 제자들이 내게 부탁한 덕분에 탄생한 책이라 할 수 있다. 부디 이 책이 그 모든 이들을 흡족하게 해 줄 수 있기를 바란다.

고마워해야 할 사람은 또 있다. 셜리 D. 프렌치 여사Mrs Shirley D. French와 나의 딸 기타는 초고를 처음부터 끝까지 읽고 소중한 제안을 해 주었다.

또 대단한 인내심을 발휘해 초고를 몇 번이고 다시 타이핑해 준 C. V. 텐둘카르Tendulkar에게도 고마움을 전하며, 최종 원고가 나오자 엄청난 공을 들여 멋지게 타이핑 작업을 해 준 스페인의 파트시 리자르디Patxi Lizardi 씨에게도 고맙다는 인사를 하고 싶다. 또 교정 작업을 해 준 실바 메타Silva Mehta 여사에게도 감사한다.

마지막으로 내 친구와 제자들에게 감사 인사를 전하고 싶다. 오데트 플로비에르Odette Plouvier 여사와 존 에반스John Evans씨는 이 책이 완성될 수 있도록 물심양면으로 도와주었다. 플로비에르 여사는 에반스 씨가 푸네Pune에 장기간 머물 수 있도록 여러 가지로 편의를 봐 주었으며, 덕분에 에반스 씨는 내 영어 문장을 손보고 책 출간 행사에 관해 각종 유익한 제안을 해 줄 수 있었다. 에반스 씨가 가까이 있어 준 덕분에 나는 내 사상에 틀을 부여하고 경문의 의미에 생명력을 더할 수 있었다. 에반스 씨가 없었다면 꿈도 꾸지 못했을 일이다. 힘을 아끼지 않은 그들에게 진심으로 감사한다.

또 책의 편집을 맡아 내 문체와 어조에 통일성을 준 줄리 프리데버거Julie Friedeberger에게도 감사의 인사를 전한다.

내 책을 출간하여 전 세계에 널리 알려 주고 있는 하퍼앤콜린스 출판사에게도 감사하지 않을 수 없다.

들어가는 글을 마무리하며, 파탄잘리께서 독자들에게 은혜를 내려 주시길 기도드린다. 부디 요가의 찬란한 빛이 여러분을 비추어 영원의 강물이 영적인 지혜의 바다로 흘러들 듯 평온과 평화가 여러분 안에 가득하기를!

1991년 12월 14일

B.K.S. 아헹가

파탄잘리에 대하여

파탄잘리의 『요가 수트라』에 들어가기에 앞서 파탄잘리가 어떤 분이고 어떤 혈통을 지녔는지 이야기하고자 한다. 역사적으로 파탄잘리는 기원전 500~200년 사이에 존재했던 인물이지만, 요가의 창시자에 대한 우리의 지식 상당 부분은 전설을 밑바탕으로 하고 있다. 파탄잘리를 흔히 스바얌부svayaṁbhū라고 하는데, 이는 인류를 돕기 위해 자신의 의지에 따라 이 세상에 태어난 뛰어난 영혼을 가리킨다. 파탄잘리는 인간의 몸으로 태어나, 인간이 느끼는 슬픔과 기쁨을 직접 경험하고 그것을 초월할 수 있는 법을 배웠다. 『요가 수트라』를 보면 몸에서 일어나는 번뇌와 마음의 동요를 극복할 수 있는 여러 가지 방법이 제시되어 있다. 몸의 번뇌와 마음의 동요야말로 영적인 발전을 가로막는 걸림돌이다.

파탄잘리가 『요가 수트라』에서 사용한 말은 직접적이고 독창적이며, 전통적으로 신성한 힘을 지니고 있다고 믿어져 왔다. 20세기를 한참 지난 지금도 파탄잘리의 언어는 모든 사람을 빠져들게 할 만큼 신선하고 매혹적이며, 앞으로 많은 세월이 흘러도 그 힘은 여전할 것이다.

『요가 수트라』에 들어 있는 파탄잘리의 잠언 196개는 삶의 모든 부분을 다루고 있는데, 바람직한 행동 규범에서 시작하여 인간의 진정한 '자아'를 그리며 끝난다. 『요가 수트라』에 들어 있는 단어는 하나같이 간결하고 정확하다. 빗방울 하나하나가 모여 커다란 호수를 이루듯 『요가 수트라』도 단어 하나하나가 모여 풍요로운 사상과 경험을 전하고 있기에, 각각의 단어를 『요가 수트라』 전체와 나누어 생각하는 것은 무의미한 일이라 하겠다.

파탄잘리는 문법, 의학, 요가의 세 분야에 관해 글을 남겼다. 그 중 최고로 손꼽히는 『요가 수트라』는 인간의 지혜 가운데 정수만을 추출한 것이다. 진주를 한 알 한 알 꿰어 아름다운 목걸이를 만들듯, 『요가 수트라』는 찬란한 지혜의 말들을 모아 빛나는 왕관을 만들었다. 『요가 수트라』에 들어 있는 메시지를 이해하고 그것을 실천에 옮기기 위해서는 스스로 변화해 지극히 고상하고 아름다운 문화 교양인으로 거듭나야 한다. 한 마디로 그 누구보다 귀하고 훌륭한 인간이 될 수 있어야 한다.

지금까지 나는 오십 년도 넘게 요가를 수련하고 그것을 업으로 삼아 왔지만, 요가에 있어 완전한 경지에 이르려면 아직도 몇 번의 생을 더 거쳐야 할 것이다. 따라서 지극히 난해한 경문들의 의미는 나로서도 설명할 수 없으니 이해를 바란다.

전하는 이야기로는 어느 날 비슈누 신이 자신의 탈 것인 뱀의 신 아디셰사 위에 앉아 시바 신의 황홀한 춤을 보고 있었다고 한다. 비슈누 신은 시바 신의 춤사위에 완전히 빠져 들어 자신도 모르게 리듬에 맞춰 몸을 들썩거리기 시작했다. 몸을 들썩이자 비슈누 신의 무게가 점점 더 무거워져 아디셰사는 숨이 꽉 막히고 더 이상 비슈누 신의 몸을 받치고 있지 못하게 되었다. 시바 신의 춤이 끝나자 비슈누 신의 몸은 다시 가벼워졌다. 아디셰사는 깜짝 놀라서 주인에게 무엇 때문에 무게가 그토록 차이가 났는지 물어 보았다. 비슈누 신은 아름답고 우아하고 장엄한 시바 신의 춤을 보다가 넋이 나가 함께 몸을 들썩이는 바람에 몸이 무거워졌다고 설명했다. 아디셰사는 주인의 말이 너무도 놀라워 자신도 춤을 배워 주인을 기쁘게 하고 싶다고 말했다. 비슈누는 잠시 생각한 후 시바 신이 아디셰사에게 은총을 내려 문법에 관한 주석서를 쓰게 할 것이고, 그 과업을 마치고 나면 완벽하게 춤을 배우는 데 전념할 수 있으리라고 예언했다. 아디셰사는 그 말을 듣고 뛸 듯이 기뻐하며 시바 신의 은총이 내릴 날만을 손꼽아 기다렸다.

그 후 아디셰사는 지상에서 누가 자신의 어머니가 될지 확인하기 위해 명상에 들었다. 명상에 들어서 보니 고니카Goṇikā라는 여자 요기의 모습이 보였다. 그녀는 자신에게 훌륭한 아들을 점지해 주어 자신의 지식과 지혜를 물려 줄 수 있도록 해 달라고 기도를 드리고 있었다. 아디셰사는 그녀야말로 자신이 바라던 어머니라는 걸 깨닫고 상서로운 때를 기다렸다가 그의 아들이 되었다.

한편 자신의 이승에서의 삶이 곧 끝나리라 생각한 고니카는 자신이 바라던 훌륭한 아들을 아직 찾지 못한 상태였다. 그녀는 지푸라기라도 잡는 심정으로 마지막이라 생각하고 이승의 살아 있는 관조자이신 태양신께 자신의 소원을 들어달라고 기도드렸다. 그녀는 마지막 정성으로 정화수를 떠 놓은 후에 눈을 감고 태양신을 생각했다. 그러고는 물을 바치려고 눈을 떴는데 손바닥에 무언가가 보이는 것이 아닌가. 깜짝 놀라서 자세히 살펴보니 처음에 조그마한 뱀이던 그 형상이 꿈틀대면서 이내 사람의 모습으로 변했다. 그 조그마한 남자는 손바닥 위에서 고니카에게 절을 하며 자신을 아들로 받아달라고 하는 것이었다. 고니카는 그 청을 받아들이고 파탄잘리라는 이름을 지어 주었다.

'파타pata'는 '떨어지는', '떨어진'이란 의미이고, '안잘리añjali'는 공양, 또는 '기도를 위해 포갠 손'을 뜻한다. 고니카가 두 손을 포개어 드린 기도라는 뜻에서 '파탄잘리Patañjali'라는 이름이 나온 것이다. 비슈누 신을 모시고 다니는 아디셰사의 화신인 파탄잘리는 『요가 수트라』의 저술가로서만이 아니라, 아유르베다 및 문법에 관한 문헌을 남긴 것으로도 추앙을 받고 있다.

파탄잘리는 시바 신이 내린 명령에 따라 자신의 과업을 수행했다. 그는 먼저 올바른 언어를 구사할 수 있도록 위대한 문법서인 『마하바샤Mahābhāsya』를 저술하고, 이어서 생명과 건강을 다루는 과학인 아유르베다에 대한 책을 남겼다. 그가 마지막으로 남긴 요가에 대한 문헌은 인간의 정신과 영혼의 발전을 위한 것이었다. 인도의 고전 무용가들은 모두 파탄잘리를 위대한 무용수로 기리고 있기도 하다.

파탄잘리의 이 세 가지 저술은 사상, 언어, 행동의 모든 면에서 인간을 발전시키고자 하는 목적을 가지고 있다. 요가를 다룬 파탄잘리의 저술은 요가 다르샤나

yoga darśana라고도 하는데, 다르샤나란 '영혼을 보는 것' 또는 '거울'을 의미한다. 요가를 수행하면 수행자가 자기의 생각과 행동을 거울 보듯이 비춰보게 된다는 의미이다. 그렇게 수행자는 자신의 생각, 마음, 의식, 행동을 되돌아보고 그것을 스스로 고쳐 나간다. 그리고 이러한 과정을 통해 수행자는 내면의 자아를 들여다볼 수 있는 경지에 이른다.

요기들은 오늘날까지도 파탄잘리의 가르침을 따르며 정교한 언어와 아름다운 몸, 그리고 정련된 마음을 기르기 위해 노력하고 있다.

『요가 수트라』에 대하여

『요가 수트라』는 네 장(파다pada)으로 나뉘는데, 요가의 기술, 과학, 삶의 철학을 모두 아우른다. 『요가 수트라』의 196개 경문은 간결하고, 정확하고, 심오하며, 경건하다. 각 경문에는 풍부한 사상과 지혜가 녹아 있어 수행자가 자기 자신의 참된 본성에 관한 모든 것을 알 수 있게 한다. 우리는 이러한 지식을 통해 일반적인 이해를 초월해 완벽한 자유를 경험할 수 있는 경지에 이르게 된다. 경문을 열심히 연구하고 헌신적으로 수행하면 수행자는 마침내 밝게 타오르는 지식의 빛에 힘입어 깨달음에 이른다. 수련을 통해 그는 선의와 우정, 자비를 베풀 수 있다. 주관적인 경험을 통해 얻은 이 지식 속에서 수행자는 끝없는 기쁨, 조화, 그리고 평화를 맛본다.

『바가바드 기타』처럼 『요가 수트라』에 대해서도 다양한 학파의 사상들이 다양한 해석을 내 놓았다. 자아를 깨닫는 데 있어 자신들이 중시하는 바에 따라 저마다 카르마(행), 즈나나(지혜), 박티(헌신, 사랑)를 강조한 것이다. 주석가들도 핵심 용어나 특정 주제를 중심으로 자신의 사상, 느낌, 경험을 풀어 놓는다. 나 역시 평생 매진해 온 요가 공부와 아사나·프라나야마·디아나 수련에서 얻은 경험을 바탕으로 『요가 수트라』를 해석했다. 이 수련들이야말로 요가의 핵심 요소이기에 나의 경험을 바탕으로 가능하면 단순하고 직접적으로 경문의 의미를 해석하되, 요가의 맥을 잇는 지도자들이 제시한 전통적인 의미에서 벗어나지 않았다.

『요가 수트라』는 다음의 네 장(파다Pāda)으로 이루어진다.

1. 사마디 파다(Samādhi Pāda: 삼매에 관한 장)

2. 사다나 파다(Sādhana Pāda: 수행에 관한 장)

3. 비부티 파다(Vibhūti Pāda: 속성 및 신통력에 관한 장)

4. 카이발리아 파다(Kaivalya Pāda: 해탈 및 자유에 관한 장)

『요가 수트라』의 네 장은 각각 네 가지 바르나(varṇas: 노동의 구분)에 상응한다. 이는 네 가지 아쉬라마(āśramas: 삶의 단계)에 해당하기도 하며, 자연의 세 가지 구나(속성) 및 이를 초월한 상태(사트바, 라자스, 타마스, 구나티타)로 볼 수도 있고, 네 가지 푸루사르타(puruṣārthas: 삶의 목적)를 의미하기도 한다. 파탄잘리는 제4장의 결론부에서 푸루사르타와 구나의 완성을 요가 수행의 최고 목표라고 이야기한다. 파탄잘리의 시대에는 틀림없이 사람들이 이 개념들을 완전히 이해하고 있었을 것이다. 그래서 『요가 수트라』 초반부에는 이들 개념이 암시적으로만 등장하고, 끝부분에 가서야 명시적으로 언급된다.

파탄잘리가 제시한 길을 따르면 마침내 분할할 수 없는, 저절로 이루어 지는 관조자의 상태를 체험할 수 있다.

『요가 수트라』의 제1장은 다르마 샤스트라, 즉 종교적 의무를 다루는 부분이다. 다르마는 수행자가 윤리적인 면이나, 신체적 혹은 정신적 수련, 혹은 영적인 훈련에서 낙오하거나 낙오하려 할 때 붙잡아 주고 지지해 주는 역할을 한다. 나의 견해로는 파탄잘리의 요가 개념 전체는 베다의 전통을 따라 영원히 전해 내려오는 이 다르마를 밑바탕으로 삼고 있다. 그리고 다르마는 해탈을 궁극적인 목표로 삼는다.

다르마가 요가의 씨앗이라면, 카이발리아(해탈)는 그 열매이다. 이런 맥락에서 보면 『요가 수트라』의 결론부에서 카이발리아를 아무 동기도 없고 모든 세속적 목적과 자연의 속성에서 벗어난 상태로 설명하는 것이 이해된다. 관조자인 아트만에서 싹튼 수행자의 지성은 카이발리아의 상태에서 환한 빛을 발하며, 이때는 행위력, 지각력, 마음, 지성, 의식의 영향을 받지 않는다. 결국 요가는 카이발리아에 이르는 길이라 할 수 있다.

질서정연한 의무의 과학인 다르마는 요가의 여덟 갈래의 길(아스탕가 요가aṣṭāṅga yoga)의 일부로서, 파탄잘리는 이를 상세히 설명한다. 헌신적인 자세와 열의를 가지고 요가의 이 여덟 가지 원리를 충실히 따랐을 때 수행자는 비로소 신체적, 정신적, 감정적으로 안정을 이루어 어떤 상황에서도 흔들리지 않을 수 있다. 그는 최고신인 브라흐만에 대해 알게 되고, 자신의 말·생각·행동을 최상의 진리와 조화시키는 법을 알게 된다.

사마디 파다Samādhi Pāda

『요가 수트라』의 제1장인 사마디 파다에서는 요가와 의식의 동요(치타 브르티)가 무엇인지 정의한다. 파탄잘리는 이미 고도의 발전을 이룬 사람들을 염두에 두고 그들이 정련된 지성과 지혜를 유지할 수 있도록 이 장을 썼다. 사실 인간으로 태어나 인생 초반부에 사마디를 경험한다는 건 극히 이례적인 일이다. 사마디는 요가의 여덟 부분 중에서도 맨 마지막 단계에 해당되기 때문이다. 사마디는 영혼을 똑바로 마주 보는 것으로 존재의 나누어지지 않는 절대적 상태이다. 이 상태에서는 몸, 마음, 영혼의 구분이 눈 녹듯 사라진다. 하누만Hanumān, 슈카Śuka, 드루바Dhruva, 프라흘라다Prahlāda, 상카라차리아Śaṅkarācārya, 즈냐네쉬바르Jñāneśvar, 카비르Kabīr, 마하라쉬트라Mahārāṣṭra의 스와미 람다스Svāmi Rāmdas, 라마크리쉬나 파라마함사Rāmakṛṣṇa Paramahaṁsa, 라마나 마하르시Ramaṇa Maharṣi 같은 성현들은 삶의 중간 단계나 요가의 여러 단계를 거치지 않고 곧바로 카이발리아에 이르렀다. 이 위대한 관조자들의 모든 행위는 모두 자신의 영혼에서 나온 것이었기 때문에, 이들은 평생 완전한 행복과 순수함 속에서 살았다.

사마디samādhi는 두 단어가 합쳐진 합성어이다. '사마sama'는 '평평한', '비슷한', '곧은', '똑바로 선', '공평한', '정당한', '착한', '선한' 등의 뜻을 가지고 있다. '아디ādhi'는 '저 위에 존재하는 것', 즉 '그 무엇으로도 파괴되지 않는 관조자'를 뜻한다. 따라서 사마디는 의식의 근원(즉, 관조자)을 찾고 나아가 지성·마음·감각·몸의 구석구석에 그것의 본질이 완전히 퍼지게 하는 것을 말한다.

파탄잘리가 사마디에 대한 설명으로 『요가 수트라』를 시작한 것은, 이미 자아를 깨달을 수 있는 경지에 이른 사람들을 이끌고 그들을 인도해 이원성이 사라진 상태를 체험하게 하기 위한 것으로 짐작된다. 반면 아직 발심을 하지 못한 일반 대중들에게는 사마디라는 매혹적인 전망을 초반부에 제시하여 그것을 요가 수행의 등불로 삼을 수 있도록 했다. 우리는 이를 통해 자신의 영혼이 모습을 드러낼 때까지 자신을 정련시켜 나간다.

파탄잘리는 의식을 방해하는 갖가지 생각의 동요와 변화를 이야기하고, 그 물결을 가라앉힐 수 있는 다양한 수련법을 제시한다. 바로 이런 면 때문에 요가를 정신적 수련이라 하는 것이다. 이러한 수행은 전생에 행한 선한 행동의 결과가 쌓여 고귀한 수준에 이르렀을 때에만 가능하다. 우리의 삼스카라saṁskāras는 과거의 인식, 본능 그리고 잠재적인 숨겨진 인상이 쌓인 것이다. 삼스카라가 선하면 그것이 자극제가 되어 영적인 길을 가는 데 필요한 고도의 감수성을 유지할 수 있다.

우리의 의식은 자연이 지닌 세 가지 속성(구나), 즉 밝음(사트바), 활동성(라자스), 불활성(타마스)으로 물들어 있다. 이 세 가지 구나는 우리의 행동 또한 흰색(사트바), 회색(라자스), 검은 색(타마스)으로 물들인다. 요가 수행을 하면 행동과 지성 모두가 이러한 성질을 초월해 관조자는 수정같이 맑은 상태에서 자신의 영혼을 경험하게 되며, 자연과 행이 지닌 상대적 속성에서 자유로워진다. 이 순수한 상태가 바로 사마디이다. 따라서 요가는 수단인 동시에 목표이기도 하다. 요가가 곧 사마디이고, 사마디가 곧 요가이다.

사마디에는 크게 두 종류가 있다. 사비자sabīja 혹은 삼프라즈냐타 사마디saṁprajñāta samādhi는 인위적 노력을 통해 얻어지는 것으로 집중을 위해 한 대상이나 생각을 '씨앗'으로 활용한다. 반면 니르비자 사마디nirbīja samādhi에는 그러한 씨앗이나 토대가 존재하지 않는다.

파탄잘리는 사마디를 체험하기 전에는 의식이 다음의 다섯 가지에 의존한다고 설명한다. 그것은 올바른 인식, 그릇된 인식(감각에 의한 오해), 그릇된 관념 혹은 애매모호함(마음에 의한 퇴보, 침체), 수면, 기억 등이다. 영혼은 순수하지만 오염되거나 조정이 잘못된 의식 때문에 돌고 도는 기쁨과 슬픔의 수레바퀴에서 헤어나지 못하고 고통 속에서 살아간다. 이는 마치 거미가 자기가 쳐 놓은 그물을 벗어나지 못하는 것과 같다. 이러한 기쁨과 슬픔은 고통스러울 수도 고통스럽지 않을 수도 있으며, 인식이 가능하기도 하고 불가능하기도 하다.

사마디의 직접적 체험이라 할 수 있는 자유는 절제된 행동을 하고 감각적 욕망을 떨칠 때에만 얻을 수 있다. 자유는 요가의 '두 중심 기둥'인 아브야사와 바이라기야를 함께 힘껏 수행했을 때 얻어진다.

아브야사(수련)는 배움의 기술로, 이를 익히려면 반드시 계율에 따르는 행동이 몸에 배도록 해야 한다. 그러기 위해선 오랜 기간 열의를 가지고 차분하게 끊임없이 노력해야 한다. 반면 바이라기야(초탈, 절제, 포기)는 피해야 하는 것을 피하는 기술이다. 아브야사와 바이라기야 모두 적극적이며 선한 접근 방식이 요구된다.

수련은 요가에 있어 변화를 가져오거나 발전을 이루게 하는 힘이지만, 혼자서 수행하면 원심력이 바깥으로 뻗어 나가듯 물질세계를 향해 에너지가 제멋대로 발산될 수 있다. 이때 절제는 바깥으로 향하는 에너지를 다스리는 역할을 하여 수행자가 감각적인 대상에 얽매이지 않도록 보호해 주고, 수행자의 에너지가 구심력처럼 존재의 핵심을 향해 안으로 들어오도록 방향을 잡아 준다.

파탄잘리는 수행자에게 친절과 자비심을 기르라고 가르친다. 타인의 행복에 대해 기뻐하고, 악행이나 선행을 보고도 무심할 줄 알아 언제나 마음의 평정과 고요를 유지하라는 것이다. 또 파탄잘리는 야마와 니야마의 윤리적 계율을 지킬 것을 권했다. 그가 제시하는 열 가지 계율은 서양의 십계명과 유사한 것으로, 수행자의 행동 및 수련 방식을 다스려 영적 발전을 이루는 데 토대 역할을 한다. 나아가 파탄잘리는 의식이 지적, 감정적 동요에서 벗어나고, 그럼으로써 영혼이 모든 개인적, 물질적 정체성을 떠나 보편적 차원에 이르게 할 수 있는 여러 가지 방법을 제시한다. 그때 수행자는 고요함, 통찰력, 진리로 가득 차게 된다. 이 단계에 이르면 이제까지 모습을 드러내지 않던 영혼이 수행자의 눈에 보인다. 수행자는 관조자가 되어 어떤 씨앗이나 토대support도 없는 니르비자 사마디의 경지nirbīja samādhi에 들어간다.

사다나 파다Sādhana Pāda

파탄잘리는 제2장인 '사다나 파다'에서 수준을 낮추어 영적으로 발전하지 못한 사람들도 절대적인 자유를 꿈꿀 수 있게 한다. 그러면서 크리야요가kriyāyoga라는 말을 도입한다. '크리야kriyā'가 행을 의미하는 만큼, 크리야요가는 수행자에 의해 이루어지는 역동적인 노력을 강조한다. 크리야요가를 이루는 요가 수행은 여덟 가지로, 야마와 니야마, 아사나와 프라나야마, 프라티아하라와 다라나, 디아나와 사마디이다. 그리고 이 여덟 가지는 다시 세 단계로 분류할 수 있다. 처음의 두 쌍, 즉 야마와 니야마, 아사나와 프라나야마는 타파스(수련을 통해 신심을 기르는 것)에 해당한다. 두 번째 단계인 프라티아하라와 다라나는 자신에 대한 탐구(스바드야야)에 해당한다. 그리고 세 번째 단계인 디아나와 사마디는 보편적인 영혼인 신(이스바라)에게 개인의 자아를 귀의시키는 이스바라 프라니다나에 해당한다.

이렇게 하여 파탄잘리는 인도 철학의 세 가지 주요 흐름을 『요가 수트라』 안에 아우른다. 즉, 행의 길을 뜻하는 카르마마르가karmamārga는 타파스, 지식의 길을 뜻하는 즈냐나마르가jñānamārga는 스바드야야, 신에 대한 귀의의 길을 뜻하는 박티마르가bhaktimārga는 이스바라 프라니다나에 속한다.

파탄잘리는 이 장에서 아비디야(avidyā: 영적 지식의 부족)를 모든 슬픔과 불행의 근원으로 본다. 아비디야는 다섯 가지 클레샤(번뇌) 중에서도 첫 번째에 해당되며, 나머지 번뇌(이기심, 집착, 혐오, 삶에 대한 집착)의 근본 뿌리이다. 그리고 여기에서 욕망이 자라나 슬픔의 씨앗을 뿌린다.

번뇌(고통)에는 세 종류가 있는데, 스스로 초래한 것, 유전적인 것, 신체를 이루는 요소들의 불균형으로 인해 생긴 것으로 나눌 수 있다. 이것들은 모두 금생이나 전생에서 자신이 한 행의 결과로, 요가의 수련과 절제를 통해 극복해야만 한다. 요가의 여덟 가지 수련은 몸, 감각, 마음을 정화시키기 위한 것으로, 이러한 집중적인 단련을 통해 번뇌의 씨앗이 타서 없어지고 불순물이 사라져 수행자는 고요의 경지에 들어가 관조자와 하나가 된다.

윤리적 계율을 지키지 못하거나 신체적으로 완전한 건강을 이루지 못하면 영적인 깨달음도 있을 수 없다. 몸, 마음, 영혼은 원래 따로 분리되어 있는 것이 아니다. 몸이 잠들어 있으면 영혼도 잠들어 있는 것이다.

수행자에게 아사나 수련을 하라고 가르치는 것은, 수행자가 자신의 몸과 감각, 그리고 지성에 익숙해지도록 하기 위해서다. 이를 통해 그는 분별력과 민감함, 집중력을 기를 수 있다. 한편 프라나야마 수련을 하면 신체를 이루는 요소의 미묘한 특징들, 즉 소리, 촉감, 모양, 맛, 냄새를 조절할 수 있게 된다. 프라티아하라는 행위력 및 지각력에서 벗어나 마음으로 들어가는 것을 말한다.

'사다나 파다'는 여기서 끝나지만, 파탄잘리는 뒤이어 다음 장인 '비부티 파다'

에서 미묘한 차원의 사다나인 다라나, 디아나, 사마디에 관해 이야기한다. 이 세 단계는 마음을 의식으로, 또 의식에서 영혼으로 인도한다.

'사다나 파다'에 묘사된 바에 의하면, 야마에서 프라티아하라에 이르는 여정은 마지막으로 물결 하나 일지 않는 고요의 바다에서 끝이 난다. 치타가 바다라면, 치타의 움직임(브르티)은 물결에 해당된다. 이제 몸, 마음, 의식은 영혼과 친교를 이루어, 집착과 혐오, 시공간에 대한 기억에서 자유로워진다. 몸과 마음의 불순물이 말끔히 사라지면 밝아오는 지혜의 빛이 무지를 걷어 내고, 오만함과 자만심 대신 순수함이 자리 잡아 수행자는 곧 관조자가 된다.

비부티 파다Vibhūti Pāda

제3장은 요가 수행의 신비한 효과에 대해서 이야기한다. 이 경지에 들어간 수행자는 과거, 현재, 미래는 물론 천체에 대해서도 훤히 알게 된다고 한다. 또 다른 사람의 마음까지도 꿰뚫어 볼 수 있다. 나아가 싣디라고 하는 여덟 가지 초자연적인 힘을 얻게 되는데, 그것은 마음대로 커지거나 작아지는 능력, 마음대로 가벼워지고 무거워지는 능력, 무엇이든 손에 넣는 능력, 바라는 모든 것을 이루는 능력, 모든 것을 자기 마음대로 하고, 모든 것의 주인이 되는 능력 등이다.

하지만 이런 힘들을 갖는 것은 위험하다. 수행자는 이 신통력의 유혹을 물리치고 영적인 길을 끝까지 가도록 경고를 받는다.

현인 비야사Vyāsa의 『요가 수트라』 주석서에는 이러한 신통력의 덫에 걸려 나락으로 떨어진 사람과 끝까지 자유로울 수 있었던 사람들의 실례가 나와 있다. 한때 이승에 있다가 천신이 된 나후샤Nahūṣa는 신통력을 남용하는 바람에 하늘에서 떨어져 뱀의 형상으로 다시 이승으로 돌아와야 했다. 신화 속의 유명한 요정인 우르바쉬Urvaṣi는 나라 나라야나(Nara Nārāyaṇa: 다르마의 아들이자 브라흐마의 손자)의 딸이었지만 담쟁이덩굴이 되었다. 또 감각적 욕망에 굴복한 아할리야Ahalyā는 고타마의 저주를 받고 돌덩이가 되었다. 그 반면에 황소였던 난디Nandi는 시바 신의 곁에 갈 수 있었고, 물고기였던 맏스야Matsya는 이승에서 가장 위대한 하타 요기인 마첸드라나트Matsyendranāth가 되었다.

수행자가 신통력의 유혹에 굴복하면, 그는 거센 바람에서 도망치려다 회오리바람에 휘말리게 되는 것과 같아진다. 수행자가 그 유혹에 저항하여 영적인 길을 끝까지 밟아 나가면, 마침내 그는 어떤 속성이나 구별도 없으며 나뉘지 않는 존재의 상태인 카이발리아를 경험할 것이다.

카이발리아 파다Kaivalya Pāda

『요가 수트라』 제4장에서 파탄잘리는 카이발리아와 사마디를 구별한다. 사마디의 상태에서 수행자가 경험하는 것은 관조자와 보이는 대상, 관찰자와 관찰 대상, 주제와 객체가 하나가 된 수동적인 상태이다. 하지만 카이발리아에 들어가면 수행자는 자연이 지닌 세 가지 속성(타마스, 라자스, 사트바)의 영향을 초월하여 적극적으로 삶을 살아가게 된다. 이 세상 속에서 살아 움직이면서 무심하게 하루 일과를 해 나가되, 거기에 얽매이지 않는 것이다.

파탄잘리에 따르면 카이발리아를 경험할 수 있는 방법은 여러 가지이다. 태어날 때부터 카이발리아를 경험할 수도 있고, 약물을 이용할 수도 있으며, 만트라를 반복해서 외울 수도 있다. 또 타파스(고강도의 집중적인 단련)를 실천하거나, 사마디에 들어가는 방법도 있다. 그 중에서도 지성을 성숙시켜 안정된 성장으로 이끄는 길은 타파스와 사마디뿐이다.

인간은 선행을 통해 발전할 수도 있고, 악행으로 자신의 발전을 가로막기도 한다. 요가 수행은 수행자를 영적인 삶으로 이끄는 반면, 요기답지 못한 행동은 그를 이 세상에 옭아맨다. 선행과 악행의 근본 뿌리는 다름 아닌 자아(아함카라 ahaṁkāra)이다. 요가 수행으로 마음에 자라고 있던 자만심이라는 잡초가 뿌리 뽑힐 때 수행자는 모든 행의 근원인 의식을 찾아 들어갈 수 있다. 의식이야말로 과거의 모든 업(삼스카라saṁskāra)이 저장되어 있는 곳이다. 요가 수행을 통해 모든 행의 궁극적 기원인 의식을 찾아 들어가는 순간 수행자는 자신이 한 모든 행의 반작용에서 자유로워진다. 욕망이 그를 떠나기 때문이다. 욕망, 행, 반작용은 생각이라는 수레바퀴의 바큇살과 같으며, 의식이 안정되고 순수해져 마음의 움직임이 멈출 때 사라지게 된다. 그때 수행자는 능숙한 행을 할 줄 아는 완전한 요기가 된다. 심지, 기름, 불꽃이 합쳐져 빛을 만들어 내듯 생각과 말과 행동이 하나로 합쳐지면서 요기의 지혜가 온전해진다. 제한된 지식과 이해를 가진 사람들에게 어떤 대상과 그것을 경험하는 것은 별개의 것으로, 그것들을 지칭하는 말은 그것들과 전혀 다르다. 이런 식의 마음의 동요는 생각하고 행동하는 우리들의 능력을 손상시킨다.

요기는 사고 과정에서 일어나는 불확실한 동요가 참 자아에 대한 이해와는 전혀 다르다는 것을 안다. 참 자아에 대한 이해에는 변함이 없다. 요기는 이 세상에서 자기가 맡은 일을 하며 거기에 얽매이지도, 거기에서 영향을 받지도 않는다. 요기의 마음은 티 없이 맑은 수정처럼 자신의 형상을 왜곡 없이 비춘다. 이 경지에 이르면 모든 생각과 의도가 사라지고 자유를 경험하게 된다. 요기는 지혜의 경험 속에서 살아가면서 욕망, 분노, 탐욕, 집착, 자만, 악덕 등의 감정에 물들지 않는다. 이 성숙한 지혜는 항상 진리를 동반한다ṛtambharā prajñā. 수행자는 성숙한 지혜를 통해 선한 인식(다르마메가 사마디dharmamegha samādhi)에 이르며, 이로 인해 그에게 지식과 지혜가 폭포수처럼 쏟아져 내린다. 이제 카이발리아의 상태에 완전히 녹아든 수행자에게서는 영혼의 빛이 항상 불타올라 자기 자신뿐 아니라 그를 대하는 모든 사람들까지 신성의 빛을 환하게 비춘다.

끝으로 비야사의 『요가 수트라』의 주석서에 있는 다음의 말로 이 글을 마치고자 한다. '요가의 스승은 요가이다. 요가는 요가를 통해 이해할 수 있다. 따라서 요가를 깨달으려면 요가 속에서 살아야 한다. 요가를 통해 요가를 이해해야 한다. 자신을 괴롭히는 온갖 장애물에서 자유로워진 사람은 요가를 통해 요가를 즐기게 된다.'

네 개의 장의 주제들

I : 사마디 파다 Samādhi Pāda

파탄잘리는 절제된 행동 규범의 필요성에 대한 이야기로 『요가 수트라』의 서두를 열면서 우리가 어떤 상황에서도 흔들리지 않고 영적인 안정과 평화로 나아갈 수 있게 가르침을 준다.

파탄잘리의 정의에 따르면 요가란 치타(의식)를 제어하는 것이다. 이때 우리는 치타를 단순히 마음으로 이해해서는 안 된다. 치타는 마음(마나스), 지성(붇디), 자아ahaṁkāra의 세 가지가 하나로 합쳐진 복합체인 것이다. 또 '자기self'는 개별적인 실체로서의 한 사람을 가리키는 용어이다. 따라서 자기의 정체성은 마음, 지성, 자아ego와는 별개이며, 개인이 얼마나 발전하느냐에 따라 달라진다.

또한 '자기self'는 객체와 대비되는 개념으로 경험의 주체를 의미한다. 애초에 '나'라는 관념이 생겨나고 용해되는 곳이 바로 이 '자기self'이다. '나'라는 형상을 가지는 '자기self'는 자연(프라크르티)이 지닌 밝음의 성질(사트바)로 꽉 차 있다. 인도의 사원에 가 보면 토대 성상이라는 것이 있는데, 돌로 만들어진 이 성상은 영원히 움직이지 못하도록 고정되어 있다. 이는 곧 영혼(아트만)을 뜻한다. 또 토대 성상을 본떠 만든 청동 성상은 행렬이 있을 때 사원을 대표하는 상징으로 쓰이는데, 이것이 사원의 개별적인 '자기self'인 셈이다. 다시 말해 청동 성상은 '자기self' 혹은 개별적인 실체를, 토대 성상은 기저가 되는 영혼의 보편성을 뜻하는 것이다.

동양의 사상을 통해 우리는 존재의 핵심인 영혼에서 가장 바깥쪽 경계인 몸으로 나오는 과정과, 다시 여러 층layers을 거쳐 바깥 경계에서 존재의 핵심으로 들어가는 과정을 접할 수 있다. 이 탐색 과정의 목적은 영혼의 감로를 발견하고 경험하며 맛보는 데 있다고 할 수 있다. 이 여정은 먼저 외적인 각성에서 출발한다. 행위력(카르멘드리야karmendriyas: 팔, 다리, 입, 생식기관, 배설기관)을 통해 경험한 것과 지각력(즈냐넨드리야jñānendriyas: 귀, 눈, 코, 혀, 피부)을 통해 받아들인 것을 알아차리는 것이다. 이 각성은 마음, 지성, 자아, 의식, 개별적인 자기(아스미타asmitā)를 관통하여 마침내 영혼(아트마ātma)에까지 이른다. 또한 이 겹들은 반대 순서로 관통될 수도 있다.

경험적 차원에서의 아스미타의 존재는 절대적인 도덕적 가치를 지니지 않는다. 아스미타는 어떤 것에도 더럽혀지지 않은 상태이기 때문이다. 아스미타는 개별 수행자(사다카)의 발전 정도에 따라 색을 달리한다. 그래서 가장 거친 상태에서는 '나라는 의식'이 자만심이나 이기심의 형태로 나타날 수 있지만, 가장 미묘한 상태에서는 존재의 가장 깊숙한 층이 되어 아트만에 가장 가까운 것이 된다. 자아ahaṁkāra 역시 성질이 한결같지 않아서, 라자스, 타마스, 사트바의 성질을 다양하게 띤다. 사트바의 성질을 지닌 아함카라ahaṁkāra는 대개 발전한 아스미타를 가리킨다.

우리가 고난의 상황에 도전할 때 카멜레온처럼 시시각각 변하는 아스미타의 이런 성질이 확연히 드러난다. 도전 정신의 근원은 아스미타의 긍정적인 부분에 자리 잡고 있지만, 부정적인 측면에서 마음에 두려움이 일어나는 순간, 그것은 우리의 의기를 꺾어 놓는다. 그 두려움을 없애려면 도전에 맞서는 수밖에 없다. 창조는 이러한 갈등 속에서 생겨난다.

예를 들어 아사나는 그러한 갈등과 창조 과정을 위해 마련된 통제되는 싸움터의 역할을 한다. 그것의 목적은 우리 자신의 내면의 환경에서 인간으로서 발전하는 과정을 재창조하는 것이다. 이를 통해 우리는 스스로가 이룬 발전을 관찰하고 이해하게 되는데, 그러다 보면 갈등이 사라지고 강물이 바다와 만났을 때처럼 오로지 하나 됨만이 존재하는 경지에 이른다. 우리는 물구나무서기 자세에서도 이 창조적인 싸움을 경험할 수 있다. 물구나무서기 자세를 할 때 우리는 더 나은 자세를 취하려는 도전 정신과, 넘어질지 모른다는 두려움을 동시에 갖게 된다. 이때 성급하게 굴면 넘어지고, 겁을 내고 주저하면 아무런 발전도 하지 못한다. 하지만 두 가지 힘이 조화롭게 작용하도록 관찰하고, 분석하고, 잘 조절하면, 완벽한 물구나무서기 자세를 취할 수 있다. 바로 그 순간 앞으로 나서고자 하는 아스미타와 뒤로 물러서려는 아스미타가 아사나 수련 속에서 하나가 되어 완벽한 자세를 만드는 것이다. 아스미타는 지극한 행복(사트치타난다: 순수함-의식-행복) 속에 녹아내린다.

아함카라(자아, '나'라는 생각)는 내면의 감각인 마음을 통해 우리의 의식과 몸을 하나로 묶어 주는 역할을 한다. 이렇게 하여 마음은 영혼에서부터 내부의 부분들을 지나 외적인 감각에 이르기까지 존재의 다양한 층을 하나로 이어 준다. 즉 마음은 보이는 대상인 사물과 관조하는 주체를 이어 주는 이음매 역할을 하는 것이다. 영혼과 몸을 하나로 합치는 요소가 바로 마음이고, 이 과정에서 존재의 여러 층을 한 꺼풀 한 꺼풀 벗기다 보면 결국 진아(지바트만)의 겹sheath에까지 이르게 된다.

이들 겹sheaths, 혹은 층layers은 모두 다섯 가지인데, 골격과 관련된 해부학적 혹은 구조적 겹(안나마야 코샤annamaya kośa), 생리적 혹은 기관적 겹(프라나마야 코샤prāṇamaya kośa), 정신적 혹은 감정적 겹(마노마야 코샤manomaya kośa), 지성 혹은 분별의 겹(비즈냐나마야 코샤vijñānamaya kośa), 순수한 지복의 겹(아난다마야 코샤ānandamaya kośa)이 그것들이다. 다섯 가지의 겹은 자연(프라크르티)을 구성하는 다섯 가지 물질인 흙, 물, 불, 공기, 에테르를 나타낸다. 여섯 번째 겹은 우주의 의식인 마하트가 개별적 형상을 취한 치타citta이며, 내면의 영혼이 일곱 번째 겹을 이루고 있다. 사람은 누구나 각성을 발달시키기 위한 이 일곱 가지 겹을 지닌다.

지극히 행복한 영적인 겹은 원인체(카라나 샤리라kāraṇa śarīra)라 하며, 생리적·지적·심리적 겹은 미묘한 몸(숙스마 샤리라ṣūkṣma śarīra)을, 해부학적인 겹은 거친 몸(카리야 샤리라kārya śarīra)을 구성한다. 요가 수행자라면 영혼 자체는 물론 영혼이 지닌 이 모든 겹의 기능을 이해하려 노력해야 하며, 이때 비로소 존재의 신성한 근원인 아트만을 체험하기 위한 여정이 시작되었다 할 수 있다.

마음은 의식 및 무의식적인 정신 과정 전체, 그리고 두뇌에서 일어나는 활동에 스며들어 그것들을 감싼다. 인체에서 일어나는 모든 중대한 활동은 마음에서 일어난다고 볼 수 있다. 인도 사상에서는 마음, 지성, 자아 모두 의식의 일부이긴 하지만, 지성과 자아의 겉껍질 역할을 하는 마음을 열한 번째 지각력으로 본다. 마음은 수은과 같아서 잡으려 해도 잘 잡히지 않는다. 마음은 고통과 즐거움, 더위와 추위, 명예와 수치 등의 정서적 느낌을 감지하고 갈망하며, 성취, 기억, 인식, 회상하며 경험한다. 마음은 안으로 들어가려는 성향과 밖으로 나가려는 성향을 동시에 가지고 있다. 마음이 안을 향하면 우리는 존재의 핵심에 점점 더 가까이 다가가게 된다. 마음이 밖을 향할 때는 두뇌로 발현되어 외부의 대상을 인식하고 지각한 후 그것을 식별한다.

우리는 두뇌가 마음의 일부라는 사실을 알아야 한다. 한 마디로 두뇌는 마음 작용의 도구라 할 수 있다. 중추신경계의 유기적 구조 일부가 두개골 속에 들어 있는 것이 두뇌라고 생각하면 된다. 두뇌는 정신 활동을 가능케 하고, 정신 활동과 신체 활동이 연계되도록 제어하는 역할을 한다. 두뇌를 훈련시켜 의식적으로 고요하게 만들면, 인지 기능이 제 기능을 발휘하여 지성을 통해 마음이 지닌 다양한 양상에 대한 이해를 가능하게 한다. 명료한 지성에 의해 무명의 베일이 걷히고, 의식은 물론 자아 속에도 고요한 수용성이 자리 잡는다. 그러면 영혼을 에워싼 신체적·심리적·지적·정신적인 겹 모두에 이들의 에너지가 골고루 녹아든다.

영혼이란 무엇인가?

파라마트만Paramātman 혹은 푸루샤 비셰산Puruṣa Viśeṣan이라고도 하는 신은 보편적인 영혼Universal Soul으로, 만물의 씨앗이다(『요가 수트라』 1장 24절 참조). 한편 지바트만jīvātman 혹은 푸루샤puruṣa라고 하는 개별 영혼은 개개인이 지닌 '자기self'의 씨앗이 된다. 따라서 영혼은 '자기self'와는 별개의 것이다. 영혼은 형상이 없지만, '자기self'는 형상을 취한다. 영혼은 실체로서 몸과 분리되어 있고 '자기self'로부터도 자유롭다. 영혼이야말로 존재의 진정한 본질이라 할 수 있다.

마음과 마찬가지로 영혼도 몸 안에 정해진 위치는 없다. 눈에 보이지 않게 숨은 채로 어디에나 존재한다. 영혼은 스스로 인식하는 그 순간 어느 곳에서나 느낄 수 있다. '자기self'와는 달리 영혼은 자연의 영향력에서 자유로운 보편적인 존재이다. '자기self'는 모든 기능 및 활동의 씨앗이자, 지식을 통한 영적 발전의 근원이다. 하지만 '자기self'가 세속적 욕망에 물드는 순간 영적 파괴의 씨앗이 되기도 한다. 한편 영적인 실체를 인식하는 영혼은 관조자drṣṭa라는 말로도 널리 알려져 있다.

씨앗을 잘 키우면 나무로 자라나 꽃을 피우고 열매를 맺듯이, 영혼도 인간의 진화의 씨앗이다. 바로 이 영혼이 근본이 되어 아스미타가 개인의 자아로 싹을 틔우는 것이다. 그리고 이 싹에서 의식(치타)이 생겨난다. 그리고 의식에서 자아, 지성, 마음, 지각력, 그리고 행위력이 생겨난다. 영혼은 아무 영향도 받지 않지만, 영혼이 지닌 다양한 층들은 세상의 사물과 접하게 되고, 이것이 두뇌와 마음의 지성을 통해 그 층들에 인상을 남긴다. 두뇌와 마음의 분별 기능은 이러한 인상을 걸러 내는 역할을 하여, 취할 것은 취하고 버릴 것은 버린다. 이때 분별력이 결여되어 있으면 이러한 인상들로 인해 흔들리는 나뭇잎처럼 말, 생각, 행동이 동요되고 자신도 불안에 떨게 된다.

이렇게 끊임없이 되풀이되는 동요를 산스크리트어로 브르티vṛttis라 하며, 의식에서 일어나는 각종 변화, 움직임, 다양한 기능 및 작용, 혹은 행위의 여러 조건을 말한다. 파도가 바다의 일부이듯 생각의 물결인 브르티는 두뇌의 일부다.

생각은 과거의 경험을 바탕으로 정신적 진동이 일어나는 것이라 할 수 있다. 즉 내면에서 일어나는 정신 활동의 산물이 사고 과정이다. 사고 과정 속에서 지성은 의식적으로 심리적 겹에서 일어난 생각들을 과거 경험의 기억을 토대로 분석하게 된다. 이때 생각은 여러 가지 장애물들을 만들어 낸다. 이것들을 잘 분석하여 분별력을 발달시키면 평정을 얻을 수 있다.

의식이 고요한 평정의 상태에 들어가면, 그것을 이루고 있는 내적인 요소들인 지성, 자아, 마음 그리고 '나'라는 생각 역시 평정을 경험하게 된다. 이 경지에 이르면 마음에서나 의식 속에서나 생각의 물결이 일어날 틈이 없다. 그렇게 고요와 침묵의 상태를 경험하게 되면 평정과 평화가 찾아들면서 우리는 한층 성숙한 존재로 거듭날 수 있다. 우리의 생각, 말, 행동에는 순수함이 깃들고, 비로소 신성의 강물 속에 합류해 들어갈 수 있게 된다.

의식의 연구

파탄잘리는 『요가 수트라』에서 요가의 여러 원리를 설명하기 전에 먼저 의식이 무엇인지, 어떻게 하면 의식을 제어할 수 있는지 말한다.

'치트cit'는 '지각하다', '알아차리다', '알다', '이해하다', '갈망하다', '바라다', '상기시키다' 등의 뜻을 가진 동사이다. 명사로 쓰일 때 '치트cit'는 '생각', '감정', '지성', '느낌', '기질', '비전', '심정', '영혼', '브라흐만' 등의 뜻을 지닌다. '친타cinta'는 '산만하거나 불안한 생각'을 의미하며, '친타나cintana'는 '신중한 사고'를 일컫는 말이다. 두 단어 모두 치타가 지닌 한 측면을 나타내고 있다. 요가 수행을 통해 반드시 치타를 억제해야 한다는 뜻에서 요가는 '치타 브르티 니로다citta vṛtti nirodhaḥ'라고 정의된다. 완벽하게 억제된 순수한 치타는 신성한 힘을 발하며 영혼과 하나가 된다.

치타는 우주의 의식인 마하트가 개인 속에 자리 잡은 것이다. 지성은 이 치타에 자리 잡고 있는데, 엄밀히 말하면 그 근원은 덕성virtue과 종교적 지혜를 관장하는 기관인 양심(안타카라나antaḥkaraṇa)이다. 영혼이 양심의 씨앗이라면, 양심은 의식, 지성, 그리고 마음을 싹트게 하는 씨앗이다. 그리고 의식의 사고 과정 속에서, 마음, 지성, 자아가 모습을 드러낸다. 마음은 상상하고 생각하고 주의를 기울이고 목표를 정하고 느끼고 의지력을 발휘하는 능력을 가지고 있다. 마음의 끊임없는 동요가 더 안쪽의 겹인 지성, 자의식, 의식, 그리고 '자기self'의 층에 영향력을 행사한다.

마음은 본래 시시각각 변하는 성질이 있어 잡으려 해도 잡히지 않고 파악하기도 어렵다. 하지만 인간의 체계 중 외부 세계와 내면세계 모두를 비춰 주는 곳은 마음 말고는 없다. 마음은 내면의 것들과 외부 세계의 것들을 모두 볼 수 있는 능력을 가지기는 했지만, 본래의 성질상 내면세계보다는 눈에 보이는 외부 세계의 사물에 더 집착한다.

마음은 인간이 가진 여러 감각 기능과 결합하여 우리가 사물을 보고, 관찰하고, 느끼고, 경험할 수 있게 해 준다. 이러한 경험들은 고통스러울 수도, 고통스럽지 않을 수도 있으며, 즐거움을 줄 수도 있다. 그리고 충동을 비롯한 여러 가지 경향과 기질이 마음을 비집고 들어와 갖가지 인상saṁskāras과 욕망vāsanas을 저장시키고, 여기에서 흥분과 감정의 흔적이 생겨난다. 그런 흥분과 감정이 좋게 느껴질 땐 좋은 인상이 남고, 나쁘게 느껴질 땐 혐오감이 생긴다. 따라서 의식의 동요와 변화는 이러한 인상들에서 생긴다고 할 수 있다. 마음을 단련하고 순수하게 정화시키지 않으면 그것은 우리가 경험하는 외부 대상에 집착하여 슬픔과 불행을 불러일으킨다.

파탄잘리가 『요가 수트라』 서두에서 마음의 기능에 대해 설명한 것은 우리에게 마음을 단련시키는 법을 가르치기 위해서이다. 나아가 그는 우리의 지성, 자아, 의식을 제어하고 억제하여 하나로 융합시킨 후 존재의 핵심으로 향하도록 하여 영혼에 완전히 빠져들 수 있게 한다. 이것이 바로 요가이다.

파탄잘리의 설명에 따르면 고통스럽거나 고통스럽지 않은 인상이 쌓이는 방법은 모두 다섯 가지이다. 먼저 프라마나pramāṇa는 올바른 생각이나 올바른 개념으로, 영원하며 진실하다. 잘못된 인식 혹은 잘못된 개념을 뜻하는 비파리아야viparyaya는 모순된 지식으로 이어진다. 그리고 비칼파(vikalpa: 망상, 공상), 니드라(nidrā: 잠), 스므르티(smṛti: 기억)가 나머지 세 방법에 해당된다. 마음은 이 다섯 가지 장場을 기반으로 작동하며, 경험도 여기를 통해 쌓이고 저장된다.

직접적인 인식은 스스로의 경험을 통해 얻을 수도 있고, 추론을 통해 얻어지기도 하며, 경전을 정독하거나 위대한 대가의 말을 음미해서 얻을 수도 있다. 올바른 지식이 진실성과 고유성을 갖기 위해서는 실재적이고 자명해야 한다. 이러한 인식이 정말로 올바른지는 이성적인 의심, 논리, 성찰을 통해 검증되어야 한다. 마지막으로 올바른 인식은 영적인 교의와 계율 및 신성한 진실과 어긋나서는 안 된다.

모순된 지식은 잘못된 개념으로 이어진다. 상상은 말이나 시각적인 차원에 머물러 실제적인 근거가 없는 공허한 생각에 그칠 수 있다. 우리 머릿속의 생각들은 사실로 증명 될 때 비로소 진정한 인식이 된다.

수면 상태에서는 활동이 멈춘다. 행위력, 지각력, 마음, 지성 모두 어떤 활동도 하지 않는다. 기억은 과거의 기억은 물론, 올바른 인식, 잘못된 인식, 망상, 심지어 수면 상태에서의 경험까지 모두 모아 두었다가 다시 되살려 내는 기능을 말한다.

우리의 마음속에 갖가지 인상을 쌓는 이 다섯 가지 방법을 통해 우리의 행동 양식이 형성되고, 이렇게 형성된 행동 양식은 개개인의 지적·문화적·영적 발전을 촉진시키기도 하고 가로막기도 한다.

의식의 계발

의식을 계발하기 위해서는 요가 수행을 통해 의식을 단련하고 관찰하여 점진적으로 가다듬어 나가야 한다. 파탄잘리는 『요가 수트라』 서두에서 의식이 왜 동요하는지 그 이유를 설명한 다음 어떻게 해야 그것을 가라앉힐 수 있는지 말한다. 그에 따르면 아브야사(수련)와 바이라기야(절제, 포기)가 핵심 방법이다.

『요가 수트라』 서두에서부터 초탈detachment과 절제renunciation를 수련과 연관시키는 것을 보고 의아한 학생들이 있다면, 그 둘의 상징적 관계를 다음과 같은 방식으로 생각해 보면 좋을 것이다. 『요가 수트라』는 'atha yogānuśāsanam'이라는 말로 시작한다. 여기서 'anuśāsanam'은 요가의 절제된 행동 규범을 수련하는 것을 말한다. 즉 전통에 따라 대대로 전해지는 윤리적 행동에 대한 가르침을 지켜 나가는 것이다. 윤리 원칙은 방법론에서 행위로 전환되어 수련을 구성한다. 그렇다면 이제 『요가 수트라』 제1장 4절에서 '절제'라는 말이 어떻게 쓰이고 있는지 살펴보기로 하자. '그렇지 못할 때 영혼은 동요하는 의식에 동조한다.' 마음이 동요하면 당연히 관조자인 영혼은 즐거움의 들판과 고통의 계곡을 향해 바깥으로 나가게 되고, 유혹은 필경 집착을 불러일으킨다. 마음이 튼튼한 밧줄로 휘감듯 영혼을 휘감아 끌고 다니면 영혼은 존재의 핵심에서 멀어져 욕구를 충족시키고자 한다. 이때 마음이 동여맨 밧줄을 끊고 수행자를 구해줄 수 있는 것은 오로지 '절제'뿐이다. 따라서 우리는 『요가 수트라』 제1장 1절과 4절의 바로 초입에서부터 수련과 절제가 서로 연관되어 있으며, 절제가 없는 수련은 결실을 맺지 못한다는 사실을 알게 된다.

아브야사는 자신이 정한 목표를 반드시 이루겠다는 자세로 끊임없이 헌신적으로 노력하는 것을 말한다. 그러기 위해서는 아무리 오랜 시간이 걸리고 실패가 되풀이되더라도 굴하지 말아야 한다. 바이라기야는 열정에서 자유로워지고, 세속적인 욕망을 끊으며, 실재와 비실재를 구별하는 것을 의미한다. 또 바이라기야는 감각적인 모든 기쁨을 포기하는 것이다. 아브야사를 통해서는 의식을 단련하는 과정에서 자신감과 정련refinement을 얻게 되는 반면, 바이라기야를 통해서는 요가의 길에서 발전과 정련에 장애가 되는 모든 것들을 제거하게 된다. 바이라기야에 능한 사람은 행의 과보에서 해방되는 능력을 얻을 수 있다.

파탄잘리는 『요가 수트라』에서 집착, 비집착, 초탈에 대해 말한다. 초탈은 의사가 환자를 대하는 태도와 유사하다고 볼 수 있다. 의사는 자신의 기술을 최대한 동원해 책임감을 갖고 환자를 지극히 보살피지만, 환자에게 감정적으로 동화되지 않는다. 그러면 합리적인 사고 능력과 전문가로서의 판단력을 잃기 쉽기 때문이다.

새가 한쪽 날개로만 나는 것은 불가능하다. 영혼을 깨달을 수 있는 최고 경지까지 날아오를 수 있으려면 우리에게도 수련과 절제라는 양 날개가 모두 필요하다.

수련에는 특정한 방법론이 요구되며, 거기에는 반드시 노력이 수반되어야 한다. 수행자라면 결의, 응용 능력, 집중력, 헌신적 태도를 가지고 오랜 시간 끊임없이 요가의 길을 가야 한다. 그래야 마음, 지성, 자아, 의식을 훈련시킬 수 있는 안정된 토대를 마련할 수 있다.

절제는 분별력 있는 판단이다. 세속적인 욕망이든 고상한 명성이든 일체의 욕구에서 자유로워지는 법을 배우는 것이 곧 바이라기야이며, 여기에는 욕망과 열정에 동요되지 않도록 마음과 의식을 단련시키는 것도 포함된다. 수행자는 매일 매일 요가 수행을 해 나가면서 수행을 방해하는 사물이나 생각을 떨쳐버릴 수 있도록 기술을 연마해야만 한다. 그런 다음에는 자신이 노력을 통해 이룬 성취에 집착하지 않는 법을 배워야 한다.

한 순간도 쉬지 않고 아브야사와 바이라기야를 연마하면 마음을 제어하는 과정이 훨씬 더 빨리 진행될 수 있다. 그때 수행자는 마음 저 너머에 있는 것을 탐구하여 불멸성, 즉 영혼의 깨달음이 주는 감로를 맛볼 수 있다. 아브야사와 바이라기야를 그 누구보다 열심히 수행하는 사람에게는 어떤 유혹도 그를 괴롭히거나 가로막지 못한다. 수행이 더디어지면, 영혼을 깨닫기 위한 과정도 시간의 수레바퀴에 갇혀 더 이상 앞으로 나아가지 못한다.

수련과 절제가 꼭 필요한 이유

동요와 번뇌를 낳는 어머니는 다름 아닌 아비디야(무지, 무명)이다. 파탄잘리는 어떻게 해야 직접적이며 올바른 인식, 추론과 증거를 통해 지식을 얻을 수 있는지 설명한다. 올바른 이해는 시행착오가 완전히 끝날 때 비로소 얻어진다. 그런데 이렇게 영적인 지식을 얻고자 할 때 수련과 절제 모두가 중요한 역할을 한다.

집착은 인간과 물질 사이에 생기는 관계로, 선천적으로 타고 나기도 하고 후천적으로 생기기도 한다.

비집착은 집착과 개인적 번뇌로부터 의도적으로 멀리하고자 하는 과정을 의미한다. 비집착의 상태에서는 스스로 의무에 얽매이지도 않고 의무를 완전히 저버리지도 않으면서, 가깝든 멀든 친구든 적이든 가리지 않고 주변의 모든 사람을 기쁜 마음으로 돕는다. 비집착이란 내면으로 들어가 자신을 그 안에 가두는 것이 아니라, 오히려 어떤 의무감이나 기대도 갖지 않고 자신이 맡은 바 책임을 수행해 나가는 것을 의미한다. 비집착은 집착과 초탈의 중간 단계로서 이를 통해 초탈로 나아갈 수 있는 만큼, 수행자는 초탈을 생각하기 전에 먼저 비집착의 태도를 기를 필요가 있다.

초탈은 분별력을 길러 준다. 다시 말해 모든 사물이나 존재를 어떤 편견이나 개인적 이익에 얽매이지 않고 있는 그대로 순수한 상태로 바라볼 수 있게 한다. 이는 자연과 자연이 지닌 힘을 이해하는 방편이다. 하지만 자연의 섭리를 일단 이해하고 나면 자신을 자연에서 분리시켜 존재의 절대적인 독립 상태에 이르러 그 안에서 영혼이 자신만의 밝은 빛을 발할 수 있게 해야 한다.

마음, 지성, 자아는 욕망, 분노, 욕심, 탐닉, 자만심, 악덕의 수레바퀴 속에서 돌아가기 때문에 수행자를 이것들이 남긴 인상에 옭아매는 경향이 있다. 이러한 소용돌이에 한번 빠져들면 헤어나기가 극히 어렵고, 마음과 영혼이 어떻게 다른지 분간하기 힘들어진다. 하지만 요가를 수련하고 감각적 욕망을 절제하면 수행자는 영적인 성취를 향해 나아갈 수 있다.

수행자가 제대로 수련하기 위해서는 헌신, 열정, 끊임없는 각성, 꾸준한 노력 등 네 가지 자질이 요구된다. 절제를 위한 자질 역시 네 가지인데, 행에서 감각을 분리하는 것, 욕망을 피하는 것, 마음을 고요히 가라앉히는 것, 탐욕에서 자유로워지는 것이 이에 해당된다.

수행자도 수준에 따라 약한 수행자, 보통 수행자, 열의에 찬 수행자, 최상의 수행자의 네 가지로 나뉜다. 그리고 수행자의 단계도 네 가지로 나뉜다. 요가를 처음 시작한 초보자, 신체 내면의 기능을 머리로 이해한 수행자, 지성을 몸의 모든 부분과 연결시킬 수 있는 수행자, 자신의 몸, 마음, 영혼을 하나로 만든 수행자가 그것이다(표 1 참조).

표 1: 수행자의 수준, 수련의 수준, 발전 단계

수행자의 수준	아브야사(수련)	몸, 마음, 영혼	바이라기야(절제)	발전의 네 단계
a. 므르두 (약한 수행자)	수련이 느리고 일정치 않으며 결의가 없다	신체적인 차원 (안나마야) (인드리야마야)	야타마나 (행에서 감각을 분리하기)	아람바아바스타 시작 단계(표면과 주변부의 움직임)
b. 마드야 (보통 수행자)	수련에 질서와 규율이 잡혀 있다	생리적인 차원 (프라나마야, 세포, 분비선, 순환계, 호흡계 및 기타 기관)	비아티레카 (욕망을 떨치기)	가타아바스타 온전함의 단계 (신체적 및 생리적인 겹을 이용하여 신체 내부의 기능을 이해한다)
c. 아디마트라 (열의에 찬 수행자)	과학적인 방법을 이용하여 의미와 목적, 결의를 갖고 수련한다	정신적, 지적 차원 (마노마야) (비즈냐나마야)	에켄드리야 (마음을 고요히 가라앉히기)	파리카야아바스타 (세밀한 지식의 단계. 마음이 안나마야와 프라나마야 코샤를 비즈냐나마야 코샤에 연결시키는 단계)
d. 티브라 삼베긴 아디마트라타만 (최상의 수행자)	경건하고 순수한 마음으로 수련한다	의식 집중을 통한 수련으로 최고의 영혼에게 귀의한다 (치타 마야) (아트마 마야)	바쉬카라 (욕망에서 자유로워지기)	니스파티야아바스타 (완성과 성숙의 단계) (최고의 경지)

수련과 절제의 효과

강도 높은 수련과 절제에 의해 계발되지 않은 산만하던 의식(치타)은 잘 계발된 의식으로 바뀌어 각성의 네 단계에 집중할 수 있게 된다. 그리하여 수행자는 철학적 문제에 관심을 갖게 되고, 예리한 눈으로 분석하기 시작하며, 올바른 관점vitarka으로 물질적 대상의 개념과 목적을 파악하는 법을 배운다. 나아가 물질적 대상들에 대한 명상으로 들어가 물질의 미묘한 측면vicāra을 완전히 알고 이해하게 된다. 그 다음, 명상이 가져다주는 영적인 황홀감 혹은 순수한 행복ānanda을 맛보고, 마지막으로는 진정한 자기(진아)를 보게 된다. 이 네 종류의 각성을 하나로 합쳐 삼프라즈냐타 사마디saṁprajñāta samādhi 혹은 삼프라즈냐타 사마파티saṁprajñāta samāpatti라 부른다. '사마파티samāpatti'는 생각의 변환 혹은 자신과 대면하게 되는 깊은 명상을 가리킨다.

수행자는 이 네 단계의 각성을 통해 마놀라야manolaya라고 하는 새로운 경지에 들어선다. 이 상태에서는 의식이 민감하게 깨어 있는 동시에 고요한 수동적 상태를 유지한다. 파탄잘리는 수행자가 이 상태에 안주해서는 안 된다고 경고한다. 이 단계는 영적인 길에서 만나는 갈림길일 뿐이므로, 오히려 이때 수행에 더욱 박차를 가해 니르비자 사마디nirbīja samādhi 혹은 다르마메가 사마디라고 하는 훨씬 더 높은 경지의 단계를 경험해야 한다. 수행자는 마놀라야를 경험한 후 어디로 가야 할지 몰라 그 단계에 영원히 머물 수도 있지만 여기는 영혼의 사막과도 같은 곳이다. 텅 비어 있는 고요한 이 상태에서는 숨겨진 경향이 활동만 안 할 뿐이지 여전히 잠재되어 있다. 이 숨겨진 경향들은 깨어 있는 수동적인 상태가 사라지는 순간 언제든 다시 활성화된다. 따라서 이 상태를 요가가 지향하는 최고의 목표라고 착각해서는 안 된다.

이러한 휴식의 상태는 발전의 도정에서 이루는 대단한 성취라 할 수 있지만 영적인 차원에서는 아무 발전도 없는 정지 상태일 뿐이다. 수행자가 몸을 더 이상 의식하지 않고 자연에게서도 아무 방해를 받지 않게 되면, 그것은 곧 물질을 완전히 정복했다는 뜻이다. 하지만 신중한 수행자라면 그 상태는 요가에서 성취를 이루는 시작점일 뿐, 요가의 목적이나 종착점이 되지 못한다는 사실을 깨닫는다. 그래서 신심과 열의를 가지고 한층 더 노력하고(우파야 프라티야야upāya pratyaya), 과거의 경험을 지침으로 삼아 홀로 되는 공허한 상태에서 벗어나 홀로 있되 공허하지 않은 온전한 상태를 향해 나아간다. 거기서 수행자는 진정으로 절대적인 자유를 누린다.

수행자의 수련 강도가 강할수록 그는 목표에 더 가까이 다가선다. 반대로 노력을 게을리하면 수련의 의지나 강도가 줄어드는 만큼 목표도 멀어진다.

보편적 영혼, 신(이스바라, 푸루샤 비세산, 파라마트만)

요가 수행을 시작하는 방법에는 여러 가지가 있다. 파탄잘리는 그 중 신Īśvara에게 귀의하는 것을 가장 수승한 방법이라 여긴다. 신에의 귀의란 속세를 떠나 신에게만 마음을 쏟는 것을 말함인데, 이는 선천적으로 탁월한 능력을 타고난 이들에게나 가능한 일이다. 파탄잘리의 정의에 따르면 신은 번뇌와 행의 과보에서 완전히 벗어난 최고의 존재이다. 그 어디에도 비할 수 없는 뛰어난 모든 지혜의 씨앗이 신 안에 있다. 신은 그 어떤 성인이나 스승보다도 훌륭하며, 시간, 공간, 상황의 구애도 받지 않는다.

신은 신성한 글자 '옴ĀUṀ'으로 상징된다. '옴'은 거룩한 성취를 기리는 신성한 소리다. '옴'은 우주의 소리이며(삽다 브라흐만śabda brahman), 철학적 견지에서는 모든 글자의 씨앗이기도 하다. 'ā', 'u', 'ṁ'의 세 소리가 없이는 어떤 글자도 발음할 수가 없기 때문이다. '옴'의 맨 처음 글자 'ā'는 입을 벌리게 만드는 소리를 나타낸다. 그래서 맨 처음에 'a'로 시작하는 것이다. 또 말을 하기 위해서는 혀를 굴리고 입술을 움직여야 한다. 이를 상징하는 것이 'u'라는 글자이다. 마지막으로 소리가 끝나면 입술을 닫게 되는데, 이것을 상징하는 글자가 'ṁ'이다. '옴'은 신, 최고의 영혼, 그리고 우주와의 교감을 나타낸다.

'옴'은 프라나바praṇava라고도 하는데, 이는 기쁨에 차서 신을 예경하는 것이다. '옴'을 되풀이해서 염송하면 신을 숭배하는 것이 되는데, 자연의 가장 미묘하고 고상한 표현이 바로 소리의 진동이기 때문이다. 마하트mahat는 바로 이러한 차원에 속한다. 심지어 입 밖에 내지 않은 내면 깊숙한 곳의 생각도 소리의 진동을 일으킨다. 그래서 '옴'은 에너지의 최고 형태인 소리의 근본적인 움직임을 나타내는 것이라 할 수 있다. '옴'이라는 소리는 신을 숭배하는 가장 기초적인 방법인 셈이다. 현상 전개의 이 높은 수준 속에는 분화가 아직 일어나지 않았다. '옴'은 편파적이지도 않고 분화되지도 않은 완전한 예경을 나타내며, 이보다 더 훌륭한 예경은 찾아볼 수 없다. 수행자가 '옴'의 기도를 올리면 마음이 순수해지고 요가의 목적을 이룰 수 있다. '옴'의 의미를 느끼고 인식하면서 소리를 되풀이하면 진아를 깨닫는 데 방해가 되는 여러 가지 장애물이 사라진다.

장애

건강한 삶과 진아의 깨달음을 방해하는 것들로는 질병, 나태한 몸과 마음, 의심 혹은 회의, 부주의, 게으름, 욕망과 욕망의 충족을 피하지 못하는 것, 망상과 핵심을 놓치는 것, 시작한 일에 집중하여 진전을 이룰 능력의 부족, 수련에서 이룬 성취에 집중하여 그것을 꾸준히 지속시키지 못하는 것 등을 들 수 있다. 이 장애들은 슬픔, 근심 혹은 절망감, 육체의 불안정, 거칠고 불규칙적인 호흡 등에 의해 더 증대된다.

장애를 넘어 목표에 도달하는 방법

앞에서 열거한 장애들을 최소화하거나 완전히 제거하기 위한 방법은 다음과 같다. 수련 중에 처음부터 끝까지 일관된 마음으로 노력하는 것, 생명을 가진 모든 것들에 호의와 선의를 갖는 것, 자비심과 기쁨을 느끼고, 즐거움과 고통, 선과 악 모두에 무심하며 집착하지 않는 것 등이다. 이렇게 할 때 마음은 안과 밖 모든 곳에 고르게 퍼지고 고요해진다.

파탄잘리는 또한 다양한 유형의 수행자들에게 마음의 동요를 없애기 위해 다음과 같은 방법들을 따를 것을 권한다 :

- 매번 숨을 내쉬고 나서 한동안 그 상태를 유지하기(들숨을 알아차리면 자기self가 어떻게 서서히 몸에 집착하는지 배울 수 있다. 날숨을 알아차리면 자기를 몸과의 접촉에서 벗어나게 하여 비집착의 상태에 이르는 방법을 배울 수 있다. 날숨 뒤의 호흡의 보유를 통해 초탈을 향해 나아가는 법을 배울 수 있다.)
- 흥미로운 주제나 대상에 집중하기
- 아무 번뇌 없이 환한 광채를 내는 빛에 대해 명상하기
- 위대한 성인들이 간 길을 따르기
- 깨어 있는 상태, 꿈꾸는 상태, 잠자는 상태의 본질에 대해 연구하고 이 세 종류의 상태에서 오롯이 각성의 상태를 유지하기
- 몰입하게 만들어 마음이 고요해지게 하는 데 도움이 되는 사물에 대해 명상하기

수련의 효과

이러한 방법들은 하나씩 따로 수련할 수도 있고, 모든 방법을 한꺼번에 이용할

수도 있다. 모든 방법을 함께 이용하면, 바람이 허공에 퍼져 나가듯 마음이 자신의 거처인 몸 구석구석에 스며든다. 신중하고 주의 깊게, 또 진지한 자세로 이 방법들을 실행하면, 열정은 제어되고 오롯이 하나를 향하는 마음 상태가 이루어진다. 수행자는 티 없이 맑은 수정처럼 고도로 민감한 상태가 된다. 그리하여 관조자와 수행자, 수행에 이용되는 수단 모두가 자기 자신에 지나지 않는다는 것을 깨달아, 자기 내면에 자리 잡고 있던 모든 구분을 녹여 버린다.

이런 명확함을 얻으면 수행자의 말은 그 의미와 조화를 이루고, 새로운 지혜의 빛이 동이 터오듯 비쳐 온다. 경험한 기억이 마음을 안정시켜, 기억과 마음 모두 우주의 지성 속에 융합된다.

이는 사마디의 한 종류로, 씨앗이나 토대가 있는 사비자 사마디sabīja samādhi이다. 수행자가 이 단계에서 수행에 한층 박차를 가하면 때묻지 않은 지혜와 행복, 평정을 얻을 수 있다. 때묻지 않은 지혜는 우리가 듣고, 읽고, 배우는 어떤 지식에도 의존하지 않는다. 하지만 수행자는 이러한 발전에 안주하려고 해서는 안 된다. 보다 높은 존재의 차원, 즉 아마나스카트바amanaskatva의 경지를 체험하기 위해 노력해야 하는 것이다.

마놀라야가 수동적이고 소극적인 상태에 가까운 고요한 경지라면, 아마나스카트바는 마음의 영향을 받지 않은 채 내면의 존재와 직접적으로 관계를 맺는 능동적이며 적극적인 상태를 말한다. 수행자가 이 경지에 이르면 외부 사물에서 완전히 초탈하게 된다. 완전한 포기가 이루어지고, 수행자는 자기 내면의 존재와 조화를 이루어 관조자로 하여금 자신이 본래 갖추고 있던 광명 속에서 찬란하게 빛나게 한다.

이것이 진정한 사마디의 경지로, 씨앗이 없는 사마디, 즉 니르비자 사마디 nirbīja samādhi이다.

Ⅱ : 사다나 파다 Sādhana Pāda

의식의 미묘한 측면은 이해하기 아주 어려운 주제인데도 파탄잘리가 『요가 수트라』의 서두에서부터 다루는 이유는 무엇일까? 그것은 아마도 당시의 평균적인 지적 수준이나 영적 지식이 지금보다 훨씬 높고 정교하였기 때문일 것이다. 그 시대 사람들에게는 내면을 탐색하는 것이 지금의 우리보다 쉬웠던 것이다.

파탄잘리가 서두에 이야기한 내용만 따라서는 내면을 여행하거나 영적인 경지에 오르는 것이 힘든 게 오늘의 현실이다. 따라서 우리는 파탄잘리가 크리야요가(행의 요가)를 소개하고 있는 이 '사다나 파다'로 방향을 돌린다. 크리야요가를 통해 우리는 영적 경지에 이르는 데 필요한 실천적 수련이 무엇인지 알 수 있다.

내 견해로는 『요가 수트라』의 네 장은 저마다 다양한 수련의 질과 측면을 다루고 있다. 각 수행자가 얼마나 발달된 지성과 정련된 의식을 지녔느냐에 따라 이용할 수 있는 내용이 달라진다.

수행Sādhana이란 수행자가 한 가지 목적을 정해 놓고 단련을 해 나가는 것을 의미한다. 아브야사는 수련을 되풀이하되 꾸준히 그것을 관찰하고 반성하는 것을 말한다. 행을 뜻하는 크리야 역시 연구와 조사를 통한 완벽한 실행의 뜻을 담고 있다. 따라서 사다나, 아브야사, 크리야가 뜻하는 바는 결국 같다고 할 수 있다. 영적인 목표를 이루기 위해 자신의 마음과 지성을 수련에 능숙하게 이용할 줄 아는 사람이 수행자이다.

파탄잘리는 제2장에서 행위력 및 지각력으로 시작되는 수련 방법을 제시하고 있는데, 지적으로 뒤처진 그 시대 사람들을 위해서였는지, 아니면 우리 시대의 영적인 한계를 미리 알아서인지는 확실치 않다. '사다나 파다'에는 보통의 지적 능력을 가진 사람들이 지혜를 얻을 수 있는 실질적 방법을 담고 있어, 요가를 시작해 진아를 깨달아야겠다는 희망과 자신감을 갖게 한다. 제2장을 통해 수행자는 영혼의 눈에 보이는 층인 몸과 감각을 정련하는 기술을 익히게 되는데, 거친 층에서 점차로 미묘한 층으로 나아가는 방식을 취한다.

아디셰사의 화신인 파탄잘리는 불멸의 존재였다고 여겨지지만, 자신의 의지로 인간계에 내려와 보통 사람들의 기쁨과 고통, 집착과 혐오, 감정적 동요와 지적 나약함을 직접 맛보았음에 틀림없다. 이로 인해 그는 인간의 본성을 바닥부터 최상부까지 철저하게 알 수 있었다. 파탄잘리는 우리가 헌신적인 요가 수행을 통해 결점을 극복하고 해탈로 나아갈 수 있도록 이끈다. 따라서 가르침대로만 하면 누구나 즐거운 마음으로 영적인 혜택을 누릴 수 있게 하는 제2장은 파탄잘리가 인류에게 주는 선물이다.

행의 요가인 크리야요가는 타파스, 스바드야야, 이스바라 프라니다나의 세 단계로 나뉜다. 타파스는 요가를 수련하고자 하는 타오르는 열망과 수련 속에서 이루어지는 집중적인 노력을 말한다. 스바드야야에는 두 가지 측면이 있는데, 경전을 공부해 신성한 지혜와 윤리적, 영적 가치를 지닌 지식을 얻는 것이 하나이고, 바깥의 몸에서부터 내면의 자기를 탐색해 스스로를 연구해 나가는 것이 다른 하나이다. 이스바라 프라니다나는 신에 대한 믿음을 가지고 신에게 귀의하는 것을 말한다. 이 귀의의 행을 통해 우리는 겸손을 배운다. 크리야요가가 지닌 이 세 요소를 열성과 성의를 갖고 따르면, 삶의 고통이 사라지면서 사마디를 경험할 수 있다.

고통 혹은 번뇌(클레샤Kleśas)

클레샤(고통 혹은 번뇌)가 발생하는 원인에는 다섯 가지가 있다. 지혜 및 이해의 부족으로 생기는 무지(아비디야avidyā), 자만심(아스미타asmitā), 집착(라가rāga), 혐오감(드베샤dveṣa), 죽음에 대한 두려움과 삶에 대한 집착(아비니베샤abhiniveśa)이 그것이다. 무지와 자만심은 지성적 결함이고, 집착과 혐오감은 감정적 결함이며, 죽음에 대한 두려움과 삶에 대한 집착은 본능적인 결함에 해당된다. 이 번뇌들은 숨어 있거나, 활성화되지 않거나, 미약해지거나, 극도로 활성화될 수 있다.

지혜의 부족으로 생기는 무지avidyā는 번뇌가 자라나는 온상으로 우리의 삶을 지옥으로 만든다. 무상한 것을 영원한 것으로, 순수하지 못한 것을 순수한 것으로, 고통을 즐거움으로, 속세의 즐거움을 영적인 행복으로 착각하는 것은 모두 아비디야avidyā에 속한다.

한편 개인의 자아('나')를 진정한 영혼이라 생각하는 것이 아스미타asmitā이다. 이는 자아를 관조자로 잘못 생각하는 것을 말한다.

욕망을 추구하고 만족시키는 것을 라가rāga라고 한다. 욕망이 충족되지 않으면 절망감과 슬픔이 소외감과 증오를 불러일으키는데, 이것이 바로 드베샤dveṣa라고 하는 혐오감이다.

아비니베샤abhiniveśa는 영원토록 살고자 하면서 자신의 개인적 자아를 보존하고 싶어 하는 것이다. 삶에 대한 이러한 집착에서 자유로워지는 것은 학식이 높고 지혜로운 사람일지라도 쉬운 일이 아니다. 아비디야가 번뇌를 낳는 어머니라면, 아비니베샤는 그 자식이라 할 수 있다.

우리가 과거에 행한 모든 행동은 나름의 영향력을 행사하며 우리의 현생과 내생을 결정짓는다. 즉, 뿌린 대로 거둔다는 말이다. 이를 보편적인 인과의 법칙인 카르마의 법칙이라 한다. 우리가 한 행동이 착하고 선하면 번뇌는 최소한으로 줄

어들고, 잘못된 행동을 하면 슬픔과 고통이 찾아온다. 행동에 대한 과보는 바로 나타나기도 하고, 어느 정도 시간이 흐른 후 나타나기도 하며, 다음 생에 찾아오기도 한다. 이러한 행들이 출생, 수명, 살아가는 동안의 경험의 종류를 결정한다. 영적 지혜의 빛이 밝아올 때 우리는 즐거움 속에서도 슬픔의 흔적을 지울 수 없다는 것을 인지하고, 그때부터 즐거움과 고통을 모두 끊어버린다. 하지만 보통 사람들은 계속해서 행의 과보에서 벗어나지 못한 채 살아간다.

번뇌를 줄이는 방법

파탄잘리는 번뇌를 줄이기 위해서는 고통과 즐거움 모두에 무심할 것이며, 명상 수련을 통해 자유와 지극한 행복의 경지에 이를 것을 권한다. 이를 위해 파탄잘리는 먼저 요가의 여덟 가지 길을 자세하게 설명한다. 이 길을 따르면 신체적 건강이나 에너지, 정신적 평정이 깨졌을 때 나타날 수 있는 숨어서 잠재되어 있던 고통을 피할 수 있다. 이는 곧 요가가 건강한 사람은 물론 몸이 약한 사람에게도 적합하여 누구든 신체 및 정신적 질병에 맞서 싸울 수 있도록 힘을 길러 주는 수련임을 의미한다.

번뇌의 원인

번뇌가 생기는 가장 주된 원인은 아비디야로, 관조자와 보이는 대상(프루샤와 프라크르티)이 서로 결합되어 있음을 모르기 때문에 생기는 것이다. 관조자는 외부 세계의 유혹에 이끌려 즐거움을 추구하게 되고, 이는 욕망을 낳는다. 하지만 이 욕망이 모두 충족되기는 불가능하므로, 여기서 고통이 생겨 내면의 존재에게 숨 막히는 고통을 안긴다. 자연과 그것의 아름다운 모습은 기쁨과 즐거움(보가bhoga)

을 주기도 하지만, 자유와 해탈(요가)을 위해 존재하기도 한다. 자연을 무분별하게 이용하면 즐거움과 고통의 굴레에서 벗어나지 못한다. 분별력을 가지고 자연을 이용할 때에만 고통이 뒤섞인 즐거움으로부터 자유로워져 절대적인 행복에 이를 수 있다. 이 목적을 이루고자 할 때는 두 개의 길, 즉 외적 지향성을 가지고 발전해 나가는 수련의 길(아브야사)과 내면의 절제를 추구하여 행의 과보와 속세의 이해관계에서 벗어나는 초탈의 길(바이라기야)을 함께 걸어야 한다.

우주론적 자연관

상키야 철학은 전개의 과정과 영혼과 물질, 본질과 형상의 상호작용을 세밀하게 설명한다.

자연이 가장 미묘한 개념에서 가장 거친 단계, 즉 가장 고밀도의 단계까지 전개되어 가는 과정을 알기 위해서는 먼저 근본적 자연 상태인 물라 프라크르티mūla-prakṛti를 이해해야 한다. 발전의 이 단계에서의 자연은 무한하고, 어떤 속성이나 구별도 없다. 이 상태는 '본체(알링가aliṅga: 아무 표시도 없는 상태)라 부를 수 있으며, 직관에 의해서만 이해될 수 있다. 상키야 철학에 따르면, 물라 프라크르티의 상태에서는 자연의 세 가지 성질이 완벽한 균형을 이룬다. 즉 사트바, 라자스, 타마스가 각각 3분의 1씩 차지하는 것이다.

근본적 자연 상태가 발전하면 현상의 단계로 전개되는데, 이를 링가(liṅga: 표시가 있는 상태)라 한다. 이때는 자연의 세 가지 속성에서 교란이나 재분배가 일어나 자연이 동요하는 특성을 갖게 된다. 다시 말해 세 가지 중 어느 하나가 나머지 둘을 압도하게 된다는 이야기다(물론 어떤 성질이 완전히 배제되는 일은 절대 없다. 예를 들어, 타마스 7/10, 라자스 2/10, 사트바 1/10로 나타나는 식이다). 현상적 우주에서 최초의 단계이자 가장 미묘한 단계는 우주의 지성을 뜻하는 마하트이다. 마하트는 '위대한 원리'로, 자연 속에 존재하는 자발적인 동력을 구체화시키는 것이다. 여기에는 주체와 객체가 따로 없으며, 창조와 소멸의 과정 모두에 참여한다.

자연이 여기서 더 발전하면 아비셰사(aviśeṣa: 보편적인, 특수화되지 않은)의 단계에 들어선다. 이 단계는 지성으로는 이해가 가능하지만, 감각을 통해 직접적으로 인식하기는 불가능하다. 자연의 기본 요소가 지닌 미묘한 특성(이는 원자의 하위 구조로도 볼 수 있다.)이 바로 이 단계에 속한다. 기본적인 차원에서 설명하자면, 흙(프르트비pṛthvi)이 지닌 냄새, 물(아프āp)이 지닌 맛, 불(테즈tej)이 지닌 형상이나 모양, 공기(바유vāyu)가 지닌 촉감, 에테르(아카샤ākāśa)가 지닌 소리 등 각 요소의 고유한 특질이 이런 미묘한 특성이라 할 수 있다. '나'라는 원리 역시 이 그룹에 속하는 것으로 볼 수 있다.

마지막 단계인 비셰사viśeṣa에서는 자연이 구체성을 띠면서 분명하게 모습을 드러낸다. 이 단계에 들어가는 것은 다섯 가지 요소, 다섯 가지 지각력(귀, 눈, 코, 혀, 피부), 다섯 가지 행위력(팔, 다리, 입, 생식기, 배설기), 마지막으로 열한 번째 감각인 마음이다. 그리하여 자연에는 총 24가지의 원리(타트바tattvas)가 존재하게 되고, 스물다섯 번째가 다름 아닌 푸루샤(아트만ātman), 즉 영혼이다. 푸루샤는 자연에 스며들지만 그것을 초월하기 때문에 자연에 속해 있지는 않은 것으로 본다.

(푸루샤가 나머지 원리를 자극하여 활동하게 만들 때 그것은 밖으로 향하는 전개이다. 반대로 푸루샤가 자연을 뒤로 하고 들어오는 것은 안으로 향하는 전개이다. 푸루샤가 자연의 속성들과 선하게 상호 작용을 할 때에는 지복을 경험할 수 있다. 푸루샤가 이런 상태일 때 프라크르티는 천국이 된다. 하지만 잘못된 경험을 하게 되면 프라크르티는 곧 지옥으로 변한다.

푸루샤가 무심한 채로 있는 경우도 있지만, 분명히 알아야 할 것은 그런 경우에도 자연은 구나를 변화시켜 자기 스스로를 휘젓는다는 것이다. 다만 이러한 변화가 표면으로 떠오르기까지는 오랜 시간이 걸린다. 이때 푸루샤가 도움의 손길만 뻗어 주면, 자연은 밖으로 향하는 전개든 안으로 향하는 전개든 올바른 길로 움직이도록 단련된다.)

비셰사 단계에서는 다섯 가지 요소, 다섯 가지 지각력, 다섯 가지 행위력, 그리고 마음을 모두 합하여 열여섯 가지 원리라고 한다. 이것들은 모두 정의definition와 구별이 가능하다. 아비셰사의 단계에서는 다섯 가지 탄마트라(tanmātras: 냄새, 맛, 모양, 촉감, 소리)와 아함카라(ahaṁkāra: 자아)가 구별되지도 않고 정의도 불가능하지만 그 자체로 실체가 된다. 창조 과정의 물질적 단계에서는 타마스가 라자스나 사트바보다 우세하게 나타나지만, 심리-감각적인 차원에서는 라자스와 사트바가 함께 우세하게 나타난다.

자연의 구나가 이 열여섯 가지 원리와 상호 작용을 하면서 우리가 어떤 행동을 했느냐에 따라 우리의 운명이 결정된다. 결과적으로 우리가 삶에서 하게 되는 경험은 모두 자연의 거친 현상으로부터 나오는데, 그것이 육체적인 번뇌가 되느냐 아니면 아름답게 펼쳐지느냐에 따라 고통과 즐거움이 갈린다. 자연의 이 거친 현상만이 '실재'라고 생각하면 현상 세계에 구속될 수 있지만, 다행스럽게도 자연은 현상세계로 나가는 길이 있는 만큼 다시 근원으로 돌아오는 여정인 안으로 향하는 길도 열어 두었다. 이 길은 구체적인 원리를 재흡수하여 비구체적인 원리로 만든 다음, 다시 알링가의 단계로 되돌아가고, 최종적으로 모든 현상적 자연에서 떠나 다시 본체의 뿌리인 발현되지 않은 물라 프라크르티로 돌아감으로써 가능해진다. 이것은 관찰을 위해 망원경 렌즈를 밖으로 뻗었다가 다시 안으로 접는 것과 같은 이치이다.

관조자가 스스로를 직접 대면하는 순간, 자연의 원리들도 자신의 근본 뿌리로 돌아가 푸루샤의 고요함 속에 평온히 머문다. 여기에서는 안으로 향하는 여정에 관해 다음과 같은 점만 밝혀두어도 충분할 것이다. 안으로 들어가는 여정이 완수되려면 지성의 분별력이 개입되어야 하며, 구나를 길들이고 재조정해 본체 상태의 완벽한 균형을 이루어야 한다는 것이다. 그래야 다시 안으로 들어가는 각 단계가 원활하게 진행될 수 있다. 가장 기본적인 현상적 차원인 몸에서 시작하는 요가야말로 이러한 여정을 보여 주는 본보기라 할 수 있을 것이다.

자연의 원리들이 자신의 근본 뿌리를 향해 돌아가기 시작하면, 그 잠재력도 안으로 숨게 된다. 사마디에 들어간 사람이 존재는 하지만 아무 것도 할 수 없는 게 바로 이 때문이다. 자연의 외적 형태가 새의 날개처럼 안으로 접혀 버리는 것이다. 이때 수행자가 열성을 다해 끝까지 계속 수행하지 않고, 자신이 이른 성취에 안주해 버리면 자연의 원리가 다시 활성화되어 나쁜 영향을 미친다. 수행자가 다시 기쁨과 슬픔의 수레바퀴에 갇힐 때 격변하는 자연의 속성은 다시 푸루샤의 빛을 가릴 것이다. 반면 푸루샤와 프라크르티가 신성하게 결합된 경지에 이른 사람이 거기에 안주하지 않고 노력을 배가하면 그의 앞에는 오로지 카이발리아만이 있을 뿐이다.

푸루샤의 특성

관조자 혹은 영혼으로 해석되는 푸루샤는 절대적이고 순수한 지식을 말한다. 늘 변화하는 자연(프라크르티)과 달리 푸루샤는 영원하며 변하지 않는다. 자연의 속성에서 자유로운 푸루샤는 모든 것을 알고 있는 절대 지자知者이다. 관조자는 언어를 초월해 있으므로 설명이 불가능하다. 푸루샤가 자연이라는 운동장에서 활동할 때 그것을 옭아매고 그 순수성을 오염시키는 것은 바로 자연의 층 중 하나인 지성이다. 모든 것을 비추는 거울이 더러우면 상이 깨끗하게 보이지 않듯, 관조자 역시 그 자신은 아무리 순수하다 하더라도 지성이 어둠에 가려져 있으면 보이는 대상을 깨끗하게 보여줄 수 없다. 이때 요가의 여덟 가지 길을 열심히 따라가 분별력 있는 이해(비베카viveka)를 계발하여 자연의 운동장을 올바로 사용하는 법을 배우면, 지성을 깨끗하게 만들어 관조자를 경험할 수 있다.

성취

사람들은 누구나 날 때부터 자신의 지성을 예리하게 계발하고 성숙시키려는 욕망을 가지고 있다. 신이 우리에게 자연의 원리를 부여해 준 것도 바로 이 때문이다. 관조자가 자연의 원리와 교감하여 그것을 최대한 이용해야 지성 및 영혼의 성장을 이룰 수 있다. 자연이 존재하는 것은 자신의 주인이자 인간 내면의 존재인 관조자(푸루샤 혹은 아트만)에게 봉사하기 위해서이다. 자연이 감각적 즐거움에 이용될 때는 영적인 깨달음에 걸림돌이 되지만, 그렇지 않으면 우리가 자신의 잠재력과 위상을 깨달을 수 있도록 도움을 준다. 인간이 자연을 남용하거나 감각적 즐거움의 유혹에 굴복해 버리는 것은 자연의 잘못이 아니다. 우리의 행동에 따라 자연은 언제라도 도움을 줄 준비가 되어 있기도 하고, 아무 힘도 행사하지 않을 수도 있다. 우리가 지성적, 감정적 약점을 극복하면, 자연의 선물은 우리에게 기꺼이 작용하여 영혼의 깨달음을 얻게 한다. 이 임무를 완수하고 나면 자연은 뒤로 물러난다.

이렇게 진정한 자아를 깨달아야 지성 발달의 정점에 도달했다 할 수 있다. 우리는 생각하고 말하고 행동할 때 끊임없는 각성으로 자아의 깨달음을 이어 나가야 한다. 그래야만 관조자와 교감을 이루고 물러나는 자연의 목적이 무엇인지 온전히 이해할 수 있다. 그 순간 모든 슬픔과 미움은 씻은 듯 사라지고, 영원히 변치 않는 때묻지 않은 평화가 수행자를 찾아온다. 하지만 분별력과 알아차림이 없는 이들은 살아 있는 내내 자연이 드리우는 끊임없는 번뇌와 불안으로 고통에서 벗어나지 못한다.

지혜의 일곱 가지 상태

파탄잘리는 자연과 관조자가 지닌 기능을 설명한 다음, 자연이 관조자와의 접촉에서 풀려났을 때 생기는 이해 혹은 지혜(프라즈냐)의 일곱 가지 상태를 말한다. 그러면 지혜의 일곱 가지 상태에 대응되는 무지(아비디야)의 일곱 가지 상태에 대해 먼저 살펴보기로 하자.

1 옹졸함, 유약함, 사소함, 열등감, 비열함

2 불안정함, 변덕, 변하기 쉬움

3 고통, 번뇌, 불행, 걱정을 안고 살아가는 것

4 고통과의 연관 속에서 살아가는 것

5 썩어 없어지는 육신을 진아라고 착각하는 것

6 슬픔 속에서 살아갈 조건을 만드는 것

7 영혼과의 합일(요가)이 불가능하다고 믿고, 또 그런 것처럼 행하는 것

지혜의 일곱 가지 상태는 다음과 같다

1 알아야 할 것을 아는 것

2 버려야 할 것을 버리는 것

3 얻어야 할 것을 얻는 것

4 해야 할 것을 하는 것

5 이루어야 할 목표를 이루는 것

6 자연이 지닌 세 가지 구나의 힘에서 벗어나 자유로운 지성을 얻는 것

7 영혼의 해탈을 이루어 스스로 빛을 발하는 것

지혜의 이 일곱 가지 상태는 올바른 욕구, 올바른 성찰, 기억과 마음의 소멸, 순수한 사트바 혹은 진실(실체)의 체험, 칭찬과 비난에 흔들리지 않는 것, 현상의 창조를 거두어들이는 것, 내면의 영혼을 관조하며 살아가는 것으로 해석할 수 있다. 이를 더 간단히 정리하면 다음과 같다.

1 내면의 몸과 외면의 몸에 대한 이해

2 에너지와 에너지의 사용법에 대한 이해

3 마음의 이해

4 한결같은 의지

5 경험에 대한 각성

6 순수한 본질, 고상한 감정, 아름다움에 대한 인식

7 개인의 영혼인 지바트만이 보편적 영혼인 파라마트만의 입자라는 사실의 이해

『요가 바시스타Yoga Vasiṣṭa』에서는 이 경문(2장 27절)의 내용을 개인 발전의 일곱 단계와 연관시킨다.

1 학습 및 지혜로운 사람들과의 교유

2 문제 해결 능력

3 비집착의 태도를 기르는 것

4 타고난 약점을 없애는 것

5 반은 잠들어 있고 반은 깨어 있는 상태를 경험할 수 있는 지고의 행복을 위한 정진

6 깊은 수면 상태의 체험

7 순수함, 평정, 타인에 대한 자비심이 배어 나오는 경지에 이르기

각성의 일곱 상태 역시 인체의 다섯 가지 겹(코샤)과 연관된다. 의식은 여섯 번째 겹, 내면의 자아는 일곱 번째 겹에 해당된다.

파탄잘리는 각성의 일곱 상태를 다음과 같이 설명하고 있다.

1 의식 발현vyutthāna citta

2 의식 제어nirodha citta

3 의식을 고요히 가라앉히기śānta citta

4 한 가지에 집중하는 상태ekāgra citta

5 싹이 자라난 의식nirmāṇa citta

6 분리된 의식chidra citta

7 순수한 의식divya citta

(3장 9~11절; 4장 27, 29절 참조)

또 윤리·신체·생리·신경·감정·지성·영혼이 지배하는 각 영역을 각성의 일곱 상태로 생각할 수도 있다. 영혼을 관조하며 쉴 수 있게 되면, 이러한 경험적 상태에서도 신성을 느끼게 된다.

요가 수행

요가 수행에는 먼저 야마(yama: 금계)와 니야마(niyama: 권계)가 있다. 야마와 니야마는 행위력 및 지각력이 지닌 에너지가 올바른 방향으로 흐를 수 있게 한다. 아사나(āsana: 자세 행법)는 신체의 균형과 마음의 고요를 찾게 하고 지성을 꿰뚫는 힘을 길러 준다. 아사나를 통해 우리는 신체를 잘 알게 되고, 단순한 움직임과 아사나 동작이 어떻게 다른지 구별하게 된다. 단순한 움직임은 마음을 동요시키지만 아사나 동작은 마음을 집중시킨다. 프라나야마(prāṇāyāma: 호흡을 제어하여 에너지를 조절하는 것)와 프라티아하라(prātyāhāra: 감각을 뒤로 물러나게 함)를 수련하면 수행자는 자신의 숨겨진 내면을 탐색하고 존재의 핵심을 꿰뚫고 들어갈 수 있다. 다라나(dhāraṇā: 응념), 디아나(dhyāna: 명상), 사마디(samādhi: 삼매)는 완성 단계로 요가 수행의 정수에 해당된다. 다라나, 디아나, 사마디는 요가의 나머지 다섯 가지 수련에 완전히 통달했을 때에만 수련이 가능하다. 아니, 엄밀히 말하자면 요가 전체가 진정한 완성을 이루려면 요가를 이루는 여덟 가지 요소 모두가 상호 유기적으로 결합되어 있어야 한다.

야마

야마yama는 아힘사(ahiṁsā: 비폭력), 사트야(satya: 불망어), 아스테야(asteya: 불투도), 브라마차리아(brahmacarya: 금욕), 아파리그라하(aparigraha: 불탐)의 다섯 가지로 구성된다.

야마 수련을 한다는 것은 곧 말·생각·행동에 있어 남을 해치는 마음을 품지 않고, 성실하고 정직하고 신심 있는 태도를 지니며, 품위와 정결을 지키고, 남의 물건이나 다른 사람들이 주는 선물을 탐하지 않는 것을 말한다. 이는 우리가 살아가면서 반드시 지키고 실천해야 하는 것들이다. 혈통, 시간, 공간, 신분, 직업을 막론하고 사람들이 각자의 삶에서 그리고 사회 속에서 실천해 나가야 하는 것이다. 야마는 강력한 보편적 서약이라고 파탄잘리는 말한다.

야마의 효과

수행자가 아힘사의 원칙을 한결같이 지켜 나가면, 함께하는 모든 존재는 그에게 적대적인 태도를 버린다. 사트야를 실천하면 말이 행이라는 열매를 맺는다.

또 아스테야를 실천하는 사람에게는 온갖 보물이 들어온다. 또 브라마차리(욕망을 억제하며 깨끗하게 살아가는 사람)는 활기와 에너지를 얻게 되며, 강물이 흐르듯 영적 지혜가 그에게 쏟아져 들어온다. 아파리그라하를 실천하는 사람은 자신의 전생과 내생을 알게 된다.

니야마

니야마의 다섯 가지 덕목은 개인적 수련뿐 아니라 영적 수련으로서의 의미도 지닌다. 사우차(śauca: 청결 및 순수), 산토사(santoṣa: 만족), 타파스(tapas: 종교적 열정), 스바드야야(svādhyāya: 경전 및 자신에 대한 공부), 이스바라 프라니다나(Īśvara praṇidhāna: 자신을 신에게 귀의시키는 것)가 니야마에 속하는 것들이다.

사우차에는 외적인 청결과 내적인 청결이 있다. 매일 몸을 씻는 것이 외적인 청결이라면, 아사나와 프라나야마는 내적인 청결을 유지시켜 준다. 사우차는 수행자의 생각·말·행동을 정화하여, 몸의 주인이 그 안에 편히 깃들게 한다. 산토사를 수련하면 마음이 밝아지고 자비심이 생긴다. 타파스는 정화와 자기 규율, 엄격한 수련을 포함하는 맹렬한 노력으로 요가 수행에 있어 경건하고 독실한 측면을 나타낸다. 타파스는 몸, 감각, 마음을 깨끗하고 순수하게 만든다. 스바드야야는 수행자의 내면에 불멸의 존재가 있음을 깨닫게 한다. 마지막으로 이스바라 프라니다나는 내면의 존재를 최고의 신인 창조주에게로 데려다 준다.

사실 야마와 니야마는 서로 연관되어 있어서, 야마의 실천은 곧 니야마의 실천으로 이어지고, 니야마를 수련하는 사람은 야마의 원칙도 따르는 셈이 된다. 예를 들어 비폭력의 실천은 생각과 행동을 정화하고, 불망어를 실천하면 만족이 찾아오며, 불탐을 실천하는 것은 타파스 수행으로 귀결된다. 금욕은 자신에 대한 공부로, 불투도는 신에 대한 귀의로 이어진다. 이와 마찬가지로, 니야마의 덕목인 청결은 비폭력으로, 만족은 불망어로 이어진다. 타파스는 수행자가 남의 재산을 남용하지 않도록 이끌어 준다. 또 자신에 대한 탐구는 금욕의 마음을 길러주며, 신에 대한 귀의는 수행자를 소유욕에서 해방시킨다.

이제 독자는 번뇌의 원인이 무엇인지 잘 알게 되었다. 야마와 니야마는 번뇌의 원인들을 최소한으로 줄이거나 완전히 뿌리 뽑을 뿐 아니라 영적 체험의 견고한 토대가 되기도 한다. 야마와 니야마는 우리에게 해야 할 일과 해서는 안 될 일을 제시해 주는 윤리적 원칙이자 영적 지혜의 관문을 열 수 있는 황금열쇠라 할 수 있다.

언어의 부적절한 사용, 순수하지 못한 생각, 잘못된 행동은 언젠가는 고통을 초래하게 되어 있다. 고통은 스스로 자초한 것일 수도 있고, 운명이나 유전에 의해 생기기도 하며, 신체의 기본 요소가 불균형을 이루어 생기기도 한다. 또 정욕, 분노, 탐욕 때문에 생기기도 하는데, 스스로 이런 상태에 빠질 수도 있고 선동이나 주입의 영향을 받을 수도 있다. 그리고 여기에 뒤따르는 고통은 강·중·약의 세 가지로 나뉜다.

정욕, 분노, 탐욕의 원인은 자기 분석을 통해 직접적으로 억누를 수도 있고, 정반대의 덕목(균형, 평정, 평화, 조화)을 길러 누그러뜨리는 방법도 있다. 하지만 후자의 방식은 이원론적이어서 수행자가 실상을 보지 못하게 될 우려가 있는 만큼, 전자의 방식이 보다 바람직하다. 자기 스스로 분석하고 공부하고 연구하기 위해서는 용기와 힘과 분별력이 필요하다. 반대 덕목들을 기르는 것은 근본적인 해결책이기보다는 보조적인 방편에 가깝다. 전자가 수행자를 정화시키는 직접적인 방법이라면, 후자는 완화 효과를 내는 간접적인 방식이라 할 수 있다. 파탄잘리는 두 가지 방식을 모두 활용해야 수련에 속도가 붙는다고 말한다.

아사나와 그 효과

아사나는 자세 행법으로 몸, 마음, 영혼이 전체로서 하나가 되어 자세를 취하는 것을 말한다. 아사나에는 '자세 잡기'와 '편안히 머무는 것'의 두 측면이 있다. '자세 잡기'는 기술적으로 자세를 취하는 것을 말하고, '자세 안에 편안히 머무는 것'은 자세를 완성시키고 그것을 유지하는 것을 말한다. 그러기 위해서는 몸 구석구석에 지성을 관통시키며 열의를 가지고 자세에 대해 성찰해야 한다. 수행자가 영혼에 가까이 다가갈수록 몸 전체에서 동시에 이루어지는 즉각적인 뻗기와 편안한 머무름과 안정이 찾아온다.

아사나 수련에 완전히 숙달하려면 초기에는 의도적인 노력이 필요하다. 이러한 노력에는 몇 시간, 며칠, 몇 년, 심지어 몇 생이 걸리기도 한다. 특정 아사나 자세를 취하면서 의도적인 노력이 없어야 비로소 그 아사나 자세에 완전히 통달했다 할 수 있다. 이런 식으로 각 아사나 자세마다 의도적인 노력이 그쳐야 한다. 또 아사나 수련을 할 때는 반드시 두뇌 세포는 이완시키고, 신체 중요 기관 및 신체의 구조와 골격을 형성하는 세포를 활성화시켜야 한다. 그래야 지성과 의식이 세포 하나하나에까지 모두 퍼질 수 있다.

아사나 수련 속에서 노력, 집중력, 균형 감각이 하나가 되면 순간순간을 밀도 있게 살아갈 수밖에 없게 된다. 이는 현대의 삶 속에선 좀처럼 찾아보기 힘든 경험이다. 이렇게 순간순간을 살아가게 되면 힘이 강화되고 몸이 청결해지는 효과가 동시에 발생한다. 질병이 없어지는 신체적 효과, 생각의 응어리나 편견이 사라지는 정신적 효과가 나타나는 것이다. 그리고 가장 높은 단계에서는 인식과 행이 하나가 되면서 수행자는 즉각적으로 이루어지는 올바른 행에 대해 알게 된다. 다시 말해 반작용을 일으키지 않는 행이 무엇인지 알 수 있다. 이 경지에 이르면 과거의 행에서 생긴 과보의 흔적도 말끔히 지울 수 있다.

아사나 수련은 고통의 세 가지 근본 원인을 뿌리 뽑는 길이기도 하다. 바른 생각을 통해 명확한 견해를 가지고 올바른 행으로 나아갈 수 있게 해 주기 때문이다.

요가를 처음 배우기 시작한 사람이나 요가 수행을 전혀 해 본 적이 없는 사람에게는 아사나 자세에서 끝없이 완벽을 추구하는 것이 아무 의미가 없는 것처럼 느껴질 수도 있다. 하지만 어느 정도 경지에 이른 수행자가 있다면 스승은 그에게 한 아사나 전체를 동작 하나를 할 때 일어나는 현상과 관련시켜서 가르친다. 발가락 하나 속에서도 라자스·타마스·사트바의 작용을 관찰하고, 이다·핑갈라·수슘나(에너지의 통로인 세 가지 주요 나디)에서의 에너지 흐름을 조절할 수 있을 정도로 민감한 단계에 이르면, 지극히 사소한 부분에서도 자연에 깃든 대우주의 질서를 인식할 수 있다. 나아가 발가락에 아주 조금만 변화를 주어도 그 아사나 전체가 영향을 받을 수 있다는 사실까지 알게 되면, 수행자는 소우주가 어떻게 전체와 연관되는지를 관찰하게 되며, 우주 구조의 유기적 완전성을 파악할 수 있다.

우리의 몸은 영혼이 머무는 신전과 같다. 아사나 수련을 통해 몸을 건강하고, 깨끗하고, 순수하게 만들어야 몸은 영혼의 성소로 거듭날 수 있다.

아사나 수련은 몸과 마음, 그리고 마음과 영혼을 하나로 잇는 다리 역할을 한다. 수행자는 아사나를 통해 번뇌의 늪에서 벗어나 절제된 자유로 나아갈 수 있다. 의식을 몸에서 해방시켜 영혼을 인식할 수 있도록 이끌어 주는 아사나야말로 수행자를 거듭나게 하는 지름길이다.

아사나 수련을 통해 수행자는 몸의 유한성을 깨닫고 그것을 무한한 영혼과 합일시킨다. 그러면 이미 알고 있는 것도, 알지 못하고 있는 것도 존재하지 않고 오직 아사나만 오롯하게 존재한다. 이것이 완전한 아사나의 본질이다.

프라나야마와 그 효과

『요가 수트라』에서 파탄잘리는 반드시 아사나에 숙달한 다음에 프라나야마 수련에 들어가야 한다고 밝히고 있다. 요가의 나머지 단계에는 이런 식으로 순서가 따로 정해져 있지 않다. 그는 프라나야마 수련은 반드시 아사나에 완전히 숙달한 다음에 시도해야 한다고 말하는데, 이것은 가끔 제시되듯 오직 하나의 아나사만을 의미하는 것은 아니다.

우리는 왜 단순히 한 가지 아사나만 해서는 프라나야마 수련에 들어갈 수 없는지 그 이유를 알아야 한다. 프라나야마에서는 척추와 척추 근육이 수련의 기반이 되고, 폐는 받아들이는 도구 역할을 한다. 따라서 이들 기관이 잘 열리고, 앞·뒤·위·아래로 확장될 수 있도록 훈련시켜야 한다. 또 척추 근육을 곧게 펴고 잘 단련하고 조정하여 공간을 만들고 척추 신경을 자극해 호흡에서 에너지를 빨아들일 수 있도록 해야 한다. 그러므로 프라나야마 수련을 하면서 긴장을 최소로 줄이고 최대의 효과를 얻으려면, 거꾸로 하는 자세·앞으로 굽히는 자세·뒤로 굽히는 자세 등 모든 자세 하나하나가 중요하다.

일상의 호흡은 보통 우리가 어떤 환경과 감정 상태에 있느냐에 따라 그 흐름이 일정치 않다. 처음에는 이 불규칙한 흐름을 의식적인 과정을 통해 제어해야 한다. 그러면 들숨과 날숨을 받아들이고 내보내기가 한결 쉬워진다. 들숨과 날숨이 쉬워지면 집중력을 발휘해 호흡을 조절하게 되는데 이것이 바로 프라나야마이다.

'프라나'는 '생명력'을, '아야마'는 '상승', '확장', '확대'를 의미한다. 따라서 프라나야마란 곧 호흡 조절을 통해 생명력을 확장시키는 것을 말한다. '프라나'는 현대적인 용어로 생체 에너지로 번역될 수 있으며 다음과 같은 작용을 한다. 상키야 철학 및 요가 철학에 따르면 인간은 흙, 물, 불, 공기, 에테르의 다섯 가지 물질로 이루어져 있다. 흙의 요소에 해당되는 척추는 호흡의 장場이 된다. 한편 상체에서 공간을 분배하고 만들어 내는 것은 에테르의 기능이다. 호흡은 공기의 요소에 해당되며, 나머지 요소인 물과 불은 본성적으로 서로 상극을 이룬다. 그런데 프라나야마 수련을 하면 상극인 이 두 요소가 하나로 융합되어 에너지를 만들어 낸다. 이러한 에너지를 '프라나', 즉 생명력 혹은 생체 에너지라 부른다.

'아야마'는 호흡, 폐, 흉곽을 가로, 세로, 원형으로 확장시키는 것을 의미한다.

프라나야마는 들숨, 날숨, 보유의 세 가지를 기본으로 한다. 우리는 호흡을 늘이고 호흡의 보유 시간을 연장시키면서 들숨, 날숨, 보유를 주의 깊게 몸에 익혀야 한다. 이때 상체의 탄성이 어떤지, 호흡의 길이 및 깊이는 어떤지, 움직임은 정확한지를 잘 따져야 한다. 이러한 프라나야마를 의식적인 프라나야마(사히타 프라나야마sahita prāṇāyāma)라고 한다. 리듬을 익히기 위해 의식적으로 계속 수련을 해야 하기 때문이다.

들숨, 날숨, 보유 이외에도 파탄잘리는 한 가지 프라나야마를 더 제시하는데 이는 의도적인 행위로 일어나지 않는다. 의도적이지 않고 자연스럽게 진행되는 이 프라나야마는 호흡의 영역을 떠나 있으며 정신력으로 제어가 된다. 이를 케발라 쿰바카kevala kuṁbhaka 혹은 케발라 프라나야마kevala prāṇāyāma라 한다.

프라나야마 수련을 하면 지성의 빛을 덮고 있던 무지의 베일이 벗겨지고, 마음은 비로소 명상에 알맞은 상태가 되어 영혼을 볼 준비를 한다. 이제 영혼을 찾아가는 여정이 본격적으로 시작된 것이다.

(이와 관련된 자세한 설명은 『요가 디피카Light on Yoga』, 하퍼콜린스사社의 『The Art of Yoga』, 『요가 호흡 디피카Light on Prāṇāyāma 』, 파인라인북스사社의『The Tree of Yoga』에 나와 있다.)

프라티아하라

이제 수행자는 야마, 니야마, 아사나, 프라나야마 수련을 통해 몸과 몸속의 에너지에 완전히 숙달된 상태이다. 지금부터는 프라티아하라를 통해 감각과 마음을 정복할 차례다.

마음이 성숙되어 명상을 하기에 알맞은 상태가 되면, 감각이 조용히 쉬면서 감각의 만족을 추구하도록 마음을 몰아붙이지 않는다. 그러면 이제까지 감각과 영혼 사이에서 다리 역할을 해 왔던 마음이 감각에서 해방되어 영혼을 향해 나아가 영적인 경지를 즐긴다. '사다나 파다'를 보면 수련에서 생기는 이러한 효과들이 설명되어 있다. 야마, 니야마, 아사나, 프라나야마 수련의 결과로 들어가게 되는 프라티아하라는 다라나, 디아나, 사마디의 토대 역할을 한다. 요가의 이 다섯 단계를 수련하면 피부에서부터 의식에 이르는 자아의 모든 겹을 관통하고, 정복하고, 승화시키게 되어 영혼이 우리의 존재 전체에 골고루 스며든다. 이것이 바로 진정한 수행이다.

Ⅲ: 비부티 파다 Vibhūti Pāda

'사마디 파다'에서 파탄잘리는 지성이 왜 흐릿하고, 느리고, 둔감한지 설명하고, 나아가 지성을 뒤덮고 있는 그 찌꺼기들을 최대한 줄여 마침내 없앨 수 있는 실질적인 수련법들을 제시한다. 수행자는 이를 통해 머리를 맑게 하고 마음의 때를 없애 자연스럽게 자신의 지각력을 길들이고 제어할 수 있다. 이때 비로소 수행자의 지성과 의식은 영혼에 대해 명상하기에 적합한 도구가 된다.

'비부티 파다'에서 파탄잘리는 먼저 수행자가 지성, 자아 그리고 '나'라는 본체를 하나로 통합시켜야 할 필요성을 말한 다음, 수행자를 고차원의 수련, 즉 다라나(dhāraṇa: 응념), 디아나(dhyāna: 명상), 사마디(samādhi: 삼매)로 이끈다. 이러한 수행을 통해 지성, 자아, '나'라는 본체는 보다 높게 승화된다. 여기서 수행자는 여러 가지 초자연적인 힘들을 발휘하거나 영적 깨달음으로 나아가게 된다.

삼야마saṁyama

다라나dhāraṇa로 '비부티 파다'의 서두를 연 후 파탄잘리는 다라나를 위해 활용될 수 있는 몸 안과 바깥의 지점들을 알려 준다. 다라나 수행을 꾸준히 하면 자연스럽게 디아나의 단계로 들어갈 수 있다. 그리고 명상을 하는 사람과 명상의 대상이 하나가 될 때, 디아나는 자연스럽게 사마디로 이어진다. 따라서 다라나, 디아나, 사마디는 서로 한데 엮여 있다고 할 수 있다. 파탄잘리는 이러한 통합을 삼야마saṁyama라 불렀다. 삼야마를 통해 지성, 자아, 그리고 개별성 의식은 자신들의 근원으로 돌아가고 지성이 지혜의 밝은 빛으로 찬란하게 빛나면서 수행자는 깨달음을 얻는다. 이제는 존재의 핵심인 영혼을 향해 한 걸음씩 나아가는 것이 그의 주요 관심사가 된다.

지성

파탄잘리는 지성, 자아, '나'라는 의식, 내면의 자기를 인간이 지닌 미묘한 특성이라고 정의한 후, 그 속에 숨어 있는 특징들을 낱낱이 분석한다. 지성과 관련된 두뇌에 대한 이야기가 가장 먼저 나오는데, 두뇌는 한 가지 생각과 분산된 생각 사이에서 오락가락하는 특성이 있다. 수행자가 명상 수행 중 특정 대상에 대한 자신의 집중력이 언제, 어디서부터, 어떻게 흐트러졌는지 기억해 내지 못하면 방랑자처럼 방황하게 된다. 그의 지성은 단련되지 않은 것이다. 수행자는 지성의 여러 가지 특징을 잘 관찰하고 반조하여, 언제 지성이 하나로 모아지고 또 여러 곳으로 분산되는지, 또 지성이 불안한 때와 고요한 때는 언제인지 구별해야 한다. 이때 파탄잘리는 수행자들을 위해 분별력을 이용해 머릿속에 떠오르는 생각들을 어떻게 제어할 수 있는지 설명한다. 이를 통해 수행자는 떠오르는 생각의 물결을 제어하고 고요의 순간이 어떤 식으로 나타나는지 살피게 된다. 때때로 찾아오는 이 고요의 순간을 수행자가 잘 관찰하여 일정 기간 지속시킬 수 있으면 그는 편안한 휴식 상태를 체험할 수 있다. 그리고 그 시간을 자신의 뜻대로 늘리게 되면 평정의 물결이 막힘없이 흐르게 된다.

이 잔잔한 평온함의 흐름을 유지하면서 지성의 존재를 잊지 않으면 수행자는 관조자를 향해 나아갈 수 있다. 이 움직임은 내면의 집중력 및 각성으로 이어지고, 그것은 다시 의식이 내면의 자기와 통합할 수 있게 이끌어 주기 위한 기반으로 작용한다. 이 통합이 이루어질 때 수행자는 명상을 하는 사람, 명상의 도구, 명상의 대상이 하나이며 관조자(영혼)와 동일한 것이라는 사실을 깨닫는다. 다시 말해, 주체, 대상, 도구가 모두 하나가 되는 것이다.

다라나란 지성(붇디)을 정련된 고요한 안정으로 이끄는 것을 말한다. 이 상태에 들어가게 되면 붇디는 안으로 향하는 전개 과정을 통해 의식(치타) 속으로 재흡수되는데, 치타의 본래적 현현 양식은 특정한 대상에 초점을 두지 않은 채 성성하게 깨어 있음이고, 이것이 바로 디아나이다. 따라서 붇디는 자신의 속성인 분별력과 한결같은 관찰력으로 의식이 흐려지거나 디아나의 상태가 흐트러지는 것을 끊임없이 막아야 한다. 붇디는 순수한 치타를 활성화시키는 역할을 한다.

수행자가 자신의 지성을 잘 단련시키고 또 이해하고 있으면 평정의 흐름이 고통이나 즐거움의 영향을 받지 않고 유유히 이어지게 된다. 그런 다음 수행자는 깨어 있음을 수련하여 그것이 평화와 평정 속에 흐를 수 있게 한다. 각성과 평정이 하나로 섞이면 고결한 덕의 경지가 찾아오는데, 이는 영혼이 지닌 강력한 윤리적인 힘(샤크티śakti)으로 지성과 의식의 정점을 이룬다. 이러한 지성의 연마는 발전의 산물이며, 덕은 지성이 지닌 특별한 특징이 된다. 고상하게 갈고 닦은 이 경지를 꾸준히 유지하면 완벽한 선善의 경지가 찾아와 지성이 계속해서 갈고 닦여진다. 이제 수행자는 요가가 지향하는 영적 여정의 정점에 그 어느 때보다 가까이 다가선다.

요가의 신통력

파탄잘리는 수행자가 수련에 능숙해지면 모든 행동과 생각의 흐름 및 움직임을 따라가야 한다고 가르친다. 요가 수행을 통해 자신의 행동과 생각의 자취를 주의 깊게 살펴봄으로써 수행자는 생각과 행동을 통합하여 이 둘 사이에 시간의 틈이 없게 한다. 이렇게 생각과 행동 사이의 완전한 동시성을 이룬 요기는 시공간의 물질적 제약에서 벗어나 비범한 능력을 발휘하게 된다. 파탄잘리는 이를 요가가 가져다주는 비부티(신통력)라고 말한다.

요가가 가져다주는 신통력은 한두 가지가 아니다. 이 수많은 신통력 중에 한 가지만 경험해도 그 수행자는 요가 수행의 정도正道를 걷고 있다고 볼 수 있다. 하지만 곧이어 살펴 볼 p.87의 '주의' 항목도 반드시 염두에 두어야 한다.

1 과거와 미래의 일에 대해 알기 시작한다.

2 모든 사람, 새, 동물의 말소리를 알아들을 수 있다.

3 자신의 전생과 내생에 대해 알게 된다.

4 다른 사람의 마음을 읽을 수 있다.

5 필요할 경우 다른 사람이 마음속에서 느끼는 세세한 부분까지 알아 낼 수 있다.

6 자기 뜻대로 몸을 숨길 수 있다.

7 청각, 촉각, 시각, 미각, 후각 등의 감각을 억제할 수 있다.

8 직관이나 징조를 통해 자신이 언제 죽을지 정확한 시간을 알 수 있다.

9 주변의 모든 존재에 호의와 자비심을 갖게 된다.

10 코끼리처럼 센 힘을 갖고도 공작처럼 우아하게 움직일 수 있다.

11 가까이 있는 것과 멀리 있는 것, 거친 것과 미세한 것, 심지어 숨겨져 있는 것까지 똑똑히 볼 수 있다.

12 태양계의 운행에 대해 알게 된다.

13 달의 운행에 대해 알게 되며, 그것을 통해 은하의 위치를 파악하게 된다.

14 북극성의 위치로 별의 움직임을 읽어내고, 그것으로 세상에 닥칠 일들을 예언하게 된다.

15 자신의 몸과 그것의 체계적인 기능에 대해 알게 된다.

16 배고픔과 목마름을 완전히 정복하게 된다.

17 거북이처럼 몸과 마음을 꼼짝하지 않을 수 있다.

18 완성을 이룬 존재들, 스승, 성인들의 모습을 볼 수 있게 된다.

19 모든 것을 지각하는 힘을 갖게 된다.

20 의식이 지닌 여러 가지 힘을 인식하게 된다.

21 그렇게 알게 된 의식의 여러 가지 힘을 이용해 영혼의 등불에 불을 밝힐 수 있다.

22 영혼이 깨어나면서 일상적인 감각을 넘어서는 신성한 기능을 얻게 된다.

23 의식적으로 자기 몸을 떠나 다른 사람의 몸에 마음대로 들어갈 수 있다.

24 물, 늪, 가시밭 위를 걸을 수 있다.

25 마음대로 불을 만들 수 있다.

26 먼 곳의 소리를 들을 수 있다.

27 공중에 부양할 수 있다.

28 마음대로 번뇌에서 벗어나고, 때로는 몸 없이도 삶을 살아갈 수 있다.

29 자연의 구성 성분, 속성, 목적을 마음대로 조절할 수 있다.

30 자연의 기본 요소들과 그 대응물들을 다스리게 된다.

31 우아함, 힘, 완벽한 상호와 빛을 지닌 뛰어난 몸을 갖게 된다.

32 자신의 감각과 마음을 완전히 다스릴 수 있게 되며, 감각과 마음이 낮은 차원의 자아('나'라는 의식)에 접하는 것을 통제할 수 있다.

33 몸, 감각, 마음, 지성, 의식이 영혼과 조화를 이룰 수 있도록 그것들을 극도로 예민하고 빠르게 만들 수 있다.

34 모든 창조물과 모든 지식에 대해 지배권을 획득한다.

주의

이러한 신통력은 보통 사람에게서는 찾아볼 수 없다. 이러한 능력이 단 하나만 나타나도 그 수행자는 발전을 향한 수련의 길을 올바로 걸은 것이라 할 수 있다. 하지만 이러한 신통력을 구도의 목적으로 착각해서는 안 된다. 곁에서 지켜보는 사람에게는 이러한 능력이 위대한 성취로 보이겠지만, 수행자 자신에게는 이러한 능력이 사마디에 들어가는 데 오히려 방해가 된다. 심지어 천상의 존재까지도 수행자를 유혹하려 할 수 있다. 수행자가 이러한 유혹에 굴복하면, 그에게 재앙이 덮친다.

신통력에 사로잡힌 요기가 그것을 이용해 명성을 얻고자 하면 그의 수행은 실패로 돌아가고 만다. 강풍을 피하려다가 더 큰 회오리바람에 휘말리는 것과 같다. 신통력을 손에 넣고 그것이 요가의 궁극적 목적이라 착각하는 요기는 신통력의 효과에 사로잡혀 그것이 일으키는 번뇌에서 헤어나지 못한다. 파탄잘리가 수행자에게 이러한 성취에 사로잡히지 말 것을 경고한 것도 바로 이 때문이었다. 그래야만 영원한 행복의 문이 수행자 앞에 활짝 열리게 된다. 따라서 수행자는 비집착의 태도를 길러 신통력을 손에 넣었을 때 빠지기 쉬운 함정인 자만심을 깨뜨려야 한다.

'사다나 파다'에서 말하였듯 야마와 니야마 수련을 끝까지 해 나가면 수행자가 신통력에 사로잡혀 그것을 남용하는 일을 확실히 막을 수 있다.

순간과 움직임

순간은 주관적이고 움직임은 객관적이다. 파탄잘리의 설명에 따르면, 순간은 현재이며 현재는 지금 이 순간 영원하다. 시간의 구애를 받지 않는 진정한 실체라는 것이다. 순간에 대한 주의 집중을 놓칠 때 순간은 움직임이 되고 움직임은 곧 시간이다. 순간이 바뀌어 움직임이 되면, 과거와 미래가 나타나면서 순간은 사라져 버린다. 순간순간의 움직임이 앞으로 나아가는 것이 미래라면, 뒤로 물러나는 것은 과거이다. 순간 하나만 존재하는 것이 현재이다.

과거와 미래는 변화를 만들지만, 현재는 변화하지 않는다. 의식이 과거와 미래를 드나드는 동요 상태에서 시간이 만들어진다. 마음, 지성, 의식이 지속적으로 안정을 유지하여 움직임에 사로잡히지 않고 순간순간만을 인식하면, 마음도 시간도 없는 경지를 경험할 수 있다. 이러한 경지를 아마나스카트바amanaskatva라고 한다. 이때 관조자는 마음의 작용에 얽매이지 않고 직접적으로 사물을 관조한다. 따라서 요기도 마음의 노예가 아닌 주인이 될 수 있다. 마음과 시간에서 자유로운 삶을 살아가는 것이다. 이를 비베카자 즈냐남(vivekaja jñānam: 선명하고 진실한 지식)이라고 한다.

순수한 지성

한 차원 높아진 지성은 순수하고 진실해서 어떤 것에도 오염되거나 때묻지 않는다. 고결해진 지성은 지위, 교리, 특질, 장소에 따른 분석을 하지 않고도 비슷한 실체들의 차이를 즉각적으로 명확히 구별해 낼 수 있다.

이러한 지성은 영혼 그 자체처럼 진실하고, 순수하고, 깨끗하다. 이 지성을 소유한 요기는 자만심이나 편견에 사로잡히지 않는다. 이때 수행자의 지성과 의식은 영혼과 같은 수준에 있다. 벌집에 들어 있는 꿀의 맛은 다 달콤하듯, 이 경지에 오른 요기의 세포·감각·마음·지성·의식·양심은 모두가 똑같이 영혼의 빛을 받아 빛난다. 관조자를 이루고 있는 모든 부분이 영혼으로 드러나는 것이다. 이것이 바로 '카이발리아Kaivalya'이다. 신통력은 잘못된 길을 가는 수행자에게는 매혹적이지만 수행자의 의식을 흐트러지게 하는 것으로, 수행자는 이 신통력을 버릴 때만이 카이발리아에 이를 수 있다.

Ⅳ : 카이발리아 파다 Kaivalya Pāda

'카이발리아'란 독존獨存, 혹은 영원한 해탈을 의미한다. 우리가 행한 행의 결과와 구속인 카르마(업)에서 해방되는 것이 카이발리아이기도 하다. 카이발리아는 둘로 나눠지지 않는 절대적인 존재의 상태이다. 이 상태에 들어간 요기는 생각·마음·지성·에고의 껍질을 차례로 벗고, 자연의 세 가지 구나(사트바, 라자스, 타마스)의 작용에서도 벗어나 순수하고 아무 결점도 없는 사람, 구나티탄guṇātītan이 된다.

제3장 '비부티 파다'에서 파탄잘리는 높이 상승한 요기가 갖춘 신통력과 그런 신통력을 포기할 때 어떻게 카이발리아에 이르는지를 설명한다. 그에 따르면 카이발리아야 말로 요가 수행의 극치이며, 영혼이 그 자체로 충만하고 오직 홀로 존재하는 경지이다.

제4장 '카이발리아 파다'는 그 내용이 인상적인 동시에 포괄적이다. 의식의 내용이 순수하고 절대적이며 신성하다는 것이 카이발리아의 주요 주제 중 하나인데, 단 이때 의식은 흰색sāttvic이든, 회색rājasic이든, 검은색tāmasic이든 어떤 행에도 물들지 말아야 한다. 의식의 절대적 본질을 깨달을 수 있는 길로는 상서로운 탄생, 영적인 열의 그리고 명상의 세 가지가 있다. 의식을 깨끗하게 정화하면 그 과정에서 생명 에너지가 나와 자아의 발전이 빨리 이루어지도록 돕는다. 그러면 수행자는 서서히 자신이 몰두하고 있는 다르마(dharma: 의무), 아르타(artha: 생계 수단), 카마(kāma: 세속적 즐거움)에서 벗어날 수 있다. 이런 식의 초월이 자유(mokṣa: 모크샤)로 이어진다. 그리하여 자연의 여러 가지 속성에서 자유로워진 의식은 영혼(푸루샤) 속에서 녹아내린다.

'카이발리아 파다'에서는 영적으로 높은 경지에 오른 요기에게 뒤따라오는 신통력을 버려야 할 필요성을 다루고 그렇게 속세를 뒤로 한 요기들이 이 세상에 어떻게 기여를 할 수 있는지를 말한다.

요가 수행자의 다섯 가지 유형

'카이발리아 파다'는 수행자들이 전생에 쌓은 수행의 결과로 금생에 엄청난 신통력을 타고날 수도 있다는 주장으로 시작한다. 그러한 신통력은 약초auṣadhi를 사용하거나, 주문mantra을 외우거나, 열심히 수련tapas을 하거나, 명상dhyāna을 하거나, 삼매samādhi에 들었을 때도 얻을 수 있다.

이 다섯 종류의 수행자들은 후대에 쿤달리니Kuṇḍalini라고 알려지게 되는 자연의 에너지가 점점 더 풍성하게 넘쳐흘러 영혼의 무한한 빛을 받아들일 준비를 갖춘다. 하지만 이 에너지의 물결은 잘못 사용될 경우 그것을 사용하는 사람을 망가뜨린 뒤 사라져 버리고 만다. 다섯 가지 방법 중에서도 타파스와 사마디를 으뜸으로 치는 이유가 여기에 있다. 타파스와 사마디는 수행자가 안정적으로 성장할 수 있는 견고한 기반이 되어 그가 수련 기간 동안 쌓은 에너지를 남용하지 못하게 한다.

요가 수행자가 자연의 힘을 현명하게 사용하는 것은 농부의 농사짓는 모습에 비유할 수 있다. 농부가 논을 흠뻑 적시려면 논둑 안에 물을 넉넉히 채워 주어야 한다. 그렇게 땅에 물이 잘 스며든 후에야 둑을 터서 다음 논으로 물을 넘긴다. 수행자도 안전을 생각한다면 방법과 조절을 통해 자연의 에너지śakti를 분별 있게 사용해 지혜를 얻을 수 있어야 한다.

재능

자연이 지닌 잠재력을 알고 그것을 조절하여 사용하기 위해서는 재능이 필요하다. 이때 신통력은 자만심으로 이어지고 자의식을 생기게 해 수행자의 신성한 본성을 서서히 파괴한다는 점에서 위험하다. 자의식도 그 뿌리는 순수한 의식이다. 불순함의 씨앗인 욕망이 만들어지는 것은 바로 순수한 의식이 외부 현상과 접촉하기 때문인 것이다. 순수함은 겸손과 일맥상통한다. 순수함에 영리함의 때가 묻으면 자만심으로 변하고, 이로 인해 의식은 생각의 동요 속에서 자신의 힘을 낭비해 버린다. 요기로서의 재능을 가지고자 할 때 무엇보다 훌륭한 수단이 바로 타파스와 사마디이다.

행위

행위에는 네 가지 종류가 있다. 검은 행위, 흰 행위, 회색 행위, 아무 색깔도 없는 행위가 그것이다. 맨 마지막 행은 자연이 지닌 세 가지 구나(라자스, 타마스, 사트바)의 특성을 떠나 있어, 어떤 의도·동기·욕망으로부터도 자유로우며, 순수하고 원인이 없으며, 모든 행위를 지배하는 인과 법칙에서도 떠나 있다. 동기가 있는 행위는 결국 자만심·번뇌·불행으로 이어진다. 따라서 진정한 요기는 오로지 아무 동기도 없는 행위만 한다. 이러한 행위에는 어떠한 욕망이나 자만심, 결과도 들어 있지 않다.

인과 법칙의 고리는 스쿼시공이 벽과 마룻바닥에서 끊임없이 되튀어 나오듯 끝날 줄 모르고 이어진다. 기억은(의식적이든 혹은 순화된 형태로든) 몇 생에 걸쳐 이러한 고리를 이어나간다. 바로 이 때문에 검은 행위, 흰 행위, 회색 행위는 계속해서 잔여 인상을 남겨 그것을 우리의 기억 가장 깊숙한 곳에 각인시킨다. 이것이 나중에 업의 수레바퀴가 되어 반작용과 미래의 또 다른 행위를 일으킨다. 행위의 결과는 즉시 나타나기도 하고, 몇 년 간 잠재되어 있기도 하며, 몇 생에 걸쳐 나타나기도 한다. 타마스의 성질을 띤 행위는 고통과 슬픔을 불러오는 것으로 여겨지며, 라자스의 성질을 띤 행위는 섞인 결과를 가져오고, 사트바의 성질을 띤 행위는 조금 더 나은 결과를 가져온다. 행위의 기원이 어디냐에 따라 그 과보가 우리를 욕망, 분노, 탐욕에 얽어매기도 하고, 영적인 구도의 길을 걷게도 한다. 이렇게 행위에서 비롯된 업을 산스크리트어로는 삼스카라라고 한다. 이것에 따라 우리의 존재의 순환 고리가 형성되며 우리의 신분과 태어나는 장소 및 시간 등이 결정된다. 요기의 행위는 순수하기 때문에 아무 인상도 남기지 않고 어떤 반작용도 일으키지 않는다. 따라서 요기의 행위는 업에서 자유롭다고 할 수 있다.

욕망과 인상

기억이나 남겨진 인상에서 파생된 욕망과 지식은 영원히 존재한다. 이러한 욕망과 지식은 삶에 대한 집착만큼이나 우리의 존재에서 많은 부분을 차지한다. 완전한 요기의 삶에서는 욕망과 인상이 더 이상 존재할 수 없다. 순수하고, 아무 동기도 없는 행위를 통해 인과 법칙의 고리가 풀어지면 요기는 이원성이 지배하는 세상을 초월하게 되고 더불어 욕망과 집착도 시들어 자취를 감춘다.

시간

요가 수행은 무지(아비디야)를 없애는 역할을 한다. 망상에서 벗어나면 시간은 영원한 것이 된다. 시간은 끊임없이 이어진 연속체이긴 하지만, 그 움직임을 크게 과거·현재·미래의 셋으로 나눈다. 과거와 미래는 현재와 한데 얽히게 되어 있고, 현재는 시간의 흐름에서 벗어나 있으며 영원하다. 끝없이 돌아가는 도공의 물레바퀴처럼 현재(순간)가 밤과 낮의 교차와 같은 움직임으로 바뀌면, 시간이 흐르고 있다는 인상이 생겨나게 된다. 그리고 시간의 움직임을 관찰하는 마음이 그것을 과거·현재·미래로 구별한다. 이 때문에 대상에 대한 인식도 시시각각 다양해지는 것이다.

시간의 영원성과 더불어 주체와 객체가 각각 자신만의 독립된 실체로 남아 있어도, 마음은 지성의 발달 정도에 따라 그것들을 다 다르게 바라보아, 관찰과 반영reflection 사이의 불일치를 만들어 낸다. 이에 따라 행과 그것의 성취는 전혀 다른 것이 된다. 그 차이를 보다 잘 이해하려면 다음과 같이 생각해 보면 좋다. 어떤 사람이 돈을 얻기 위해 사람을 죽이는 것과, 군인이 자신의 조국을 위해 사람을 죽이는 것, 또 가장이 가족들을 보호하려고 도둑을 죽이는 것은 서로 다른 의미를 가진다. 사람을 죽인다는 점에서는 같지만 개인의 발전 정도에 따라 각 경우에 있어 내포하는 의미는 각각 다르다.

요기는 현재를 민감하게 인식하면서 현재 속에서 살아가는 사람이다. 그에게 과거의 경험은 현재를 살아가는 초석일 뿐이다. 이 때문에 요기는 눈에 보이는 사물에 대해 늘 한결같은 마음 자세를 유지할 수 있다.

주체와 객체

앞서 말했듯 자연은 영원한 반면, 자연이 지닌 속성(구나)은 시시각각 변한다. 구나가 이렇게 뒤섞이면서 마음도 각양각색으로 변하고 사물을 보는 방식도 여러 가지로 달라진다. 대상은 같은 대상이고, 마음 역시 같은 마음이다. 하지만 이 같은 마음은 다양한 심경과 행동 양태로 분산된다. 이러한 분산이 아비디야의 원인이다. 자연의 속성들로 인해 나누어진 마음은 인간을 바꾸고 또 바꾼다. 구나가 리듬을 타며 움직이는 만큼 개개인의 지적 발달 정도도 저마다 달라, 사람들은 대상의 본질은 변하지 않는데도 그것을 저마다 다양한 방식으로 바라본다.

요기는 주기적으로 변화하는 독특한 특성을 잘 연구하여, 그 변화에 마음을 두지 않고 자신의 본질인 영혼 속에서 편히 쉰다. 요기에게는 자신의 본질과 지각되는 대상의 본질은 같은 것이다. 요기는 자기 성찰을 통해 대상이 변하는 것이 아니라, 그 자신이 대상들의 외형상의 변화를 만들어 낸다는 사실을 깨닫는다. 그는 아무 편견 없이 대상을 지각하는 법을 배워, 대상이 자신이 인지하는 것과 상관없이 독립적으로 존재한다는 것을 알게 된다. 요기는 맑고 오염되지 않은 마음으로 사물을 자기 자신과 분리하여 있는 그대로 바라본다. 이런 요기에게는 어떤 인상도 남을 수 없다. 편견에서 해방된 요기는 카르마에서도 자유로워진다.

치트cit와 치타citta(보편적 의식과 개인적 의식)

불변의 관조자 치트cit는 의식을 지배하는 주인으로, 어디에나 두루 존재하며, 언제나 한결같고, 늘 밝은 빛을 발한다. 관조자는 주체이면서 동시에 객체도 될 수 있다. 치트는 자신의 마음, 지성, 의식 속에 일어나는 모든 변화를 속속들이 알고 있다. 또 그것들이 자신이 만든 것이며, 아비디야와 아스미타가 남아 있는 한 그것들이 자신을 더럽힐 것이라는 사실도 잘 알고 있다.

관조자가 씨앗이라면, 의식은 거기서 자라난 어린 나무와 같다. 마음은 줄기, 생각의 물결 혹은 동요(브르티)는 잎과 같은데, 잎은 줄기인 마음을 거쳐 다시 씨앗으로 돌아간다.

의식과 거기서 자라난 가지인 지성, 마음, 생각은 관조자의 대상이 된다. 이 가지들은 의식 없이는 따로 존재할 수 없으며, 의식은 관조자 없이는 아무 것도 아니다. 의식은 관조자로부터 빛을 빌려와, 그것을 지성, 마음, 생각을 향해 비추기 때문이다. 의식은 스스로 빛을 낼 수 없기 때문에 주체인 동시에 객체가 되는 일이 불가능하다. 의식이 세계의 대상들을 앎의 대상으로 삼듯이, 의식은 관조자에게 앎의 대상이 된다.

치트(관조자, 영혼, 우주 의식)는 수동적이면서 모든 걸 아는 관찰자인데 반해, 치타(만들어진 의식, 혹은 영혼의 씨앗에서 '싹튼' 의식)는 활동적이고, 민감하고, 늘 분주하다. 치타의 이러한 특징은 그것이 바깥세상과 직접적으로 관련을 맺는 데서 비롯된다. 하지만 바깥세상과의 관련을 잘 분석하여 그것을 제어하고 고요히 안정시키면, 치타가 자신의 근원인 치트의 인력에 끌려가서 치트의 성격을 취하게 된다. 그러면 깨달은 자의 치트와 치타는 하나가 된다. 하지만 의식은 관조자를 가리고 있는 가면에 지나지 않는데도 보통 사람은 표면에 집착해 어리석게도 영혼에서 싹튼 의식을 관조자로 착각한다. 치타를 잘 살펴보면 그 스스로는 전혀 빛을 내지 못하며, 자신의 아버지인 영혼에 의지하고 있다는 사실을 이해하게 된다. 이러한 깨달음이 이루어지지 않는 한 의식은 프리즘이 되어 실상을 왜곡시킨다. 하지만 일단 관조자와 하나가 되면, 의식은 실상을 비추는 주체이자 객체로서 완벽한 역할을 수행한다. 자기 자신의 순수한 이미지, 즉 영혼 위에 비춰진 영혼의 모습을 있는 그대로 보여 주는 것이다.

이렇게 하여 우리는 치타가 두 가지 방향으로 이끌릴 수 있다는 사실을 알게 된다. 어머니인 자연(프라크르티)을 향해 바깥으로 나갈 수도, 아버지인 영혼(푸루샤)을 향해 내면으로 들어올 수도 있는 것이다. 이때 후자의 길을 택해 속세에서 떠나 영혼의 지극한 행복을 찾는 것이 치타의 궁극적 목적임을 알려 주는 것이 바로 요가의 역할이다. 요가는 목적을 확인시켜 줄 뿐 아니라, 그 목적에 이르는 수단도 제공해 준다. 자신의 영혼을 찾은 사람을 산스크리트어로는 요게쉬바라(Yogeśvara: 요가의 주인, 신), 혹은 요기라자(Yogirāja: 요기 중의 왕)라 한다.

이제 그에게는 더 이상 알아야 할 것도 얻어야 할 것도 남아 있지 않다.

주의

하지만 이렇게 높은 경지에 오른 요기라 해도 추락의 위험에서 완전히 벗어난 것은 아니라고 파탄잘리는 경고한다. 치트와 치타가 하나가 되었어도 요기가 집중력이 부족하거나, 부주의하거나, 자만심에 빠지면 언제든지 예전의 상태로 돌아가 의식에 균열이 생길 수 있다. 이런 식으로 집중력을 잃게 되면, 예전의 생각이나 습관이 다시 나타나 카이발리아의 조화로운 상태를 방해한다.

이럴 때 요기가 취할 수 있는 방법은 단 하나, 낮은 단계의 수행자들이 자신의 거친 번뇌와 싸우는 방법 그대로 다시 자신을 정화하기 위해 악전고투를 벌이는 수밖에 없다.

슬픔이 사라진 영혼의 빛이 밝아오다

더 이상 분할될 수 없는 요게쉬바라의 상태가 흔들림 없이 계속 유지되면 그의 마음에서는 선한 덕의 물줄기가 마치 폭포수처럼 흘러나오게 된다. 이를 다르마 메가 사마디(dharma- megha samādhi: 덕성 혹은 정의의 비구름)라고 한다. 여기에는 정반대되는 두 가지 의미가 함축되어 있다. '다르마'는 의무를 의미하고, '메가'는 구름을 의미한다. 구름은 태양빛을 가려 세상을 어둡게 할 수 있는 반면, 비를 뿌려 하늘을 맑게 개이게 할 수도 있다. 치타와 관조자와의 결합이 깨지면, 치타는 자신의 주인인 영혼을 속세의 즐거움(보가)을 향해 끌고 간다. 하지만 둘의 결합이 계속되면, 수행자는 카이발리아를 향해 나아갈 수 있다. 요가 수행을 통해 의식이 덕성을 갖추면, 의식의 주인은 요기, 즈냐닌jñānin, 바크탄bahktan, 파라바이라긴paravairāgin이 될 수 있다.

이제 요게쉬바라가 된 사람에게는 더 이상 어떤 행이나 반작용도 일어나지 않는다. 자연과 카르마의 속박에서 자유로운 존재가 되는 것이다. 이제부터는 그의 치타 속에 어떠한 결과도 생겨날 여지가 없다. 다시 말해 이제 그는 자연에 속박되는 말이나 행동을 절대 하지 않는 것이다. 등잔에 기름을 계속 넣지 않으면 등불은 꺼지고 만다. 요게쉬바라에게 있어서도 욕망의 연료가 다 말라버리면 마음의 등불이 더 이상 타지 못하게 되며 불은 저절로 꺼지기 시작한다. 이때 무한한 지혜가 저절로 흘러나오게 된다.

감각·마음·지성을 통해 얻은 지식은, 관조자를 보는 순간 흘러나오는 이 지혜 옆에서는 보잘것없게 된다. 관조자를 보는 지혜야말로 진정한 직관적인 지식이기 때문이다.

하늘을 뒤덮고 있던 구름이 걷히면 맑게 갠 하늘에서 태양이 찬란히 빛난다. 태양이 하늘에서 환하게 빛나고 있는데 인공적인 조명이 필요할 것인가? 영혼의 빛이 환하게 비칠 때 의식의 빛은 더 이상 필요하지 않다.

완전한 경지에 이른 요기에게는 자연과 그 속성이 더 이상 영향을 미치지 못한다. 이제부터는 오히려 자연이 그를 위해 헌신적으로 봉사한다. 이제 더 이상 자연이 수행자의 진정한 빛을 방해하거나 그것에 영향을 미치는 일은 없다. 완전한 요기는 시간이 어떤 순서로 이루어지며, 시간이 자연과 어떤 관련을 맺고 있는지 잘 이해한다. 그의 머리 위에는 영원한 '현재' 속을 살아가는 지혜의 빛이 환하게 빛난다. 영원한 '현재'는 '신성한' 것이기에 요기 역시 '신성한' 존재가 된다. 이제 그는 삶의 모든 목적을 이루었다. 그는 완전한 영혼, 이 세상에 둘도 없는 자, 자비로운 자유와 지고의 행복 속에서 살아가는 존재, 크르타르트탄kṛthārthan이 된 것이다. 그는 홀로 있으면서도 완전하다. 이것이 바로 카이발리아이다.

파탄잘리는 『요가 수트라』를 '아타(atha: 이제)'라는 말로 시작해, '이티(iti: 이것이 전부다)'라는 말로 끝맺는다. 영혼을 찾는 이러한 탐색 외에 다른 것은 없다.

제1부
사마디 파다Samādhi Pāda

사마디는 요가를 의미하고, 요가는 사마디를 의미한다. 따라서 '사마디 파다'에는 사마디의 중요성뿐 아니라 요가의 중요성까지 설명되어 있다. 요가와 사마디 모두 깊은 명상 그리고 지극한 헌신이라는 뜻을 담고 있다.

파탄잘리는 이 장에서 완벽한 신체적 건강·정신적 평정·분별력을 갖춘 지성과 영적인 힘을 타고난 수행자들에게 수련과 초연함의 행을 닦아 나감에 있어 가르침을 제시하여 그들이 영적으로 최고의 경지(아트마 다르샤나: 영혼을 관조하는 경지)에 도달하도록 돕는다.

'치타citta'라는 말은 '마음'으로 번역되는 경우가 많았다. 그런데 서양에서 마음은 의욕, 의지, 인식, 움직임의 힘뿐 아니라 분별력 또한 가지는 것으로 여겨진다.

그러나 치타의 진정한 의미는 '의식'이다. 인도 철학자들은 치타를 분석하여 치타를 세 가지 양상, 즉 마음(마나스), 지성(붇디), 자의식(아함카라: 자기에 대한 인식)으로 나누었다. 그리고 정신적인 몸은 심리적인 겹과 지성적인 겹의 두 부분으로 나누었다. 그 결과 사람들은 의식과 마음을 똑같은 것으로 생각하게 되었다. 이 책에서 의식이란 말은 마음에 해당되는 심리적인 겹manomaya kośa과, 지혜에 해당되는 지성적인 겹vijñānamaya kośa 모두를 가리킨다. 마음이 객관적인 방법으로 지식을 얻는데 반해, 지성은 주관적 체험을 통해 앎을 얻고 그것이 지혜가 된다. 우주적 지성이 자연의 첫째 원리인 것처럼, 인간에게는 의식이 첫째 원리이다.

अथ योगानुशासनम् ॥१॥

1.1 atha yogānuśāsanam

atha	지금부터, 길조, 기도, 은총, 축복, 권위, 좋은 징조
yoga	결합, 합일, 접합, 조합, 응용, 활용, 수단, 결과, 깊은 명상, 집중, 최고의 영혼에 대한 명상
anuśāsanam	충고, 지시, 질서, 명령, 가르침, 규칙 및 법칙 제정, 개정된 내용, 서론, 절차에 따라 기술된 지침. 따라서 이는 사람들이 지켜야 할 행동 규범 지침을 이른다. 우리는 이를 통해 윤리적인 삶 및 영적인 삶의 질을 높일 수 있다.

'신께서 신성한 축복을 내려 주시길 기도하며, 이제 요가의 거룩한 방법에 대한 설명을 시작하고자 한다.'

이제 요가 수행에 대한 자세한 설명이 뒤따르는데, 올바른 순서에 따른 단계별 수련과 자기 조정에 대한 적절한 지침이 함께 제시된다.

요가와 요가의 수련 및 지침을 명문화한 것은 파탄잘리가 처음이다. '이제'라는 말을 통해 파탄잘리가 이미 알려진 지식 및 오랜 전통에 지금 당장 새로운 빛을 비출 것임이 강조되고 있다. 파탄잘리는 스스로의 경험을 바탕으로 요가를 재평가하고 새로운 지평을 탐색해, 길이 남을 기념비적인 작품을 우리에게 남겨 주었다. 파탄잘리가 살던 문화 속에서는 그가 하려는 말의 의미가 명확하였을 것이다. 너무나 간결해 거의 그 의미를 파악할 수 없는 부분들도 있지만, 파탄잘리의 언어는 영적으로 피폐한 현대인들이 보기에도 결코 혼동될 수 없을 만큼 명료하다.

파탄잘리는 『요가 수트라』를 저술하기에 앞서 문법과 아유르베다에 관한 저술을 남겼는데, '이제'라는 말은 그 저술 활동에 이어 진행된다는 맥락에서 사용되고 있다고 볼 수도 있다. 논리적으로 문법과 아유르베다에 대한 저술이 『요가 수트라』보다 시대적으로 앞서는 것은 당연한 일이다. 생동감 있는 언어 구사와 명쾌한 이해를 위해서는 문법이 먼저 확실히 정립되어야 하고, 몸을 청결히 하고 내적인 균형을 이루기 위해서는 아유르베다 의학이 필요하기 때문이다. 이 저술들이 일종의 사전 작업으로 이루어져 있었기에 파탄잘리는 요가에 관한 최고의 저술을 내놓을 수 있었다. 파탄잘리의 철학에서 요가란 의식을 연마하고 마침내 그것을 초월하게 하는 수단으로, 생사의 윤회에서 벗어나 진정한 자유를 맛보는 것을 최고의 목적으로 한다.

파탄잘리의 이 세 저작들을 한데 합쳐 모크샤 샤스트라(mokṣa śastra: 영혼의 과학)라고 하는데, 그것은 이 논저들이 인간이 육체적, 정신적 속박에서 벗어나 궁극적인 자유를 향해 나아가는 여정을 다루고 있기 때문이다. 요가에 관한 논저인 『요가 수트라』는 아유르베다에 관한 저술로부터 자연스럽게 연결되어 수행자의 의식을 단련시켜 균형 잡힌 상태로 만드는 것을 돕는다.

『요가 수트라』의 제1장 '사마디 파다'에서 파탄잘리는 의식이 어떤 요소로 이루어져 있고, 어떤 작용 패턴을 보이는지 분석한다. 그런 다음 의식의 동요를 고요히 가라앉혀 삼매와 합일을 경험할 수 있는 방법을 설명한다. 제2장 '사다나 파다'에서는 서로 연관되어 있는 요가의 메커니즘을 제시하고 있는데, 그로써 우리는 윤리적인 행동·신체의 활력과 건강·생리적 활기를 체계적으로 결합하여 자유를 향해 나아갈 수 있게 된다. 제3장 '비부티 파다'에서는 마음이 영혼에 이를 수 있도록 순비시키는 작업을 한다. 그리고 마지막 제4장 '카이발리아 파다'에서는 어떻게 마음이 의식 속으로 녹아 들어가는지, 또 의식이 영혼 속으로 녹아 들어가는지 보여 주고, 나아가 어떻게 수행자가 불멸의 감로를 마실 수 있는지 일러 준다.

베단타 철학을 다루는 고대 문헌인 『브라흐마 수트라』 역시 맨 첫 문장이 'atha'(이제)라는 말로 시작된다(athāto Brahma jijñāsā). 이 문헌에서 '이제'란 말은 브라흐만에 대해 알고자 하는 욕망을 뜻한다. 즉 브라흐만은 연구의 대상으로 다루어지고, 문헌의 처음부터 끝까지 객체로서 논의되고 탐구된다. 한편 『요가 수트라』에서 발견하고 또 알고자 하는 것은 관조자(진아)이다. 따라서 요가는 주관적인 기술이자 학문, 그리고 철학이라 할 수 있다. 앞의 서두에서 제시한 것처럼 '요가'란 말은 다양한 의미를 지니고 있지만, 여기에서는 '사마디' 즉 나눠지지 않는 존재의 상태라는 의미로 쓰였다.

따라서 『요가 수트라』 제1장 1절의 의미는 다음과 같이 풀이할 수 있을 것이다. '지금부터 경험에서 나온 합일의 수련법을 자세히 소개하고자 한다. 이로써 인류는 감각의 인식을 초월해 있어 잘 보이지 않는 인간 존재의 여러 부분을 탐구하고 인지하게 될 것이다.'

योगश्चित्तवृत्तिनिरोधः ॥२॥

1.2 yogaḥ cittavṛtti nirodhaḥ

yogaḥ	가장 바깥층에서 가장 내면의 자기까지(즉, 피부·근육·뼈·신경·마음·지성·의지·의식·자아의 순으로) 하나로 합일되는 것.
citta	의식을 뜻하며, 마음(마나스)·지성(붇디)·자의식(아함카라)의 세 부분으로 이루어져 있다. 치타는 관찰·집중·목표 설정·추론의 수단으로, 인지·결단·행동의 세 가지 기능을 가지고 있다.
vṛtti	마음의 상태, 마음속의 동요, 행위 과정, 행동, 존재의 상태, 행위 양상, 움직임, 기능, 작동

nirodhaḥ 차단, 중지, 반대, 소멸, 제어, 통제, 그침

'요가란 의식 속에서 일어나는 움직임이 멈추는 것을 말한다.'

요가란 의식 속에서 일어나는 동요를 제어하는 것이라고 정의할 수 있다. 요가는 인지, 결단, 운동의 세 가지 기능을 지닌 의식의 작용을 자세히 연구하는 기술이다. 요가는 마음의 기능을 이해하는 방법을 제시하고, 나아가 그 움직임을 제어할 수 있도록 도와준다. 이로써 우리는 의식의 한가운데에 존재하며 아무 것에도 방해받지 않는 고요의 경지를 향해 나아갈 수 있다. 그러므로 요가는 정신 수련의 기술이자 과학으로, 이를 통해 우리는 마음을 연마하고 성숙시킬 수 있다.

제1장 2절은 『요가 수트라』에서 아주 중요한 구절로 요가의 정의를 담고 있다. 의식의 움직임을 조절하거나 제어하여 그것을 완전히 그치게 하는 수련이 바로 요가라는 것이다.

치타citta는 마음manas을 영혼ātmā으로 데려가는 수레의 역할을 한다. 요가는 의식의 자리에서 일어나는 모든 동요를 그치는 것이다. 사실 치타라는 말의 의미를 전달하는 것은 지극히 어렵다. 치타는 우주적 지성인 마하트mahat가 가장 미묘한 형태를 띤 것이기 때문이다. 마하트는 위대한 원리로, 자연(프라크르티prakṛti)을 구성하고 있는 물질세계의 근본이며 영혼과는 반대로 자연에서 뻗어 나온 가지라 할 수 있다. 상키야 철학에 의하면, 창조는 프라크르티와 우주의 영혼인 푸루샤가 뒤섞여 일어난다. 이러한 우주관은 요가 철학에도 그대로 반영되어 있다. 푸루샤와 프라크르티의 원리가 모든 행·의지·고요의 기원이라고 보는 것이다.

'치타', '붇디', '마하트' 같은 말들은 서로 바꿔서 사용하는 경우가 많기 때문에 학생들은 이 단어들의 의미를 두고 혼동하기가 쉽다. 이런 혼동 속에서 이해를

확실히 하고 싶다면, 모든 현상은 완전히 발전하거나 개별화가 되면 미묘한 혹은 우주적인 대응물을 지니게 된다고 기억하면 될 것이다. 따라서 '붇디'를 개별적 분별지라고 해석하고, '마하트'를 붇디의 우주적 대응물로 생각하며, 개별적인 의식인 '치타' 역시 그 대응물로 우주적 차원의 미묘한 형태인 '치트'를 갖는다고 생각하면 된다. 진아를 깨닫는 목적을 위해서는 최고 수준의 의식 및 가장 정교한 지성의 기능이 가능한 한 협조를 해야 한다. 무엇을 잘게 나누고 분석하는 것이 항상 유용하지는 않은 법이다(서론의 1부 '우주론적 자연관' 참조).

사유의 원리, 혹은 양심(안타카라나antaḥkaraṇa)은 동기를 일으키는 자연의 원리 mahat를 개별적인 의식과 연결시키는 역할을 한다. 개별적인 의식은 자의식(아함카라)·지성(붇디)·마음(마나스)을 포괄하는 유동체流動體로 생각할 수 있다. 이 '유동체'는 의식이 그것의 세 구성 요소를 통해 외부 세계를 접하면서 혼탁해지는 경향이 있다. 의식이 혼탁한 상태에서 벗어나 순수하고 투명한 상태를 되찾도록 하는 것이 바로 수행자의 목표라 할 수 있다. 이때 중요한 것은 의식이 전개되어 있거나 밖으로 드러나 있는 자연을 전개되어 있지 않거나 밖으로 드러나 있지 않은 미묘한 자연에 연결시킬 뿐만 아니라, 의식이 자연 안에 내재할 뿐 자연에는 속해 있지 않는 영혼에 가장 가까이 있다는 사실이다.

붇디는 완전한 행동과 경험에 의해 결정되는 확고한 지식을 가진다. 마나스는 다섯 가지 지각력(즈냐넨드리야jñānendriyas)과 다섯 가지 행위력(카르멘드리야karmendriyas)을 통해 정보를 모으고 수집하는 역할을 한다. 우주적 지성·자의식·개별 지성·마음·다섯 가지 지각력 및 다섯 가지 행위력은 모두 자연을 이루는 다섯 가지 요소(흙pṛthvi·물āp·불tejas·공기vāyu·에테르ākāśa)와 그 원자 차원 아래의 특질(냄새gandha·맛rasa·모양rūpa·촉감sparṣa·소리śabda)의 산물이다.

옛날 현인들은 인간을 다섯 가지 겹, 즉 코샤로 나누어 우리가 자신을 보다 잘 이해할 수 있게 했다.

겹	대응 요소
해부학적(안나마야annamaya)	흙
생리학적(프라나마야prāṇmaya)	물
심리적(마노마야manomaya)	불
지성적(비즈냐나마야vijñānamaya)	공기
지복의(아난다마야ānandamaya)	에테르

처음의 세 겹은 자연을 구성하는 요소의 영역 안에 들어간다. 한편 지성적 겹은 개별 영혼(지바트만jīvātman)의 층에, 지복의 겹은 보편적 영혼(파라마트만 paramātman)의 층에 해당한다고 말할 수 있다. 결국 해탈에 이르기 위해서는 이들 다섯 가지 겹 모두를 꿰뚫어야만 한다. 지복의 겹까지도 초월하여 내면 가장 깊숙한 곳에 자리 잡고 있는 것이 바로 푸루샤로, 이는 둘로 나눠질 수 없으며, 겉으로 드러나지 않는 존재이며, '공空'하되 꽉 차 있다. 이러한 경지는 니르비자 사마디(nirbīja samādhi: 무종 삼매)에 들어가야 경험할 수 있으며, 사비자 사마디(sabīja samādhi: 유종 삼매)는 지복의 겹에서 경험할 수 있다.

아함카라(자의식)와 안타라트마(보편적 자아)는 한 가닥의 실의 양끝에 달린 구조를 하고 있다. 안타카라나(양심)는 이 둘을 하나로 합치는 역할을 한다.

요가 수행을 통해 지성과 의식이 바깥에서 안으로 들어가는 여정을 거치면서 우리는 완성에 이르게 된다. 요가의 수행으로 우리는 피부의 지성부터 내면의 자아의 지성까지 결합시키고, 나아가 우리 자아가 우주의 자아와 하나가 되게 한다. 존재의 반(프라크르티)이 존재의 나머지 반(푸루샤)과 하나로 합쳐지는 셈이다. 수련자는 요가 수행을 통해 관찰하고 생각하는 법을 배우게 되며, 영원한 기쁨을 얻을 때까지 수련의 강도를 높여 간다. 그러기 위해서는 반드시 개인의 치타에서 동요가 일어나기 전에 그것들을 모두 사로잡을 수 있어야 한다.

이리저리 동요하는 생각을 제어하는 요가는 곧 사트바 상태로 이어진다. 그런데 이렇게 동요를 억제하기 위해서는 무엇보다 의지력이 필요하다. 그러므로 라자스가 어느 정도 요구된다. 생각의 움직임을 제어하면 곧 정지 상태가 나타나고, 이는 각성이 살아 있는 깊은 고요의 상태로 이어진다. 이것이 치타가 지닌 사트바의 특성이다.

정지는 집중(다라나)을 말하고, 고요는 명상(디아나)을 말한다. 집중에는 한 가지 초점 혹은 형상이 필요한데, 여기에서는 초점이 아함카라, 즉 자기 자신의 작은 개별적 자아이다. 집중이 자연스럽게 명상의 상태로 이어지면, 이 개인적 자아는 자신의 정체성을 잃고 위대한 자아와 하나가 된다. 아함카라와 아트마는 마치 동전의 양면처럼 인간의 양 극단을 이루고 있는 것이다.

수행자는 자아로부터도 영향을 받는 한편, 인식되는 대상으로부터도 영향을 받는다. 이때 수행자가 대상에 사로잡혀 버리면 마음이 동요한다. 이것이 바로 브르티이다. 따라서 수행자는 보이는 대상과 자아를 구별하여 자아가 대상에 휩쓸리지 않게 하는 것을 수행의 목표로 삼아야 한다. 요가를 통해 자신의 의식을 외부 대상의 유혹에서 해방시키고, 영혼에 한 발 더 가까이 다가서게 하는 것이 수행자의 바람직한 자세다. 마음의 동요를 제어하는 것은 궁극의 목표인 사마디에 이르기 위해 거쳐야 하는 과정이다. 수행 초기에 요가는 제어의 수단으로서의 역할을 한다. 하지만 수행자가 완벽한 제어의 상태에 도달하면, 요가 수행이 완성되어 의식이 항상 순수한 상태로 남아 있는 최종 경지에 이르게 된다. 따라서 요가는 수단인 동시에 목적이기도 하다.

(1장 18절; 2장 28절 참조)

तदा द्रष्टुः स्वरूपेऽवस्थानम् ॥३॥

1.3 tadā draṣṭuḥ svarūpe avasthānam

tadā	그러면, 그때
draṣṭuḥ	영혼, 관조자
svarūpe	그 자신의, 자신의 상태
avasthānam	쉬다, 머무르다, 살다, 빛을 발하다

'그러면, 관조자는 자신의 진정한 빛 속에 살게 된다.'

의식의 물결이 멈춰 고요해지면, 더 이상 영혼의 참된 표현이 왜곡되는 일이 일어나지 않는다. 자신의 본성이 드러나면서 환한 빛을 발하는 관조자는 자기 자신의 장엄한 아름다움 속에서 살아가게 된다.

의지는 마음 작용의 형태이므로 관조자의 상태나 조건에 대한 우리의 인식은 의지에 따라 순간순간 변화될 수 있다. 그것을 잘 제어하고 조절하면 반조하는 존재의 상태를 경험할 수 있다. 이 상태에 들어가면 지식의 빛이 너무도 분명하게 비쳐 관조자의 진정한 장엄을 보고 느낄 수 있다. 치타의 활동은 사라지고 영혼의 모습이 찬란하게 빛을 발한다. 이 상태를 깨닫는 순간부터 영혼은 자신의 본래의 자리를 찾아 그곳에 머문다.

(1장 16, 29, 47, 51절; 2장 21, 23, 25절; 3장 49, 56절; 4장 22, 25, 34절 참조)

वृत्तिसारूप्यमितरत्र ॥४॥

1.4 vṛtti sārūpyam itaratra

vṛtti	행동, 동요, 변화, 기능, 마음 상태
sārūpyam	유사성, 밀접함, 가까움
itaratra	그렇지 않을 때, 다른 경우에는

'그렇지 못할 때, 관조자는 동요하는 의식에 동화된다.'

관조자가 자신을 의식이나 보이는 대상과 동일시하게 되면, 그것들과 하나가 되어 자신의 위대함을 잊어버린다.

보이는 대상에 휘말리는 것은 의식의 자연스런 경향으로, 관조자까지 외부 대상을 향해 끌어당겨 그것에 동화시키려고 한다. 그러면 관조자는 외부의 대상에 사로잡혀 버린다. 이것이 씨앗이 되어 지성은 여러 갈래로 나누어지고, 관조자는 자신의 빛나는 각성을 잊어버리고 만다.

영혼이 자신만의 찬란한 빛을 내뿜지 못한다는 것은 생각의 기능이 영혼의 자리를 대신 차지하고 자신을 드러내고 있다는 뜻이다.

외부 대상의 인상이 지각력을 통해 치타에게 전해지면, 치타는 감각에서 생겨난 그 인상들을 받아들여 그것에 따라 물들기도 하고 변하기도 한다. 치타는 초원을 떠돌며 풀을 뜯는 동물과도 같은데, 외부 대상은 맛있는 여물과도 같아서 치타를 사로잡아 버린다. 치타는 자신을 투사하여 외부 대상을 자기 것으로 만들기 위해 외부 대상의 형상을 취한다. 그러면 치타는 온통 외부 대상에 대한 생각에 둘러싸이고, 그 결과 영혼의 모습은 희미해진다. 이렇게 해서 치타에 더러운 때가 묻게 되고, 치타가 보이는 외부 대상에 동화되면서 행동과 양상에도 변화가 생긴다(3장 36절 참조).

원래 치타라는 실체에는 아무 형태도 없지만 그 기능과 한계를 명확히 파악하기 위해서 그 모습을 어느 정도 시각화하면 도움이 된다. 이를테면 치타를 광학식 렌즈 같은 것으로 생각할 수 있다. 그 자신은 빛을 전혀 내지 못하지만 순수한 빛의 근원인 영혼의 바로 위에 자리 잡고서 그것을 투영하는 것이다. 이 렌즈의 한쪽 면은 내부의 빛을 향하고 있어 언제나 깨끗하다. 보통 우리는 양심의 목소리가 우리에게 말을 걸어올 때만 치타의 이 내적인 면을 인식할 수 있다.

하지만 일상적인 삶 속에서는 렌즈의 바깥쪽 면을 주로 인식하게 된다. 이 면은 바깥세상을 향해 있고 감각 및 마음에 의해 바깥세상과 연결되어 있다. 이 바깥쪽 면은 감각으로 기능하기도 하고, 의식·자아·지성의 내용으로 기능하기도 한다. 이런 치타가 욕망과 요동치는 세속적 삶에 대한 두려움에 휘말리다 보면, 맑고 투명하던 표면이 어두워지고 흐려진다. 심지어 더러운 때가 묻고 상처까지 생겨 영혼이 치타를 통해 빛을 내기가 어려워진다. 이렇게 내면의 빛이 부족해지면 치타는 조건에 구속받는 존재의 인공적인 빛을 그 어느 때보다 간절하게 찾는다. 요가의 모든 테크닉(수련과 절제)은 의식이 현상의 세계에 동화되지 않도록 하는 데 그 목적이 있다. 나아가 의식을 사로잡고 있는 감각을 제어하고, 치타의 렌즈를 맑고 순수하게 닦고자 한다. 그러면 치타는 오로지 영혼의 빛만을 전할 수 있게 된다.

(2장 20절, 4장 22절 참조)

वृत्तयः पञ्चतय्यः क्लिष्टाक्लिष्टाः ॥५॥

1.5 vṛttayaḥ pañcatayyaḥ kliṣṭā akliṣṭāḥ

vṛttayaḥ	움직임, 변화
pañcatayyaḥ	다섯 겹의
kliṣṭā	번뇌를 일으키는, 고문하는, 걱정스러운, 고통스러운
akliṣṭāḥ	문제를 일으키지 않는, 방해를 하지 않는, 번뇌를 없애는, 걱정을 없애는, 즐거운

'의식에는 다섯 가지 움직임이 있다. 이것들은 인식이 가능하기도 하고 불가능하기도 하며, 고통스럽기도 하고 고통스럽지 않기도 하다.'

마음에서 일어나는 동요나 변화는 고통스럽기도 하고 그렇지 않기도 하며, 인식 가능하기도 하고 불가능하기도 하다. 고통스럽지 않은 상태에 고통이 숨어 있을 수도, 고통스러운 상태에 고통스럽지 않음이 숨어 있을 수도 있다. 이 둘 모두 인식이 가능하기도 하고 불가능하기도 하다.

의식이 전면에 나서서 활동을 하면, 관조자는 자연스럽게 뒤로 물러나게 된다. 따라서 변화의 씨앗은 관조자가 아닌 의식에 있다고 볼 수 있다. 의식은 자신만의 개별 성향과 관련해서 외부 대상을 보고, 이 때문에 생각에 동요와 변화가 일어난다. 이러한 동요에는 다섯 가지가 있는데, 다음 경문에서 설명이 된다. 이러한 동요는 눈에 보이기도, 숨어 있기도 하며, 고통스럽기도, 고통스럽지 않기도 하며, 번민을 일으키기도, 즐거움을 주기도 하며, 인식이 가능하기도, 불가능하기도 하다.

앞의 경문에서 설명한 바에 따르면, 의식에 의해 관조자는 의식이 보는 외부 대상에 휘말리게 된다. 여기서 다섯 가지 동요가 일어나는데, 그것들을 세부적으로 분류해 들어가면 한이 없다.

생각이 괴로움과 합쳐졌을 때 이를 마음과 의식의 고통스런 상태(클리스타kliṣṭā)라 한다. 예를 들어 불붙은 석탄이 재로 덮여 있으면 겉보기에는 재만 있는 것처럼 여겨진다. 누군가가 거기에 손을 댔다간 단번에 데이고 만다. 이렇게 재로 덮여 있어 그 존재를 알 수 없는 뜨거운 석탄처럼, 인식이 불가능한 고통을 아클리스타akliṣṭā라 한다. 하지만 화상을 입는 순간 그것은 인식 가능한 고통, 즉 클리스타가 된다. 고통은 주로 괴로움으로 가득 차 있어서 즐거움이 들어설 여지가 없다. 하지만 알고 보면 고통과 즐거움은 늘 함께한다. 섹스의 즐거움은 항상 분만의 고통으로 끝나며, 그 뒤를 이어 부모로서 아이를 돌보며 주기적으로 온갖 즐거움, 걱정, 슬픔을 맛보게 된다.

『요가 수트라』 제1장 18절을 보면 고통 없는 지극한 행복의 상태에 대한 설명이 있는데, 심지어 이 경지에 오른 고차원의 영혼에게조차 파탄잘리는 제1장 19절에서 주의를 당부하고 있다. 그의 경고에 따르면 요기는 덕성의 힘이 계속 강하게 발휘될 때는 자유롭지만, 그 힘이 사라지는 순간 다시 최고의 영적 경지에 오르기 위해 분투해야 하는 고통스러운 결과를 얻게 된다. 그렇지 않으면 고통은 숨어 있을 수도 있고, 오랫동안 고통스럽지 않은 것처럼 보였다가 나중에 드러나기도 한다. 그것은 마치 암 같은 질병이 몸 안에 있다가 오랜 시간이 지나 심각한 고통의 단계에 이르러야 비로소 발견되는 것과 같다.

인식할 수 있는 고통이나 괴로움은 요가 수행과 의지력을 이용해 얼마든지 조절이 가능하고, 또 완전히 뿌리 뽑을 수 있다. 인식할 수 없는 고통은 요가를 수행하고 욕망(바사나)과 집착에서 벗어남으로써 인식의 표면으로 올라오지 못하도록 막을 수 있다.

『요가 수트라』 제2장 12절에서 파탄잘리는 드뤼스타(보이는)와 아드뤼스타(지각되지 않는, 보이지 않는)라는 말을 사용한다. 이 말은 각각 클리스타와 아클리스타에 비유될 수 있다. 자연은 다섯 가지 동요가 번뇌의 형태로 나타나도록 부추기는 반면, 푸루샤는 그것들을 다시 아클리스타의 상태로 되돌리려는 경향을 보인다. 예를 들어, 고통스런 형태kliṣṭā form의 기억이 심리적인 시간에 예속되어 있다면, 고통을 인식할 수 없는 형태akliṣṭā form의 기억은 판별의 기능을 가진다. 고통스러운 상태와 고통스럽지 않은 상태 모두 눈에 보이기도 하고, 숨어 있기도 하다. 알려져 있고 눈에 보이는 고통이나 즐거움은 얼마든지 줄이거나 없앨 수 있다. 고통스러운 상태에서는 '비非고통'이 드러나지 않고 숨어 있을 수 있는데, 그 결과 덕성을 찾아내거나 인식하는 것이 어렵다. 고통스럽거나 고통스럽지 않은 이 두 상태 모두 요가의 수련과 절제를 통해 더 이상 지속되지 않게 해야 한다. 『요가 수트라』 제1장 23, 27, 28, 33~39절 및 제2장 29절에는 덕성의 최고의 경지인 자유와 평정에 이르는 데 이용할 수 있는 방편에 대한 파탄잘리의 설명이 있다.

치타를 수레바퀴로 본다면, 클리스타와 아클리스타의 상태는 두 개의 바큇살과 같아 이것들이 자아 속에 동요와 번뇌를 일으킨다. 클리스타와 아클리스타 상태에서 일어나는 동요들vṛttis은 분리되어 나란히 존재하는 실체가 아니라, 서로를 먹이고 받쳐 주는 관계이다. 예를 들어 잠이 들면 둔감함이라는 부정적 양상이 나타나는데 이는 의식의 다른 변화들을 잘못 인식하는 데 일조한다. 반면 긍정적인 수면 경험(잠에서 깬 직후 '나'가 침묵의 상태에 있을 때 경험하는 수용적이고 순정純正한 상태)은 고차원의 영적 단계를 잠시나마 맛보게 해 수행자가 올바른 지식과 분별력을 얻고자 노력하게 한다. 바퀴가 멈추면 바큇살도 흔들리지 않게 되고, 치타는 브르티로부터 자유로워진다.

(번뇌에 대해서는 1장 30, 31절; 2장 3, 12, 16, 17절 참조)

प्रमाणविपर्ययविकल्पनिद्रास्मृतयः ॥६॥

1.6 pramāṇa viparyaya vikalpa nidrā smṛtayaḥ

pramāṇa	정당한 지식, 경험으로 입증된 지식, 연구와 검증을 거친 올바른 지식, 증명 혹은 증거
viparyaya	전도된, 잘못된, 반대의
vikalpa	의심, 우유부단, 망설임, 공상, 상상, 혹은 백일몽
nidrā	수면, 공한 상태
smṛtayaḥ	기억

'그것들은 올바른 지식, 착각, 망상, 수면 및 기억에 의해 일어난다.'

의식에서 일어나는 이 다섯 가지 동요 혹은 변화는 사실과 증거에 기반을 둔 실제적인 인식이나 올바른 지식, 비실제적이거나 전도된 인식, 즉 착각, 공상이나 상상에서 나온 지식, 수면 상태에서 나온 지식, 그리고 기억을 근간으로 한다.

의식은 다섯 가지 유형의 지성을 가지고 있는데, 무다(mūḍha: 어리석고 둔감하고 무지한 상태)·크쉽타(kṣipta: 게으르고 부주의한 상태)·빅쉽타(vikṣipta: 동요하고 산만한 상태)·에카그라(ekāgra: 고도의 집중력을 보이는 일심의 상태)·니루다(niruddha: 제어되고 조절된 상태)가 이에 해당한다. 이렇게 의식의 지성이 다섯 가지 유형으로 나눠지는 것처럼, 의식의 동요 역시 올바른 지식·전도된 인식·상상·수면에서 나온 지식·기억 등 다섯 가지로 나눠진다. 의식의 다섯 가지 지성과 다섯 부류의 동요는 수행자를 방해하기도 하고, 혹은 그를 도와 지성을 성숙시키고 해탈에 이르게 하기도 한다.

지각력을 통해 모인 전도된 인식(비파리아야)은 마음에 영향을 주어 감각이 느끼는 것을 아무 생각 없이 받아들이게 한다('여섯 장님과 코끼리'의 이야기에서처럼). 공상(비팔카)은 마음이 실제적인 사실을 무시한 채 상상의 세계에 머물게 한다. 한편 기억(스므르티)은 경험을 회상하여 올바른 이해가 생길 수 있도록 돕는다. 수면(니드라)에는 독특한 특성이 있다. 항아리가 비어 있을 때는 공기로 가득 차듯이, 의식도 수면 상태에서는 텅 비어 있다. 의식은 특정한 장소를 차지하지 않고 존재하며 휴면 상태에 있다. 잠이 들면 살짝이나마 고요한 마음 상태를 경험하게 되는데, 이를 마놀라야manolaya라고 한다. 마음이 잠들어 있는 이 상태는 잠이 막 깰 때에만 느낄 수 있다. 꽃이 봉오리 속에서 편안하게 쉬듯 의식도 그것의 봉오리인 양심 속에서 편안하게 쉰다. 마지막으로 올바른 지식(프라마나)은 존재의 핵심에서 나온 직접적인 지식을 말한다. 이는 직관적이기 때문에 순수하며, 지성의 영역을 초월해 있다.

인간은 직접적인 지식을 통해 의식의 상태를 벗어날 수 있다. 이러한 의식 상태를 아마나스카트바amanaskatva라고 한다.

प्रत्यक्षानुमानागमाः प्रमाणानि ॥७॥

1.7 pratyakṣa anumāna āgamāḥ pramāṇāni

pratyakṣa	직접적인 인식
anumāna	추론
āgamāḥ	고대의 신성한 경전, 신성한 경전 해석에 관한 권위자로 의지할 수 있는 사람
pramāṇāni	여러 종류의 증명

'올바른 지식은 직접적이거나, 올바른 추론을 거친 것이거나, 사실로 증명된 것을 말한다.'

올바른 지식은 세 종류의 증거, 즉 직접적인 인식, 올바른 추론, 권위 있는 신성한 경전이나 경험이 풍부한 사람의 증명에 바탕을 둔다.

개별적인 인식은 먼저 논리적인 추론으로 검증을 한 후에, 그것이 전통적인 지혜 혹은 경전의 지혜에 부합하는지 살펴봐야 한다. 이를 위해서는 깨어 있는 지성, 즉 붇디가 필요하다.

현대에는 지성과 관련된 용어 사용에 있어 '붇디'를 하나의 단일한 실체로 다루는 경향이 있다. 하지만 붇디를 그렇게 단일한 실체로 다루어서는 우리의 삶과 요가 수행에서 붇디가 진정 어떤 역할을 하는지 제대로 이해할 수 없다. 먼저 우리는 붇디를 마음과 구분해서 생각할 필요가 있다. 감각 정보를 받아들이고, 사고하고, 행동하는 기능을 가진 두뇌는 마음에 그 기원을 두고 있다. 사고는 전자기장의 물결 형태로 표현된다.

지능은 마음보다 더 미묘하다. 지능은 사실에 대한 지식 및 추론 능력과 관계가 있는데, 그것이 가지고 있는 고유한 특질인 지성을 통해서만 분별력을 갖게 된다. 그리고 이 지성은 마음/사고 과정보다는 의식에 더 가깝다. 지성은 육체적인 층부터 지복의 층에 이르기까지 우리 존재의 모든 측면에 내재되어 있다. 지성은 오직 존재의 핵심인 아트만/푸루샤에서만 나타나지 않는다.

지성은 고유한 특질을 지니고 있으나 겉으로 드러나지 않고 숨어 있기 때문에, 제일 먼저 해야 할 것은 그것을 깨우는 일이다. 아사나 수련에서는 뻗는 동작을 통해 지성이 표면으로 떠올라 세포의 차원에 이르고, 자세를 유지하는 가운데 생리적인 차원에까지 이르게 된다. 지성은 일단 깨어나면 그것이 지닌 역동성과 분별력을 드러낸다. 그때 우리는 온몸을 고르게 뻗어 균형 잡히고 안정된 자세를 취하면서 위팔을 뻗을 때 아래팔과 마주 대응할 수 있게 하면서 뻗고 있는지, 오른쪽 다리가 왼쪽 다리에 대응하면서 뻗는지, 신체 안쪽과 바깥쪽을 서로 균형 있게 뻗는지 등을 잘 살피려고 노력한다. 몸 구석구석을 자세히 살피고 분별력을 발휘하는 엄밀하고 정확한 과정을 통해 지성이 단련된다. 내면의 겹에서는 프라나야마, 프라티아하라 및 그 이상의 요가 단계들에 의해 지성이 단련된다.

여기서 분별은 측정하고 판별하는 과정으로 이원성의 세계에 속한다는 것을 알 수 있다. 잘못된 것을 버리면 남는 것은 올바를 수밖에 없다.

분별력이 연마되어 지성이 온전해지고 밝아지면, 자의식과 마음은 뒤로 물러나고 치타가 예리하고 명확해진다. 하지만 진정한 지혜라 할 수 있는 영혼의 지성은 분별력이 없어질 때에만 비로소 빛을 발하기 시작한다. 이원성 속에서는 지혜가 작용하지 못한다. 지혜는 오로지 단일성만을 인지하기 때문이다. 지혜는 잘못된 것을 버리는 것이 아니라 오로지 올바른 것만 본다. (파탄잘리는 이를 고결한 지혜, 즉 비베카자 즈냐남vivekaja jñānam이라 불렀다. 3장 55절 참조) 지혜는 자연과 뒤섞이지 않으며, 이원성이 지배하는 세상에서 발생하는 삶의 문제를 해결하는 데에는 전혀 맞지 않다. 예를 들면 정치인에게는 그가 가진 동기가 아무리 고상하다 해도 지혜가 전혀 쓸모가 없다. 상대적이고 일시적인 세상 속에 살며 선택하고 결정하는 것이 정치인의 현실이기 때문이다. 하지만 영혼의 지혜는 결정하지 않고, 그저 '알 뿐이다.' 영혼의 지혜는 시간을 초월해 있다.

하지만 자유를 찾기 위해서는 점진적으로 지성을 정련시켜 나가는 것이 무엇보다 중요하다. 기억의 부정적인 영향을 '녹이기' 위해서는 분별적인 지성을 이용해야만 한다. 기억은 심리적인 시간 속에서 우리를 현세의 감각적인 즐거움과 고통의 세계에 얽매이게 한다.

바위부터 인체의 세포에 이르기까지 이 세상의 모든 물질은 고유의 지성을 지니고 있다. 하지만 그 지성을 일깨우고 정련하여 마침내 그것을 초월할 능력을 가진 것은 인간뿐이다. 치타가 완전히 순수해지면 감각의 집착에서 벗어나 아트만을 향하게 되듯이, 지성도 한번 자연에 대한 최고 인식에 이르면 영혼을 향해 내면으로 이끌리게 되어 있다(4장 26절 참조). 한편 붇디는 스스로를 지각할 수 있는 능력을 지니고 있다. 그 고유한 덕목은 정직함이다(1장 49절 참조).

विपर्ययो मिथ्याज्ञानमतद्रूपप्रतिष्ठम् ॥८॥
1.8 viparyayaḥ mithyājñānam atadrūpa pratiṣṭham

viparyayaḥ	잘못된, 비실제적인
mithyājñānam	망상에 젖은 지식
atadrūpa	자기 자신의 형태로 있지 않은
pratiṣṭham	점유하는, 서 있는, 보고 있는

'망상에 젖은 잘못된 지식은 사실이나 실제가 아닌 것을 기반으로 한다.'

망상에 젖은 잘못된 지식은 실수, 잘못된 개념, 혹은 이것과 저것을 혼동하는 데서 비롯된다. 다시 말해, 잘못된 지식은 실재의 왜곡된 모습을 밑바탕으로 한다.

잘못된 이해나 실제와 어긋나는 개념은 그릇된 느낌을 낳아 의식을 혼탁하게 물들인다. 이는 관조자를 경험하려는 수행자의 노력에 장애가 되어 이중인격이나 분열된 인격을 만들어 내기도 한다.(2장 5절 참조)

शब्दज्ञानानुपाती वस्तुशून्यो विकल्पः ॥९॥

1.9 śabdajñāna anupātī vastuśūnyaḥ vikalpaḥ

śabdajñāna	말뿐인 지식
anupātī	차례로 따르는, 추구되는, 규칙적인 순서에 따라 단계가 나뉜
vastuśūnyaḥ	대상이 없는, 실질적 내용이나 의미가 없는
vikalpaḥ	상상, 공상

'공상 혹은 상상이란 실질적 내용이 없는 말뿐인 지식을 말한다.'

실질적인 근거가 전혀 없는 자신만의 생각과 인상에 빠져 헛된 공상이나 말을 일삼는 것을 '비칼파vikalpa'라고 한다. 이는 실재에 부합하지 않는 모호하고 불확실한 지식이다. 이런 망상에 빠져 사는 사람은 자신에게 뿔이 달렸다고 상상하는 우화에 나오는 토끼와 같다.

하지만 분석, 시행착오, 분별력을 통해 이러한 '비팔카'를 사실에 기초한 지식의 수준으로까지 끌어올리면 올바른 혹은 진정한 지식에 대한 갈증이 일어나고, 망상은 비전이나 발견으로 변형될 수 있다. 그런 식의 전환이 일어나지 않는 한, 그리고 그런 전환이 일어날 때까지 상상에 바탕을 둔 지식은 계속 실질적 내용이 없게 된다.

अभावप्रत्ययालम्बना वृत्तिर्निद्रा ॥१०॥

1.10 abhāva pratyaya ālambanā vṛttiḥ nidrā

abhāva	비존재, 비존재의 느낌, 인식의 부재
pratyaya	확신을 지향함, 신뢰, 자신감, 믿음, 활용, 지식, 이해, 수단, 방편, 지능
ālambanā	지지대, 거처, 버팀대에의 의존, 정신적 수련을 통해 영원성의 대강의 형태에 대해 사고함
vṛttiḥ	기능, 조건, 생각의 물결
nidrā	꿈꾸지 않는 수면 상태

'수면이란 의도하지 않아도 생각의 물결이나 지식이 없어지는 상태를 말한다.'

꿈이 없는 수면은 의식이 활성화되지 않아 존재한다는 느낌이 없는 상태이다.

수면 상태에서는 생각이나 느낌의 모든 활동이 멈춘다. 사람이 잠에 들면 지각력은 마음속에서 쉬고, 마음은 의식 속에서 쉬며, 의식은 존재 속에서 쉬게 된다. 수면에는 세 종류가 있다. 자고 난 뒤에 몸이 무겁고 둔한 느낌이 들면 그것은 타마스적인 수면이다. 심란한 상태의 수면은 라자스적인 것이고, 자고 난 후 몸이 가볍고 밝아지고 상쾌해지면 사트바적인 수면이다.

깨어 있을 때 우리는 올바른 지식, 잘못된 지식, 공상에 빠진 지식, 기억에서 생긴 지식의 상태에 있다. 마음과 의식은 오감에 이끌려 외부의 대상과 접촉하고 거기서 지식을 얻는다. 깊은 수면에 들어가면 이 네 가지 종류의 지식이 존재하지 않는다. 오감을 다스리는 왕인 마음이 휴식에 들어가기 때문에 지각력도 더 이상 기능하지 않는다. 이를 텅 빈 느낌을 일컫는 아바바(abhāva: 공의 상태)라 한다.

수면 중 이 소극적인 공의 상태를 경험한 수행자는 깨어 있는 동안 그것을 적극적인 마음 상태로 변화시키고자 노력한다. 그러면 그는 감각과 마음을 통해 보고 듣고 느끼는 대상에 대한 지식으로부터 자아가 자유로워지는 순수한 상태를 경험할 수 있다. 마음과 의식에서 일어나는 동요를 모두 고요히 가라앉히는 법을 알게 된 수행자는 비로소 카이발리아에 이른다. 그는 브르티를 승화시켜 당당한 주인이 된다. 이제 그의 치타는 영혼 속에 완전히 잠긴다.

수면을 취하면 잠시나마 관조자를 엿볼 수 있다. 하지만 분별의 빛(비베카)이 흐려진 상태이기 때문에 분명하게 볼 수는 없다. 이러한 수면 상태와 비슷하게 깨어서 각성되어 있는 상태가 바로 사마디이다. 사마디의 경지에 들어가면 관조자가 자기 자신의 모습을 온전히 보게 된다.

अनुभूतविषयासंप्रमोषः स्मृतिः ॥११॥

1.11 anubhūta viṣaya asaṁpramoṣaḥ smṛtiḥ

anubhūta	인지된, 이해된, 경험된, 직접적 인식에서 나온 지식, 추론 및 비교, 말뿐인 지식
viṣaya	대상, 대상에 대한 인식, 사태, 처리
asaṁpramoṣaḥ	빠져 나가도록 두지 않음, 그 어떤 것에서도 훔치지 않음
smṛtiḥ	경험한 것에 대한 기억, 말 혹은 경험의 회상

'기억이란 말과 경험을 변형시키지 않고 회상하는 것을 말한다.'

기억이란 의식을 변형시켜 과거의 경험을 다시 되살려내는 것이다.

올바른 지식, 잘못된 지식, 망상에 젖은 지식 그리고 수면 등에서의 변화와 인상이 모인 것이 기억이라 할 수 있다. 인식이 시시각각 변하는 만큼 기억 역시 변할 수 있지만, 기억을 올바로 사용하기만 하면 진실하고 깨끗한 상태 그대로 이전의 경험을 되살릴 수 있다. 이러한 능력은 분별력을 수련하는 기본 토대가 된다.

의식이 지닌 다섯 가지 특질은 의식에서 일어나는 다섯 가지 동요에 대응된다. 다시 말해 둔감함은 니르다, 부주의함은 비파리아야, 동요는 비칼파, 일념은 스므르티, 통제와 조절은 프라마나에 해당한다.

(잘못된 인상과 잘못된 회상에 대해서는 『요가 수트라』 2장 5절 참조)

अभ्यासवैराग्याभ्यां तन्निरोधः ॥१२॥

1.12 abhyāsa vairāgyābhyāṁ tannirodhaḥ

abhyāsa	반복되는 수련
vairāgyābhyāṁ	욕망으로부터의 해방, 초연함, 절제
tannirodhaḥ	그것들의 제어

'수련과 초연함은 의식의 움직임을 고요히 가라앉히는 수단이다.'

『요가 수트라』 제1장 5, 6절에서 이야기한 의식의 동요는 그것이 고통스럽든 고통스럽지 않든 반복되는 요가의 수행을 통해 제어해야 한다. 또 초연함을 얻고 욕망에서 자유로워지기 위해서는 정신적인 힘도 길러야 한다.

의식을 공부하고 그것을 고요히 가라앉히는 것이 수련(아브야사)이다. 파탄잘리는 다른 곳에서는(2장 28절) 이를 아누스타나anuṣṭhāna라고 달리 표현하기도 한다. 아브야사가 기계적인 반복이라는 뜻을 담고 있는 반면, 아누스타나anuṣṭhāna에는 헌신·열의·신심의 뜻이 들어있다. 요가의 기술과 철학을 철저히 이해하고 반복해서 수련하여 몸·마음·영혼이 완벽한 교감을 이루는 것은 단순한 기계적 수련이라기보다는 종교적이고 영적인 수련으로 봐야 옳을 것이다.

수련이 요가의 적극적인 부분이라면, 초연함 혹은 절제(바이라기야)는 소극적인 부분에 해당한다. 이 둘이 낮과 밤, 들숨과 날숨처럼 서로 균형을 이루고 있다. 수련은 밖을 향하는 전개의 길이고, 초연함과 절제는 안을 향하는 수렴의 길이다. 수련은 요가의 여덟 가지 단계 모두를 거친다. 밖을 향하는 수련은 진아를 발견할 때까지 계속 나아가는 것으로, 야마·니야마·아사나·프라나야마의 단계를 통과하게 되어 있다. 한편 안으로 향하는 절제의 수련은 프라티아하라·다라나·디아나·사마디의 단계를 거친다. 내면을 향하는 이 여정을 통해 수행자는 의식을 외부 세계의 대상에서 해방시킬 수 있다.

파탄잘리의 수련은 하타 요가의 '하', 즉 태양의 측면을 대변하고, 절제는 '타', 즉 달의 측면을 대변한다. 하타 요가에서 '하'는 생명력을 의미하는 반면, '타'는 의식을 뜻하며, 또 '하'는 존재 그 자체(관조자)를, '타'는 관조자에게서 반사된 빛(치타)을 의미하기도 한다. 이 두 가지 힘이 하타 요가를 통해 한데 뒤섞여, 관조자 속에 녹아드는 것이다.

요가에 숙달되기 위해서는 요가 수행을 하는 동안 반드시 야마와 니야마의 원칙들을 잘 지켜 나가야 한다. 이를 아브야사라 한다. 반면 수행에 방해가 되는 생각과 행동을 버리는 것을 바이라기야라 한다.

의식이 보이는 대상에 얽매여 거기에 동화되고 관조자까지 끌어당긴다는 것은 우리 모두가 잘 아는 사실이다. 그렇게 되면 관조자는 이리저리 흔들리는 마음에

종속되고 만다. 『요가 수트라』 제2장 29절에서 설명하듯 요가의 여덟 가지 갈래는 지성이 흔들리는 것을 막아 올바른 이해를 얻도록 하기 위한 수단으로 제시된 것이다. 요가의 처음 네 단계는 수련과 관련이 있고 나머지 네 단계는 절제와 관련되어 있지만, 사실 수련과 절제는 상호의존적이며 똑같이 중요하다. 절제가 없다면 수련에서 생기는 힘을 통제할 수 없어 수행자는 파멸에 이를 수도 있다. 또 수련에서 보다 높은 경지에 올라갔을 때, 아브야사 없는 바이라기야는 수행을 정체시키고 내면의 타락을 부르는 결과를 낳을 수 있다. 요가의 처음 네 단계가 수련의 디딤돌을 쌓는 과정이라면, 나중의 네 단계는 내면의 통합이 이루어지는 과정이다. 처음에는 타마스적이었던 자연이 역동적인 상태로 옮겨가면 우리 자신의 내면의 안정을 위해 절제가 반드시 필요하게 된다.

바이라기야는 수행자가 욕망과 열정에서 자유로워지는 법을 배우고, 영혼과의 합일을 추구하는 데 방해가 되는 대상에 대해 집착하지 않는 태도를 기를 수 있게 하는 수행이다.

이때 수행자가 행해야 할 수련들은 이어지는 경문에서 제시된다.

(요가의 수련에 대해서는 2장 29~32절, 2장 33~35절 참조)

तत्र स्थितौ यत्नोऽभ्यासः ॥१३॥

1.13 tatra sthitau yatnaḥ abhyāsaḥ

tatra	이들 중에, 이러한 상황에서, 그럴 경우
sthitau	안정에 관하여, 완전한 제어에 관하여
yatnaḥ	지속적인 노력
abhyāsaḥ	수련

'수련이란 이러한 동요를 가라앉히기 위해 확고부동하게 노력하는 것을 말한다.'

수련이란 의식에서 일어나는 동요를 멈춘 후 그것을 고요히 가라앉히고자 하는 것, 그리하여 늘 한결같고, 안정적이고, 고요한 마음 상태를 얻고자 하는 노력이다.

마음을 동요와 변화로부터 자유롭게 해방시켜 안정된 상태에 이르려면 야마부터 디아나에 이르기까지 요가의 모든 원리들을 열과 성을 다해 수련해야 할 것이다. 여기에는 도덕적·윤리적·신체적·정신적·지적·영적인 모든 수련이 포함된다.

(마음을 수련에 적용시키는 것에 대해서는 1장 20절 참조)

स तु दीर्घकालनैरन्तर्यसत्कारासेवितो दृढभूमिः ॥१४॥

1.14 sa tu dīrghakāla nairantarya satkāra āsevitaḥ dṛḍhabhūmiḥ

sa	이것
tu	그리고
dīrghakāla	오랫동안
nairantarya	끊임없이, 지속적인
satkāra	헌신, 열의
āsevitaḥ	열정적으로 수련하는, 열심히 연마하는
dṛḍhabhūmiḥ	견고한 기반이 있는, 단단히 뿌리박힌, 잘 고정된

'오랫동안 끊이지 않고 주의 깊게 수련하면 동요를 억제하는 견고한 기반을 쌓을 수 있다.'

요가의 원칙에 따라 오랜 시간 동안 성심성의껏 주의를 기울여 헌신적으로 계속 노력을 해 나가면 요가 수행의 견고한 기반이 마련된다.

깊은 지혜를 얻기 위해서는 꾸준히 헌신적으로 집중적인 수련을 하고, 집착하지 않는 태도를 기르기 위해서는 절제에 전념해야 한다. 하지만 성취가 수행자에게 자만심을 일으킬 수도 있는 만큼, 자만심의 덫에 걸려 깨달음에서 멀어지는 일이 없도록 주의해야 한다. 그런 일이 발생했을 때에는 훌륭한 지도자의 지도를 받거나 스스로의 분별력을 활용해 수련을 처음부터 다시 시작해야 한다. 그래야 수행자는 자만심을 버리고 겸손해져 영적 지혜가 빛을 발하기 시작한다. 이것이야말로 올바른 수련이다.

दृष्टानुश्रविकविषयवितृष्णस्य वशीकारसंज्ञा वैराग्यम् ॥१५॥

1.15 dṛṣṭa ānuśravika viṣaya vitṛṣṇasya vaśīkārasaṁjñā vairāgyam

dṛṣṭa	인식 가능한, 눈에 보이는
ānuśravika	들리는, 듣는, 베다 혹은 구전에 따라 전통에 의지하기
viṣaya	사물, 즐거움의 대상, 물질
vitṛṣṇasya	욕망에서의 해방, 만족
vaśīkāra	예속, 절대권, 다스림
saṁjñā	의식, 지능, 이해
vairāgyam	세속적 욕망 및 열정이 사라짐, 냉철함, 초연함, 세상에 무관심함, 절제

'절제란 욕망으로부터 초연하기를 수련하는 것이다.'

비집착과 초연함이 무엇인지 알고 나면 보이는 대상이든 보이지 않는 대상이든, 들리는 말이든 들리지 않는 말이든 그 모든 것에 대한 욕망이 없어진다. 그러면 관조자는 어떤 유혹에도 흔들리지 않는다. 이는 곧 절제의 기술에 완전히 통달했음을 나타낸다.

비집착과 초연함은 반드시 굳센 의지를 갖고 배워야 한다. 비집착과 초연함을 배운다 함은 속세의 욕망은 물론 천상의 즐거움에 대한 욕망으로부터도 자유롭게 해방되는 법을 배우는 것을 일컫는다. 치타는 속세의 욕망과 열정에 대한 생각이 떠올라도 흔들리지 않는 법을 배우고, 모든 대상들이 사라지고 자연이 지닌 세 가지의 특질인 사트바·라자스·타마스로부터도 자유로운 순수한 의식의 상태를 유지할 수 있게 된다.

옛날 성현들은 마음을 열한 번째 감각으로 보았다. 눈·귀·코·혀·피부는 다섯 가지 지각력이다. 그리고 팔·다리·입·생식기·배설기는 다섯 가지 행위력이다. 이 열 가지는 외부 감각이고, 마음은 내부에 존재하는 감각 기관이다.

바이라기야는 다음의 다섯 단계로 이루어져 있다.

1 감각을 감각이 느끼는 대상의 즐거움에서 분리시키고, 감각을 제어하는 것을 야타마나yatamāna라 한다. 모든 감각을 한 번에 제어한다는 것은 불가능한 일이므로, 먼저 하나씩 차례로 제어하고 나서 마침내 모든 감각을 완전히 제어해야 한다.

2 수행자는 주의를 잘 기울여서 영혼을 향해 나아가는 치타가 방해받지 않도록 세속적 욕망을 태워 없애야 한다. 이것을 비야트레카viyatreka라고 한다.

3 다섯 가지 지각력과 다섯 가지 행위력이 외부 대상과의 접촉에서 멀어지고 나면, 아주 미약한 욕망이 원인체causal state의 단계에 남아 마음속에서만 느껴진다. 이를 에켄드리야ekendriya라고 한다. 마음은 두 가지 역할을 하고 싶어 한다. 감각의 욕구도 충족시키고 싶고, 진아의 깨달음도 경험하고 싶은 것이다. 일단 감각이 고요히 가라앉고 나면, 마음은 영혼을 깨닫기 위해 일념으로 노력하게 된다.

4 바쉬카라vaśīkāra는 수행자가 모든 욕망을 정복하고, 어떤 집착에도 무심할 수 있는 초연함과 비집착의 태도를 길렀을 때 찾아온다(1장 40절 참조). 이때 열한 가지 감각은 모두 제어되었다.

5 이 상태에서부터 절제의 최고의 형태인 파라바이라기야paravairaya가 계발된다. 이 경지에서는 자연이 지닌 세 가지 성질인 사트바·라자스·타마스에서 자유로워진다. 수행자는 이 경지에 이르는 순간 자신은 물론, 아직도 즐거움의 덫에 사로잡혀 있는 타인에게도 더 이상 관심을 갖지 않는다(표2와 2장 19절 참조).

우리는 절제 수행을 한다고 하면서도 즐거움과 삶의 안락이라는 덫에 사로잡힌 채 수행을 게을리하는 사람을 종종 본다. 우리는 그런 이들을 거울로 삼아 스스로를 경계하여 수행의 견고한 발판을 마련할 수 있어야 한다.

새는 한쪽 날개만으로는 날 수 없다. 날기 위해서는 양쪽 날개가 필요하다. 요가 수행도 마찬가지로 최고의 영적인 목표에 이르기 위해서는 요가의 양 날개, 즉 아브야사와 바이라기야 모두가 반드시 필요하다.

तत्परं पुरुषख्यातेर्गुणवैतृष्ण्यम् ॥१६॥

1.16 tatparaṁ puruṣakhyāteḥ guṇavaitṛṣṇyam

tatparaṁ	최고의 것, 가장 훌륭한 것, 궁극적인 것, 가장 순수한 것
puruṣakhyāteḥ	영혼에 대한 최고의 지식, 영혼에 대한 인식
guṇavaitṛṣṇyam	자연의 세 속성, 즉 불활성 혹은 휴지(타마스), 열정 혹은 활기(라자스), 밝음 혹은 평온함(사트바)에 무심함

'궁극적인 절제는 수행자가 자연의 속성을 초월하여 영혼을 인식할 때 비로소 이루어진다.'

표 2: 바이라기야(절제)의 단계 및 프라크르티의 안으로의 전개

바이라기야의 단계	프라크르티의 안으로의 전개 단계	
1 야타마나 (감각을 행에서 분리시키기) 2 비야트레카 (욕망을 떨치기) 3 에켄드리야 (마음을 고요히 가라앉히기)	비세사 (구체적임)	11 인드리야
4 바쉬카라 (욕망의 정복)	아비셰사 (구체적이지 않음) 링가 마트라 (표시가 있음)	5 탄마트라 +아스미타
5 파라바이라기야 (최고의 초연함)	알링가 (표시가 없음)	

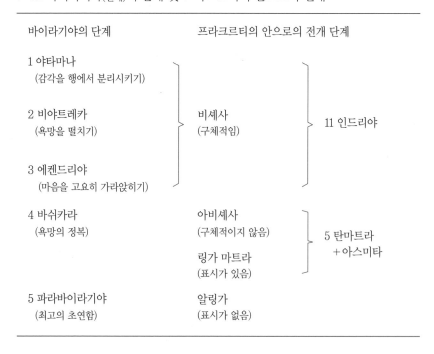

수행자가 자연의 세 가지 속성에서 자유로워졌을 때 가장 순수한 형태의 절제가 이루어진다. 그는 곧바로 영혼을 깨닫는다. 머리와 가슴의 명료한 지성이 영혼으로 이어진다.

아브야사가 에너지를 활성화시키고 정화시키는 길이라면, 바이라기야는 현상세계가 지극히 미묘하게 발현되는 부분에서까지 우리 자신을 완전히 해방시키는 길이다. 에너지를 만들어 내기만 하고 조절하거나 통제하지 않으면 자유에 이를 수 없다. 바이라기야의 다섯 단계를 이해하려면 서론의 '사마디 파다' 부분에서 이야기한 자연의 전개 모델을 알고 있어야 한다. 이 모델 속에서 우리는 자연이 마하트를 통해 본체aliṅga의 상태에서 링가liṅga의 상태로 발전해가는 것을 볼 수 있다. 그 다음에 아함카라(자의식, '나'라는 의식)를 비롯한 구체적이지 않은aviśeṣa 현상에서부터, 우리가 일상적으로 경험하는 실재의 기반이 되는 자연의 명시적viśeṣa 표현물들로 발전해 나간다(2장 19절 참조). 이 과정을 역으로 거슬러 안으로 들어가는 요가의 길은 사다리를 타고 올라가는 것과 같다고 할 수 있다. 아브야사가 위로 올라가는 데 필요한 추진력을 제공해 준다면, 바이라기야는 우리 뒤에 숨어 있는 그 사다리를 세워 주는 역할을 한다.

담배나 커피를 끊겠다고 마음먹은 사람이라면 누구든 절제의 사다리를 막 오른 셈이라고 할 수 있다. 처음에는 양을 줄이고 나중에는 담배나 커피를 입에 대지 않지만, 마음속의 욕망은 사라지지 않는다. 몇 년 후 마음속의 그런 욕망이 사라지고 나면, 이번에는 몸의 세포에서 자동적으로 집착을 다시 일으킨다. 그 후 시간이 더 지나면 우리는 자신이 커피를 마시지 않는 사람이라는 관념에 집착하고 있음을 알게 된다. 따라서 자아는 이제는 '커피'가 아니더라도 커피라는 관념에 여전히 집착하고 있는 것이다. 이것이 자아를 의식하는 덕성이다. 서서히 커피 자체에 완전히 무심하게 될 수는 있어도 커피는 우리 마음속에 여전히 존재한다.

이 경문은 파라바이라기야를 통해 얻게 되는 궁극적인 자유에 대해 이야기하고 있다. 파라바이라기야에 이르면 현상적인 자연은 더 이상 우리 앞에 존재하지 않는다. 자연의 세 가지 구나를 초월하게 되면, 그것들은 자신의 근본 뿌리였던 실체로 돌아가기 때문이다. 이 세 가지 구나를 초월하게 되면서 우리는 자연의 속박으로부터 해방된다. 우리와 관련된 모든 일들에서 이것을 성취하면, 영혼을 완전하게 인식할 수 있다.

지혜의 힘을 갖게 된 의식은 이제 손에 넣어야 할 것은 모두 손에 넣고, 버려야 할 것은 모두 버리게 된다. 수행자는 모든 속박에서 풀려나 생과 사에 대한 감각이 사라진다. 비로소 그는 카이발리아에 이른 것이다. 이는 아브야사와 바이라기야라는 요가의 양 날개를 활용하면 얻을 수 있는 효과로, 이 양 날개로 인해 수행자는 지혜와 자유를 얻고, 치타의 영향에 물들지 않게 된다.

『요가 수트라』 제4장 29절에는 '최고의 지식'을 뜻하는 '프라산키야나prasaṅkhyāna'라는 단어가 사용되고 있다. 또 제4장 31절에서는 '사르바바라나 말라페타시야sarvāvaraṇa malāpetasya'라는 말이 나오는데 그 뜻은 '인식을 흐리게 하는 모든 불순물이 완전히 사라졌을 때'이다. 그 다음에 '영혼에 대한 인식'을 의미하는 '푸루샤키아티puruṣakhyāti'가 뒤따른다.

(『요가 수트라』 1장 17~51절에서 파탄잘리는 사마디에 대해 설명한다.)(3장 51절; 4장 34절 참조)

वितर्कविचारानन्दास्मितारूपानुगमात्संप्रज्ञातः ॥१७॥

1.17 vitarka vicāra ānanda asmitārūpa anugamāt saṁprajñātaḥ

vitarka	분석적 사고 혹은 분석적 연구, 논증, 추론, 추측
vicāra	이유, 명상, 통찰력, 모든 논리가 사라진 완벽한 지성
ānanda	지고의 행복
asmitārūpa	자기 자신과 하나가 된다는 의식
anugamāt	수반하여, 뒤따름에 의해, 이해하는, 파악하는
saṁprajñātaḥ	구별하다, 실제적으로 알다, 정확하게 알다

'수련과 초연함을 통해 수행자는 네 종류의 사마디, 즉 자기 분석·종합·지고의 행복·순수한 존재의 경험을 발달시키게 된다.'

수련과 초연함에 의해 네 종류의 각성이 발달된다. 첫째, 추론과 추측과 분석적 연구에 몰두함으로써 성취할 수 있는 의식의 집중, 둘째, 종합과 사려와 분별력, 셋째, 지고의 행복, 넷째, 순수한 존재의 상태 등 네 종류의 각성이 삼프라즈냐타 사마디를 구성한다.

여기서 관조자와 보이는 대상 사이의 차이가 인식된다. 삼프라즈냐타 사마디는 비타르카(vitarka: 집중적인 분석), 비카라(vicāra: 집중적인 추론), 아난다(ānanda: 지복의 경험), 아스미타(asmitā: '나'라는 존재의 경험)로 이루어진다.

비타르카는 치밀하게 생각하고 연구하는 활동을 말하는 것으로 이를 통해 마지막 지점, 혹은 근본 원인에 이를 수 있다. 이것은 원인과 결과를 구별하고자 하는 시도이며, 거친 차원에서부터 미세한 차원까지 지혜롭게 실험적 탐구를 하는 과정이라 할 수 있다. 두뇌의 기능인 비타르카 삼프라즈냐타vitarka saṁprajñāta는 지성의 분석력을 말하는 것으로 여기서 상대적이며 조건에 좌우되는 지식이 나온다. 이러한 앎은 거칠고 정교함이 떨어진다. 이것을 더 세분하면 사유savitarka와 사유하지 않음nirvitarka으로 나뉜다.

비카라는 구별하는 지식을 말한다. 즉, 조사하고 성찰하고 숙고하는 과정으로 이를 통해 이런저런 추측을 하는 두뇌가 고요히 가라앉아, 수행자는 정신의 깊이·정확함·정교함·예리함을 발달시키게 된다. 비카라 역시 추론savicāra과 비추론nirvicāra으로 나뉜다.

경험의 양이 점점 늘어나 성숙이 이루어지면서, 수행자는 완성의 경지에 이르고 그 뒤를 이어 지극한 행복(아난다)이 찾아온다. 이제 수행자는 연구, 조사, 완성이라는 틀에서 벗어나 오로지 자아 속에서만 살아가게 된다. 이러한 상태를 아스미타 루파 삼프라즈냐타 사마디asmitā rūpa saṁprajñāta samādhi라고 한다. 이로써 사비자 사마디(sabīja samādhi: 토대 혹은 씨앗이 있는 사마디)의 여섯 단계, 즉 사비타르카·니르비타르카·사비카라·니르비카라·아난다·아스미타가 다 설명된 셈이다.

사마디의 일곱 번째 단계는 아삼프라즈냐타 사마디asaṁprajñāta samādhi라고도 하는 비라마 프라티야야virāma pratyaya이며, 여덟 번째 단계는 다르마메가dharmamegha로 니르비자 사마디nirbīja samādhi라고도 한다.

외부 세계의 대상은 언제든 변하기 마련이므로, 그에 대한 사유 또한 순수하지 않을 수 있다. 따라서 수행자는 반드시 외부 경계로부터 내부의 근원으로 들어가야만 한다. 비카라는 비타르카보다 상위에 있고, 아난다는 비타르카 및 비카라보다 상위에 있으며, 아스미타는 이 세 가지 모두의 상위에 있다. 거친 몸에서 미묘한 마음으로, 또 미묘한 마음에서 존재의 핵심인 근원으로 서서히 나아간다는 것은 바로 이것을 말한다.

사비타르카 사마디와 니르비타르카 사마디는 두뇌의 기능에 속하며, 감각으로 알 수 있는 거친 요소와 대상들에 대한 사유에 의해 얻어진다. 사비카라 사마디와 니르비카라 사마디는 마음의 영역에 속하는 것으로 미묘한 요소에 대해 사유할 때 얻어지고, 아난다는 성숙한 지성의 영역에 속한다. 아난다는 감각이 아니라 순수한 지혜에 귀속시켜야 한다. 그리고 자아에 대한 자아의 사유에 의해 수행자는 푸루샤에 가까워진다. 이때 자아에는 자의식이 남아 있지 않다.

두뇌에 대한 이론에 의하면 두뇌 앞쪽은 분석적인 부분(사비타르카)에 해당되고, 두뇌 뒤쪽은 기원이 오래 되었으며 추론(사비카라)을 담당한다고 한다. 두뇌의 맨 아래에는 아난다가 자리 잡고 있으며, 정수리에는 개별적 자아인 아스미타가 자리 잡고 있다. 두뇌의 이 네 부분이 뇌간 쪽을 향할 때 사비자 사마디가 성취된다.

종합이 이루어지는 이 경지에 이르면, 고요함의 중간 단계인 마놀라야를 경험할 수 있다. 그러면 뇌간에서부터 의식이 마음의 근원, 즉 심장이 있는 곳을 향해 내려오게 된다. 여기서 의식은 마음도 없고 시작도 끝도 없는 존재의 상태 속으로 녹아드는데 이를 아마나스카트바, 즉 니르비자 사마디(nirbīja samādhi: 씨앗이나 토대가 없는 사마디)라고 한다. 이로써 영혼의 정복이 이루어진다.

파탄잘리는 사비자 사마디와 니르비자 사마디 사이의 중간 단계인 비라마 프라티야야(이를 아삼프라즈냐타 사마디라 하는 사람들도 있다.)가 있다고 설명한다. 이는 이를테면 영혼의 평평한 대지(마놀라야)로, 니르비자 사마디의 경지로 빠져들기 전에 수행자가 쉬어 가는 과도적 단계이다.

(『요가 수트라』 2장 18~19, 21절; 3장 45, 48절 참조)

수련과 절제를 거치면 인간을 구성하는 모든 부분(피부·세포·호흡·생각의 움직임·지성·이성)이 자아에 익숙해진다. 이를 삼프라즈냐타 사마디라 한다. 이때에는 잔물결 하나 일지 않는 고요한 호수의 수면처럼 수행자의 지성이 몸 안과 몸 주위로 골고루 퍼진다. 그러면 수행자는 사물을 명확하게 볼 수 있게 된다. 하지만 이러한 삼프라즈냐타 사마디(깊은 사유)의 상태에서도 관조자와 보이는 대상 사이의 불일치가 여전히 존재한다.

예를 들어 아사나 동작을 하거나 프라나야마 수련에서 호흡을 수련한다고 생각해 보자. 처음에 이들은 육체적인 차원에서만 행해진다. 하지만 이해가 깊어지면서 육체가 내면으로 관통되어, 움직임이 지성과 연결된다. 따라서 아사나는 몸의 앞에서 뒤로, 위에서 아래로, 또 옆에서 옆으로 등 모든 방향에서 하나의 단일 동작으로 파악된다. 이제는 몸의 지성이 동작을 완전히 빨아들이고 그것을 유지하기 때문에 마침내 영혼이 동작을 인식한다. 수행자는 몸은 활에, 아사나는 화살에, 영혼은 과녁에 해당된다는 사실을 깨닫게 된다. 아사나가 완벽해지면 화살이 과녁을 꿰뚫는다. 활동의 장場과 장場을 아는 주체가 하나로 합쳐지는 것이다. 이로써 아사나의 논리는 완성된다. 이제 수행자는 아사나도 자기 몸도 의식하지 않게 되면서 자기 자신과 하나가 된다. 그가 행하는 아사나·호흡·노력 그리고 존재 자체가 그의 몸에 존재하는 수백만 개의 세포와 하나가 된다. 아스미타의 행복한 상태인 사스미타sāsmita에 도달한 것이다.

파탄잘리는 대체로 『요가 수트라』에서 여러 개의 차원을 묶어서 한 번에 설명하고 있다. 따라서 비타르카·비카라·아난다·아스미타를 아사나와 연관시켜 설명해도 큰 무리는 없다고 볼 수 있다.

아사나 수련을 처음 시작할 때는 수련 방법에 있어 갈피를 잡지 못하는 경우가 많다. 그래서 '이렇게 해 봐야지.' '저렇게 해 봐야지.'라고 생각하게 된다. 추측에 근거해서 시행착오의 과정을 거치는 것이다. 그것이 바로 비타르카가 가진 본성이다. 비타르카는 치밀하게 계산하기보다는 모험을 감행하지만 한 번 저지른 실수는 잊지 않는다. 여기서 발전하면 비카라라고 하는 단계로 나아가게 되는데, 이때 엄밀한 연구·성숙한 사고·빛나는 분별력을 통해 총체적인 경험이 쌓인다. 아사나가 성숙됨에 따라 피부의 의식은 존재의 중심으로 향하고, 중심은 주변부인 피부를 향해 빛을 발하는 단계에 도달한다. 움직임은 원심적이면서 동시에 구심적이게 된다. 이러한 통합에서 지극한 행복을 맛보게 되는데, 이것을 아난다라고 한다. 마지막으로, 우리가 아사나 동작을 생각하고 행할 때 이용하는 의식의 기제가 완전히 멈출 때 편안한 휴식 단계에 들어간다. 이때 아사나는 평정에 들어간 내면의 자아 속에만 의지하게 된다. 이 유일한 의지물이 바로 아스미타이다.

विरामप्रत्ययाभ्यासपूर्वः संस्कारशेषोऽन्यः ॥१८॥

1.18 virāmapratyaya abhyāsapūrvaḥ saṁskāraśeṣaḥ anyaḥ

virāma	쉬다, 머무르다, 잠시 멈추다
pratyaya	~를 향해 가는, 굳은 확신, 믿음, 자신감, 활용, 수련, 이유, 방편, 수단, 장치
abhyāsa	수련
pūrvaḥ	전에, 오래 된, 이전의, 앞서의
saṁskāraśeṣaḥ	잠재된 인상의 균형
anyaḥ	다른, 또 하나의

'이러한 경험들 속에서 생기는 공한 상태도 또 하나의 사마디이다. 숨겨진 인상(업)은 가만히 활동하지 않고 있다가 각성의 순간들 중 갑자기 튀어나와 동요를 일으키고 의식의 순수성을 흐린다.'

앞에서도 이야기했듯 파탄잘리는 사비자 사마디와 니르비자 사마디 사이에 사마디의 또 다른 상태가 있다고 했지만, 그 상태를 따로 명명하지 않았다. 이것은 두뇌의 모든 기능이 멈추었을 때 경험할 수 있고, 남아 있는 것은 좋은 수련에서 나온 잠재되어 있는 미덕이나 습일 뿐이다. 이 상태에 들어가면 열정, 욕망, 욕구에서 자유로워진다.

이런 상태를 가리키는 말이 '비라마 프라티야야'이다. 이 상태에 들어간 수행자는 지성이 고요히 가라앉은 고도로 발달된 상태에서 편안히 쉬게 된다. 일상적 경험 중 비라마 프라티야야와 가장 가까운 상태를 찾으라면 잠들기 직전 잠깐의 시간을 들 수 있다. 이때는 지성이 생각과 대상에 매인 상태에서 느슨히 풀어지고 마음이 고요해져 마놀라야와 유사한 상태가 된다. 강물이 바다로 흘러들어가 하나가 되듯이, 마음은 자아 속에 녹아든다. 순간 우리는 자아 속에 살고 있는 관조자의 모습을 어렴풋이 엿본다. '나'라는 생각이 사라지는 순간 수행자는 비라마 프라티야야에 들어가는데, 이는 부정적인 상태도 긍정적인 상태도 아니다. 의식의 활동이 잠시 정지된 상태라고 보면 된다. 파탄잘리는 이를 사마디의 또 다른 종류(안야anyaḥ)라고 본다. 비라마 프라티야야는 의도적으로 들어가는 상태가 아닌, 자연스럽게 찾아오는 상태이다.

의도적으로 들어가는 상태인 삼프라즈냐타 사마디에서는 지성은 녹아들지만 자아에 대한 의식은 아직 남아 있다. 또 훌륭한 수련에 대한 삼스카라(업)만 남고, 나머지 모든 동요는 활동을 그친다. 수행자는 이 단계에서 잠시 쉬었다가 다시 영혼의 사다리를 오르게 된다. 하지만 이것은 과도적 상태에 지나지 않으므로, 정체가 계속 이어지지 않도록 주의해야 한다. 이 단계를 목표점으로 여겨서는 안 된다. 오히려 이 단계에 이른 수행자는 수행을 더 강화하여 절대적인 상태, 즉 니르비자 사마디에 이르도록 해야 한다(니르비자 사마디에 대해서는 1장 50~51절 참조).

이어지는 경문을 보면 비라마 프라티야야에 머무는 사람들은 자연의 요소를 정복하는 데에서 그치지 않고 그것과 하나가 된다고 한다. 반면 이 단계에 머물지 않고 한 단계 나아가는 사람들은 천사나 천신들devatās처럼 육신 없이도 살아가게 된다. 라마크리쉬나 파라마함사Rāmakṛṣṇa Paramahaṁsa, 라마나 마하르시Rāmaṇa Māharṣi, 슈리 아우로빈도Śrī Aurobindo 같은 경우엔 자신의 육신을 인식하지 못한 채 오랜 시간 비라마 프라티야야에 머물렀지만 나중에 거기에서 빠져나와 니르비자 사마디에 들어갔다. 이런 수행자들을 프라크르틸라야(laya= 자연과 하나가 된), 혹은 비데힌(육신이 없이 존재하는)이라고 한다. 이 외에 다른 요기들은 종종 구도 과정에서 어느 정도의 발전을 이루고는 수행의 여정이 끝났다 여겨 중대한 갈림길에서 발목이 잡히곤 한다. 이 단계에 머물기만 하고 더 이상 수련에 노력을 기울이지 않는 사람은 요가의 가피에서 멀어지고 만다. 크리쉬나 신은 그런 수행자를 일러 요가 브라쉬타yoga bhraṣṭas라 했다. 『바가바드 기타』(4장 41~43절)에서 그는 '요가의 가피에서 의도적으로 멀어진 사람들은 깨끗하고 부유한 집에 다시 태어나 오래도록 올바른 삶에 만족하며 살아가지만, 뜻하지 않게 요가의 가피에서 멀어진 사람들은 지혜를 갖춘 가난한 요기의 가정에 다시 태어나게 된다. 그러면 그들은 전생에서 자신이 도달했던 단계부터 시작해 다시 완전함을 향한 구도의 노력을 계속하게 된다.'고 말한다(4장 1~2절도 참조).

비라마 프라티야야는 위태로운 단계라 할 수 있다. 이 단계에서 수행자는 발이 묶일 수도 있고 한 단계 더 올라갈 수도 있다. 그래서 파탄잘리는 제1장 20절에서 비라마 프라티야야의 단계에 이른 수행자는 거기서 멈추지 말고 오히려 신심과 용기, 기억과 관조적 각성을 바탕으로 수행의 노력을 배로 늘려야 한다고 조언한다.

파탄잘리의 문헌에 처음으로 주석을 단 쉬리 비야사Śri Vyāsa는 이렇게 배가된 노력을 우파야 프라티야야(upāya pratyaya: '우파야'란 목적을 이루기 위해 활용하는 방편, 즉 선택이다.)라고 불렀다. 앞에서 언급한 발전을 이룬 영혼들도 우파야 프라티야야를 통해 니르비자 사마디에 이르렀다.

파탄잘리는 비타르카, 비카라, 아난다, 아스미타를 통해 이르게 되는 사마디의 상태에 대해 명확하게 삼프라즈냐타라는 말을 사용한다. 이 경문에서 파탄잘리는 생각에서 벗어난 의식 상태를 의도적으로 지속하는 것에 대해 설명한다. 그래서 이 부분에서는 정확한 용어 대신 '또 다른' 혹은 다른 종류의 사마디를 의미하는 '안야anyaḥ'라는 말을 사용하며, 많은 주석가들과는 달리 아삼프라즈냐타 사마디라는 말은 사용하지 않는다.

भवप्रत्ययो विदेहप्रकृतिलयानाम् ॥१९॥
1.19 bhavapratyayaḥ videha prakṛtilayānām

bhava	~에서 생긴, ~에 기원을 둔, 존재의 상태, 존재, 기원, 진정한 조건, 실제의 기질
pratyayaḥ	~로 향해 가는, 굳은 확신, 활용, 방편, 장치
videha	무형의, 물질적 기반이 없지만 법칙(자연 및 영혼의 법칙)을 관조하는 존재
prakṛtilayānām	자연과 하나가 된

'이 상태에서 우리는 육체가 없는 상태를 경험하거나 자연과 하나가 될 수 있다. 이는 고립이나 홀로됨의 상태로 이어질 수 있다.'

사비자 사마디와 니르비자 사마디의 중간에 자리 잡은 이 사마디에 들어가면 수행자는 모든 동요에서 자유로워지지만, 이 상태에서 나오는 순간 잠재적인 인상, 즉 업이 다시 되살아난다. 정령이나 천사 같은 높은 차원의 존재는 육신이 없이도 움직일 수 있지만, 그 외의 존재들은 자연, 즉 프라크르티의 요소에 녹아 들 수밖에 없다. 육신이 없는 느낌에 사로잡혀 버리거나 자연과 합일되면 수행자는 영혼의 사다리 맨 꼭대기에 오르려는 생각을 잊고 니르비자 사마디에 도달하지 못하고 만다. 해탈이 아니라 홀로 되는 고립의 상태에 이른 수행자는 그 상태를 반드시 빠져 나와야만 한다. 그래야 카이발리아에 이르는 길을 잃지 않을 수 있다.

수행자가 공기가 통하지 않는 땅 속에서 삼매에 들어가면 땅과 하나가 된 것이고, 물 안에 들어가 있으면 물과 하나가 된 것이라 할 수 있다. 이러한 수행자를 프라크르틸리얀, 자연의 요소와 하나가 된 수행자라 한다. 한편 육신 없이 영혼이 움직이는 사람은 비데힌이라고 한다. 프라크르틸리얀이 흙이나 물을 떠나면, 혹은 비데힌이 다시 육신과 접촉하면 잠재된 업이 표면으로 떠올라 마음속에 동요를 일으킨다(3장 44절 참조). 이러한 경험을 자연의 원리(타트바)를 정복한 것, 프라크르티자야prakṛtijaya라 한다 .

파탄잘리는 제1장 10절에서 모든 생각과 느낌이 일시적으로 중지되고, 감각·마음·지성이 존재 안에서 쉬는 상태를 수면이라 정의한다. 꿈이 없는 수면 상태에서는 모든 것이 존재하지 않는다. 보통 사람이 잠에서 깨어나 꿈이 없는 수면의 상태를 회상할 수 있다면, 그는 비물리적인 존재의 상태와 자연과 하나가 되는 상태(프라크르틸라야)까지 살짝 엿보게 된다. 보통의 경우 잠에서 깨기 전 수면 상태에서는 이 두 단계를 의식할 수 없으나, 사마디에 든 높은 차원의 영혼들은(1장 18절에서 이야기한 것처럼) 이러한 상태를 의식적으로 경험할 수 있다. 수면은 의식의 자연스런 상태이지만, 사마디는 초의식적인 상태이다.

수면에 들어가면 모든 것이 불활성, 즉 타마스의 성질을 띤다. 반면 사마디에 들어가면 모든 것이 밝게 빛나고 구나의 물이 들지 않는다.

श्रद्धावीर्यस्मृतिसमाधिप्रज्ञापूर्वक इतरेषाम् ॥२०॥

1. 20 śraddhā vīrya smṛti samādhiprajñā pūrvakaḥ itareṣām

śraddhā	계시에서 비롯된 신뢰, 신념, 자신감, 존경심
vīrya	활기, 신체적 및 윤리적 강인함, 정신력, 에너지, 용기
smṛti	기억, 회상
samādhi	깊은 명상, 최고의 헌신, 명상의 주체와 명상의 대상이 하나가 되는 것, 생각에 완전히 빠져듦
prajñā	깊은 명상을 통해 얻어진 참된 지식의 인식
pūrvakaḥ	이전의, 앞서의, 먼저의
itareṣām	또 다른, 나머지의, ~와는 다른, 반면

'수행자가 영적 구도의 이 단계에 안주하지 않으려면 신뢰·확신·활기·예리한 기억력·삼매의 힘을 동원해 수행을 끝까지 해 나가야 한다.'

이 경문은 사마디에서 어느 정도의 경지에 이른 고차원의 영혼들이 자신감·힘·각성·헌신적인 태도를 강화시켜 수행에 더욱 박차를 가할 수 있도록 이끌고 있다.

현인 비야사는 이러한 상태를 '우파야 프라티야야'라고 부른다.

고도로 발전한 영혼들은 고립과 해탈을 구분하는 힘을 지니고 있다. 이런 영혼들은 자신이 자연의 요소를 정복했다고 해서 자만에 빠지지도 않고, 육신 없이 자유롭게 다닐 수 있다고 해서 기뻐하지도 않는다. 다만 믿음과 용기를 갖고 자신이 얻게 된 새로운 방편을 수행에 더욱 매진하는 데 이용하고, 기억력을 지침으로 삼으며, 지혜·완전한 몰입·각성·집중력을 발휘해 한 단계 더 위로 도약한다.

푸라나(purāṇa: 고대 인도의 힌두 성전 – 옮긴이) 문헌을 보면 자다 바라타Jaḍa Bharata가 사마디에 들어가 몸이 차가워지고 아무 감정도 느끼지 못하게 되었다는 이야기가 나온다. 파탄잘리가 『요가 수트라』에서 '안야'라고 말한 사마디의 중간 단계가 바로 이러한 상태이다. 자다 바라타는 이후 세 번의 생을 더 거쳐서야 그 상태에서 나와 니르비자 사마디로 들어갈 수 있었다.

자다 바라타의 아버지는 르사바Ṛṣabha라는 이름을 가진 바라타의 왕이었고, 어머니 자야반티얌비카Jayavantyāmbikā는 신앙심이 깊은 귀부인이었다. 부모가 매우 고귀한 품성을 가졌기 때문인지 자다 바라타는 나라를 다스리기보다는 영적인 지혜를 얻는 데 더 관심이 있었다.

그래서 그는 왕국을 버리기로 마음먹고 숲속으로 들어가 은둔생활을 했다. 하루는 강물에서 목욕을 하고 있는데 새끼를 밴 암사슴이 강물에 와서 목을 축였다. 그런데 그 암사슴이 우레 같은 소리에 놀라 그만 새끼를 낳고 죽어 버렸다. 자다 바라타는 새끼를 불쌍히 여겨 자기의 외딴 집으로 데려가 애지중지 키우기 시작했다. 그는 사슴을 지극히 사랑해서 마지막 숨을 거둘 때조차도 머릿속에는 오로지 사슴 생각뿐이었다. 그리하여 그는 사슴으로 다시 태어났지만 그가 이전에 행한 수행은 잠재된 업으로 계속 남아 있었다. 세월이 흘러 그는 안기라사Angirasa라는 이름의 어느 깨달은 영혼의 집에 인간으로 다시 태어났다. 그는 삶에 무심한 채 광인처럼 살아갔다.

하루는 바라타국의 왕이 칼리마타Kālimāta 여신에게 바칠 인간 제물을 필요로 하게 되었다. 그는 신하들에게 제물로 바칠 인간을 잡아오라 명했다. 신하들은 천신만고 끝에 한 사람을 찾아냈으나, 그는 제물을 올릴 시간에 도망쳐 버리고 말았다. 진노한 왕은 신하들을 보내 다른 사람을 찾아오게 했다. 이번에 신하들은 세상사에 아무 관심 없이 숲을 여기저기 돌아다니고 있던 자다 바라타를 우연히 발견하고 그를 제물로 데려왔다. 그런데 왕이 그를 죽이려 하는 순간 칼리마타 여신이 자신의 진짜 모습으로 나타나 왕과 신하들을 파멸시키고 자다 바라타를 자유롭게 풀어 주었다.

자다 바라타는 방랑하는 성인이 되어 신드Sind국까지 가게 되었다. 신드국의 왕은 현인 카필라의 발치에 앉아 영적인 지식을 배우기를 원했다. 어느 날 왕이 가마를 타고 나라를 돌고 있을 때, 가마꾼들이 자다 바라타를 보고는 가마 메는 일을 도와달라고 했다. 바라타는 기꺼이 응낙하고 함께 가마를 멨지만 다른 사람들과 박자가 맞지 않았다. 사람들이 그를 탓하자, 바라타는 그들이 욕설을 퍼부어도 자신의 진아는 건드리지 못한다고 대꾸했다. 그들은 바라타의 몸에 욕을 한 것이기 때문이다. 왕은 바라타의 이런 대답을 듣고 깜짝 놀라 가마에서 내렸다. 그리고 그 성인의 앞에 겸손하게 엎드려 자신을 용서해 달라고 빌었다. 자다 바라타는 고요한 마음으로 왕의 겸손한 청을 받아들이고 다시 수행길에 올랐다. 자다 바라타는 세 번의 생을 거치고서야 자신의 수행이 멈춘 곳에서부터 다시 수행을 시작할 수 있었던 것이다.

이 이야기로 믿음·끈기·완전한 기억·몰입·각성 등의 역동적인 자질이 수행에서 얼마나 중요한지 잘 알 수 있다. 이들이 있어야만 수행자는 한 번 이룬 성취를 지속시킬 수 있고, 영적 고립의 상태를 깨고 나올 수 있다. 영적인 고립은 자유와는 전혀 다르다.

붓다는 『법구경』에서 선행·신심·열의·기억·집중·올바른 지식을 통해 모든 슬픔을 정복할 수 있다고 말씀하셨다.

우리는 쉬라다śraddhā를 단순히 믿음으로 이해해서는 안 된다. 거기에는 정신과 지성의 확고함이라는 뜻도 포함되어 있다. (그 다음에 나오는 단어인 비리야vīrya는 용기와 신체 및 신경의 강인함을 뜻한다.) 흥미로운 것은 파탄잘리가 쉬라다라는 말을 처음 사용한 것은 명백히 수행자가 수행에 한층 박차를 가해 최고의 목표에 이르도록 격려하기 위해서라는 사실이다.

추구하는 자의 타고난 믿음은 계시를 통해 더욱 강해지고 결국에는 신념으로 바뀌어 예술·과학·철학 등 어떤 분야의 수련자라도 그 의식 곳곳에 스며든다. 믿음이 본능적이라면 신념은 직관적이다.

파탄잘리는 『요가 수트라』 제1장 17~19절에서 한곳에 치우치지 않는 지극한 행복과 영적인 기운의 경험에 대해 설명한 후, 이 경문에서는 수행자가 느끼는 믿음을 쉬라다라는 말로 표현하고 있다.

तीव्रसंवेगानामासन्नः ॥२१॥

1.21 tīvrasaṁvegānām āsannaḥ

tīvra	격렬한, 고강도의, 엄격한, 날카로운, 심한, 최고의, 통렬한
saṁvegānām	행동이 민첩하고 쾌활한 사람('삼베가saṁvega'는 '삼야마saṁyama' 처럼 전문적인 용어이다. 3장 4절 참조)
āsannaḥ	가까이 당겨진, 다가간, 시간· 장소· 숫자에 있어 가까운

'누구보다 열렬히 집중적으로 수련하는 사람에게는 목표가 가까이 있다.'

정직하고 순수한 마음을 가졌으며, 열정적이고 격렬하고 에너지가 넘치는 수행자에게는 사마디의 경지가 멀지 않다. 그는 요가가 지향하는 최고 목표에 빨리 도달하며, 그동안 쌓은 덕의 도움을 받는다. 하지만 열의에 넘치는 수행자도 때로는 수련의 강도가 약해지거나 보통이 되기도 하고, 수련 속도가 느려지기도 한다.

『시바 상히타』 제5장 16절에서는 수행자를 네 등급으로 나누어, 유약한 수행자(므르두mṛdu)·중간 단계의 수행자(마드야마madhyama)·날카로운 이해력을 가진 활기찬 수행자(아디마트라adhimātra)·엄청난 에너지와 최고의 열의를 가진 수행자(아디마트라타마adhimātratama)로 분류한다.

मृदुमध्याधिमात्रत्वात् ततोऽपि विशेषः ॥२२॥

1.22 mṛdu madhya adhimātratvāt tataḥ api viśeṣaḥ

mṛdu	부드러운, 유약한, 강도가 약한, 변덕스러운
madhya	중간의, 중간 단계의, 중간 정도의, 평균의
adhimātratvāt	열렬한, 마음이 한결같은, 열심인
tataḥ	그곳에서부터, 더 나아가서
api	또한
viśeṣaḥ	분화

'수련 강도가 약·중·강인 수행자들 사이에는 서로 차이가 있다.'

수행자는 열의와 강도에 있어 다양한 수준으로 나뉜다. 수행자의 수준에 따라 목표에 이르는 시간이 달라진다.

이 경문에서는 수련 강도가 약·중·강인 요기들 사이에 나타나는 차이와, 수련 수준에 따라 수행자들이 어떤 길을 걷게 되는지를 더 상세히 설명하고 있다.

수행자의 종류는 더 자세하게 세분화될 수 있다. 열의가 있는 수행자를 약·중·강의 세 종류로 나눌 수 있듯이 보통 단계의 수행자 및 약한 단계의 수행자 또한 마찬가지로 분류할 수 있다. 수행자가 얼마나 열의를 가지고 노력하느냐에 따라 요가의 목표는 가까워지기도 하고, 멀어지기도 한다.

이 경문은 요가 수행자들이 지닌 서로 다른 자질들을 언급하고 있다. 하지만 『요가 수트라』 제1장 14~22절의 내용을 한데 묶어 살펴보면, 고도의 발전을 이루어 보통 사람의 지적 수준보다 훨씬 위에 있는 요기들을 파탄잘리가 총 아홉 종류로 나누고 있음을 분명히 알 수 있다. 상위 단계로 올라갈수록 수련의 강도가 높아진다(표 3 참조).

파라바이라기야(최상의 초연함)는 머리가 맑고 가슴이 순수하며, 행동이 영웅적이고 최고의 에너지를 내는 사람들에게 해당되는 수련 덕목이다. 이런 사람들에게는 목표가 눈앞에 있지만, 다른 이들은 시간의 속박을 받는다.

표 3: 수행자의 수준 및 각성의 종류

수행자	각성	
므르두 (유약한 수행자)	1 비타르카 프라즈냐 2 비카라 프라즈냐	외부적인 차원에서의 지적인 분석 미묘한 분별지 및 정신적 기민함
마디야 (중간 단계의 수행자)	3 아난다 프라즈냐 4 아스미타 프라즈냐	지고의 행복에 대한 지식 자아에 대한 지식
아디마트라 (열의가 있는 수행자)	5 바쉬카라 프라즈냐 6 비라마 프라티야야	욕망의 정복 두뇌 기능의 정지
	7 바바 프라티야야 8 우파야 프라티야야	정신적 고요 능숙한 방편
티브라 삼베긴 혹은 아디마트라타만 (최고의 열의가 있는 수행자)	9 파라바이라기야	최상의 초연함

ईश्वरप्रणिधानाद्वा ॥२३॥

1.23 Iśvara praṇidhānāt vā

Iśvara	주主, 신, 보편적 영혼
praṇidhānāt	깊은 종교적 명상을 통하여, 관조, 기도, 행위의 결과에 초연함
vā	또는

'혹은 치타는 신에 대한 깊은 명상이나 신에 대한 완전한 귀의를 통해 제어될 수도 있다.'

신에 관해 명상한다는 것, 그리고 신에게 귀의한다는 것은 모든 것을 신과 대면하게 한다는 뜻이다. 자신이 가진 모든 것을 신에게 귀의시키는 것이 프라니다나이다. 자신의 자아·모든 선행과 악행·고통과 기쁨·즐거움과 슬픔·행복과 불행을 보편적 영혼에게 바치는 것이다. 이런 귀의를 통해 수행자의 자아는 자취도 없이 사라지고, 신의 가피가 소낙비처럼 그에게 쏟아져 내린다.

क्लेशकर्मविपाकाशयैरपरामृष्टः पुरुषविशेष ईश्वरः ॥२४॥

1.24 kleśa karma vipāka āśayaiḥ aparāmṛṣṭaḥ puruṣaviśeṣaḥ Iśvaraḥ

kleśa	번뇌, 고통, 번민, 질병의 고통
karma	행위, 행동, 실행
vipāka	성숙한, 익은, 결과

āśayaiḥ	자리, 거처, 저장소
aparāmṛṣṭaḥ	손대지 않은, 영향 받지 않는, 관련되지 않은
puruṣaviśeṣaḥ	특별한 사람, 독특한 푸루샤, 혹은 존재
Iśvaraḥ	신

'신은 최고의 존재로서 다툼으로부터 완전히 자유롭고, 행에 영향을 받지 않으며, 인과의 법칙에서도 벗어나 있다.'

신은 특별하고 독특한 실체(푸루샤)로, 번뇌로부터 영원히 자유로우며, 행동 및 그 반작용 혹은 그 잔여물의 영향을 받지 않는다.

이스바라Iśvaraḥ는 최고의 영혼이자, 만물의 주인이며 모든 것을 지배한다. 그는 클레샤(번뇌)를 벗어나 있으며, 행의 과보에 영향을 받지 않고, 자신의 존재 안에서 아무 방해도 받지 않으며 살아간다. 영원히 자유롭고 어떤 것의 지배도 받지 않는다(번뇌와 관련해서는 2장 3절 참조).

인간은 해탈을 경험하기 전에 먼저 고통을 경험하지만, 신은 고통과 즐거움·슬픔과 기쁨·절망과 행복에서 늘 벗어나 있다. 신은 언제나 자유롭지만, 인간은 자유를 깨달으려면 먼저 자신에게 남아 있는 잠재적인 습을 다 씻어 없애야 한다(3장 36절 참조).

푸루샤(개별적 영혼)와 푸루샤 비세사(보편적인 영혼)는 분명히 다르다. 신은 개별적 영혼과는 전혀 다르기 때문에 이스바라라고 불린다.

तत्र निरतिशयं सर्वज्ञबीजम् ॥२५॥

1.25 tatra niratiśayaṁ sarvajñabījam

tatra	그 가운데에, 그분 안에
niratiśayaṁ	비길 데 없는, 초월할 수 없는, 타의 추종을 불허하는
sarvajña	모든 것을 아는, 전지의, 모든 지혜를 가진
bījam	씨앗, 근원, 원인, 기원, 시작

'신은 그 누구도 넘어설 수 없는 모든 지식의 씨앗이다.'

그에게는 비길 데 없고 겨룰 수 없는 모든 지식의 근원이 들어 있다. 그는 전지, 전능, 편재의 씨앗이다.

신 안에 만물이 쉬고 있다. 신은 영원하며 하나이다. 신은 모든 지식의 씨앗이자 전지전능함의 씨앗이지만, 요기는 유한한 지식만을 얻을 뿐 그 지식의 씨앗까지는 얻지 못한다(3장 50절; 4장 31절 참조).

स एष पूर्वेषामपि गुरुः कालेनानवच्छेदात् ॥२६॥

1.26 sa eṣaḥ pūrveṣām api guruḥ kālena anavacchedāt

sa	저것
eṣaḥ	푸루샤 혹은 신
pūrveṣām	첫째의, 가장 중요한

api	또한, 역시, 게다가, 더하여
guruḥ	주인, 교사
kālena	시간
anavacchedāt	묶이지 않은, 제한되지 않은, 방해받지 않는, 한정되지 않는, 지속적인

'신은 누구보다 중요한 첫째가는 절대적인 스승으로, 시간의 구애를 받지 않는다.'

이 영적인 푸루샤, 즉 최고의 영혼은 누구보다 중요한 첫째가는 스승으로서, 시간·장소·공간 어느 것에도 속박되거나 구애받지 않는다. 그는 모든 것이며, 또 모든 것이 그이다.

तस्य वाचकः प्रणवः ॥२७॥

1.27 tasya vācakaḥ praṇavaḥ

tasya	그분
vācakaḥ	함축하는, 의미하는, 표시, 가리키는
praṇavaḥ	신성한 말 '옴Āuṁ'

"신은 프라나바라고 불리는 신성한 말 '옴'으로 나타낼 수 있다."

신은 신성한 말인 '옴'과 동일시된다. 그는 '옴' 속에 나타난다.

'옴'은 신성을 상징하는 말로 여겨진다. 옴은 신성한 만트라이며, 끊임없이 되풀이하여 외워야 한다. '옴'은 프라나바라고 불리기도 하는데, 신성한 존재와 완전한 신성의 실현을 찬양한다는 뜻이다.

소리는 곧 진동이다. 현대 과학에 따르면 진동은 만물의 근원이다. 신은 이 진동을 초월해 있는 존재이지만, 창조의 가장 미묘한 형태인 소리를 통해 우리는 이 물리적 세계 속에서 그분께 가장 가까이 다가갈 수 있다. 그래서 우리는 '옴'을 신의 상징으로 여긴다.

모든 존재의 비인격적인 본질이자 기원을 산스크리트어로는 히라냐 가르바(hiraṇya garbha: 황금 자궁)라고 한다. 이는 각자의 마음속에 있는 브라흐만으로 알려져 있다. '옴'이 활이라면 자아는 화살과 같다. 수행자는 고도의 집중력을 발휘해 과녁인 브라흐만을 맞춰야 한다. 그래야 자아와 보편적 영혼이 하나가 될 수 있다.

'옴'은 'ā', 'u', 'ṁ'의 세 음절로 이루어져 있다. 산스크리트어로는 'ॐ'이라고 쓴다. 이 세 소리가 없다면 어느 언어의 말이든 시작하고 울려 퍼지고 끝을 낼 수 없다. 이 세 가지 소리는 보편적이어서 모든 말의 씨앗(비자bīja)이라 할 수 있다.

'ā', 'u', 'ṁ'의 글자는 각각 말(바크vāk), 마음(마나스manas), 생명의 호흡(프라나prāṇa)을 상징한다. 잎들이 나뭇가지에 의지해 함께 달려 있듯이, 모든 말은 이 '옴'이라는 말에 의지해 형성된다. '옴'은 영원히 사라지지 않는 영혼이자, 고요함·신성함·장엄한 힘·전능함·보편성의 상징이다.

'옴'의 세 글자는 세 가지 성性·세 가지 구나·시간의 세 가지 양상(과거·현재·미래)·세 분의 스승(어머니·아버지·선생님)을 나타낸다.

또 삼위일체인 신, 즉 우주의 창조주인 브라흐만·유지자인 비쉬누·파괴자인 시바를 뜻하기도 한다.

한편 '옴'이라는 말 전체는 인간의 영혼을 몸·마음·지성·자아의 족쇄에서 자유롭게 해방시키는 깨달음을 뜻한다. 수행자는 '옴' 명상을 통해 안정되고, 순수하고, 믿음이 깊은 상태를 유지할 수 있다. 이 상태가 지속되면 수행자는 위대한 영혼(마하트마)으로 거듭날 수 있다. 그는 내면에 최고의 영혼이 존재함을 알게 되고, 평화를 얻어 두려움·해체·죽음으로부터 자유로워진다.

('옴'에 대해서는 하퍼콜린스사社의 『요가 디피카』와 『요가 호흡 디피카』에 더 자세한 설명이 나와 있다.)

तज्जपस्तदर्थभावनम् ॥२८॥

1.28 tajjapaḥ tadarthabhāvanam

tat	저것
japaḥ	낮은 소리로 중얼거리는, 속삭이는, 되풀이하는
tadarthabhāvanam	그것의 목적, 그것의 목표, 느낌이 포함된 그것의 의미, 그것의 동일화

"'옴' 진언은 그 완전한 의미를 느끼고 깨달으면서 끊임없이 반복해서 암송해야 한다."

그 의미와 그것이 불러일으키는 느낌을 관조하면서 늘 경건한 마음으로 프라나바 '옴'을 외우면, 관조자는 요가의 최고 경지에 이를 수 있다.

말·의미·느낌은 하나로 엮여 있다. 말이 영원한 만큼, 의미와 느낌도 영원하다. 의미와 느낌은 말을 이해하는 사람의 지적 수준과 이해 정도에 따라 변한다. 이 경문은 근본 만트라인 '옴'의 헌신적인 측면을 설명하고 있다.

'자파japa'란 그 의미를 깨닫고 그에 대한 경건한 마음으로 만트라를 되풀이하여 염송하는 것을 말한다. 자파 수련은 인식 주체와 인식의 방편, 그리고 인식 대상인 신을 하나로 결합시켜 주는 역할을 한다. 만트라 '옴'은 지각력·행위력·마음·지성·의식을 통해 알아야 할 샵다 브라흐만(신의 말, 보편적인 소리)으로 여겨진다 (1장 23, 41절 ; 2장 1절 참조).

ततः प्रत्यक्चेतनाधिगमोऽप्यन्तरायाभावश्च ॥२९॥

1.29 tataḥ pratyakcetana adhigamaḥ api antarāya abhāvaḥ ca

tataḥ	그때
pratyakcetana	개별적 영혼, 내성內省적인 마음
adhigamaḥ	찾는 것, 발견하다, 성취하다, 통달하다
api	또한, 역시
antarāya	개입, 방해, 장애물, 방해물, 장애
abhāvaḥ	부재
ca	그리고

"'옴'을 되풀이하여 염송하면서 신에 대해 명상하면 내면의 자아를 완전히 정복하지 못하게 가로막는 장애물이 없어진다."

그 느낌을 되새기고 의미를 이해하면서 프라나바 만트라를 되풀이하여 염송하면 진아를 발견할 수 있고, 진아의 깨달음을 가로막는 장애들을 없앨 수 있다 (장애에 대해서는 1장 30, 31절을 참조).

경험·경험의 방편·경험의 대상이 하나로 엮이면, 영혼이 어떤 장애물에도 걸리지 않고 스스로 모습을 드러낸다.

व्याधिस्त्यानसंशयप्रमादालस्याविरतिभ्रान्तिदर्शनालब्धभूमिकत्वानवस्थितत्वानि चित्तविक्षेपास्तेऽन्तरायाः ॥३०॥

1.30 vyādhi styāna saṁśaya pramāda ālasya avirati bhrāntidarśana alabdhabhūmikatva anavasthitatvāni cittavikṣepaḥ te antarāyāḥ

vyādhi	질병
styāna	끈기 부족, 흥미 부족, 게으름, 정신적 나태
saṁśaya	의구심, 우유부단
pramāda	중독, 부주의, 경시, 집중력 부족, 태만
ālasya	게으름, 신체적 게으름
avirati	자제력 부족, 조절이나 통제의 결핍, 감각적 욕망 추구
bhrāntidarśana	망상 속에서 살아감, 잘못된 관념
alabdhabhūmikatva	핵심을 파악하지 못함, 한번 이룬 성취를 지속하지 못함, 바라던 대상에 대한 실망감
anavasthitatvāni	불안정한 상태, 한 번 이룬 발전을 유지하지 못함
cittavikṣepaḥ	의식을 흐트러지게 하는 산만하고 동요하는 마음
te	이것들
antarāyāḥ	장애물, 방해물

'질병·무기력·의구심·부주의함·게으름·감각적 욕망을 절제하지 못함·잘못된 견해·끈기 부족·퇴보가 이러한 방해물에 해당된다.'

이 경문에서는 수행자의 발전을 가로막거나 수행자의 의식을 흐트러지게 하는 아홉 가지 장애 혹은 방해를 설명하고 있다.

이 장애들은 신체적·정신적·지적·영적인 것의 네 종류로 나눌 수 있다.

a 질병 b 흥미부족 혹은 나태	신체적인 것
c 끊임없는 의심 d 자만심 혹은 부주의함 e 게으름 f 감각적 욕망 추구	정신적인 것
g 망상의 세계에서 살아감	지적인 것
h 끈기 부족 혹은 시작한 일을 끝까지 해내지 못함 i 자만심이나 수련 부족으로 한번 이룬 발전을 지속시키지 못함	영적인 것

파탄잘리는 『요가 수트라』 제1장 29절에서 의식이 장애물에서 자유로워졌을 때 비로소 진아에 대한 깨달음이 가능하다고 말한다.

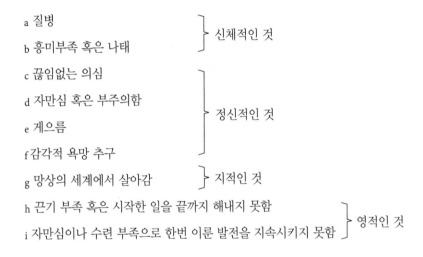

दुःखदौर्मनस्याङ्गमेजयत्वश्वासप्रश्वासा विक्षेपसहभुवः ॥३१॥

1.31 duḥkha daurmanasya aṅgamejayatva śvāsapraśvāsāḥ vikṣepa sahabhuvaḥ

duḥkha	슬픔, 고통, 비탄, 번민, 불행
daurmanasya	정신적 고통, 번뇌, 낙담, 절망
aṅgamejayatva	몸의 불안정
śvāsapraśvāsāḥ	들숨과 날숨
vikṣepa	흩어진, 산만함을 일으키는
sahabhuvaḥ	동시에 존재하는, 나란히 있는, 동반하는, 동시에 일어나는

'치타를 더 산만하게 만드는 요소로는 번뇌·불쾌한 기분·몸의 불안정·불규칙적인 호흡을 들 수 있다.'

『요가 수트라』 제1장 30절에서 이야기한 여러 가지 장애물 외에 의식을 산만하게 만드는 요인에는 네 가지가 더 있다. 번뇌·절망감(혹은 사악한 기질)·몸의 떨림·불규칙하거나 거친 호흡이 그것들이다. (거친 호흡은 몸을 떨리게 해 불안정하게 만들고 이 때문에 다시 정신적 괴로움이 일어날 수 있다.) 이것이 원인이 되어 산만해지고 마음과 의식도 동요된다.

이러한 장애물에는 세 가지 종류가 있는데, 스스로 자초한 것(아디야트미카 ādhyātmika), 몸을 이루는 요소의 불균형(아디바우티카ādhibhautika), 유전성 질병 같은 운명적으로 겪게 되는 문제들(아디다이비카ādhidaivika)로 나뉜다. 우리는 요가 수행을 통해 이러한 장애물들과 맞서 싸우고 그것을 정복할 필요가 있다(1장 6절; 2장 3, 17, 34절 참조).

तत्प्रतिषेधार्थमेकतत्त्वाभ्यासः ॥३२॥

1.32 tatpratiṣedhārtham ekatattva abhyāsaḥ

tatpratiṣedhārtham	그것들을 막기 위해
eka	하나의, 단 하나의
tattva	진정한 상태, 실제, 진실, 본성, 본질, 원리, 교의, 주의
abhyāsaḥ	수련

'일념으로 노력을 줄기차게 계속하면 이러한 장애들이 생기는 것을 막을 수 있다.'

이 열세 가지의 장애물을 제거하고 또 그것이 다시 생기지 않도록 하기 위한 여러 방법에 대해서는 이미 앞에서 구체적으로 설명하였다.

주석가들 대부분이 에카타트바ekatattva를 신에 대한 헌신과 귀의라고 결론을 맺었지만, 사실 신에 대한 귀의가 모든 병을 치료한다는 것은 일반인들로서는 이해하기 힘든 이야기이다. 만일 신에게 귀의하는 것이 누구에게나 가능하고, 그것만으로 모든 장애물을 뿌리 뽑을 수 있다면, 파탄잘리가 구태여 신성한 경지에 이르는 다른 방법들에 대해 자세히 설명할 필요는 없었을 것이다. 라마나 마하르시, 쉬리 라마크리쉬나 파라마함사, 마하트마 간디, 자다 바라타 같은 특출한 사람들이나 과거의 위대한 아차리야ācārya들이 신에게 온 마음을 다해 귀의할 수 있었던 것은 그들이 인간의 모습을 한 천사들이었기 때문이다. 고도로 발달한 이들 영혼들은 과거의 여러 생 동안 쌓인 잠재적 업 때문에 마지막으로 인간의 모습을 받고 태어나 남은 업을 깨끗이 정리한 것이다.

하지만 신에게 완전히 귀의한다는 것은 대부분의 일반 사람들에게는 능력을 넘어서는 일이다. 이들은 여전히 즐거움과 고통·기쁨과 슬픔·성공과 실패의 덫에서 헤어나지 못하고 있기 때문이다. 이들에게 정신적 동요가 일어날 때 명상은 그것을 최소화하는 데 도움이 되는 게 분명하지만, 진아의 깨달음을 방해하는 모든 장애물을 완전히 정복하기 위해서는 반드시 요가의 여덟 단계를 모두 거쳐야 한다.

아무 보답도 바라지 않고 신에게 온 마음으로 귀의하는 것은 몸·마음·지성이 완전히 순수해졌을 때에만 가능하다. 이는 최고 수준의 귀의로, 보통 사람들은 이러한 경지에 이를 능력을 가지지 못한다.

मैत्रीकरुणामुदितोपेक्षाणां सुखदुःखपुण्यापुण्यविषयाणां भावनातश्चित्तप्रसादनम् ॥३३॥

1.33 maitrī karuṇā muditā upēkṣāṇāṁ sukha duḥkha puṇya apuṇya viṣayāṇāṁ bhāvanātaḥ cittaprasādanam

maitrī	호의
karuṇā	동정, 자비심
muditā	즐거움, 기쁨
upēkṣāṇāṁ	~에 무심한, 사물을 흥미 없이 바라보는 것
sukha	행복
duḥkha	슬픔, 고통, 번뇌
puṇya	선
apuṇya	악
viṣayāṇāṁ	대상과 관련해, 사물과 관련하여

bhāvanātaḥ 개념, 기억, 주입, 회상, 사색

cittaprasādanam 의식이 우아하게 퍼짐, 우호적인 기질

'의식이 호의·동정심·기쁨·즐거움과 고통에 대한 무관심과 선과 악에 대한 무관심한 태도를 기르면 의식은 선의를 가지는 기질을 갖게 되어 평온하고 자비로워진다.'

이러한 자질들을 지니면 마음이 안정된 상태에 머물 수 있다. 파탄잘리는 이 경문에서 진아를 깨닫기 위한 여정의 기초를 다지고 있는 셈이다. 치타 빅세파citta vikṣepa는 산만한 생각의 물결이 강물처럼 흐르는 것을 말한다. 하지만 의식이 아름답게 퍼지는 치타 프라사다나citta prasādana의 상태에서는 그 요동치는 물결이 한데 고여 호수처럼 고요하고 잔잔해진다.

치타가 감각의 그물에 갇혀 있고, 호의·동정심·기쁨·평정을 기르지 못한 수행자의 마음에는 슬픔과 불행이 싹튼다. 이 경문은 우리에게 행복한 사람들과는 함께 기뻐하고, 슬픔에 빠진 사람들에게는 동정심을 가지며, 착한 사람들에게는 호의를 가지고, 아무리 고쳐주려 해도 악덕을 일삼는 사람들에게는 무심해질 것을 권하고 있다. 이런 식의 정신적 태도를 기르면 개인적으로는 물론 사회적으로도 건강한 삶을 영위할 수 있다. 이러한 자질을 계발하는 것 외에도, 야마의 사회적 덕목들을(2장 30절 참조) 실천하면 사회가 전체적으로 안정을 찾게 된다. 삶에 대한 이런 태도는 수행자의 마음을 늘 고요하고 순수하도록 지켜준다.

प्रच्छर्दनविधारणाभ्यां वा प्राणस्य ॥३४॥

1.34 pracchardana vidhāraṇābhyāṁ vā prāṇasya

pracchardana	발산하는, 내보내는, 발사하는, 배출하는, 발산
vidhāraṇābhyāṁ	제어하는, 유지하는, 뒷받침하는, 실행하는
vā	또는, 선택지, 올바른 선택을 할 수 있는 힘, 선별, 대안적으로
prāṇasya	호흡의

'또는 부드럽고 안정되게 숨을 내쉴 때와 숨을 내쉰 뒤 호흡을 편안히 보유하는 동안 느껴지는 성성적적한 상태를 유지하는 것으로도 선의를 기르고 평온하고 자비로워질 수 있다.'

의식을 고르게 확산시킬 수 있는 또 하나의 방법이 있다면 날숨 뒤 호흡을 보유하여 그 고요한 상태에 이르는 것이다.

이 경문과 이어지는 다섯 개의 경문(1장 34~39절)에서는 마음을 고요히 가라앉히고 영적 발전을 위해 준비하는 여러 가지 방법들이 설명되어 있다.

수련자는 천천히 숨을 들이쉬고 내쉬면서 그 중간에 휴지기를 두고, 자신이 편안함을 느끼는 한도 내에서 호흡의 보유 시간을 가능한 한 최대로 늘려야 한다. 이러한 수련을 거치면 의식이 고요한 호수처럼 잔잔해지는 상태가 반드시 찾아온다.

विषयवती वा प्रवृत्तिरुत्पन्ना मनसः स्थितिनिबन्धनी ॥३५॥

1.35 viṣayavatī vā pravṛttiḥ utpannā manasaḥ sthiti nibandhanī

viṣayavatī	관련된, 사물에 집착하는, 인식되는 것
vā	또는
pravṛttiḥ	앞으로 움직이는, 앞으로 나아가는, 진보하는, 묵상하는, 헌신하는, 전념하는
utpannā	태어난, 생산된, 얻어진, 성취된
manasaḥ	마음
sthiti	상태
nibandhanī	기원, 기초, 토대, 하나로 묶는

'또는 마음과 의식의 안정을 유지하는 데 도움이 되는 대상을 관조함으로써 선의를 기르고 평온하고 자비로워질 수 있다.'

또 흥미로운 어떤 대상에 열과 성의를 다해 오롯이 집중하여 의식의 상태를 고양시킬 수도 있다.

한 대상에 대해 관조하는 수련은 정신의 안정을 이루는 기본 토대이다. 한 대상에 완전히 몰입하면 그것의 본질을 직접적으로 인식할 수 있다.

이 경문에서는 어떻게 하면 지성의 각성의 힘과 민감성을 기를 수 있는지 제시한다. 이로써 수행자는 관조자(푸루샤)의 본성에 대해서는 물론 자연(프라크르티) 속에서 일어나는 현상에 대해서까지 통찰력을 얻을 수 있다.

विशोका वा ज्योतिष्मती ॥३६॥

1.36 viśokā vā jyotiṣmatī

viśokā	슬픔에서 자유롭게 해방된, 슬픔이 없는 환한 빛
vā	또는
jyotiṣmatī	밝은 빛을 내뿜는, 밝은, 빛나는, 밝게 빛나는 형체를 가진, 마음의 고요한 상태

'또는 슬픔을 떠나 눈부시게 빛나는 환한 빛을 명상하여 선의를 기르고 평온하고 자비로워질 수 있다.'

이 상태에 들어가서는 가슴의 가장 내면에 자리한 핵심에 대해 집중하게 되는데, 여기에는 슬픔을 떠난 환한 빛만이 광채를 내고 있다. 영혼이 자리한 곳이 바로 거기다. 마음은 완전한 집중으로 자신의 근원을 향해 관통해 들어갈 수 있도록 인도를 받는다. 마음속에서 생각의 형태로 일어나는 움직임을 물결이라 한다면, 의식의 자리인 치타는 대양과도 같다. 수행자는 생각의 물결을 일으키지 않은 채 치타가 움직임 없이 사려 깊게 고요한 상태에 있게 할 방법을 배워야 한다. 이렇게 치타를 고요히 제어하는 노력을 하면 슬픔이 사라진 영혼의 환한 빛이 눈부신 광채를 발한다(1장 45절 참조).

वीतरागविषयं वा चित्तम् ॥३७॥

1.37 vītarāga viṣayaṁ vā cittam

vīta	~이 없는, ~에서 자유로운
rāga	욕망, 갈망, 사랑, 애착
viṣayaṁ	대상
vā	또는
cittam	의식

'또는 욕망과 집착에서 벗어나 고요하고 평온한 경지에 이른 깨달은 성인이나 신성한 대상에 대한 관조를 통해 선의를 기르고 평온하고 자비로워질 수 있다.'

비야사·수카·상카라·라마누자·마드바·발라바·카이타니야·쉬리 아우로빈도·라마나 마하르시·쉬리 라마크리쉬나 등은 찬란한 빛을 발한 이들이라 할 수 있다. 수행자가 이렇게 신성한 사람들의 고요하고 순수한 경지를 마음속에 되새기고 그들의 수련을 따라하면, 그 역시 자신감과 안정을 얻고 마음에서는 욕심이 사라진다.

수행자는 아사나의 각 단계 혹은 호흡의 움직임 하나하나에 대해서도 같은 식으로 관조하여 치타를 무욕의 경지에 이르게 할 수 있다. 의식이 욕망에서 자유로울 때 순수한 상태가 된다. 단순히 세상을 등지는 것만으로는 이러한 목표를 이룰 수 없다.

स्वप्ननिद्राज्ञानालम्बनं वा ॥३८॥

1.38 svapna nidrā jñāna ālambanaṁ vā

svapna	꿈을 꾸는 상태, 망상의 상태
nidrā	수면의 상태
jñāna	깨어난 상태, 각성, 지적인 상태
ālambanaṁ	지지대, 기반, 의지처 혹은 의지하는 것, 도움, 조력, 영원한 것에서 거친 것을 구별하기
vā	또는

'또는 성성히 깨어 있는 상태에서 꿈이 있는 수면이나 꿈이 없는 수면 중 얻은 경험을 기억하여 관조함으로써 선의를 기르고 평온하고 자비로워질 수 있다.'

치타에는 무의식·잠재의식·의식·초의식의 네 가지 차원이 존재한다. 무의식의 차원은 꿈이 없는 수면의 상태(니드라nidrā)를 말한다. 잠재의식의 차원은 꿈으로 가득한 상태(스바프나svapna)를, 의식의 차원은 깨어 있는 상태(자그라타jāgratā)를 말한다. 초의식의 차원은 투리야turyā라고 알려진 네 번째 상태이다. 투리야는 곧 사마디로서 개인의 영혼(지바트만)이 보편적 영혼(파라마트만)과 하나가 되는 궁극적 상태이다.

수행자는 꿈으로 가득한 수면 상태와 꿈이 없는 수면 상태를 면밀히 분석하여 의식의 다양한 층을 구별할 수 있게 되고, 나아가 그것들을 하나의 의식 상태로 변환시키는 법을 배우게 된다.

또 수행자는 모름지기 잠이 들기 전에도 영혼에 관해 관조해야만 한다. 이렇게 할 때 깨어 있든, 꿈을 꾸든, 잠들어 있든 동일한 생각이 끊임없이 이어져 흐른다. 이것은 영혼의 지복을 얻는 데 도움이 된다.

『요가 수트라』 제3장 11~12절을 보면 크사야(kṣaya: 쇠퇴하는) 치타, 샨타(śanta: 고요한) 치타, 우다야(udaya: 올라오는) 치타에 대한 설명이 있다. 이들 치타는 각각 스바프나svapna·니드라nidrā·자그라타jāgratā 상태에 비유될 수 있을 것이다. 보통 잦아지는 생각은 고요함으로 이어지지만, 강하게 일어나는 생각은 우리의 의식을 깨어 있게 한다. 요기는 생각이 일어나지 못하게 하면서 수용적이면서도 깨어 있는 상태를 유지하거나, 생각을 제어하기 위해 노력한다. 이것이 성찰적 관조이다(3장 13절, 표 13 참조).

수행자는 각 아사나의 장단점에 대해 막연히 꿈꾸면서 수행을 시작한다. 이것이 스바프나 상태이다. 다음에는 자신의 생각을 안정시키고 거기에 의지한다. 이것은 니드라 상태이다. 그 이후 미묘한 부분들을 구별할 수 있게 되어 깨어 있는 마음으로 그 부분들을 행하게 되는데, 이것을 즈냐나 상태라 한다.

यथाभिमतध्यानाद्वा ॥३९॥

1.39 yathābhimata dhyānāt vā

yathābhimata	바람직한 것, 선별한 것, 즐겁게 하는 것, 당사자의 바람이나 취향에 맞춘
dhyānāt	명상을 통해
vā	또는

'또는 어떤 것이든 의식의 안정에 도움이 되는 자신이 바라는 대상에 대해 명상하면 선의를 기르고 평온하고 자비로워질 수 있다.'

마지막 방법은 명상에 도움이 되는 대상을 하나 고르는 것이다. 단 그 대상은 외적인 즐거움을 주는 것이 아닌, 복되고 영혼을 고양시키는 것이어야 한다. 오로지 한곳에만 마음을 집중하는 이 단순한 방법을 통해 수행자는 서서히 명상의 기술을 계발하게 된다. 시간이 흘러 어느 정도의 정신적 안정을 이루게 되면 어떤 대상이라도 마음대로 선택해 명상에 들어갈 수 있다.

아사나 동작을 완벽하게 취하면 즐거움이 찾아오기도 하지만, 수행자는 거기에서 고요함도 얻을 수 있다.

언뜻 보기에 이 경문은 단순히 기쁨을 주는 대상에 대한 명상을 설명하는 것처럼 보인다. 그러나 경문에 더 깊이 숨겨진 의미는 이해하기가 어렵다. 앞에서 방편을 이용한 다양한 명상법에 대해 설명한 후 파탄잘리는 이제 주관적인 명상에 관해 설명하고 있는 것이다. 명상에서 수행자를 가장 '즐겁게 하는' 대상은 다름 아닌 자신의 존재 자체, 즉 존재의 핵심이다. 파탄잘리는 우리가 그 핵심의 씨앗을 찾아 들어가야 한다고 이야기한다. 그 씨앗은 살아 있는 영혼으로 이 세상에서 가장 작은 입자에서부터 무한히 큰 물체에 이르기까지 모든 것에 스며들어 있다. 이것이야말로 명상하기에 가장 어려운 주제이다.

이것이 마음과 의식을 고요히 가라앉히는 여섯 가지 방법 중 마지막의 것이다. 마음과 의식을 가라앉히는 방법을 설명한 이들 경문을 보면, 파탄잘리가 행하는 가르침은 그 기반이 넓어서 어떤 교의를 따르든, 어떤 직업에 종사하든 누구나 삶에서 영적인 목표를 추구할 수 있게 한다는 것을 알 수 있다(표 4 참조).

표 4: 치타를 정화하는 단계

〈 명상의 종류 〉

경문	방법	요가의 단계	프라크르티의 요소
1.33	적절한 태도 기르기	야마	행위 (아카라)
			성품 (쉴람)
		니야마	행위력 (카르멘드리야)
			지각력 (즈냐넨드리야)
		아사나	마음 (마나스)
1.34	호흡 조절	프라나야마	호흡 (프라나)
1.35	대상에의 몰입	프라티아하라	인식 감각 마음
1.36	내면의 빛에 대한 명상	다라나	마음(마나스)
1.37	현인에 대한 명상	다라나	자아, '나'라는 의식 (아함카라)

객관적인 명상

주관적인 명상

1.38	꿈과 잠에 대한 회상	다라나	(의식) 치타
1.39	자신이 바라는 대상에 대한 명상	디아나	(영혼) 안타카라나

परमाणुपरममहत्त्वान्तोऽस्य वशीकारः ॥४०॥

1. 40 paramāṇu paramamahattvāntaḥ asya vaśīkāraḥ

paramāṇu	극미한 입자, 원자
paramamahattvāntaḥ	가장 먼, 가장 뛰어난, 가장 높은, 최고의, 가장 위대한
asya	이것의
vaśīkāraḥ	귀의시키는, 열정이나 자신의 힘을 제어하는

'명상에 통달하면 가장 작은 입자에서 가장 큰 대상에까지 힘을 뻗칠 수 있다.'

위에서 설명한 명상의 여러 방법들을 따르면, 수행자에게는 극미한 입자부터 무한히 큰 것까지 꿰뚫을 수 있는 힘이 생긴다.

이때 수행자는 마음의 모든 장애에서 자유롭게 해방되었을 뿐 아니라, 자신의 의식을 정복하고 열정을 제어하게 되었다. 이제 수행자의 의식은 순수한 경지에 도달하여, 가장 미세한 원자에서 광대한 우주까지 모든 대상을 꿰뚫고 들어갈 수 있는 힘이 생긴다.

이 경문에서는 범상한 마음이 어떻게 초인적인 마음으로 변모하여 우주의 끝없는 공간과 우리 내면의 가장 깊은 곳까지 꿰뚫을 수 있는지 설명하고 있다(1장 45절 참조).

क्षीणवृत्तेरभिजातस्येव मणेर्ग्रहीतृग्रहणग्राह्येषु तत्स्थतदञ्जनता समापत्तिः ॥४१॥

1.41 kṣīṇavṛtteḥ abhijātasya iva maṇeḥ grahītṛ grahaṇa grāhyeṣu tatstha tadañjanatā samāpattiḥ

kṣīṇa	사트바, 라자스, 타마스의 용해
vṛtteḥ	변화, 동요
abhijātasya	타고난, 고상한, 정중한, 예의바른, 가치 있는, 박학한, 뛰어난, 현명한, 투명한
iva	~같이
maṇeḥ	보석, 티 없이 맑은 수정
grahītṛ	아는 자, 취하는 자, 인식하는 자, 이해한 자
grahaṇa	움켜쥐는 행위, 잡는, 받아들이는, 파악하는, 인식 수단
grāhyeṣu	알려지는 것
tatstha	안정된 상태가 되는
tadañjanatā	보이거나 알려진 것의 형상을 취하는 것
samāpattiḥ	변형, 원래의 형태를 취하는 것, 완성, 완료, 결론

'요기는 아는 자, 앎의 수단 그리고 알려지는 것이 하나이면서, 그것이 곧 자기 자신이며 또 관조자임을 깨닫는다. 그는 투명하게 빛나는 맑은 구슬처럼 때묻지 않은 순수함을 발한다.'

의식은 정련을 통해 지극히 민감해지고, 무엇도 택하지 않으며, 깨끗하고 순수해진다. 인식 주체와 인식 수단 그리고 명료히 비추어지는 인식 대상은 다름 아닌 바로 관조자다. 깨끗한 거울이 사물을 있는 모습 그대로 온전히 비추듯, 인식 주체와 인식 대상 그리고 인식 수단은 하나로 비추어진다. 이렇게 의식이 대상을 투명하게 비추는 것을 산스크리트어로 사마파티samāpatti라고 하고, 관조자가 본래의 형상을 취하게 된다는 뜻을 가진다.

파탄잘리는 사마파티에 대한 설명에서 요가와 사마디 그리고 사마파티 사이의 미묘한 차이를 강조하고 있다. 요가는 사마디에 이르기 위해 여러 방편을 취하는 것이다. 사마디는 깊은 명상, 완전한 삼매를 뜻한다. 한편 사마파티는 사마디에 들어가 자신의 순수한 상태를 빛으로 내뿜는 관조자의 균형 잡힌 마음 상태를 일컫는다. 다시 말해 요가와 사마디가 수행이라면, 사마파티는 그러한 수행을 통해 이를 수 있는 경지를 뜻한다.

마음이 지닌 사트바·라자스·타마스의 성질에서 비롯되는 모든 동요가 사라지면, 마음도 정보를 모아 전송하는 일을 더 이상 하지 않는다. 그러면 치타도 고요한 호수의 물처럼 고요하고 맑아진다. 치타는 자신을 관조자의 수준으로 변모시키고, 있는 모습 그대로 그 순수함을 내보인다. 그 순간 치타는 투명한 보석처럼 인식 주체와 인식 수단 그리고 인식 대상과 하나가 된다. 그리하여 수행자는 영혼의 참된 상태를 경험한다.

사마파티는 '티 없는 보석'을 의미하는 아비자타마니abhijātamaṇi 속에 소중하게 간직된다. 이제 치타는 티 없는 보석이 된 것이다. 굶주리거나 목마른 사람은 오로지 음식과 물만 필요로 한다. 배고픔과 목마름은 삶에서 기본적으로 충족시켜야 할 욕구로서 당장 충족시키지 않으면 안 되는 본능적 욕구인 것이다. 한편 정욕·분노·탐욕·탐닉·자만심·증오 같은 감정들은 본능적이라기보다는 외부 세계와의 접촉을 통해 주입된 것이다. 그렇지만 인간 안에서 그 모습이 완전히 드러난다. 진실·순수함·사랑하는 본성은 직관적인 것으로, 그것들 또한 인간 안에서 완전히 표현된다. 요가 수행과 명상을 통해 수행자는 순수함과 진실의 직관적 자질을 계발하고 본래 흠 없는 의식의 특질을 깨달을 수 있다. 이로써 수행자는 관조자가 되어 생각과 말, 행동에서 지혜의 빛을 발한다.

तत्र शब्दार्थज्ञानविकल्पैः संकीर्णा सवितर्का समापत्तिः ॥४२॥

1.42 tatra śabda artha jñāna vikalpaiḥ saṅkīrṇā savitarkā samāpattiḥ

tatra	그곳에서
śabda	말
artha	목적, 목표, 의미
jñāna	앎, 지식, 지성
vikalpaiḥ	선택지, 상상, 규칙이 지켜지게 하거나 사람들이 자기 마음대로 행동하지 못하도록 하는 행위, 추측, 거래를 약정에 따라 이행하는 것
saṅkīrṇā	한꺼번에 쏟아 부어진, 한꺼번에 뒤섞인, 흩뿌려진, 섞인
savitarkā	완전히 전념하게 된, 깊은 생각에 잠긴
samāpattiḥ	변형

'사비타르카 사마파티savitarkā samāpatti라고 하는 이 단계에 이르면 말과 의미와 내용이 함께 하나로 합쳐져 특별한 지식이 된다.'

의식이 정교하게 단련된 상태에 이르면, 말과 그 의미는 이해와 저절로 조화롭게 섞인다. 그리하여 의식은 새로운 종류의 앎에 완전히 빠져든다. 이를 사비타르카 사마파티라 한다.

स्मृतिपरिशुद्धौ स्वरूपशून्येवार्थमात्रनिर्भासा निर्वितर्का ॥४३॥

1.43 smṛtipariśuddhau svarūpaśūnya iva arhtamātranirbhāsā nirvitarka

smṛti	기억
pariśuddhau	완전히 정화된, 마음이 가장 순수한
svarūpaśūnya	본성이 사라진
iva	말하자면
arhtamātranirbhāsā	가장 순수한 모습으로 홀로 빛나는
nirvitarka	성찰하지 않는, 헤아려지지 않는, 분석이나 논리가 없는

'니르비타르카 사마파티nirvitarka samāpatti에 들어가면 기억과 지성의 빛 사이에 차이가 없어진다. 기억은 깨끗해지고 의식은 반사 작용 없이 환하게 빛난다.'

기억이 완전히 청정해지고 순수해지면, 마음까지도 정화된다. 기억과 마음 모두 더 이상 별개의 실체로 기능하지 않는다. 이때 수행자는 마음이 없는 상태를 경험하면서 의식이 홀로 자신을 드러낸다. 외부의 대상을 반사하지 않고 티끌 한 점 없는 빛을 발하는 것이다. 이를 니르비타르카 사마파티라고 한다.

과거에 일어난 생각이나 경험을 회상하는 것이 기억이다. 기억은 과거에 만들어진 인상의 저장고이다. 기억이 가진 지식은 반사된 지식이다. 수행자는 기억이 지식에 강력한 영향을 미친다는 사실을 잘 인식하고 있어야 한다. 요가를 한결같이 수련하고 자기 단련을 게을리 하지 않으면 새로운 경험이 표면으로 떠오른다. 과거의 기억에 얽매이지 않은 이 새로운 경험들은 신선하고, 직접적이며, 주관적이다. 그 새로운 경험들이 우리가 이제껏 기억하고 있던 것들을 깨끗이 지워버린다. 그러면 기억은 더 이상 독립된 실체로 기능하지 못한다. 기억은 의식과 하나로 합쳐지거나 혹은 뒤로 물러나 새로운 경험에 지배자의 자리를 내주고 지성을 명료하게 만든다. 보통 사람들에게 기억은 과거의 마음을 의미하지만, 깨달은 사람에게 기억은 현재의 마음을 의미한다. 기억이 깨끗하게 정화되면서, 지성은 자신의 정체성을 잃고 환한 빛을 내며 관조자를 향해 더욱 가까이 다가간다. 이것이 바로 니르비타르카 사마파티이다.

마음이 성숙하지 못했을 때도 기억을 올바르게 쓰는 경우가 있고, 남용하는 경우가 있다. 기억은 즐거움을 회상하기 위한 것이 아니라, 이제까지 쌓인 경험을 기반으로 앞으로 올바른 행동과 인식을 하는 데 그 목적이 있다.

예를 들어 아사나를 처음 수련할 때는 누구나 시행착오를 거친다. 이러한 시행착오의 결과는 분별지를 통해 등급이 매겨져 기억 속에 저장된다. 수련이 진척될수록 시행착오는 적어지고 올바른 인식은 늘어난다. 기억이 실수를 저지르지 않도록 통찰력을 제공해 주는 셈이다. 예를 들어 물구나무서기 자세에서 사람들이 보통 저지르는 실수 중 하나가 위팔이 비스듬해지면서 길이가 짧아지는 것이다. 이때 기억은 '팔이 짧아지기 전에 조심하라'고 경고한다. 시행착오로 얻어진 분별력이 의식을 일깨우는 것이다. 각성된 인식은 분별력과 기억을 동원하여 잘못된 인식을 기반으로 되풀이되어 온 나쁜 습관을 깨뜨리고, 대신 정반대의 습관이 자리 잡게 한다. 이 과정이 진행되는 동안 두뇌는 기계적인 틀에서 벗어나 창의성을 발휘해야 한다. 두뇌가 기계적인 틀에 얽매이면 외부적인 현상에만 의문을 가져 객관적인 지식밖에 얻지 못한다. 하지만 창의적인 두뇌는 외부는 물론 내면 현상에도 질문을 던져 주관적이며 영적인 지식을 얻는다. 아사나 수련에서는 피부안 쪽에서부터 이해가 시작되고, 프라나야마 수련에서는 코의 안쪽 점막에서부터 이해가 시작된다. 아사나와 프라나야마에서의 영적 수련은 여기가 시작점인 것이다.

수행자는 이런 방식을 통해 좋은 품성을 기르게 된다. 각성이 지성과 연결되면 정직함이 자리를 잡게 되고, 두뇌와 몸이 조화롭게 움직이면 통합이 이루어진다. 이렇게 오랜 기간 타파스 수행이 이어지는 내내 기억은 품성을 기르는 과정에 방편이 된다. 기억이 완전한 기능을 수행하면 그것은 지성과 합일을 이룬다. 그러면 그때까지 우리를 수많은 함정에 빠뜨리기만 하던 기억이 우리의 진정한 스승으로 거듭난다.

एतयैव सविचारा निर्विचारा च सूक्ष्मविषया व्याख्याता ॥४४॥

1.44 etayaiva savicāra nirvicāra ca sūkṣmaviṣayā vyākhyātā

etaya	이것에 의해
eva	또한
savicāra	반성, 심사숙고, 고려, 조사
nirvicāra	반성 없이, 어떤 고려도 할 필요 없이
ca	그리고
sūkṣmaviṣayā	미묘한 대상, 미묘한 것
vyākhyātā	관련된, 설명된, 상술된, 언급된

'마찬가지로, 미묘한 측면들에 대한 관조 또한 의도적인 것(사비카라 사마파티) 혹은 비의도적인 것(니르비카라 사마파티)으로 설명된다.'

사비카라 사마파티란 미묘한 대상을 관조하여 의식을 변화시키는 것을 말한다. 그러한 미묘한 대상으로는 자아(아함카라)·지성(붇디)·자연의 요소에 대응하는 것(소리·촉감·모양·맛·냄새)·자연의 세 가지 속성(밝음·활동성·불활성)을 들 수 있으며, 이들은 공간과 시간 그리고 인과 법칙의 지배를 받는다. 이러한 반영물들이 없으면 니르비카라 사마파티가 된다.

니르비카라 사마파티에 들어가면 수행자는 언어적 고려가 없어진 상태를 경험한다. 사비카라 사마파티에서 반사되던 미묘한 대상 모두가 사라져 버린다. 이제 그는 기억과 과거의 경험에서 자유로워지고, 과거의 모든 인상도 없어진다. 이 새로운 경지의 관조는 인과 법칙의 지배를 받지 않으며 시간이나 장소의 구애도 받지 않는다. 말로는 표현할 수 없는 순수한 행복(아난다)과 순수한 자아(사스미타)의 상태가 표면으로 떠오르고 수행자는 이를 경험한다(1장 41절 참조).

सूक्ष्मविषयत्वं चालिङ्गपर्यवसानम् ॥४५॥

1.45 sūkṣmaviṣayatvaṁ ca aliṅga paryavasānam

sūkṣmaviṣayatvaṁ	미묘한 대상
ca	그리고
aliṅga	아무런 특징적 표시도 없는, 드러나지 않은 형태
paryavasānam	끝나는

'자연(프라크르티)에서 가장 미묘한 차원에 있는 것은 의식이다. 의식이 자연 속에 녹아들 때, 그것은 모든 징표를 잃어버리고 순수한 상태가 된다.'

의식은 자연의 미묘한 입자를 탐색하여 그 목표에 이른다. 그것은 마음의 동요가 완전히 그친 상태이다. 이것이 바로 자연(프라크르티)이 지닌 가장 미세하고 미묘한 지성(마하트)이다.

프라크르티와 프라다나pradhāna

프라크르티 : 어떤 것의 본래의 혹은 자연스런 형태, 자연. 알링가, 드러나지 않은 형태.

프 라 다 나 : 최초의, 혹은 근원적인 물질, 물질세계에서 첫 번째로 전개되어 나온 것 혹은 물질세계의 근원, 미리 설정된 것, 주된 것 [이것들은 모두 쉽게 변하는 반면 영혼(푸루샤)은 변하지 않는다.]

자연의 미세한 원리 중에서도 가장 미묘한 것은 우주의 지성(마하트)이다. 그것은 개인에 있어서는 아주 미세하면서 역동적인 형태로 '아스미타'(작은 자아)라고 불리는 '나'로 변한다. 진아는 변하는 법이 없지만, 이 작은 자아는 자연의 세 가지 성질이 미치는 영향력에 따라 인간 속에서 변화를 일으킨다. 인간은 가장 바깥의 겹인 몸에서 가장 안쪽의 핵심인 진아에 이르기까지 모든 것이 프라크르티의 입자로 이루어져 있다. 요가 수행을 통해 개별적 자아인 '나'를 고요히 가라앉히면 프라크르티가 자신의 궁극적 목표에 이르러 진아와 하나가 된다. 이것은 주관적인 경험, 혹은 주관적인 지식이다.

이로써 수행자는 붇디와 아함카라의 순수성을 얻는데, 이것을 자연의 가장 미세한 근원 혹은 요체인 물라-프라크르티mūla-prakṛti라고 한다.

이제 수행자는 진아의 깨달음에 들어가는 갈림길에 도달하였다(2장 19절 참조).

ता एव सबीजः समाधिः ॥४६॥

1.46 tā eva sabījaḥ samādhiḥ

tā	그것들은
eva	오로지
sabījaḥ	씨앗이 있는
samādhiḥ	깊은 명상 혹은 삼매

'앞의 경문에서 이야기한 사마디의 상태들은 토대 혹은 씨앗에 의존하기 때문에 사비자 사마디라 한다.'

사비타르카·니르비타르카·사비카라·니르비카라·사난다·사스미타 사마디는 모두 사비자 사마디(유종 삼매)라고 알려져 있다.

『요가 수트라』 제1장 17~19절과 42~45절에서 이야기한 사마파티의 모든 상태는 종자가 있는 사마디이다. 이 사마디들은 모두 지성(붇디)과 '나'라는 원리(아스미타) 등 대상에 의존한다. 이들의 씨앗은 존재의 핵심이며, 각 개별적인 존재 안에서 유일하게 종자가 없는 자리이다.

흥미로운 것은 이제까지 이야기한 여섯 가지 사마파티가 두뇌의 기능에 속한다는 사실이다. 분석(사비타르카)이나 비분석(니르비타르카)은 뇌의 앞부분에서 담당하고, 탐구(사비카라)나 비탐구는 뇌의 뒷부분에서 담당한다. 또 기쁨(아난다)이 일어나는 근원 자리는 뇌의 아랫부분이며, 개별성(아스미타)의 자리는 뇌의 윗부분이다.

수행자는 요가 수행을 통하여 거친 것에 대한 집중을 미묘한 것에 대한 집중으로 변화시킨다. 수행자가 자연의 정점에 도달하면, 두뇌도 자연의 일부이므로, 의식의 여러 양태를 완벽하게 통제할 수 있게 된다. 이제 그는 의도적인 것이든 비의도적인 것이든 두뇌에서 일어나는 모든 기능을 자기 마음대로 멈출 수 있게 된다(4장 4절 참조). 바로 이러한 점 때문에 유종 삼매라는 이름이 붙는 것이다.

어떤 것이든 명상에서 자연에 의지하게 되는 것은 모두 씨앗이 있는 사마파티다. 모든 씨앗의 근원인 관조자에 대해 명상할 때에는 의지할 토대가 없다. 관조자도 자연도 모두 영원하긴 하지만, 자연은 변하는 반면 관조자는 늘 똑같으며 변하지 않는다. 그리고 자기 자신 말고는 어떤 토대에도 의지하지 않는다. 관조자에 대한 명상이 씨앗이나 토대가 없는 무종 삼매(니르비자 사마디)가 되는 것은 바로 이 때문이다. 사비자 사마디와 니르비자 사마디 사이에 있는 또 하나의 사마디에 대해서는 파탄잘리가 『요가 수트라』 제1장 18절에서 이미 언급한 바 있다.

해가 뜨면 피어나고 해가 지면 다시 오므라드는 연꽃잎처럼, 두뇌의 꽃잎도 바깥에서부터 그것의 근원으로 오므라들면서 모든 기능을 멈춘다. 일반적으로 이를 아삼프라즈냐타 사마디asaṁprajñāta samādhi라고 하며, 사비자 사마디와 니르비자 사마디 사이에 있는 경계 지점이라 할 수 있다. 수행자가 이 경계점에 이르러 거기에 계속 머물면, 자연의 요소를 정복하는 데 그치고 만다. 여기에서 뒤로 물러나면 그는 즐거움과 고통에 사로잡히게 되고, 그것을 뛰어넘으면 자유와 행복을 얻는다.

निर्विचारवैशारद्येऽध्यात्मप्रसादः ॥४७॥

1.47 nirvicāra vaiśāradye adhyātmaprasādaḥ

nirvicāra	반사하지 않음, 혹은 씨앗이 없는 반사
vaiśāradye	능숙함, 심오한 지식, 방해받지 않는 순수한 흐름
adhyātma	최고의 영혼(개별적 영혼으로 현현한), 최고의 영혼과 개인적 영혼 사이의 관계
prasādaḥ	맑음, 밝음, 투명함, 고요한 기질

'니르비카라 사마파티(의도적이지 않은 명상)에 능숙해지면 순수함이 찾아온다. 사트바(밝음)가 아무 방해도 받지 않고 흘러 진아가 간직한 영혼의 등불에 불을 밝힌다.'

인간의 본질인 지성과 의식이 아무 것도 반사하지 않고 어떤 조건에도 구애받지 않으면서 심오한 상태에 머물면 영혼을 싣는 방편들(해부학적인 몸·행위력·지각력·마음·지성·의식)에 환한 빛이 비친다. 영혼의 진정한 상태에 대한 지식과 이해가 밝음 속에서 그 모습을 드러낸다(1장 3절 참조).

표 5 : 사마디의 단계

사마디의 단계		전개의 진행	몸과 의식의 정련	몸의 겹	연결되는 것	연관되는 요소: 거친 것	연관되는 요소: 미묘한 것
비타르카	사비타르카	다섯 가지 거친 요소	뇌의 앞부분	1 안나마야 코샤	해부학적	흙	냄새
		행위력	(논리의 자리)			(프르트비)	(간다)
	니르비타르카	지각력		2 프라나마야 코샤	생리적	물	맛
		마음				(아프)	(라사)
		지성					
비카라	사비카라						
	니르비카라						
		마음	뇌의 뒷부분	3 마노마야 코샤	심리적	불	모양
		지능	(추론의 자리)			(테즈)	(루파)
		다섯 가지 미묘한 요소					
아난다-사난다		지능이 지성(붇디)으로 변화함 지혜	뇌의 아랫부분 (즐거움과 고통이 각인되는 곳)	4 비즈냐나마야 코샤	지성적	공기 (바유)	촉감 (스파르샤)
아스미타-사스미타		'나'라는 의식 지성	뇌의 윗부분	5 아난다마야 코샤	에테르의	에테르 (아카샤)	소리 (삽다)
안야 혹은 비라마 프라티야야		의식(치타)과 마하트 사이		6 치타마야 코샤	의식	마하트	
니르비자-다르마 메가		마하트 물라 프라크르티 푸루샤		7 아트마마야 코샤	원인체의		

ऋतंभरा तत्र प्रज्ञा ॥४८॥

1.48 ṛtaṁbharā tatra prajñā

ṛtaṁbharā	진실을 지킴, 진실로 가득 찬, 지적 본질로 가득 찬
tatra	그 가운데에
prajñā	통찰력, 지혜

'의식이 지혜 속에 머물 때 진실을 담은 직접적인 영적 인식이 싹튼다.'

이렇게 얻어진 영혼의 빛은 때묻지 않은 지혜로 가득 차 있고, 진실과 실제의 빛으로 환하게 빛난다. 영혼은 넘치는 향기와 함께 빛나는 모습을 드러낸다.

르탐바라 프라즈냐Ṛtaṁbharā prajñā는 잘 길든 지성, 혹은 성숙한 지혜의 상태를 말하며 여기에는 강한 통찰력이 뒤따른다.

श्रुतानुमानप्रज्ञाभ्यामन्यविषया विशेषार्थत्वात् ॥४९॥

1.49 śruta anumāna prajñābhyām anyaviṣayā viśeṣārthatvāt

śruta	들은, 확인된
anumāna	추론, 추측
prajñābhyām	통찰력의 지혜로부터
anyaviṣayā	다른 대상

viśeṣa	특별한, ~사이를 구별하는, 특별한 특성
ārthatvāt	대상, 목적, 목표, 종착점

'진리를 담고 있는 이 성숙한 지식과 지혜는 책이나 증명, 혹은 추론에서 얻어진 지식과는 다르며 그것을 초월한다.'

진리를 담은 지식은 직접적이고 직관적인 지식이다.

이러한 지혜는 통찰력을 통해 얻어진다. 이것은 감각적 인식이나 일상적인 지능이 아니라 영혼에서 나오는 특별하고 직접적인 지식이다. 따라서 자신만의 고유한 특성을 가진다. 자기 내면의 자아에서 나온 지식은 직관적인 지식이다. 이는 또 '내면의 목소리에 귀를 기울이는 것'이라고도 알려져 있다.

이 경문의 내용을 『요가 수트라』 제1장 7절의 내용과 비교해 보면 이해에 도움을 얻을 수 있다. 거기에 나오는 파탄잘리의 설명에 의하면 사람이 인식한 것은 논리의 검증을 받아야 하고, 전통적인 지식과 영혼의 지식을 통해서도 헤아려 보아야 한다. 제1장 '사마디 파다'가 끝날 때가 되어, 수행자는 성숙하고 고상한 마음을 가지고 있다고 판단될 수도 있을 것이다. 그가 인식한 것은 독립적인 타당성을 지니고 있어 그 어떤 것으로도 검증받을 필요가 없다. 일반인들은 자신이 선택한 것을 경험한다는 의미에서 자유 의지를 가지며, 자신의 분별력을 통해 자신이 가야할 길을 찾아야 한다. 반면 이원성을 떠난 깨달은 수행자는 오로지 자신의 의지만을 경험하며, 그의 의지는 선택의 망설임을 초월해 있다. 사트바 중의 사트바를 지닌 지성이란 바로 이것을 말한다.

तज्जः संस्कारोऽन्यसंस्कारप्रतिबन्धी ॥५०॥

1.50 tajjaḥ saṁskāraḥ anyasaṁskāra pratibandhī

tajjaḥ	르탐바라 프라즈냐에서 태어난 혹은 비롯된
saṁskāraḥ	개념, 본능, 마음속에 형성된 것; 노력을 통해 얻게 된 인상들은 잠재의식(삼스카라)이 된다. 그것들을 회상하는 것을 업 혹은 기억이라 한다.
anyasaṁskāra	다른 개념들, 다른 인상 혹은 형성물들
pratibandhī	모순되는, 반대되는, 방해하는

'새로운 삶은 진실을 담고 있는 이 새로운 빛을 통해 시작된다. 이전의 인상(업)들은 버려졌고 새로운 인상(업)들은 더 이상 생겨나지 않는다.'

지성이 강렬한 통찰력에서 힘을 얻게 되면, 그 통찰력으로 인해 예전에 행한 모든 행동과 움직임 그리고 인상의 잔여물이 모두 부정된다.

『요가 수트라』 제1장 45절에서 설명한 것처럼, 수행자는 다시 한 번 갈림길에 서게 된다. 마음의 동요로 인해 새로운 삼스카라가 계속 나타나면 진정한 지식을 얻지 못하게 될 수도 있다. 정신의 이러한 인상들은 반드시 분별력으로 대체되어야 하며, 그런 다음에야 모든 의구심이 눈 녹듯 사라진다. 의구심이 사라지면 이제 수행자는 이 분별지까지 버려야 한다. 환한 빛을 발하는 새로운 지혜는 의구심과 분별심을 벗어나 있다. 그것은 눈부신 빛을 내뿜으며 지식의 횃불 역할을 한다.

तस्यापि निरोधे सर्वनिरोधान्निर्बीजः समाधिः ॥५१॥

1.51 tasyāpi nirodhe sarvanirodhāt nirbījaḥ samādhiḥ

tasyāpi	그것 역시
nirodhe	닫음으로, 제어하여, 파괴하여, 그쳐서
sarva	모든
nirodhāt	억누르는, 제어하는, 파괴하는
nirbījaḥ	씨앗이 없는
samādhiḥ	깊은 명상

'이 새로운 지혜의 빛마저 버릴 때 무종 삼매가 찾아온다.'

수행자는 진실을 담은 이 새로운 빛의 인상마저 억제하는 법을 배워야 한다. 예전의 인상과 새로운 인상이 모두 녹아내릴 때, 씨앗이 없는 깨달음의 상태가 찾아와 모든 환상과 미혹이 깨끗이 사라진다. 이를 니르비자 사마디(무종 삼매)라 하며, 이 상태에서 수행자는 관조자와 절대적으로 하나가 된다.

무종 삼매에 이르기 위해서는 (1장 50절에서 말한)통찰력에서 나온 분별지마저도 제어하고 귀의시켜야만 한다. 나무가 다 타버리면 불꽃이 사라지고, 강물이 바다와 합쳐지면 자신의 존재를 잊어버리듯, 무의식·잠재의식·의식·초의식의 인상과 모든 의지가 더 이상 존재하지 않는다. 이 모든 의식의 흐름들이 모두 관조자라는 드넓은 바다에 하나로 합쳐지는 것이다.

니르비자 사마디에 들어가면 수행자는 치타를 정복하게 된다. 이때 근원적인 마음은 관조자와 하나가 된다(3장 56절 참조). 수련과 초연함을 통해 수행자를 침범하는 모든 생각들이 사라지면서 이제 영혼은 속세의 갑갑한 족쇄(몸, 감각, 마음, 지성, 의식)에서 자유로워진다. 관조자는 아마나스카트바amanaskatva의 상태에 있게 된다.

치타가 어떤 대상이나 생각 혹은 상징에 의지할 때는 그 상태를 사비자 사마디라고 한다. 한편 니르비자 사마디의 상태에서는 치타가 완전히 녹아 인상의 잔여물이 전혀 남아 있지 않다. 모든 잠재적인 인상, 사고 기능 그리고 '나'라는 생각이 흔적도 없이 완전히 사라져 버리고 보편성을 띠게 된다. 오로지 영혼 혼자만이 아무 형상도 취하지 않고 발현하여 본래의 명징함 속에서 환한 빛을 발한다.

이상으로 파탄잘리의 『요가 수트라』의 제1장, '사마디 파다'의 설명을 마친다.

제2부

사다나 파다Sādhana Pāda

'사다나sādhana'는 수련을 의미한다. 요가 수행을 하면 영혼이 빛을 발하는 경지로 나아갈 수 있다. '사다카sādhaka'란 이런 수련을 하는 사람으로, 능숙한 기술과 헌신적인 태도 그리고 열의를 가지고 자신의 마음과 지성을 수련에 집중시킨다.

'사마디 파다'는 일정 수준의 수행 성취를 전제로 하기 때문에, 마음이 균형 잡히고 안정된 영적 성취를 얻은 사람들에게 알맞은 내용이다. 그렇다고 파탄잘리가 초보자들을 생각하지 않는 것은 아니다. '사다나 파다'를 보면 초보자들도 어떻게 수행을 시작하여 영적 해탈에 이를 수 있는지 그 방법이 나와 있기 때문이다. 제2장에서는 특히 수행자가 끊임없이 수행을 이어갈 수 있도록 수련의 기술, 즉 아브야사에 대한 설명이 완전하게 전개된다. 이를 지표로 수행자는 수련 과정에서 만나게 되는 여러 함정을 무사히 피하여 날카로운 관찰과 성찰, 빈틈없는 정확성으로 더 없는 명쾌함을 얻을 수 있다.

이러한 발전에 대한 개요는『요가 수트라』제1장 12절에서 다루고 있고, 이때 파탄잘리는 아브야사와 바이라기야가 영적 발전이라는 사다리를 구성하는 두 축이라고 설명한다. 그리고 제1장 18절에서는 수행자가 일정 수준의 발전을 이루고 나서 어디로 가야 할지 모를 때에는『요가 수트라』제2장의 바로 첫 경문으로부터 수행의 방향을 다시 정할 수 있다고 넌지시 이르고 있다.

따라서 '사다나 파다'는 영적 발전을 이룬 사람이나 아직 발심하지 못한 수행자 모두를 위해 길을 밝혀 준다. 요가를 전혀 모르는 완전한 초보자도 '사다나 파다'의 내용을 통해 어떻게 수행을 하면 높은 수준의 경지에 이를 수 있는지 알게 된다.

तपःस्वाध्यायेश्वरप्रणिधानानि क्रियायोगः ॥१॥

2.1 tapaḥ svādhyāya Īśvarapraṇidhānāni kriyāyogaḥ

tapaḥ	열기, 불태움, 빛남, 헌신적인 고행, 완벽의 경지에 이르려는 타오르는 열망, 모든 불순물을 태워 없애는 것, 자기 단련
svādhyāya	자신에 대한 탐구, 자기 자신에 대한 성찰, 바깥층인 몸에서부터 점차 안으로 들어와 내면의 자아를 이해하는 것
Īśvara	신, 모든 존재의 주인
praṇidhānāni	~위에 두는, 부과하는, ~쪽으로 돌리는, ~쪽으로 향하게 하는; 심오한 종교적 명상; 귀의
kriyāyogaḥ	행의 요가

'수련에 대한 불타는 열정, 자기 탐구 및 경전 공부, 신에 대한 귀의를 요가의 행이라 한다.'

파탄잘리는 요가 수행은 곧 '행의 요가', 즉 크리야요가*2) 라고 보았다. 크리야요가는 타파스(자기 단련), 스바드야야(자기 탐구), 이스바라 프라니다나(신에 대한 귀의)로 이루어진다.

타파스는 몸, 감각, 마음의 불순물을 태워 없애려는 타오르는 열망을 말한다. 스바드야야는 신성한 진언을 되풀이하여 염송하고 영적인 경전을 공부해 자신의 자아를 이해하는 것을 뜻한다. 마지막으로 이스바라 프라니다나는 신을 향한 사랑을 통해 자신의 몸, 마음, 영혼을 신에게 귀의시키는 것을 말한다.

*2) 크리야요가는 그 의미가 더욱 확대되어 현재는 행의 길, 지식의 길, 심지어는 모든 행위를 신에게 바치는 것 이상을 의미하게 되었다(이 셋을 산스크리트어로는 각각 카르마마르가, 즈냐나마르가, 박티마르가라고 한다.). 이는 이스바라 프라니다나가 행의 과보 뿐 아니라, 모든 행 그 자체를 신성에 귀의시키는 것을 의미하기 때문이다. 이렇게 신을 사랑하고 그에게 귀의하는 태도가 바로 박티의 길이다. 따라서 박티마르가 역시 크리야요가에 포함된다.

대부분의 주석가들은 '사다나 파다'의 내용은 초보자들을 위한 것이지, 고차원의 영적 발전을 이미 이룬 사람들에게는 도움이 되지 않는다고 말한다. 하지만 결코 그렇지 않다. 수행이란 초보자나 숙련자 모두에게 필요한 것이기 때문이다. '사다나 파다'가 욕망을 좇는 세상 속에서 정처 없이 헤매는 사람들에게만 유용하다는 주장은 옳지 않다. 그런 식의 방황은 의식이 동요하고 있다는 표시인데, 의식의 동요는 고차원의 영적 발전을 이룬 사람들도 얼마든지 겪을 수 있는 문제이기 때문이다. 따라서 수행자라면 누구나 크리야요가의 계율을 따라 어떤 상황에서도 흔들리지 않는 평정의 상태에서 살아갈 수 있다.

초보자든 발전한 영혼이든 이 '사다나 파다'에서 마음을 안정시킬 수 있는 법을 배울 수 있다. 영적으로 발전한 사람들은 이 장의 지침을 통해 순수성과 해탈에 훨씬 더 빨리 도달할 수 있다.

크리야요가는 인간을 구성하는 세 가지 요소인 몸·말·마음을 정화시키는 수련으로, 이는 곧 완성을 향한 길이다. 우리의 몸은 자기 단련(타파스)을 통해, 말은 자기 탐구(스바드야야)를 통해, 그리고 마음은 신에 대한 사랑과 귀의(이스바라 프라니다나)를 통해 정화된다.

이 경문은 수행의 세 가지 위대한 길로 카르마, 즈냐나, 박티를 제시하고 있다. 몸, 감각, 마음을 단련하는 것(타파스)이 행의 길(카르마마르가)이고, 피부에서 존재의 핵심에 이르기까지(또 존재의 핵심에서 피부에 이르기까지) 자아를 탐구하는 것이 지식의 길(즈냐나마르가)이다. 그리고 신에게 모든 것을 귀의시키는 것(프라니다나)은 신에 대한 사랑의 길(박티마르가)이다.

'사다나 파다'에서는 이 세 가지 길의 근원을 제시한다. 첫 번째인 행의 길은 삶에, 두 번째 지식의 길은 지혜에 그 근원이 있다. 그리고 세 번째의 길은 자아의 귀의를 통해 겸손함을 얻게 하여, 슬픔이 사라진 찬란한 빛인 이스바라(신)에게 이를 수 있게 한다.

समाधिभावनार्थः क्लेशतनूकरणार्थश्च ॥२॥

2.2 samādhi bhāvanārthaḥ kleśa tanūkaraṇārthaśca

samādhi	삼매, 몰입, 깊은 명상
bhāvana	초래하기 위하여
arthaḥ	의미와 느낌을 되새기는 명상, 목적을 위하여
kleśa	번뇌
tanūkaraṇārthaḥ	가늘게 하는, 줄이는, 날씬하게 만드는, 미세한, 약화시키는, 묽게하는
ca	그리고, 모두, ~도 또한

'요가 수행은 번뇌를 소멸시켜 사마디에 이르게 한다.'

크리야요가를 통해 번뇌를 최소한으로 줄이거나 완전히 뿌리 뽑으면 사마디의 전 단계인 깊은 명상에 들어갈 수 있다. 명상을 방해하는 모든 장애물을 최소한으로 줄이고, 지성에 완전한 생명력을 부여하는 것이 바로 요가의 목적이다.

표 6: 크리야요가의 수행과 『바가바드 기타』에서 제시하는 수행의 길

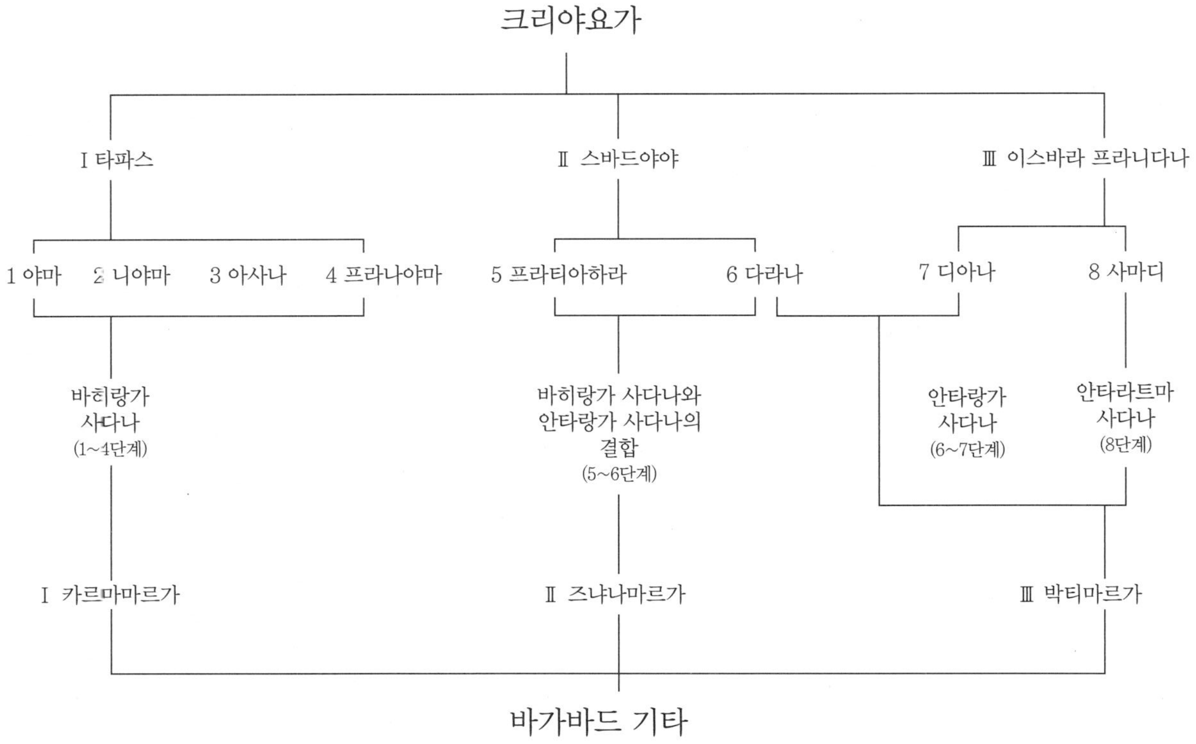

अविद्याऽस्मितारागद्वेषाभिनिवेशाः क्लेशाः ॥३॥

2.3 avidyā asmitā rāga dveṣa abhiniveśaḥ kleśāḥ

avidyā	영적 지혜의 부족, 영적인 무지
asmitā	자의식, 자만심, '나'라는 생각
rāga	욕망, 집착, 사랑, 열정, 애착, 기쁨, 즐거움, 음조, 음계
dveṣa	미움, 반감, 혐오, 원한
abhiniveśaḥ	삶에 대한 사랑, 죽음에 대한 두려움, 삶에 매달림, 몰두, 집착에 빠짐, 의도, 애착, 헌신, 결의, 고집, 끈기
kleśāḥ	번뇌, 고통, 근심, 슬픔, 걱정거리

'의식의 평정을 깨뜨리는 번뇌에는 무지(영적 지혜의 부족), 자의식(자만심 혹은 '나'라는 생각), 즐거움에의 집착, 고통의 회피, 죽음을 두려워하고 삶에 매달리는 것의 다섯 가지가 있다.

번뇌에는 지적인 것·감정적인 것·본능적인 것의 세 종류가 있다. 아비디야와 아스미타는 지성의 영역에 속한다. 이때 영적 지혜의 결핍이 자부심이나 거만함과 결합하면 자의식을 확장시켜 자만심을 일으키고 균형 감각을 잃게 만든다. 라가와 드베샤는 감정과 느낌의 영역에 속한다. 라가가 욕망과 집착이라면, 드베샤는 미움과 혐오의 감정이다. 지나친 욕망이나 집착에 굴복하거나, 증오의 감정에 휩쓸려 버리면 몸과 마음이 조화를 이루지 못하여 심신증psychosomatic disorders이 나타나기도 한다. 한편 아비니베샤는 본능의 영역에 해당하는 것으로 자신의 생명을 연장하고, 어떻게든 생존하려고 하는 욕망이다. 하지만 삶에 집착하다보면 타인과의 관계에서 늘 의심하게 되어 이기적이고 자기중심적이 되기 쉽다.

표 7: 다섯 가지 클레샤(번뇌)와 두뇌

단계	클레샤	네 영역의 기능	위치	
	1 아비디야 →			
I 지적 단계		논리의 자리	뇌의 앞부분= 의식적인 뇌	
	2 아스미타 →			
		개별 자아의 자리	뇌의 제일 윗부분	뇌의 네 영역의 결합 = 초의식의 뇌
	3 라가 →			
II 감정적 단계		즐거움과 고통의 인상이 생기는 자리	뇌의 아랫부분 (시상하부)= 잠재의식적인 뇌	
	4 드베샤 →			
III 본능적 단계	5 아비니베샤 →	생존에 대한 집착의 자리	뇌의 뒷부분 혹은 오래된 뇌= 무의식적인 뇌	

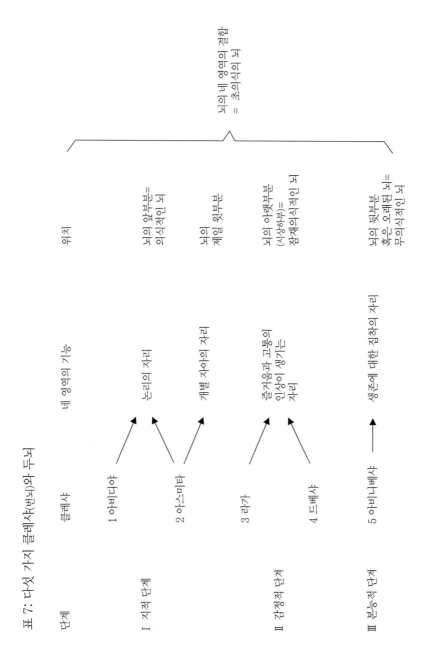

이 다섯 가지 번뇌의 근본 원인은 뇌의 여러 영역에서 관장하는 행동 기능 및 사유이다. 아비디야와 아스미타는 의식과 관련된 뇌의 앞부분과 연결되어 있으며, 두뇌의 제일 윗부분에는 '나'라는 의식이 자리 잡고 있다고 여겨진다. 라가와 드베샤는 두뇌의 밑바닥인 시상 하부와 연결되어 있으며, 아비니베샤는 '오래된' 두뇌, 즉 두뇌 뒤쪽과 연결되어 있다. 두뇌 뒤쪽은 과거의 잠재된 인상(삼스카라)을 담고 있다고 해서 무의식적인 뇌로도 알려져 있다.*3)

수행자는 번뇌가 일어나는 근원의 위치를 반드시 알아서 요가 수행을 통해 번뇌의 싹을 애초부터 잘라버릴 수 있어야 한다(1장 8절 비파리아야 참조).

अविद्या क्षेत्रमुत्तरेषां प्रसुप्ततनुविच्छिन्नोदाराणाम् ॥४॥

2.4 avidyā kṣetram uttareṣāṁ prasupta tanu vicchinna udārāṇām

avidyā	지식의 부족, 무지, 무명
kṣetram	장소, 영역, 비옥한 토양, 지역, 기원
uttareṣāṁ	뒤따르는 것, ~가 뒤따라오는, 이어지는, 결과의
prasupta	잠들어 있는, 졸린, 잠복 중인
tanu	가느다란, 마른, 수척한, 섬세한, 호리호리한, 약화된
vicchinna	방해받은, 숨겨진, 교체된
udārāṇām	완전히 활성화된

*3) 파탄잘리에 의하면 다섯 가지 동요(브르티)와 다섯 가지 번뇌(클레샤)는 물론 사비타르카, 니르비타르카, 사비카라, 니르비카라, 아난다, 아스미타를 통한 지성의 성숙 역시 모두 두뇌의 네 영역에서 관장하는 기능에 해당한다. 논리는 두뇌 앞쪽에, 추론은 두뇌 뒤쪽에 자리 잡고 있으며, 즐거움과 고통에 대한 인상은 두뇌 아래 부분에서 일어나고, 개인성, '나'라는 생각은 두뇌 꼭대기에 자리 잡고 있다. 두뇌의 이 네 영역 모두가 계발되고 서로 조화를 이루면 두뇌는 초의식적인 상태가 된다(1장 17절 참조).

'잠재된 상태로 있든, 약화된 상태로 있든, 차단되었든, 완전히 활성화되었든, 모든 고통과 슬픔은 참된 지식의 결핍에서 비롯된다.'

영적인 무지를 뜻하는 아비디야는 다른 모든 장애물(자만심, 욕망, 혐오, 삶에 대한 집착)의 근원이 된다. 잠재되어 있든, 약화되어 있든, 숨겨져 있든, 완전히 활성화되었든 이런 번뇌들은 자아를 깨닫는 데 걸림돌이 된다. 파탄잘리는 아비디야가 모든 번뇌(그 본질이 무엇이든)를 낳는 모태라 보았다.

अनित्याशुचिदुःखानात्मसु नित्यशुचिसुखात्मख्यातिरविद्या ॥५॥

2.5 anitya aśuci duḥkha anātmasu nitya śuci sukha ātma khyātiḥ avidyā

anitya	영원치 않은, 일시적인
aśuci	불순한
duḥkha	슬픔, 절망, 번민, 고통
anātmasu	영적이지 않은, 물질적인, 영혼과는 다른 어떤 것
nitya	영원한, 끝없이 이어지는, 항구적인
śuci	순수한
sukha	기쁨, 즐거움
ātma	영혼
khyātiḥ	의견, 견해, 생각, 주장
avidyā	무지, 무명

'무상한 것을 영원하다고 여기거나, 순수하지 않은 것을 순수하다고 여기거나, 고통을 즐거움으로 여기거나, 자기가 아닌 것을 자기로 여기는 것, 이 모든 착각을 영적 지혜의 부족(아비디야)이라 한다.'*4)

우리가 실수를 저지르는 것은 당연한 일이지만, 이해의 부족으로 인해 재검토나 성찰을 하지 못하면 실수는 습관으로 굳어지고 만다. 사고와 행위의 과정이 문명의 시작부터 있었던 것처럼, 지식 탐구의 과정에도 늘 시행착오는 있어 왔다. 하지만 수행의 길을 걷는 과정에서 마침내 모든 의구심이 녹아버리면 지성의 작용이 끝나고 오로지 순수한 지혜만이 남아 인식과 행이 동시에 일어나게 된다. 실험적인 지식과 경험적인 지식, 객관적인 지식과 주관적인 지식이 곧 하나가 되는 것이다. 이것이 바로 순수한 비디야, 즉 가장 높은 지식이다.

दृग्दर्शनशक्त्योरेकात्मतेवास्मिता ॥६॥

2.6 dṛk darśanaśaktyoḥ ekātmatā iva asmitā

dṛk	조망하는 힘, 보는 근원, 의식의 힘
darśana	보는 힘, 바라보는, 보여 주는, 면밀히 살피는, 인식하는
śaktyoḥ	능력, 역량, 힘, 강인함
ekātmatā	똑같은 성격을 가진, 똑같은 방식으로
iva	만일 ~라면, 외관
asmitā	자의식

*4) 아비디야의 한 가지 예로 다음을 들 수 있다. 철과 석탄은 별개의 실체이지만 철을 뜨겁게 달구면 시뻘개져서 마치 불이 붙은 석탄과 비슷해진다. 마찬가지로 몸과 영원한 '진아'는 전혀 다른 별개의 존재이지만, 지식의 부족으로 인해 우리는 그 둘이 하나라고 믿는다. 몸을 진아로 믿고 거기에 자부심을 갖는 것도 역시 아비디야에 해당된다.

'방편에 지나지 않는 바라보는 힘을 관조자와 동일시하는 것이 자의식이다.'

인지의 수단(지각력·지성·자아 혹은 개별적 자아라는 생각)을 순수한 자아와 동일시하는 것이 자의식, 즉 개별적 존재라는 생각이다.

관조자(아트마)와 보이는 대상은 분명 다른 것임에도, 대상을 보는 동안에는 보이는 것(마음 그 자체)이 마치 순수한 관조자인 것처럼 보인다. 이런 식의 통합 즉 '하나 됨'이 일어나는 현상은 바로 아스미타 때문이다.

우리는 관조자(아트마)와 관조하는 수단(붇디)이 엄연히 다르다는 사실을 반드시 인식해야 한다. 만일 둘이 함께 작동하면, 그때의 경험이 곧 실제이다. 하지만 관조자의 대리인인 마음과 감각이 마치 관조자가 겉으로 드러난 것인 양 스스로를 진정한 관조자와 동일시하면 양 극단이 생겨나 관조자와 보이는 대상은 둘로 갈라져 버린다. 이것이 바로 아스미타이다.

(2장 17절, 21~23절, 3장 36절을 보면 이러한 양극성에 대해 이해할 수 있다. 아스미타에 대해서는 4장 4절 참고)

सुखानुशयी रागः ॥७॥

2.7 sukha anuśayī rāgaḥ

sukha	행복, 기쁨, 달콤함, 즐거움
anuśayī	긴밀한 연관, 강한 집착, ~에 의해 계승되는, ~가 뒤따르는
rāgaḥ	사랑, 애착, 음조

'즐거움은 욕망과 감정적 집착으로 이어진다.'

즐거운 경험에 머물면 욕망과 이끌림이 일어나고, 이로 인해 집착이 생긴다. 즐거움의 경험은 탐욕과 정욕을 일으키고, 여기서 집착이 한층 더 강해지고 더 큰 욕망이 생겨난다. 사람이란 원래 점점 더 많은 것을 원하기 때문이다. 그러면 즐거움만을 좇다가 감각의 만족에 중독되어 버리고 만다. 수행자는 즐거움에 빠질 경우 자신이 택한 길을 잊고 슬픔과 병에 시달리며 살아가게 될 수 있다.

दुःखानुशयी द्वेषः ॥८॥

2.8 duḥkha anuśayī dveṣaḥ

duḥkha	불쾌, 괴로움, 슬픔, 불행, 고통, 번민, 고뇌
anuśayī	~가 뒤따르는, 긴밀한 연관, 이어지는
dveṣaḥ	혐오, 미움, 반감, 증오, 싫증

'불행은 증오로 이어진다.'

고통·슬픔·불행은 미움이나 혐오의 고리를 만들게 한다. 잃어버린 즐거움을 곱씹거나, 충족되지 못한 욕망에 고통 받을 때 인간은 슬픔에 빠진다. 고통이 극에 이르면 자기 자신은 물론, 가족과 이웃 사람들, 주변 인물들까지 모두 미워하게 되며 쓸모없다는 감정에 사로잡히게 된다.

하지만 분별이 있는 사람은 지혜를 얻고자 노력하여 수카(sukha: 즐거움)와 두카(duḥkha: 고통) 사이에서 균형을 잡고, 자신을 즐거움에도 고통에도 내맡기지 않고 살아간다.

स्वरसवाही विदुषोऽपि तथारूढोऽभिनिवेशः ॥९॥

2.9 svarasavāhī viduṣaḥ api tatha ārūḍhaḥ abhiniveśaḥ

svarasavāhī	삶에 대한 사랑의 물결
viduṣaḥ	지혜로운 사람, 박학한 사람, 학자
api	고른, 같은
tatha	똑같이
ārūḍhaḥ	상승한, 발전한
abhiniveśaḥ	애착의 의도, ~로 기울어지는, 삶에 대한 집착

'모든 번뇌 중 가장 미세한 것은 자기 보존 혹은 삶에 대한 집착이다. 이는 심지어 지혜로운 사람에게도 나타난다.'

삶에 대한 사랑은 삶 자체가 가진 힘에 의해 유지된다. 자신을 영원히 보존하고자 하는 욕망은 너무도 강해서 지혜로운 사람조차도 삶에 대한 집착에서 자유롭지 못하다. 이것은 지혜로운 사람이나 무지한 사람에게나 똑같이 나타나는 번뇌이다. 많이 배운 박학다식한 사람이라도 삶에 집착하지 않는 것이 쉽지 않은데, 보통 사람들의 삶에 대한 집착은 이루 말할 수가 없을 것이다.

파탄잘리는 인간이라면 누구나 죽음을 맛본 경험이 있으며, 그에 대한 기억이 쉽사리 떠나지 않는다고 했다. 이러한 인상이 두려움의 씨앗이 된다.

아비니베샤는 인간이 가진 본능적인 결점이지만 요가 수행을 하면 이를 직관적인 지혜와 통찰력으로 변화시킬 수 있다.

수행자는 아사나·프라나야마·디아나 수련을 하는 동안 자신의 내면을 깊숙이 관통하게 된다. 그는 지성의 흐름과 자기 에너지의 물결 속에서 합일을 경험한다. 이 경지에 이르면 삶과 죽음에 대한 인식이 다르지 않다. 한 마디로 동전의 양면일 뿐인 것이다. 수행자는 살아 있던 동안 활기를 띠었던 자아와 생명력의 물결이 죽음의 순간 자신의 몸을 떠날 때 우주와 하나가 된다는 것을 이해한다. 이러한 이해를 가지면 삶에 대한 집착이 사라지고 죽음에 대한 두려움도 정복하게 된다. 이로써 수행자는 번뇌와 슬픔에서 자유롭게 벗어나 카이발리아를 향해 나아가게 된다.

아비디야가 번뇌의 근본 뿌리라면 아비니베샤는 고통을 낳는다. 삶과 죽음이 하나라는 것을 깨달으면 수행자의 무지는 사라지고 그는 평정의 물결 속에서 영원히 살아간다(3장 10절; 4장 10절 참조).

ते प्रतिप्रसवहेयाः सूक्ष्माः ॥१०॥

2.10 te pratiprasavaheyāḥ sūkṣmāḥ

te	이것들
prati	반대로, 대항하여
prasava	출산, 생식(prati prasava = 안으로의 전개)
heyāḥ	그만두다, 버리다, 포기하다, 방출하다, 절제하다, 끊다
sūkṣmāḥ	미묘한, 미세한, 섬세한

'미세한 번뇌는 안으로 들어가는 과정을 통해 최소화하거나 절멸시켜야 한다.'

번뇌는 거칠 수도 있고 미세할 수도 있다. 우리는 이 둘 모두를 그 근원에서부터 약화시키고 제거하며 고요히 가라앉혀야 한다.

무지·자만심·욕망·악의·삶에 대한 집착이라는 다섯 가지 번뇌(2장 3절 참조)는 겉으로는 거친 모습sthūla으로 나타나지만, 그 미세한 본성은 잠재적일 수도 있고 극도로 활성화될 수도 있으며, 그 두 상태 사이를 오갈 수도 있다(2장 4절 참조). 명상은 이들을 완전히 뿌리 뽑는 데 도움이 된다(2장 2, 11절 참조).

미세한 번뇌는 삶에 대한 집착에서 시작되어 제2장 3절에서 말한 영적인 발전과 반대 순서로 움직여서 거친 번뇌인 무지로 끝난다. 우리는 미세한 번뇌가 더 큰 문제를 일으키기 전에 그것들을 정복해야만 한다.

그렇다면 그 방법은 무엇일까? 씨앗을 바싹 태우면 싹을 틔우지 못한다. 마찬가지로 우리도 번뇌의 근원을 찾아 그것이 더 이상 싹을 틔우지 못하게 해야 한다. 미세한 번뇌의 아버지는 마음이므로, 요가의 안으로 향하는 수련을 통해 마음이 관조자를 향하게 해야 한다(프라티 프라사바). (2장 54절 프라티아하라와 관련된 부분의 자세한 설명 참조) 이렇게 하면 미세한 번뇌를 정복하고, 어디에도 치우치지 않는 순수한 지혜의 경지에 이를 수 있다(2장 48절 참조).

ध्यानहेयास्तद्वृत्तयः ॥११॥

2. 11 dhyānaheyāḥ tadvṛttayaḥ

dhyāna	명상, 반성, 집중, 관찰
heyāḥ	전멸된, 거부된, 고요히 가라앉은, 물러나 앉은, 침묵의
tad	그것들의
vṛttayaḥ	동요, 움직임, 작동

'거친 번뇌와 미세한 번뇌에 의해 생긴 의식의 동요는 명상을 통해 고요히 가라앉혀야 한다.'

제2장 10절과 제2장 11절은 모두 생각의 물결을 제어할 수 있는 방법을 제시하고 있다. 제2장 10절에서는 안으로 들어가는 요가 수행(절제 혹은 마음을 안으로 향하게 하는 수련)을 통해 마음을 가라앉혀야 한다고 이야기한다. 여기 제2장 11절에서는 마음을 가라앉힐 수 있는 또 다른 방법으로 명상을 제시한다. 이러한 방편들을 통해 마음의 충동은 가장 미세한 수준까지 가라앉아 마음이 자신의 근원인 영혼 속에서 고요하게 휴식을 취할 수밖에 없게 된다.

번뇌는 강도에 따라 거친 것sthūla, 미세한 것sūkṣma, 가장 미세한 것sūkṣmatama의 세 가지로 나뉜다. 타파스·스바드야야·이스바라 프라니다나가 각각 이 거친 번뇌·미세한 번뇌·가장 미세한 번뇌를 뿌리 뽑는 역할을 한다(1장 17절 참조).

क्लेशमूलः कर्माशयो दृष्टादृष्टजन्मवेदनीयः ॥१२॥

2.12 kleśamūlaḥ karmāśayaḥ dṛṣṭa adṛṣṭa janma vedanīyaḥ

kleśa	번뇌, 고통, 번민, 슬픔
mūlaḥ	뿌리, 기원, 근원
karma	행, 행동, 일, 실행
āśayaḥ	쉬는 장소, 거처, 피난처, 저장소
dṛṣṭa	보이는, 보일 수 있는, 인식할 수 있는

adṛṣṭa	보일 수 없는, 인식할 수 없는, 관찰할 수 없는, 보이지 않는, 운명
janma	출생, 삶
vedanīyaḥ	알려진, 경험된

'전생에 쌓인 인상들은 번뇌에 뿌리를 두고 있으며, 현생이나 내생에서 경험하게 된다.'

누군가의 행위에서 오는 업, 즉 잠재적 인상은 좋은 것이든 나쁜 것이든 그 선악의 정도에 따라 번뇌를 일으킨다. 그것들의 씨앗이 미래의 슬픔과 기쁨의 씨앗이 되어 우리는 현생과 내생에서 두 가지 모두를 경험한다.

과거의 행은 번뇌의 씨앗이 되고, 이들은 다시 다른 행동을 일으켜 우리를 윤회하게 만든다. 이를 카르마, 혹은 이 세상을 지배하는 보편적인 인과 법칙이라 한다. 번뇌와 행이 서로 얽혀 상호 작용을 하면서 생과 사의 수레바퀴가 굴러간다. 욕망·탐욕·분노·육욕·자만심·악의에 뿌리를 둔 행동은 번뇌를 일으킨다. 그러나 욕망의 수레바퀴에서 자유로운 행은 지고한 행복에 이르는 길이 된다. 이 두 가지 행동의 영향은 눈에 보이기도 하고 보이지 않기도 하며, 겉으로 확연히 드러나기도 하고 잠재되어 있기도 한다. 행의 결과가 이번 생에 표면으로 떠오를 수도 있고, 다음 생에 나타날 수도 있는 것이다. 쉬리 하리하라난다Śrī Hariharānanda *5)에 의하면, '한 사람의 업의 저장고는 씨앗과도 같고, 욕망·탐욕·육욕은 밭에서 자란 싹과 같으며, 삶은 초목과도 같고, 삶의 고통과 기쁨은 꽃이나 열매와도 같다.' 크리야요가의 세 가지 수련(타파스·스바드야야·이스바라 프라니다나)이 추구하는 것은 다름 아니라, 그 잠재적인 업을 이번 생에서 완전히 없애는 것이다. 이 잠재적 업은

*5) 『파탄잘리의 '요가 수트라'』, 캘커타 대학교 출판부.

과거생과 이번 생에 걸쳐 쌓인 행의 과보로서 눈에 보이거나 보이지 않는, 혹은 미리 결정되어 있는 결과의 형태로 있는데, 우리는 그것을 운명이라고 여긴다.

인도 신화에는 이 카르마사야karmāśayaḥ를 실증하는 사례들이 무수히 많다. 시바 신의 수레가 된 난디쉬바라Nandīśvara, 순수하고 진실한 브라민이 된 전사 왕 비쉬바미트라Viśvāmitra, 요정이었다가 담쟁이덩굴이 된 우르바시Ūrvaṣi, 천계의 왕으로 뱀이 되어 버린 나후샤Nahūṣa 등이 그들이다.

원래 바라타(인도)를 다스리던 나후샤는 덕이 높은 왕이었다. 어느 날 천계의 왕 인드라 신이 악마 브뤼트라Vṛtra를 죽이는 일이 발생했다. 인드라 신은 브라민을 죽인 것을 참회하기 위해 천계의 왕 자리를 잠시 비워야 했다. 천계의 신들은 나후샤의 덕을 높이 사 그에게 인드라가 돌아올 때까지만 천계를 다스려 달라고 부탁했다. 나후샤는 마지못해 청을 수락했으나, 천계에 머무는 동안 인드라 신의 아내인 샤치Śachi에게 반하고 말았다. 나후샤는 지금은 자신이 천계의 통치자이니 그녀와 정을 나눌 수 있다고 생각한다고 샤치에게 말했다. 자신을 보호해야겠다는 생각에 샤치는 스승 브뤼하스파티Bṛhaspati에게 조언을 구했다. 스승의 조언에 따라 샤치는 나후샤에게 밀회 장소로 오되 반드시 일곱 명의 현인(사프타뤼쉬스 saptarṣis-'큰곰자리'로 알려진 북두칠성을 말한다)이 메는 일인용 가마를 타고 오라는 단서를 달았다. 욕정에 사로잡힌 나후샤는 깊이 생각할 겨를도 없이 당장 일곱 명의 현인을 불러 가마를 메게 하고 샤치의 집으로 향했다. 한시라도 빨리 샤치를 만나고 싶던 나후샤는 일곱 현인에게 더 빨리 가자고 재촉했다. 산스크리트어로 '빨리 움직이다'를 뜻하는 '사르파sarpa'는 '뱀'을 뜻하기도 한다. 나후샤는 자제심을 잃고 현인 아가스티아Agastya를 발로 걷어차고 말았다. 화가 난 아가스티아는 왕에게 '뱀이 되라sarpobhava'고 저주하였다. 그러자 나후샤는 땅으로 떨어져 뱀으로 변했다(1장 5절 참조). 나후샤는 유디쉬티라Yudhiṣṭira가 그의 업을 완전히 씻어 줄 때까지 뱀으로 지내야 했다. 어느 날 나후샤는 판두Pāṇḍu의 아들 비마

Bhīma를 칭칭 휘감고는 자신의 질문에 대답을 해야 풀어 주겠다고 했다. 비마는 나후샤의 물음에 다 답하지 못했지만, 동생을 찾아 나선 형 유디쉬티라 덕에 나후샤에게서 풀려날 수 있었다. 유디쉬티라는 비마가 큰 뱀에게 칭칭 휘감겨 있는 것을 보고 깜짝 놀랐지만, 뱀은 자신의 질문에 다 대답하면 동생을 무사히 풀어 주겠다고 했다. 그는 나후샤의 청에 순순히 응해 모든 질문에 답한 후 동생을 찾아올 수 있었다. 그러자 나후샤는 곧 인간의 형상으로 돌아와 자신의 어리석음을 깨닫고 참회의 길을 다시 걸을 수 있었다.

난디라고 하는 황소가 신의 경지까지 올라간 것은 선한 카르마의 또 다른 예라 할 수 있다. 모든 욕망을 낳는 풍요의 암소였던 카마데누Kāmadhenu의 새끼였던 난디는 수행을 통해 해탈의 최고 경지까지 올라 시바 신을 태우고 다니는 시자가 될 수 있었다.

सति मूले तद्विपाको जात्यायुर्भोगाः ॥१३॥

2.13 sati mūle tadvipākaḥ jāti āyuḥ bhogāḥ

sati	있는, 존재하는, 실제의, 본질적인, 음조
mūle	뿌리
tat	그것의
vipākaḥ	과보, 성숙함
jāti	지위, 계급, 출생
āyuḥ	수명
bhogāḥ	경험하는, 즐기는

'행의 뿌리가 존재하는 한, 그것은 출생 계급·수명·그리고 경험의 근원이 된다.'

삶 자체는 선행과 악행·좋은 인상과 나쁜 인상의 혼합물에서 비롯된다. 이것이 한 사람이 이번 생에서 겪어야 하는 출생·지위·수명·경험을 결정짓는다.

카르마의 법칙에 따르면 우리의 출생 및 삶의 본성에 내재한 모든 조건은 우리가 행한 과거의 행에서 비롯되며, 그것이 우리가 삶에서 만나게 되는 즐겁고 괴로운 모든 경험의 원인이 된다.

현생에서 집적된 행의 결과를 산스크리트어로는 삼스카라라고 하며, 이것이 잠재적 인상, 곧 업이 된다. 과거의 모든 생에 걸쳐 행해진 행의 결과는 바사나(기억에서 나오는 지식, 과거의 인식에 대한 현재의 의식)라고 한다. 바사나는 과거에 행한 선행이나 악행이 마음속에 무의식적인 습으로 남은 것으로 고통이나 즐거움을 일으킨다.

ते ह्लादपरितापफलाः पुण्यापुण्यहेतुत्वात् ॥१४॥

2.14 te hlāda paritāpa phalāḥ puṇya apuṇya hetutvāt

te	그것들은
hlāda	유쾌한, 즐거운, 기쁜
paritāpa	고통, 고뇌, 슬픔, 비탄
phalāḥ	과보
puṇyāpuṇya	선과 악, 혹은 자산과 부채
hetutvāt	~에 의해 일어나는, ~ 때문에

'우리가 행한 선한 행·악한 행·선악이 뒤섞인 행에 따라 삶의 질·수명·출생의 성격이 즐거운 경험 혹은 고통스런 경험으로 결정된다.'

이 경문에서는 업에 따르는 인과 법칙에 대해 더 깊이 있게 고찰하고 있다. 앞에 제시된 『요가 수트라』 제2장 12~14절의 경문에서는 수행자가 요가의 길에 따라 수행의 삶을 살아 행이 남긴 인상을 최소화하라고 말하고 있다.

(『요가 수트라』 1장 33절, 2장 30절, 2장 32~33절을 참조하면 올바른 행의 성격에 대해 이해할 수 있다.)

परिणामतापसंस्कारदुःखैर्गुणवृत्तिविरोधाच्च दुःखमेव सर्वं विवेकिनः ॥१५॥

2.15 pariṇāma tāpa saṁskāra duḥkaiḥ guṇavṛtti virodhāt ca duḥkham eva sarvaṁ vivekinaḥ

pariṇāma	변화, 개조, 변모, 결과
tāpa	열기, 고뇌, 고통, 슬픔, 번뇌, 번민
saṁskāra	인상, 정제, 개념, 회상 기능, 본능
duḥkaiḥ	불행, 고통, 슬픔, 비탄, 불행
guṇa	질, 성격
vṛtti	동요
virodhāt	반대로 인하여, 장애물, 제어, 반대
ca	그리고
duḥkham	고통, 슬픔

eva	정말로
sarvaṁ	모든, 전체의
vivekinaḥ	깨달은 자, 분별력이 있는 사람

'지혜로운 사람은 동요, 자연의 속성들, 잠재적인 인상 때문에 심지어 즐거운 경험까지도 슬픔에 물들 수 있다는 것을 알고 항상 그것들로부터 초연한 상태를 유지한다.'

이 경문에서는 지혜로운 사람은 모든 즐거움이 고통으로 이어진다는 것을 알아, 업의 법칙에서 멀리 떨어져 있으려 한다고 설명한다. 과거의 인상·장애물·번민으로 말미암아 모든 행의 성격은 자연의 속성들과 접하였을 때 변질될 수 있다. 그래서 지혜로운 사람은 즐거운 경험조차도 본래 고통스러운 것이라고 보고 그것들로부터 초연한 자세를 유지한다.

지성은 밝음(사트바), 활동성(라자스), 불활성(타마스) 등 세 종류의 성질을 지니고 있다. 지혜로운 사람은 생각의 변화, 번뇌, 본능, 심지어 즐거움조차도 조만간 고통으로 끝난다는 것을 알고, 고통과 즐거움의 원인을 모두 피한다(2장 7~8절 참조).

인체의 눈꺼풀은 매우 민감해서 외부에서 이질적인 빛이나 물질이 들어오면 즉시 눈을 감아서 눈을 보호한다. 마찬가지로 우리의 지성이 매우 민감하면 즐거운 것과 고통스러운 것, 혼합된 것과 혼합되지 않은 것을 재빨리 분별해 적절하지 못한 생각이나 행동을 거부할 수 있을 것이다.

이 경문에서는 고통과 즐거움의 뿌리를 완전히 제거해 줄 올바른 지식을 얻어서 내면의 순수한 평화에 도달할 수 있음을 말하고 있다.

हेयं दुःखमनागतम् ॥१६॥

2.16 heyaṁ duḥkham anāgatam

heyaṁ	피해야 하는, 거부해야 하는, 막아야 하는
duḥkham	슬픔, 번민
anāgatam	아직 오지 않은, 미래, 알려지지 않은

'아직 오지 않은 고통은 피할 수 있고 피해야 한다.'

과거의 고통은 이미 끝났다. 현재 겪고 있는 고통은 피할 방법이 없지만 요가 수행과 분별지에 의해 어느 정도 경감시킬 수는 있다. 아직 알려지지 않은 미래의 고통은 이제부터 요가 수행을 끊임없이 하면 피할 수 있다.

여기서 파탄잘리는 요가가 고통을 피할 수 있는 예방책이며 과학이자 철학임을 말하고 있다. 요가를 통해 우리의 몸과 마음이 강건해져 방어력이 생기면 아직 인식되지 않은 번뇌를 피하거나, 그에 맞설 수 있다.

나아가 전생에 쌓은 선행의 힘으로 영혼의 문이 활짝 열리거나 열려 있다면, 튼튼한 몸과 안정된 마음을 갖추었을 때 우리는 최고의 기적(영적인 지고의 행복)을 경험할 수 있을 것이다.

우리는 마하바라타의 영웅인 아르주나조차도 크리쉬나 신에게 신성한 인식을 달라고 간청을 하고 나서야 신성한 빛과 마주할 수 있었다는 사실을 기억해야 한다. 평상시의 눈으로는 그 빛을 감당할 수가 없었던 것이다. 파탄잘리는 이 대복에서 우리에게 영적 성장을 가로막는 함정에 빠지지 말 것을 경고하면서, 동시에 몸과 마음을 안정시켜 영혼의 빛이 비치기 시작할 때 흔들리지 말라고 조언하고 있다.

द्रष्टृदृश्ययोः संयोगो हेयहेतुः ॥१७॥

2.17 draṣṭṛdṛśyayoḥ saṁyogaḥ heyahetuḥ

draṣṭṛa	관조자, 자아, 푸루샤
dṛśyayoḥ	보이는 대상, 알려진 것, 자연
saṁyogaḥ	합일, 연합, 결합, 연결, 이음, 혼합
heyaḥ	포기되어야 하는, 피해야 하는
hetuḥ	원인, 기반, 이유, 목적

'관조자(아트마)를 보이는 대상(프라크르티)과 동일시하는 것이 고통의 원인이며, 이 둘을 분리해야 고통이 사라진다.'

지혜로운 사람은 마음이 현상들의 세계를 무분별하게 경험하고자 하는 유혹에 빠지면 내면의 조화가 깨진다는 사실을 알고 있다. 그래서 그는 물질적 집착에서 벗어나 늘 자유로운 상태에 있고자 한다. 물질적 집착이 일어나면 외부의 대상이 마치 자석처럼 지성을 끌어당기고, 자아는 외부의 보이는 세계와 가공의 관계를 맺게 되며, 여기서 즐거움과 고통이 생긴다. 지성은 영혼에 가장 가까이 있는 수레이므로 관조자가 자유로운 상태에 머물게 하려면 지성이 영향을 미치지 못하도록 조심해야 한다. 그렇지 않으면 지성이 관조자를 옭아매어 외부 대상과 고통스런 관계를 맺게 한다. 지성이 분별력을 갖추지 못하면 고통이 존재할 수밖에 없다. 지성은 분별력을 갖추는 그 순간에 자신의 근원을 인식하고 관조자와 하나로 합쳐진다. 그러면 관조자와 보이는 대상 사이에 투명함이 자리 잡아, 둘 사이로 오염되지 않은 자유로운 길이 열린다.

자의식 혹은 협소한 자아는 두뇌에 자리 잡고 있는 반면, 위대한 진아는 영혼의 심장에 자리 잡고 있다. 지성은 머리와 가슴을 연결시키는 역할도 하지만, 이 둘 사이에서 흔들리기도 한다. 올바른 지식과 이해를 갖추면 지성의 이러한 동요가 비로소 멈춘다. 그때 지성은 양극성에서 벗어나 순수하고 어디에도 치우치지 않은 상태로 거듭난다. 이것이야말로 진정한 명상으로, 여기서 자의식이 녹아내려 위대한 진아(푸루샤)가 자신만의 장엄한 영광 속에서 빛을 발한다(4장 4절 참조).

प्रकाशक्रियास्थितिशीलं भूतेन्द्रियात्मकं भोगापवर्गार्थं दृश्यम् ॥१८॥

2.18 prakāśa kriyā sthiti śīlaṁ bhūtendriyātmakaṁ bhogāpavargārthaṁ dṛśyam

prakāśa	밝음, 찬란함, 맑음, 빛남, 광채
kriyā	행, 공부, 탐구
sthiti	꾸준함, 견고함, 확고함, 존재
śīlaṁ	경향, 덕, 성격, 경건함
bhūtam	요소
indriya	열한 가지 감각: 마음, 다섯 가지 지각력, 다섯 가지 행위력
ātmakaṁ	사물의 본성 혹은 본질, ~으로 구성됨
bhoga	즐거움의 향유
apavarga	해탈, 자유
arthaṁ	수단, 목적
dṛśyam	알 수 있는, 보이는

'사트바sattva·라자스rajas·타마스tamas의 세 가지 구나guṇas와 마음·지각력·행위력의 파생물을 지닌 자연은 영원히 관조자의 향유를 위해 존재하기도 하고, 해탈을 위해 존재하기도 한다.'

눈에 보이는 객관적인 세계는 자연의 여러 요소와 지각력으로 구성되어 있으며 세 가지 속성, 즉 밝음·활동성·불활성의 성질을 띤다. 이 모든 것들은 관조자(주체)가 외부 세계에서 온갖 즐거움(대상)을 경험하고 그에 탐닉하거나, 해탈에 이를 수 있도록 영원히 도와주기 위해 존재한다.

이 경문에서는 자연(프라크르티)이 지닌 여러 가지 특성과 행위 그리고 그것의 활용을 설명하고 있다.

자연이 지닌 세 가지 성질은 사트바, 라자스, 타마스를 말한다. 이 세 가지 성질은 서로가 어떻게 뒤섞였느냐에 따라 사트바 중의 사트바sattvo-sattva, 라자스 중의 사트바sattva-rajas, 타마스 중의 사트바sattva-tamas로 다시 분류할 수 있다. 마찬가지로 라자스 역시 라조-사트바rajo-sattva, 라조-라자스rajo-rajas, 라조-타마스rajo-tamas로 분류할 수 있고, 타마스도 타모-사트바tamo-sattva, 타모-라자스tamo-rajas, 타모-타마스tamo-tamas로 분류할 수 있다. 파탄잘리에 따르면 사트바·라자스·타마스는 각각 프라카샤prakāśa, 크리야kriyaś, 스티티sthiti를 나타낸다. 이들 속성들은 각각 나름의 성질을 가지는데, 이를테면 프라카샤 즉 찬란함은 사트바에 해당된다. 연구·탐구·행을 의미하는 크리야는 라자스에, 존재의 본질이 스티티 즉 잠재성으로 머무는 것은 타마스에 해당된다.

이 모든 속성과 성질은 자연의 요소와 감각·마음·지성, 그리고 자의식 속에 설정되어 있다. 이 모두가 밝음·활동성·불활성의 형태로 함께 조화롭게 기능하면 관조자는 세상의 즐거움(보가)을 즐기게 된다. 반대로 관조자가 거기서 떨어져 나올 땐 해탈을 경험할 수 있다.

관조자는 자연의 요소(흙, 물, 불, 공기, 에테르)에 따라 총 다섯 가지 겹으로 둘러싸여 있다. 흙은 해부학적 겹, 물은 생리적 겹, 불은 심리적 겹, 공기는 지성의 겹, 에테르는 영혼의 겹을 이루고 있다. 야마와 니야마 수련을 하면 행위력과 지각력은 수행자가 해부학적 겹 및 생리적 겹을 깨끗하게 정화할 수 있도록 도와준다. 아사나, 프라나야마, 프라티아하라 수련은 관조자의 심리적 겹을 벗겨내는 역할을 하고, 다라나와 디아나는 지성의 겹을 깨끗하게 청소해 준다. 마지막으로 사마디는 감옥과도 같은 이 모든 겹에서 관조자를 끌어내어 자유와 지복을 경험할 수 있게 한다. (표8 참조)

विशेषाविशेषलिङ्गमात्रालिङ्गानि गुणपर्वाणि ॥१९॥

2.19 viśeṣa aviśeṣa liṅgamātra aliṅgāni guṇaparvāṇi

viśeṣa	분별의 기술, 독특한 존재의 상태, 표시
aviśeṣa	한결같은, 서로 같은, 어떤 차이도 없는, 구별되지 않는 상태
liṅgamātra	지표, 표시, 기호(프라크르티의 최고의 지표, 즉 우주적 지성은 마하트이다.), 현상적인, 직접적으로 파악되는, 관찰되는
aliṅgāni	표시가 없는, 기호가 없는, 주가 아닌 물질 혹은 전개되지 않은 물질, 그 자체로 있으므로 알려지지 않거나 알 수 없는 물질이나 사물, 본체
guṇaparvāṇi	속성의 변화

표 8: 치타의 밖으로의 전개 과정

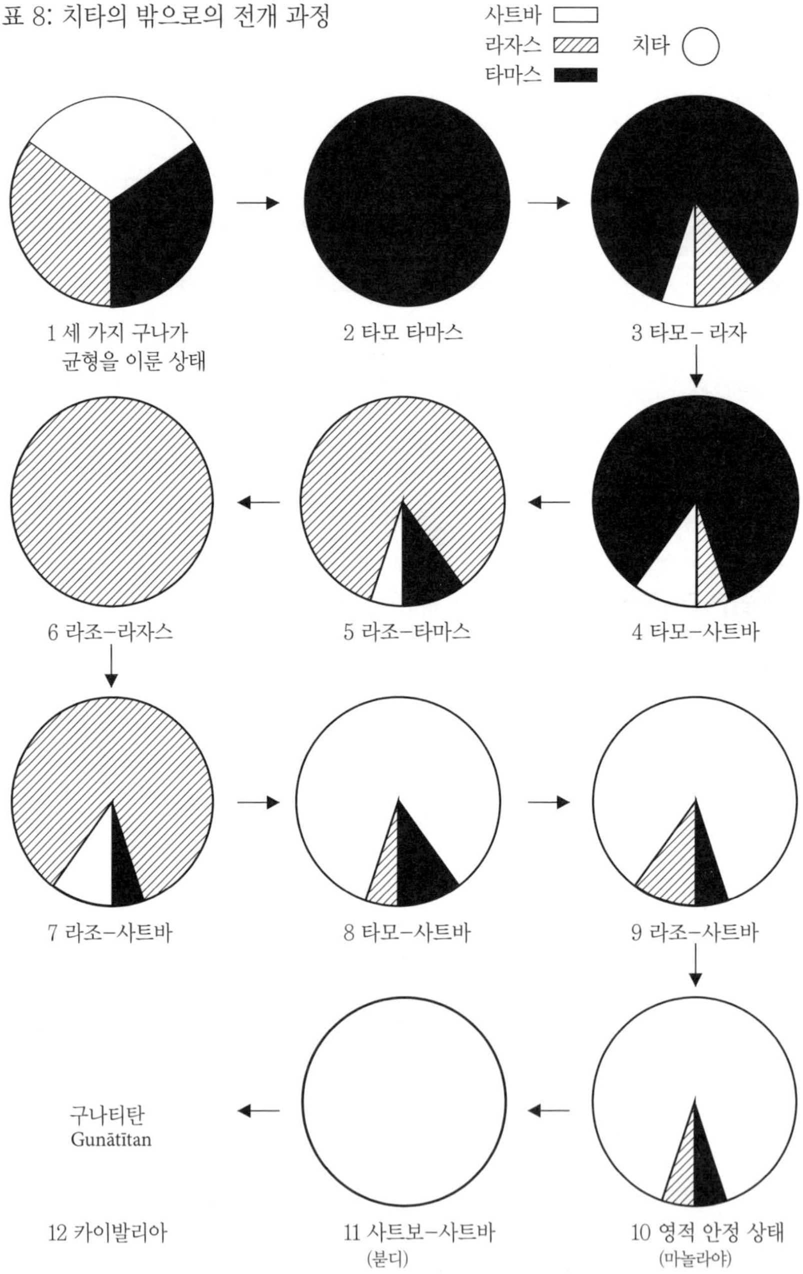

'구나는 관조자 안에 그 속성의 차이와 에너지를 만들어 낸다. 이 단계들은 구별할 수 있는 것과 구별할 수 없는 것, 분화될 수 있는 것과 분화될 수 없는 것 등 네 가지로 나뉜다.'

이 경문에서는 자연이 전개되면서 발현되는 층을 하나하나 설명하면서 자연(프라크르티)을 분석하고 있다. 자연은 가장 구체적이고 분명한 것에서부터 시작해 구체적이지 않고 분별할 수 없는 단계를 거쳐, 다시 분화되지 않은 상태 혹은 보편적인 상태로 되돌아간다.

자연의 속박에서 스스로를 자유롭게 해방시키기 위해서는 자연의 지형과 자연의 분할에 익숙해져야만 한다. 더불어 그것들이 구나에 영향을 받아 변화하는 방식에도 익숙해져야 한다. 그래야만 지극히 미세한 것까지 자연의 모든 형태 속에서 자연을 지배하는 내적인 원칙을 이해할 수가 있다.

자연(프라크르티)은 우주의 지성(마하트)으로 이루어져 있으며, 밝음(사트바)·활동성(라자스)·불활성(타마스)의 성질을 가지고 있다. 바로 이 성질들의 영향력이 변화하면서 윤회의 수레바퀴 속 우리 삶의 모습을 결정하고, 우리가 행한 과거 행과 경험의 본성에 따라 우리가 지니게 될 성격도 결정짓는다. 프라크르티는 또한 자연의 다섯 가지 요소(흙·물·불·공기·에테르)의 성질과 다섯 가지의 미묘한 발현인 냄새·맛·모양·촉감·소리에서 자신의 에너지를 드러낸다.

우주적 지성인 마하트의 개별 차원의 대응물은 의식, 즉 치타이다. 치타는 감각 및 진동을 느끼고 살피는 마음(마나스), 분별 기능인 지성(붇디), 그리고 개별 존재로서의 '나'인 자의식 혹은 협소한 자아(아함카라)로 이루어진다. 뿐만 아니라 인간의 본성 깊은 곳에는 '양심(안타카라나 혹은 다르멘드리야)'이라고 하는 강력한 영혼의 무기가 숨어 있어 윤리 및 도덕적 원칙을 구현한다. 안타카라나antaḥkaraṇa는 각자가 행하는 행동과 그 동기의 옳고 그름을 관찰하여 치타의 발전을 돕고, 치타가 오로지 올바른 행동만을 할 수 있도록 이끈다.

인간은 또 지각력(귀·혀·눈·코·피부)과 행위력(다리·팔·언어 기관·생식 기관·배설 기관)도 각각 다섯 가지씩 지니고 있다.

이러한 것들이 자연의 원리에 해당된다. 다섯 가지 요소·지성·지각력·행위력은 구별이 가능하다. 다시 말해 물리적인 차원에서 구체적으로 그 형태를 드러낸다는 것이다. 반면 나머지 요소들, 즉 자연의 요소들의 미묘한 발현과 '나'라는 의식(아함카라, 안타카라나, 아스미타)은 구별이 불가능한 진동의 형태로 존재한다. 이들은 일차적이지 않으며 밖으로 드러나지 않은 물질이다. 하지만 이들 모두 자연의 세 가지 구나, 즉 타마스·라자스·사트바를 중심으로 회전한다는 공통점이 있다.

구별 가능한 요소(비셰사)의 원리(타트바)는 즐겁거나, 고통스럽거나, 혹은 느낄 수 없는 (감각이 정지되거나 죽은 듯이 정체되어 있는) 변화들을 만들어 낸다. 구체화되지 않은 원리(아비셰사 타트바)는 밖으로 전개되지 않은 물질로, 이러한 물질이 구체적인 상태로 변화하면 창조가 일어난다. 이를 프라브르티마르가pravṛttimārga라고 한다. 그 반대의 과정인 니브르티 마르가nivṛtti mārga는 구체적인 것이 비구체적인 것 속으로, 비구체적인 것이 자연 속으로, 자연이 우주 속으로 합쳐지는 것을 말한다. 자연이 영혼 속으로 들어가는 것은 신성한 결합으로, 요가의 작용을 통해서 이루어진다.

(3장 13절 및 표 9 참조)

द्रष्टा दृशिमात्रः शुद्धोऽपि प्रत्ययानुपश्यः ॥२०॥

2.20 draṣṭā dṛśimātraḥ śuddhaḥ api pratyayānupaśyaḥ

draṣṭā	관조자, 푸루샤, 보는 자
dṛśimātraḥ	각성뿐인, 의식뿐인
śuddhaḥ	순수한
api	그렇다 하더라도
pratyayaḥ	확신, 신뢰, 믿음, 신심, 인지, 자신감
anupaśyaḥ	보는 자, ~와 함께 보는, 생각을 인지하는

'관조자는 순수한 의식이다. 그는 자연에 의존하지 않고 자연을 본다.'

이 경문은 논의의 초점을 자연에서 최고의 관조자이며 절대적인 지자知者인 영혼으로 옮겨 간다. 영혼은 언어 너머에 있는 의식의 순수한 본질이다. 그것은 순수하기는 하지만 대리자인 지성(붇디)을 통해 바라보는 경향이 있으며, 자연의 영향력에 휩쓸리면 자신의 정체성을 잃어버리게 된다.

앞의 경문에서는 자연(프라크르티)과 식별 가능한 대상에 관해 다루었고, 이 경문에서는 관조자, 즉 영혼(푸루샤)의 본질에 대해 설명하고 있다. 아트마ātmā, 드라스타draṣṭa, 드르시마트라dṛśimātraḥ는 모두 관조자의 고유한 성격을 나타내는 말들이다.

지성은 영혼을 잊은 채 자신을 진정한 관조자라 착각하면서 의식을 흐릿하게 만든다. 하지만 지성이 분별력을 끝까지 잃지 않으면 의식 역시 때묻지 않은 상태를 유지할 수 있다. 의식이 맑으면 관조자도 빛을 잃는 일이 없다.

지성은 현현하는 자연에 속하는 만큼 늘 변화하여 때로는 의식적이었다가 때로는 무의식적이 된다. 지성은 사트바, 라자스, 타마스의 성질에 예속되어 있는 반면, 관조자(푸루샤)는 이 모든 것을 초월하여 늘 변하지 않고 의식이 깨어 있다(1장 3절, 4장 22절 참조).

तदर्थ एव दृश्यस्याऽत्मा ॥२१॥

2.21 tadarthaḥ eva dṛśyasya ātmā

tadarthaḥ	그 목적을 위하여, 그것을 위하여
eva	홀로
dṛśyasya	보이는 것의, 알 수 있는 것의, 자연(프라크르티)
ātmā	관조자(푸루샤), 영혼, 생명의 원리, 각성, 목격자

'자연과 지성은 오로지 관조자의 진정한 목적인 해탈을 위해서만 존재한다.'

지성은 관조자의 대리자 역할을 하기 위해, 그리고 의식을 아비디야에서 자유롭게 해방시키기 위해 존재한다. 영혼의 대리자(마음·지각력·행위력)들은 모두 감각적이고 현상적인 세계에 이끌려 거기에 동화되는 경향이 있는데 이를 피하게 해 주는 것이 바로 지성의 기능인 분별력이다. 요가 수행을 끊임없이 해 나가면 우리는 이러한 장애물들을 극복하여 영혼이 스스로의 모습을 드러내도록 할 수 있다.

수행자가 수행을 게을리하고 집중력을 잃으면, 감각이 관조자를 방해하여 수행자는 다시 감각의 즐거움에 사로잡히게 된다. 이렇게 마음을 공부하고 지성을 통해 탐구하는 것을 가장 내적인 여정인 안타라트마 사다나antarātma sādhana라 한다.

이 경문에서는 자연의 정수인 의식은 인지가 가능하며, 의식의 본래 목적은 관조자가 진정한 관조를 하도록 하는 데 있음을 설명한다.

कृतार्थं प्रति नष्टमप्यनष्टं तदन्यसाधारणत्वात् ॥२२॥

2.22 kṛtārthaṁ prati naṣṭam api anaṣṭaṁ tadanya sādhāraṇatvāt

kṛtārthaṁ	목적을 이룬, 목표에 이른, 성공적인, 만족한
prati	~에 대항하여, ~에 반대하여
naṣṭam	파괴된, 사라진, 보이지 않는
api	그럼에도
anaṣṭaṁ	사라지지 않은, 파괴되지 않은, 잃어버리지 않은
tat	저것
anya	나머지에게
sādhāraṇatvāt	평균, 보통인 것

'해탈한 존재에게는 자연과의 관계가 끝나고 그 목적도 완수되지만, 다른 사람들에게는 그 과정이 계속 영향을 미친다.'

자연의 방편들은 자신들이 그 대리자 역할을 하던 관조자를 감각과 정신의 감옥에서 자유롭게 하는 순간 자신의 목적을 완수하고 고요해진다. 그러면서 관조자와 자연을 묶고 있던 끈도 끊어진다. 이제 자연은 더 이상 관조자를 위해 존재하지 않는다. 관조자는 이제 자신의 본래의 모습svarūpa을 인식할 수 있다.

하지만 자연의 방편인 자연의 요소들·미묘한 성질·우주의 지성·개별 자아·자의식·지성·지각력·행위력은 모든 사람들이 공통적으로 가지고 있기 때문에 해탈을 이루지 못한 나머지 사람들은 여전히 세상의 소용돌이 속에서 살아가고 자연의 족쇄에서도 벗어나지 못한다.

स्वस्वामिशक्त्योः स्वरूपोपलब्धिहेतुः संयोगः ॥२३॥

2.23 sva svāmiśaktyoḥ svarūpopalabdhi hetuḥ saṁyogaḥ

sva	자기 자신의, 존재의, 소유된, 자연
svāmi	소유자, 주인, 군주, 관조자
śaktyoḥ	프라크르티와 푸루샤의 힘, 이 둘의 힘
svarūpa	형상, 자기 자신의
upalabdhi	찾다, 얻다, 인식하다, 보다, 인지하다, 경험하다
hetuḥ	원인, 이유, 목적
saṁyogaḥ	합일, 결합

'관조자와 보이는 대상의 합일로 인해 관조자는 자기 자신의 진정한 본성을 발견하게 된다.'

푸루샤와 프라크르티의 힘은 진아를 깨닫기 위한 것이다. 푸루샤와 프라크르티가 서로 만나는 것은 그들 고유의 힘을 발휘해 관조자가 스스로의 본질을 발견하도록 하는 데 목적이 있다.

이 경문에서는 소유자와 '소유'와 소유 대상의 합일 혹은 긴밀한 연결에 대한 갈망은 문명이 시작되었을 때부터 있었던 일임을 분명히 밝히고 있다.

소유자인 관조자는 순수한 지식의 빛에 의지하여 자연과의 결합을 통해 인식되거나 인지될 수 있는 모든 것을 인식하고 인지한다. 이러한 결합이 무지로 가득할 때 주인은 향락·욕망·질병을 향해 이끌려가 속박을 당한다. 하지만 비집착의 태도를 계발하면 관조자는 초연함과 절제, 즉 바이라기야에 이를 수 있다.

주인이 늘 깨어 있는 상태에서 자신의 의식에 주의를 기울이고 집착 없이 자연과 결합하면서 계속 관조자로 남으면, 자연(프라크르티)이 자신의 주인인 영혼을 자유(모크샤)에 이르게 한다.

तस्य हेतुरविद्या ॥२४॥

2.24 tasya hetuḥ avidyā

tasya	그것의 결합
hetuḥ	원인, 근거, 목적
avidyā	무지, 인식 부족, 영적 지식의 부족

'관조자와 보이는 대상을 동일시하는 잘못을 범하는 것은 영적 이해의 부족(아비디야) 때문이다.'

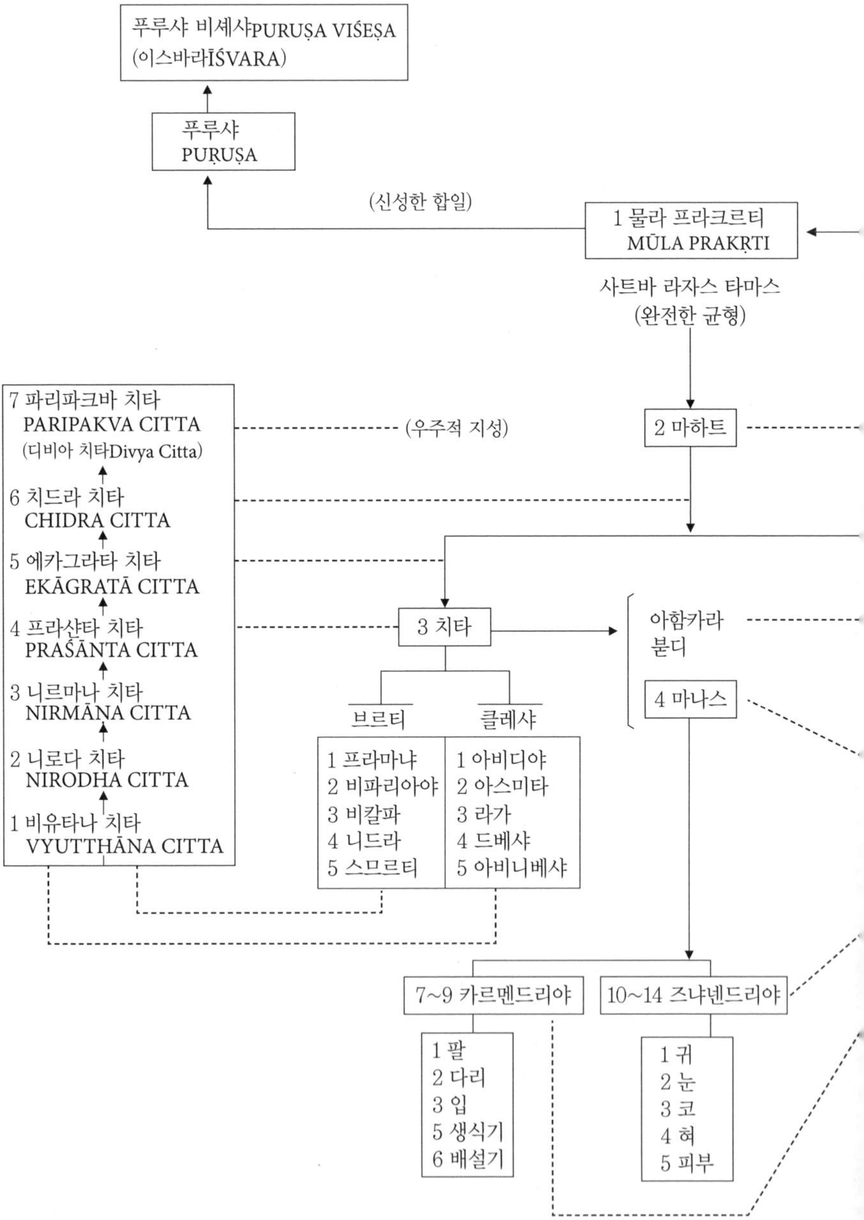

푸루샤 비셰샤PURUṢA VIŚEṢA
(이스바라ĪŚVARA)
푸루샤
PUṚUṢA
(신성한 합일)
1 물라 프라크르티
MŪLA PRAKṚTI
사트바 라자스 타마스
(완전한 균형)
2 마하트
(우주적 지성)
7 파리파크바 치타
PARIPAKVA CITTA
(디비아 치타Divya Citta)
6 치드라 치타
CHIDRA CITTA
5 에카그라타 치타
EKĀGRATĀ CITTA
4 프라샨타 치타
PRAŚĀNTA CITTA
3 니르마나 치타
NIRMĀṆA CITTA
2 니로다 치타
NIRODHA CITTA
1 비유타나 치타
VYUTTHĀNA CITTA
3 치타
아함카라
붇디
4 마나스
브르티
클레샤
1 프라마나
2 비파리아야
3 비칼파
4 니드라
5 스므르티
1 아비디야
2 아스미타
3 라가
4 드베샤
5 아비니베샤
7~9 카르멘드리야
10~14 즈냐넨드리야
1 팔
2 다리
3 입
5 생식기
6 배설기
1 귀
2 눈
3 코
4 혀
5 피부

표 9: 프라크르티의 밖으로의 전개 및 안으로의 전개

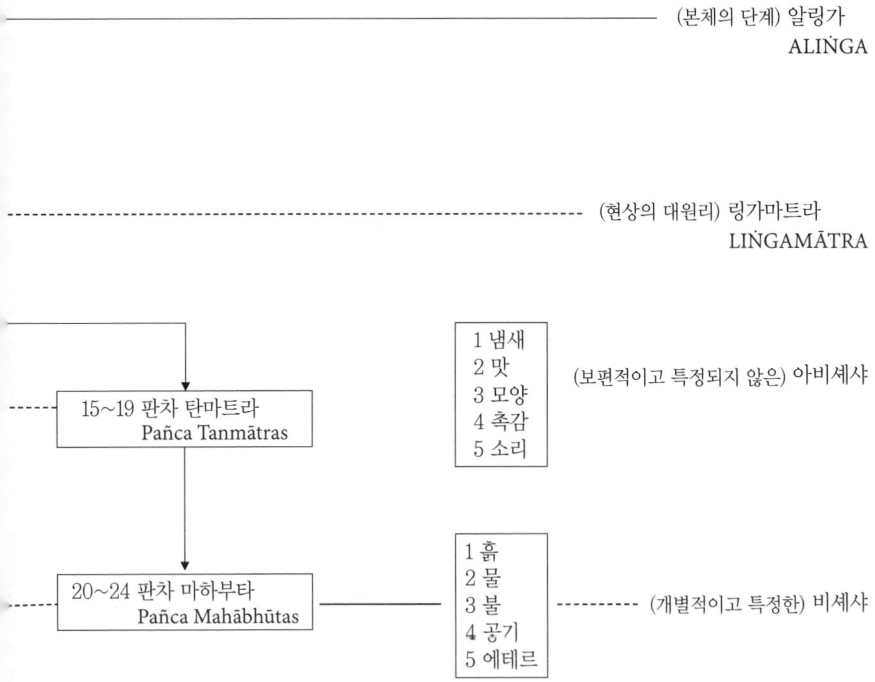

프라크르티와 푸루샤가 결합하면 수행자를 해탈에 이르게 할 수도 있지만, 그로 인해 수행자가 오히려 감정과 욕망에 휘말려 수행을 멈출 수도 있음은 『요가수트라』 제2장 18절에서 이미 살펴본 바 있다. 이 경문에서는 아비디야(무지 혹은 각성의 부족)야말로 우리에게 고통과 즐거움을 안기는 혼란의 근원이라고 강조하고 있다. 비디야(분별지)는 무지를 파괴하는 역할을 한다. 불은 오로지 연료가 있을 때만 계속해서 탈 수 있기 때문이다(1장 4, 8, 30, 31절; 2장 5절 참조).

그렇다면 올바른 지식이란 무엇인가? 분별이 의구심을 몰아낼 때 순수한 이해를 통해 무소유와 초연함의 과정이 시작되어 우리는 비로소 소유와 소유 당함의 족쇄에서 벗어날 수 있다.

तदभावात्संयोगाभावो हानं तद्दृशेः कैवल्यम् ॥२५॥

2.25 tad abhāvāt saṁyogābhāvaḥ hānaṁ taddṛśeḥ kaivalyam

tad	그것의
abhāvāt	비존재로부터, 비발생으로부터, 부재로부터, 비실체로부터
saṁyogāḥ	합일, 연대, 결합
abhāvaḥ	부재, 사라짐
hānaṁ	떠나는 행위, 중지하는, 제거하는, 치료하는
tad	저것
dṛśeḥ	아는 자의, 관조자의
kaivalyam	절대적인 자유, 해탈, 최고의 영혼에 흡수됨

'올바른 지식을 통해 무지를 타파하면 관조자와 보이는 대상 사이의 연결고리가 깨진다. 이것이 바로 카이발리아, 즉 해탈이다.'

『요가 수트라』 제2장 16절은 고통을 피하는 법을 다루고 있고, 같은 장 17~24절은 어떻게 즐거움과 고통을 제어하고 관조자와 보이는 대상을 분리하여 자유를 얻을 수 있는지에 대해 말한다. 이제 이 경문은 아는 자와 아는 대상을 묶는 연결고리를 파괴할 때의 결과를 설명한다.

이 경지에 이르면 보이는 대상이 관조자에게 행사하던 영향력이 사라지면서 불행이 끝나고 영혼이 고양되어 완전한 자유를 맛본다(1장 3절; 4장 34절 참조).

확실히 『요가 수트라』 제2장 17~25절까지의 내용은 간결하다. 그래서 많은 이들이 그에 대한 정확하고 명확한 설명을 찾으려 애써 왔다. 이 경문들의 의미를 제대로 파악하려면 몇 번이고 그 내용을 읽고 또 읽는 수밖에 없다.

파탄잘리가 이 난해한 대목에서 전달하고자 하는 메시지의 핵심은 다음과 같다. 즉, 요가는 무엇보다도 미래에 번뇌가 쌓이지 않도록 우리 행동의 과오를 바로잡아 주는 역할을 하며, 더불어 우리에게 힘과 활기와 용기를 길러 주어 피할 수 없는 삶의 문제에 대처할 수 있게 해 준다(1장 5절 참조).

우리 마음은 본래 영혼을 보는 일보다는 속세의 즐거움에 더 끌린다는 것을 우리는 잘 알고 있다. 마음은 감각과 영혼 사이에서 중간 다리 역할을 한다. 마음은 비밀스런 적이자, 배신하기 쉬운 친구로, 우리에게 생각할 틈도 주지 않고 마음대로 우리의 행동을 바꾸는 능력이 있다. 파탄잘리는 수행자에게 이런 마음을 잘 다스려 분별력을 키우라고 조언한다. 그래야만 외부 대상이나 사건을 오로지 있는 그대로 바라볼 수 있기 때문이다. 이렇게 세상을 그대로 바라볼 때 우리는 외부 대상이나 사건에 압도당하지 않는다. 이는 지극히 어려운 일이지만 자연을 이해하고 나면 보다 쉬워진다. 우리 자신도 (일시적으로는) 일종의 물질이고 또 물질에 둘러싸여 살아간다. 물질 혹은 자연과 상호 작용하는 것은 우리가 처한 삶의 조건이다. 분별력 없이는 자연에서 해방되는 게 불가능하지만, 이해와 수련을 통하면 이러한 상호 작용을 이용하여 지고의 평화와 행복에 이를 수 있다.

지상에서 천국을 경험하고자 한다면 먼저 자연의 속성(구나), 즉 라자스와 타마스가 지닌 정반대의 성질, 활동과 정지 사이를 끊임없이 오가는 자연의 영원한 충동, 그리고 그보다 더 높은 차원인 사트바의 균형 상태에 대한 이해를 갖추어야 한다. 자연은 다양한 차원의 미묘함을 지니고 있다. 자연은 때때로 다른 때에 비해 더 밀도 있거나 명확하게 모습을 드러내는 경우가 있는데, 파탄잘리는 이를 다음과 같이 분석한다. 먼저 자연에는 네 가지 부분, 즉 구별이 가능한 것(비셰샤), 구체적이지 않고 보편적인 것(아비셰샤), 현상적인 것(링가), 그리고 현상을 넘어선 본체적인 것(알링가)이 있다. 그리고 자연이 지닌 다섯 가지의 에너지 성질, 즉 요소들은 지각력과 행위력으로 구별이 가능하다. 한편 자연의 요소에 대응하는 다섯 가지 특성 즉 소리·촉감·맛·모양·냄새는 구체적인 표시가 없다(알링가). 이는 자의식(아스미타)도 마찬가지이다.

이들은 모두 구나에 예속되어 있고, 구나는 개인의 행동 유형들을 혼합한다. 우리가 이러한 힘들의 흐름을 이해한다면 균형 상태에 이르게 되고, 이 균형 상태로부터 진정한 자유를 향해 나아갈 수 있다. 하지만 그렇지 않을 경우엔 이쪽 극단에서 저쪽 극단 사이, 즉 즐거움과 고통 사이를 헤매게 된다. 파탄잘리의 말에 따르면 요가는 신체적 차원에서 가장 미묘한 차원까지 완전한 건강 상태에 이르도록 우리 자신을 우주의 자연적인 질서와 조화시킬 수 있게 하는 방법이다. 이를 통해 우리는 안정을 찾고, 마음을 단련하여 진정한 이해를 얻으며, 마침내 차별상이 없는 무한자에 도달하게 된다.

관조자는 절대적인 지자(인간화한 각성)이다. 관조자는 순수하나 자연의 일부인 마음의 간계에 휘말리기도 한다. 하지만 관조자가 고요하고 티 없이 맑은 신성한 순수함을 경험할 수 있도록 자연의 방편들이 언제나 곁에서 존재하고 있다. 이때 자연의 요소와 그 대응물들은 뒤로 물러나 자연의 뿌리(물라 프라크르티)와 하나가 된다.
(1장 45절 참조)

विवेकख्यातिरविप्लवा हानोपायः ॥२६॥

2.26 vivekakhyātiḥ aviplavā hānopāyaḥ

vivekakhyātiḥ	(viveka = 분별, 판단력, 진정한 지식, 신중함; khyāti = 적절한 명칭 부여를 통해 대상을 판별하는 기능)지식의 인식, 명예, 명성
aviplavā	방해받지 않는, 깨지지 않는, 동요하지 않는, 실패하지 않는
hānopāyaḥ	제거 수단, 분산 수단

'생각·말·행동에 끊임없이 분별지가 흐르면 고통의 근원인 무지가 파괴된다.'

무엇에도 방해받지 않는 인식에서 나오는 동요하지 않는 건전한 판단이야말로 진정한 지식의 본질이자, 무지를 뿌리 뽑고 관조자를 보이는 대상에서 해방시킬 수 있는 유일한 방편이다. 따라서 수행자는 늘 비베카키야티(vivekakhyāti: 지혜의 왕관)라고 하는 최고의 각성과 집중의 상태에서 이 건전한 판단력을 유지해야만 한다.

우리는 끊임없는 요가 수행을 통해 그릇된 지식의 씨앗을 불태워 분별지의 흐름이 끊어지지 않게 해야 한다.

तस्य सप्तधा प्रान्तभूमिः प्रज्ञा ॥२७॥

2.27 tasya saptadhā prāntabhūmiḥ prajñā

tasya	그것의
saptadhā	일곱 겹의, 일곱 단계의
prāntabhūmiḥ	영토, 지방, 휴식처
prajñā	완전한 지식, 최고의 지식, 각성, 의식

'분별력을 지닌 각성의 이 끊임없는 흐름을 통해 우리는 일곱 개의 영역을 가진 완전한 지식을 얻는다.'

보이는 대상(프라크르티)과 관조자(푸루샤) 사이에는 통합되어야 할 경계가 일곱 가지 존재한다. 일곱 가지 경계의 통합이란 몸의 통합śarīra saṁyama·감각의 통합 indriya saṁyama·에너지의 통합prāṇa saṁyama·마음의 통합mano saṁyama·지성의 통합buddhi saṁyama·의식의 통합citta saṁyama·영혼의 통합ātma saṁyama으로, 이 각 경계들은 자신의 개별 정체성을 인식하고 있다. 요가에 통달하면 이 일곱 겹의 지식을 얻을 수 있다.

파탄잘리는 의식의 각성 단계를 일곱 가지로 나눈다. 드러나는 의식vyutthāna citta·제어하는 의식nirodha citta·싹이 튼 혹은 개인화된 의식nirmāṇa citta·고요한 의식práśānta citta·집중하는 의식ekāgratā citta·균열된 혹은 파열된 의식chidra citta·그리고 성숙한 혹은 순수한 의식paripakva/divya citta이 그것이다. 이 일곱 겹의 지식에 대한 설명은 문헌마다 모두 다르지만 각성의 일곱 단계에 대한 이 설명이 파탄잘리의 사상을 올바로 전하고 있다고 생각한다(3장 9~11절, 4장 27, 29절 참조).

의식 각성의 일곱 단계에 대해서는 여러 주석가들이 저마다 다양한 설명을 붙이고 있다. 그 중의 한 설명에 의하면, 그것들은 알아야 할 것을 아는 단계parijñāta prajñā, 버려야 할 것을 버리는 단계heya kśīna prajñā, 얻어야 할 것을 얻는 단계prāpya prāpti prajñā, 해야 할 것을 하는 단계kārya śuddhi prajñā, 도달해야 할 목표에 도달하는 단계caritādhikāra prajñā, 그 어떤 성질(구나)도 지성을 물들일 수 없는 단계guṇātīta prajñā, 아는 자가 진아의 환한 빛을 발하게 되고, 자신의 속세의 의무를 다하면서도 여전히 그 빛을 잃지 않는 단계svarūpa mātra jyoti prajñā 등이다.

또 다른 설명에서는 올바른 욕망śubhecchā·올바른 성찰vicāraṇā·마음의 소멸tanumānasā·자기 인식sattvāpatti·비집착asaṁsakta·대상에 대한 비인식parārthabhāvana·말을 초월한 경지의 경험brahmavidvariṣṭa을 일곱 단계의 각성으로 본다.

이 일곱 단계는 깨어 있는 상태jāgrata·꿈을 꾸는 상태svapnā·잠이 든 상태nidrā·최고의 영혼과 하나가 된 상태turyā와도 서로 관련될 수 있다. 이 네 가지 상태 사이에 과도적인 세 단계가 존재한다.

요가 수행자들이 이 경문의 의미를 더 쉽게 이해할 수 있도록 필자는 의식의 일곱 단계를 몸에 대한 지식śarīra jñāna, 에너지에 대한 지식prāṇa jñāna, 마음의 제어mano jñāna, 지성의 안정vijñāna jñāna, 경험에 의해 얻어진 지식ānubhavika jñāna, 삶이 주는 다양한 풍미에 대한 삼매rasātmaka jñāna, 진아에 대한 지식ātma jñāna으로 해석하고자 한다.

다시 말해 수행자는 요가 수행을 통해 자신의 몸을 정복하고, 자신의 에너지를 조절하며, 마음의 움직임을 제어하고 건전한 판단력을 기르게 된다. 그러면 올바로 행동하게 되어 밝은 빛을 발하는 존재가 된다. 수행자는 바로 이 밝음으로부터 존재의 핵심에 대한 완전한 인식을 얻으며, 최고의 지식을 성취하고 나아가 자신의 자아를 최고의 영혼(파라마트만)에게 귀의시킨다. (표 10 및 11 참조)

표 10: 파탄잘리, 비야사, 『요가 바시스타Yoga Vasiṣṭa』가 설명한 의식의 일곱 단계*6) 및 그에 대응하는 지식의 수준과 통합의 단계에 대한 필자의 설명

의식의 일곱 단계			의식의 일곱 단계에 대응하는 지식의 수준과 통합의 단계에 대한 필자의 설명	
파탄잘리의 설명	비야사의 설명	『요가 바시스타』의 설명	지식	통합의 단계
1 Vyutthāna citta 드러나는 의식	Parijñāta prajñā 알 수 있는 것을 아는 것	Śubhecchā 올바른 욕망	Śarīra jñāna 몸에 대한 지식	Śarīra saṁyama 몸의 통합
2 Nirodha citta 제어하는 의식	Heya kśīna prajñā 버려야 할 것을 버리는 것	Vicaraṇā 올바른 성찰	Prāna jñāna 에너지에 대한 지식	Indriya saṁyama 감각의 통합
3 Nirmāṇa citta 개인화된 의식	Prāpya prāpti prajñā 얻을 수 있는 것을 얻는 것	Tanumānasā 마음의 소멸	Mano jñāna 마음의 제어	Prāṇa saṁyama 에너지의 통합
4 Praśānta citta 고요한 의식	Kārya śuddhi prajñā 해야만 하는 것을 하는 것	Sattvāpatti 자기 인식	Vijñāna jñāna 지성의 안정	Mano saṁyama 마음의 통합
5 Ekāgratā citta 집중하는 의식	Caritādhikāra prajñā 도달해야 할 목표에 도달하는 것	Asaṁsakta 비집착	Ānubhāvika jñāna 경험으로부터의 지식	Buddhi saṁyama 지성의 통합
6 Chidra citta 갈라진 의식	Guṇātīta prajñā 때묻지 않은 지성	Parārthabhāvana 대상에 대한 비인식	Rasātmaka jñāna 삶의 풍미에 대한 삼매	Citta saṁyama 의식의 통합
7 Paripakva citta (Divya citta) 순수한 의식	Svarūpa mātra jyoti prajñā 스스로 빛나는 의식	Brahmavidvariṣtha 말을 초월한 상태의 경험	Ātma jñāna 진아의 대한 지식	Ātma saṁyama 영혼의 통합

*6) 자그라타(jāgratā: 깨어 있는), 스바프나(svapnā: 꿈), 니드라(nidrā: 잠), 투리야(turyā: 최고의 영혼과의 합일) 상태와 이 사이의 과도적 세 상태가 각성의 일곱 단계에 해당된다.

योगाङ्गानुष्ठानादशुद्धिक्षये ज्ञानदीप्तिराविवेकख्यातेः ॥२८॥

2.28 yogāṅgānuṣṭhānāt aśuddhikṣaye jñānadīptiḥ āvivekakhyāteḥ

yoga	멍에를 씌우듯 이어붙이다, 연결하다, 결합시키다, 합치다
aṅga	구성 요소, 부속물, 측면
anuṣṭhānāt	헌신적인 수련을 통해
aśuddhiḥ	불순물
kśaye	줄이다, 파괴하다
jñāna	지식, 지혜
dīptiḥ	빛을 발하다, 빛나다
āvivekakhyāteḥ	지식의 본질, 지식의 영광

'요가의 다양한 측면을 헌신적으로 수련하면 불순물은 사라지고 지혜의 왕관이 찬란히 빛난다.'

파탄잘리는 요가가 가져다주는 효과를 이 경문 한 구절에 압축해서 정리하고 있다. 규칙적이며 헌신적인 요가 수행에 의해 수행자의 몸과 마음의 불순물은 소멸되고, 번뇌의 원인도 제거되어 그는 지혜의 왕관을 손에 넣게 된다. 이러한 지혜와 성취로 인해 수행자는 늘 순수한 상태를 유지하고 자만심에서 자유로워진다.

여기에서는 보통 사용되는 아브야사(반복적인 수련)라는 말 대신 아누스타나anuṣṭhāna라는 말을 쓴다. 이는 영적인 의미를 가진 신성하고 고결한 말로, 헌신적이고 경건한 열정으로 가득 찬 수련을 뜻한다. 아브야사는 안정을 가져다주는 반면, 아누스타나anuṣṭhāna는 지성을 성숙시킨다는 특징이 있다.

요가는 우리의 신체적·정신적·도덕적·영적 고통을 치료해 주거나 경감시켜 줄 수 있다. 분명한 것은 우리가 사랑과 진심어린 마음으로 헌신적으로 수련을 해야만 요가 수행에서 완전함과 성공을 성취할 수 있다는 사실이다.

यमनियमासनप्राणायामप्रत्याहारधारणाध्यानसमाधयोऽष्टावङ्गानि॥२९॥

2.29 yama niyama āsana prāṇāyāma pratyāhāra dhāraṇā dhyāna samādhayaḥ aṣṭau aṅgāni

yama	자기 제어, 절제의 맹세, 조절
niyama	고정된 준칙, 고정된 원칙, 계율, 확립된 질서, 법
āsana	다양한 자세로 앉음, 일반적인 좌법, 자세
prāṇāyāma	호흡 조절, 호흡 제어
pratyāhāra	물러남, 감각을 물러나게 함
dhāraṇā	집중 행위, 보유 행위, 마음을 한곳에 모으는 것
dhyāna	명상, 숙고, 성찰, 집중
samādhayaḥ	함께 모으는 것, 수집, 구성, 심오한 명상, 삼매, 초의식
aṣṭau	여덟
aṅgāni	구성 부분, 요소 혹은 부분, 팔다리

'윤리적 명령(야마)·고정된 준칙(니야마)·자세(아사나)·호흡 조절(프라나야마)·감각을 안으로 돌려 내면을 향하게 하는 것(프라티아하라)·응념(다라나)·명상(디아나)·자아 속으로 의식을 몰입시키는 것(사마디)이 요가를 구성하는 여덟 가지 요소이다.'

표 11: 일곱 가지 코샤(몸의 겹)와 그에 대응하는 의식의 단계

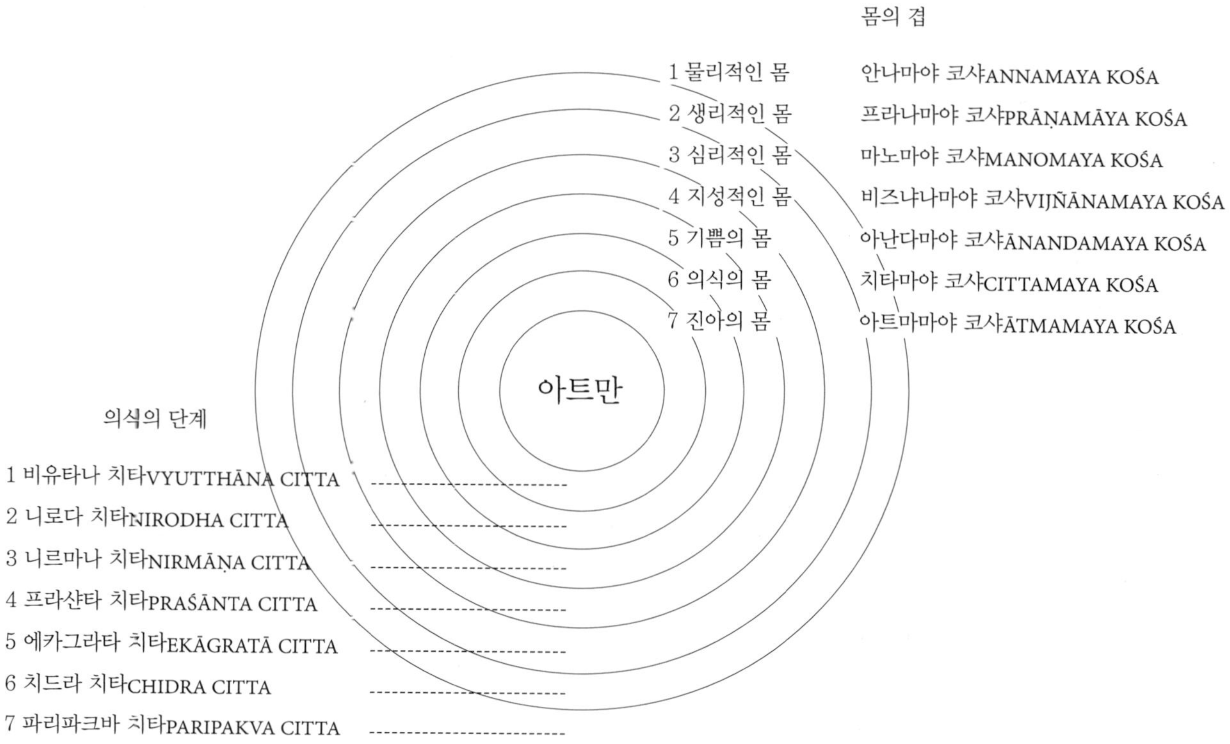
몸의 겹
1 물리적인 몸
2 생리적인 몸
3 심리적인 몸
4 지성적인 몸
5 기쁨의 몸
6 의식의 몸
7 진아의 몸
안나마야 코샤ANNAMAYA KOŚA
프라나마야 코샤PRĀṆAMĀYA KOŚA
마노마야 코샤MANOMAYA KOŚA
비즈냐나마야 코샤VIJÑĀNAMAYA KOŚA
아난다마야 코샤ĀNANDAMAYA KOŚA
치타마야 코샤CITTAMAYA KOŚA
아트마마야 코샤ĀTMAMAYA KOŚA
아트만
의식의 단계
1 비유타나 치타VYUTTHĀNA CITTA
2 니로다 치타NIRODHA CITTA
3 니르마나 치타NIRMĀṆA CITTA
4 프라샨타 치타PRAŚĀNTA CITTA
5 에카그라타 치타EKĀGRATĀ CITTA
6 치드라 치타CHIDRA CITTA
7 파리파크바 치타PARIPAKVA CITTA

파탄잘리는 이 경문부터 요가의 여덟 가지 길(아스탕가 요가aṣṭāṅga yoga)을 밝히기 시작한다. 그리고 '사다나 파다'의 나머지 부분과 '비부티 파다'의 처음 경문 세 곳에서 더 자세히 설명하고 있다.

전통과 혈통에 결속되어 있는 여러 가지 금기와 원칙들은 요가의 수행 속에 면면히 이어져 왔다. 아사나·프라나야마·프라티아하라는 각기 분리된 수행으로 취급되지만, 서로 의존하여 요가의 숨겨진 면들을 드러낸다. 수행자로 하여금 요가의 기술을 향상시킬 수 있게 하는 이들 단계를 점진적으로 발전하는 수행이라 부른다. 이 과정을 통해 우리는 점점 더 높은 곳에 오를 수가 있는 것이다. 요가의 처음 다섯 단계는 의식을 발전시키기 위한 개인적 노력에 해당하는 반면, 다라나·디아나·사마디는 요가의 보편적 발현 혹은 요가의 본래적 상태yoga svarūpa라 할 수 있다.

अहिंसासत्यास्तेयब्रह्मचर्यापरिग्रहा यमाः ॥३०॥

2.30 ahiṁsā satya asteya brahmacarya aparigarahāḥ yamāḥ

ahiṁsā	해를 끼치지 않음, 비폭력
satya	실제의, 진정한, 정직한, 선한, 진실한
asteya	불투도의, 남용하지 않는
brahmacarya	자제, 금욕, 종교적 수행
aparigarahāḥ	소유물이 없는, 가진 것이 없는, 선물을 받지 않는
yamāḥ	자기 제어

'비폭력·진실·불투도·금욕·필요한 것 이상을 탐하지 않음이 야마의 다섯 기둥이다.'

야마의 원칙은 말·생각·행동에 남을 해치려는 의도가 없어야 한다는 것이다. 그리고 성실하고, 진실하고, 정직해야 하며, 다른 사람의 재산이나 소유물을 훔치거나 함부로 사용해서는 안 된다. 또 금욕해야 하며, 필요한 것 외에는 선물을 받거나 무엇을 소유하지 말아야 하고, 욕심이 없어야 한다.

이러한 원칙과 금기들이 명확히 정리되어 있으면 우리는 사회 속에 요가 수행자로 원만히 살아갈 수 있다.

जातिदेशकालसमयानवच्छिन्नाः सार्वभौमा महाव्रतम् ॥३१॥

2.31 jāti deśa kāla samaya anavacchinnāḥ sārvabhaumāḥ mahāvratam

jāti	출생 계급, 출생의 종류, 신분, 혈통
deśa	장소, 지점, 국가
kāla	시간
samaya	조건, 환경
anavacchinnāḥ	제한되지 않은, 속박되지 않은
sārvabhaumāḥ	전체 세상과 관련된 혹은 세상을 구성하는, 보편적인
mahāvratam	강력한 서약, 위대한 의무

'야마는 장소, 시간, 계급의 구애를 받지 않는 위대하고 강력한 보편적 서약이다.'

야마를 이루는 다섯 가지 내용을 '강력한 보편적 서약'이라고 하는 이유는 이들이 계급·장소·시간·의무의 개념 등에 구애받지 않기 때문이다. 야마의 원칙들은 출신이나 상황과 관계없이 누구나(요가를 수련하는 학생들은 특히) 마땅히 준수해야 한다. 단 특정인들의 종교적 의식, 서약, 직업과 관련한 문화적 현상에 대해서는 예외가 적용될 수 있겠다. 야마는 사회가 밑바탕으로 삼는 규칙의 기본 틀이라고 할 수 있다.

나는 이 보편적인 서약의 준수가 시간, 장소, 환경의 구별 없이 요가의 다른 단계들 모두에 적용되어 보편적인 문화의 도덕률의 기초를 세워야 한다고 믿는다.

शौचसंतोषतपःस्वाध्यायेश्वरप्रणिधानानि नियमाः ॥३२॥

2.32 śauca saṅtoṣa tapaḥ svādhyāya Īśvarapraṇidhānāni niyamāḥ

śauca	청결, 순수함
saṅtoṣa	만족
tapaḥ	종교적 열의, 불타는 욕망
svādhyāya	자아에 대한 지식으로 이어지는 공부
Īśvara praṇidhānāni	신에게로 물러남, 신에게 귀의함 (pra=완전함; ni=아래에 dhāna = 놓음); 신을 집중의 대상으로 삼음
niyamāḥ	확립된 준칙

'청결·만족·종교적 열의·자아 탐구·자아를 최고의 진아인 신에게 귀의시키는 것이 니야마의 계율에 해당한다.'

야마가 보편적인 사회적 관습으로 발전했다면, 니야마는 수행자 자신의 품성을 함양하는 데 필요한 개인적 수련 위주로 발전했다.

이 다섯 가지 준칙은 인간의 다섯 가지 겹 및 자연의 다섯 가지 요소에 대응한다. 다섯 가지 겹이란 해부학적 겹(흙)·생리적 겹(물)·심리적 겹(불)·지성적 겹(공기)·영적 겹(에테르)을 말한다. 에테르mahat ākāśa가 바깥의 빈 공간이라면, 영혼은 내면의 빈 공간으로 치트 아카샤cit-ākāśa라 불린다.

크리야요가에 포함된 니야마의 원칙들은 자기 단련의 중요성을 강조하고 있다. 야마와 니야마의 윤리적 원칙들을 준수하지 않고 요가에 통달하는 것은 불가능한 일이다.

청결 혹은 정화에는 외적인 것과 내적인 것 두 가지가 있는데, 수행자에게는 두 가지 모두 빼놓을 수 없다. 목욕이 외적인 정화라면, 아사나와 프라나야마 수련은 내적인 정화라 할 수 있다. 니야마를 실천하면 선의, 자비심, 무심함을 기를 수 있고, 나아가 몸·마음·지성을 청결히 하는 데도 도움이 된다. 스바드야야는 자신이 요가의 원칙들을 잘 지켜나가고 있는지 스스로 점검하는 것을 말한다. 이 원칙들을 잘 지키기 위해서는 먼저 자신의 행동 유형이 요가의 원칙에 부합하고 있는지 여부를 결정해야 한다. 만일 그렇지 않다면 자신의 생각과 행동이 요가의 원칙에 부합할 수 있도록 철저히 준비하고, 수행을 가로막는 그러한 결점들을 하나씩 제거해 나가야 한다.

우리의 마음은 욕망·분노·욕심·탐닉·자만·질투 때문에 고통에서 헤어날 줄을 모른다. 이러한 감정들에 잘못 이끌리면 수행자는 마음의 균형을 잃고 비윤리적으로 행동하게 된다. 이때 자신의 생각을 다시 잘 점검하면 잘못을 범할 확률을 줄일 수 있다. 윤리적 수련인 야마와 니야마는 수행자의 때묻은 마음을 새로이 거듭나게 하며, 이로써 수행자의 의식은 때묻지 않은 순수함 속에서 빛을 발할 수 있다. 그러므로 요가에서는 절제하는 것이 종교이지, 절제하지 못하는 것은 종교가 아니라고 강조한다.

그렇다면 진정한 종교는 과연 무엇일까? 그것은 영원하며 어떤 이름도 경계도 가지고 있지 않다. 진정한 종교는 개개인의 각성을 고양시켜 존재의 핵심을 볼 수 있게ātma darśana 빈틈없이 고안된 방편이라 할 수 있다. 그것은 수행자를 계속 발전시키며 그가 낙오하지 않도록 예방해 주고 넘어지더라도 일으켜 준다. 간단히 말해 종교는 진아의 깨달음에 이르는 수단이라 할 수 있다.

वितर्कबाधने प्रतिपक्षभावनम् ॥३३॥

2.33 vitarkabādhane pratipakṣabhāvanam

vitarka	의심스럽거나 모호한 것, 의구심, 불확실성, 가정
bādhane	고통, 괴로움, 슬픔, 방해, 장애물
pratipakṣa	반대편, 반대로
bhāvanam	영향을 미치는, 창조하는, 촉진하는, 드러내는, 느끼는

'야마와 니야마를 거스르는 원칙들은 분별지로 맞서 나가야 한다.'

이 경문에서는 야마와 니야마가 요가의 필수적인 부분임을 강조하고 있다. 『요가 수트라』 제2장 30절과 32절에서는 우리가 하지 말아야 할 일과 반드시 해야 할 일들이 무엇인지 설명한다.

이제 수행자는 파탄잘리의 조언을 가슴에 새겨 폭력·거짓·도둑질·사음·무절제에 맞설 수 있는 덕을 길러 나가야 하는데 이것이 바로 프라티팍샤 바바나pratipakṣa bhāvana이다. 또 청결·만족·열의·자기 탐구·보편적 영혼에의 귀의의 덕목도 실천할 수 있어야 하는데 이를 팍샤 바바나pakṣa bhāvana라 한다.

만약 어떤 원칙이 야마와 니야마를 가로막는다면 올바른 지식과 인식으로 이에 맞서야 한다.

마음이 모호한 생각과 행동에 사로잡히면 올바른 인식에 장애가 생긴다. 수행자는 이러한 생각과 행동을 잘 분석하여 그 반대로 나아갈 수 있어야 한다. 그 다음에는 되풀이되는 실험을 통하여 사고의 균형을 이루는 법을 배우게 된다.

어떤 이들은 이 경문을 객관적으로 해석하여, 만일 우리가 폭력적이라면 그 반대의 것을 생각해야 하고, 또 집착하고 있으면 비집착의 태도를 계발해야 한다고 이야기한다. 이것이 반대의 생각, 즉 프라티팍샤바바나이다. 어떤 사람이 폭력을 휘두른다면 그는 분명 폭력적인 것이고, 그가 화를 낸다면 그는 분명 화를 내고 있는 것이다. 그의 상태는 사실과 다르지 않다. 하지만 이때 그는 반대의 태도를 기르는 대신 자신이 화를 내거나 폭력을 휘두르는 근본 원인을 깊이 생각해 봐야 할 것이다. 이것이 팍샤바바나이다. 물론 고요함과 끈기를 가지고 그 반대의 힘에 대해 탐구할 필요도 있다. 그러면 수행자의 마음속에는 평정심이 깃든다.

팍샤는 (논쟁에서) 한쪽 입장을 취하여 하나의 견해를 지지하는 것을 의미한다. 반면 프라티팍샤는 반대의 입장을 취한다는 뜻을 담고 있다. 신체적인 차원에서 설명을 하면 독자들이 보다 쉽게 이 두 가지 말의 의미를 이해하고 체험할 수 있을 것이다.

각 아사나 동작에는 그 자신만의 고유한 작용과 반작용이 존재하여, 생리적으로 신체의 각 기관(이를테면 폐, 간, 비장, 췌장, 장, 세포)이 리듬에 따라 기능할 수 있게 도와서 신체에 건강이 깃들게 하고, 나아가 정신적 차원에서 감각, 마음, 지능에 변화를 가져온다. 아사나 수련을 하는 동안 수행자는 근육의 위치 및 근섬유와 세포를 면밀하고 세심하게 관찰하여 조절할 수 있어야 한다. 이렇게 건강하고 균형이 잘 잡힌 아사나 동작을 취할 수 있으려면 가벼움과 무거움을 잘 헤아려야 하는데 이것이 바로 팍샤와 프라티팍샤에 해당된다. 수행자는 몸의 오른쪽 면과 왼쪽 면, 앞면과 뒷면을 조화롭게 조정한다. 몸에서 더 약한 부분을 지성이 살아 있는 부분과 교류시키거나 균형을 맞출 수 있게 되면 수행자에게 변화가 일어난다. 그는 성장하여 자기 몸의 세포와 두뇌의 각 영역에는 균형이, 마음에는 고요함과 평정이 깃드는 것을 느낄 수 있다. 따라서 수행자는 팍샤와 프라티팍샤 모두를 세심하게 연마해야 한다. 약하거나 둔감한 부분을 지성과 힘을 갖춘 수준까지 끌어올리면 수행자는 행동에 자비심을 불어넣는 법을 배우게 된다.

프라나야마 수련 시에도 우리는 폐의 오른쪽과 왼쪽 사이, 그리고 오른쪽 콧구멍과 왼쪽 콧구멍 사이에서 통제되는 들숨과 날숨의 흐름과 함께 신경의 다양한 진동에 의식을 집중시킨다. 요가 수행을 하며 이런 식으로 조절하고 관찰하면 팍샤와 프라티팍샤는 하나로 융합되어, 우리는 몰아치는 분노와 우울증에서 자유로워질 수 있다. 그 대신 그 자리에는 희망과 정서적 안정감이 깃든다.

우리가 팍샤 프라티팍샤라고 부르는 내면적 평가measuring와 균형 잡기 과정은 어떤 면에서는 왜 요가가 실질적인 효과를 발휘하는지, 또 왜 요가가 우리의 존재 전체를 혁명적으로 바꿔 놓을 수 있는 역학적 힘을 가졌는지를 해명할 수 있는 열쇠라고 할 수 있다. 아사나가 단순한 체조가 아니고, 프라나야마가 단순한 심호흡이 아니며, 디아나가 단순한 자기 몰입이 아니고, 야마가 단순한 윤리 도덕이 아닌 이유가 바로 팍샤 프라티팍샤에 있다. 예를 들어 아나사 수련을 하면 먼저 내적인 균형과 조화를 경험하지만, 결국 그것은 내면의 조화가 바깥으로 표현된 것에 지나지 않는다.

오늘날 우리는 이 세상의 생태계가 보여 주는 기적은 그것이 균형을 이루고 있다는 사실에 있음을 배워 알고 있다. 그러나 현대인은 그러한 균형을 벌채·오염·과소비로 빠르게 파괴하고 있다. 이는 다른 이유 때문이 아니라, 인간이 균형을 잃으면 자기 자신뿐 아니라 주변의 환경까지 바꾸려 하기 때문이다. 그렇게 해서라도 인간은 자신이 건강과 조화를 누리고 있다는 환상을 만들어 내고 싶어 한다. 겨울철이면 집에 지나친 난방을 하고, 여름이면 얼음이 얼 정도로 에어컨을 튼다. 이는 안정이 아니라 오만함일 뿐이다. 잠에 들거나 잠에서 깨어나기 위해 약을 복용하는 사람들도 있다. 이들의 삶은 탁구공처럼 왔다갔다한다. 팍샤와 프라티팍샤를 잘 관찰하여 신체·감정·정신의 모든 면에서 내적으로 조화를 이루는 법을 배우는 요가 수행자는 쳇바퀴 돌듯 돌아가는 지옥 같은 삶에서 해방되어 자연스런 세상과 조화를 이루며 살아갈 수 있다. 이런 사람은 안정되어 있기 때문에 바깥의 변화에도 얼마든지 적응할 수 있다. 아사나 수련을 통해 얻어지는 유연함은 우리가 삶의 갖가지 문제와 도전에 응하는 유연성을 갖추게 되었다는 것을 뜻한다.

우리는 팍샤와 프라티팍샤를 통해 이다·핑갈라·수슘나(세 가지의 주된 나디: 에너지의 통로)에 흐르는 에너지 사이에 균형을 맞출 수도 있다. 예를 들어 트리코나아사나(삼각형 자세)에서 장딴지 근육이 뻗는 모습을 상상해 보자. 처음에는 바깥쪽 장딴지 표면의 한쪽만 활성화되어 있거나, 한쪽은 깨어 있고 나머지 한쪽은 둔감할 수 있다. 그러면 장딴지의 가장 중심부는 전혀 깨어 있지 않은 상태이다. 그러나 그 다음에 우리는 이다의 과도한 에너지를 핑갈라와 수슘나에 보내거나 핑갈라와 수슘나의 넘치는 에너지를 이다에게 보내려고 노력하는 것과 같은 방식으로 몸을 뻗는 법을 배운다. 이러한 노력이 거듭되다 보면 세 통로의 에너지 흐름이 똑같이 조화를 이룬다.

마찬가지로 명상을 통해 몸·마음·지성 및 의식 속에서 지성을 계속 맑고 평화롭게 유지할 수 있으면 불확실한 지식이 치유된다. 하지만 명상을 통해 이러한 경지에 도달하기 위해서는 먼저 야마와 니야마의 계율을 지켜야 한다. 보다 높은 단계의 의식적 성취를 이룰 수 있는가 없는가의 여부는 야마와 니야마 수행에 달려 있다. 팍샤와 프라티팍샤를 요가의 모든 면에 혼합시키는 것이야말로 진정한 요가라 할 수 있다.

더불어 야마와 니야마는 단순히 요가의 토대만 되는 것이 아니라, 우리가 고차원적인 수행을 성취했는지 여부를 살펴볼 때 지침이 된다는 것을 강조하고 싶다. 예를 들어 명상에 능한 '신인神人'이 있다고 하자. 그가 아무리 명상에 능하더라도 야마와 니야마 수련을 소홀히 한다면, 영혼에 이르렀다는 그의 주장은 정당성을 잃을 것이다.

वितर्का हिंसादयः कृतकारितानुमोदिता लोभक्रोधमोहपूर्वका मृद मध्याधिमात्रा दुःखाज्ञानानन्तफला इति प्रतिपक्षभावनम ॥३४॥

2.34 vitarkaḥ hiṁsādayaḥ kṛta kārita anumoditāḥ lobha krodha moha pūrvakaḥ mṛdu madhya adhimātraḥ duḥkha ajñāna anantaphalāḥ iti pratipakṣabhāvanam

vitarkaḥ	미심쩍은 지식
hiṁsa	폭력의, 상해
ādayaḥ	등등
kṛta	행해진
kārita	행이 야기된, 부추겨 진, 깨우쳐진
anumoditāḥ	사주 받은, 행동을 허락받은
lobha	욕망, 탐욕

krodha	분노
moha	망상, 탐닉
pūrvakaḥ	~을 앞세운, ~가 원인이 되어
mṛdu	유약한, 경미한
madhya	중도의, 중간의
adhimātraḥ	강렬한, 날카로운
duḥkha	고통, 슬픔, 비탄
ajñāna	무지
ananta	끝없는, 무한한
phalāḥ	과보, 결과
iti	따라서
pratipakṣa	반대의 생각
bhāvanam	느낌, 휴식처

'불확실한 지식은 직접적, 간접적, 혹은 암묵적인 폭력을 불러일으킨다. 강·중·약의 세 가지 강도로 나뉠 수 있는 탐욕·분노·망상에 의해 발생하는 이러한 지식은 끝없는 고통과 무지로 이어지며, 이 고통과 무지는 내적인 성찰에 의해 끝낼 수 있다.'

부적절하거나 그릇된 행동과 사고는 끝없는 고통을 낳는다. 이러한 생각·감정·행동에는 세 가지 종류가 있으며, 강도도 강·중·약의 셋으로 나뉜다. 이것들은 직접적인 방종·무의식적인 선동·외부적인 힘이 원인이 되어 일어난다. 예를 들어 폭력은 직접적이든, 간접적이든, 암묵적이든 끝없는 무지·신체적 고통·정신적 괴로움을 낳는다. 이러한 행동은 탐욕·분노·망상이 동기가 되어 일어나는 만큼, 그와 반대되는 내적인 성찰과 올바른 사고 및 행동을 통해 고쳐질 수 있다.

이 경문에서는 요가 수행의 발전을 가로막는 잘못된 노력이나 생각이 무엇인지 상세히 설명한다.

질병·고통·고민의 종류에는 세 가지가 있다. 먼저 욕망·정욕·자만심 때문에 의도적으로 즐거움에 지나치게 탐닉하는 경우가 있다. 이를 아디야트미카 로가(ādhyātmika roga: 스스로 자초한 질병)라고 한다. 두 번째는 의도적이지 않은 버릇이나 행동에서 오는 것으로, 이는 몸의 다섯 가지 요소 및 그에 대응하는 감각이 균형을 이루지 못해서 생긴다. 이를 아디바우티카 로가ādhibhautika roga라고 한다. 마지막으로 아디다이비카 로가ādhidaivika roga는 유전이 원인이 되어 나타나는 질병으로 명백한 원인은 밝혀지지 않는다. 이 세 가지 질병 모두 강·중·약의 형태를 띨 수 있다.

파탄잘리는 불안하거나 미심쩍은 지식을 차단하기 위해서는 무엇보다 분별 기능을 실행해야 한다고 강조한다.

अहिंसाप्रतिष्ठायां तत्संनिधौ वैरत्यागः ॥३५॥

2.35 ahiṁsāpratiṣṭhāyāṁ tatsannidhau vairatyāgaḥ

ahiṁsā	비폭력, 무해함, 상해를 입히지 않음
pratiṣṭhāyāṁ	확고하게 서 있는, 견고하게 확립된
tat	그의
sannidhau	존재, 주변
vaira	증오, 적의
tyāgaḥ	버리는, 그만두는, 포기하는

'말·생각·행동에 비폭력이 확고히 자리 잡으면 공격적인 본성이 사라져 타인도 그의 존재에 더 이상 적의를 품지 않는다.'

『요가 수트라』 제2장 35~39절에서는 야마의 다섯 가지 계율을 잘 지켰을 때의 효과에 대해 설명하고 있다.

요기가 폭력의 본성을 완전히 이해하면 그는 자신의 삶에 비폭력 수련을 견고하게 확립하게 된다. 깨어 있든 꿈을 꾸든 말·생각·행동에 평화가 깃든다는 것은 모든 생명에게 호의와 사랑을 품고 있다는 표시다.

서로에게 폭력을 일삼고 적대적이던 인간과 동물들도 요기의 주변에서는 적의를 버리고 친절과 관용을 보여 준다.

सत्यप्रतिष्ठायां क्रियाफलाश्रयत्वम् ॥३६॥

2.36 satyapratiṣṭhāyāṁ kriyāphalāśrayatvam

satya	진실, 성실성, 진정성, 정직
pratiṣṭhāyāṁ	견고하게 확립된
kriyā	행동
phalāḥ	결과
śrayatvam	기저, 토대, 의존성

'수행자가 진실성을 함양하는 수련을 확립하면, 그의 말은 지극히 큰 힘을 갖게 되어 그가 하는 말은 무엇이든 실현된다.'

우리는 대부분 자신이 진실을 말한다고 생각하지만, 진실은 통합된 것이 아니라 근원적이며 세포 하나하나에 깃들어 있다. 예를 들어 우리가 '이제부터 초콜릿을 절대 먹지 않겠어.'라고 말할 때, 우리 몸의 세포 하나라도 반기를 들면 성공은 보장되지 않는다. 마음을 모아 진심으로 결심을 이야기하여 그 뜻에 반하는 세포가 단 하나도 없을 때 우리가 바라는 현실을 이룰 수 있는 것이다. 다시 말해 우리의 의도를 실제로 실행시키는 힘을 지닌 것은 우리의 마음이 아니라 바로 우리 세포 속에 들어 있는 내면의 목소리이다.

अस्तेयप्रतिष्ठायां सर्वरत्नोपस्थानम् ॥३७॥

2.37 asteyapratiṣṭhāyāṁ sarvaratnopasthānam

asteya	불투도, 남용하지 않음, 욕심 없음, 탐심을 내지 않음
pratiṣṭhāyāṁ	잘 확립된
sarva	모두
ratna	보석, 귀중품
upasthānam	접근하는, 다가가는

'남의 물건을 훔치지 않는 태도가 견고하게 확립되면 소중한 보물이 찾아온다.'

자기 것이 아닌 물건을 함부로 취하지 않는 사람에게는 모든 부가 쏟아져 들어온다. 그에게는 욕심이 없기 때문에, 노력하지 않아도 물질적으로나 비유적으로나 모든 보물 중의 보물인 덕성을 비롯한 귀중한 것이 그를 저절로 찾아온다.

ब्रह्मचर्यप्रतिष्ठायां वीर्यलाभः ॥३८॥

2.38 brahmacaryapratiṣṭhāyāṁ vīryalābhaḥ

brahmacarya	절제, 금욕
pratiṣṭhāyāṁ	잘 확립된
vīrya	에너지, 정력, 힘, 용기
lābhaḥ	얻어진, 입수된, 획득된

'수행자가 절제의 덕을 견고하게 확립하면, 지식·용기·힘·에너지가 그에게로 흘러든다.'

금욕을 실천하면 생식 에너지가 영적 에너지ojas로 바뀌면서 수행자에게서 빛이 난다.

성적 욕구의 조절이나 금욕을 뜻하는 브라마차리아의 진정한 의미를 오해하는 사람들이 많다.

성 에너지는 생명력의 가장 기본적인 표현이다. 이것은 지극히 강력하기 때문에 반드시 그것을 통제하고 내보낼 수 있는 통로를 마련해 주어야 한다. 그러나 성 에너지를 경멸해서는 절대 안 된다. 오히려 그것을 존중하고 소중히 여겨야 한다. 단순히 성 에너지를 억누르거나 짓밟으려 하는 사람은 결과적으로 자신의 기원을 모욕하는 것이나 다름없다. 물론 성적인 행동에는 윤리적인 측면이 존재하는 것이 사실이지만, 문화적 차이에 따라 다양한 행동이 용인된다. 하나의 아내만 허용하는 문화가 있는가 하면, 아내를 셋 이상까지 허용하는 문화도 있다. 히말라야의 일부 지방에서는 여자 한 사람이 남편을 여럿 거느리기도 한다. 우리가 성적으로 비윤리적이라 부르는 일들은 브라마차리아의 원칙보다는 야마의 원칙들에 어긋날 때가 많다. 가령 결혼한 남자가 결혼한 여자와 불륜을 저지르고 의심을 받자 거짓말을 하는 경우를 가정해 보자. 이때 그로 인해 고통을 받은 사람이 있다면 그는 아힘사의 원칙을 거스른 것이고, 거짓말로는 사트야의 원칙을, 다른 사람의 아내를 취한 것은 아스테야의 원칙을, 욕심을 부린 것은 아파리그라하의 원칙을 저버린 것이 아니겠는가? 그에 비하면 성적인 방종 자체는 별 것 아닌 것처럼 보인다.

요기는 금욕을 완전히 실천할 수도 있고, 그렇지 않을 수도 있다. 위대한 요기 바시스타는 자식을 백 명이나 두었지만 브라마차리로 불렸다. 옛날의 요기들은 별과 행성의 합合을 잘 관찰하여 가장 상서로운 날을 골라 아이를 가졌다. 절제나 금욕을 한다고 해서 결코 즐거움을 향유하는 것에 모순되는 것은 아니다. 오히려 절제와 금욕은 더 강도 높게 즐거움을 향유하게 한다. 브라마차리아를 어겼다고 말할 수 있는 때는 오로지 감각적 즐거움만을 추구했을 때이다.

생명력은 성적으로도 표출되지만 우리의 감정에 온기를 불어넣어 주고, 지성을 열정으로 빛나게 하며, 우리의 이상을 추구할 수 있게 해 주기도 한다. 우리의 육체의 본질이 정자나 난자인 것처럼, 우리의 영적인 본질은 영혼이다. 이 둘은 서로 협동하는 관계에 있어야 한다. 푸루샤와 프라크르티가 창조적인 관계에 놓여야 자유의 경지에 이를 수 있기 때문이다. 절제는 메마른 거부가 아니라, 해방의 긍정적인 과정이다. 옛날 위대한 요기들은 대부분 가정을 가졌다. 우리는 생명력을 주의 깊게 이용하고 조절하는 법을 배워야 한다. 거기서 얻은 에너지로 생식 이외의 다른 목표로 나아갈 수 있기 때문이다. 또한 명심해야 할 것은 브라마차리아를 수련하는 사람의 생식 활동은 아무 생각 없이 문란한 성생활을 하는 사람보다 한층 더 높은 수준에 있다는 것이다.

사춘기 청소년들이 종교나 교육을 통해 절제를 배우는 것도 브라마차리아라고 할 수 있다. 사춘기 시절에 발산되는 엄청난 에너지를 제어하지 않으면 원만하게 성장할 수 없기 때문이다. 남자아이든 여자아이든 생물학적으로 성숙하자마자 성생활에 빠져들게 되면, 자신이 인간으로서 지닌 잠재력 대부분을 잃어버리고 만다.

무언가를 성취하고자 할 때는 전념, 탐구, 그리고 이상주의적 동기가 필요하다. 만일 어린 시절 방탕한 생활로 자신이 가진 집중된 에너지의 원천을 허무하게 낭비해 버리면 나중에 그것을 다시 회복하는 데 엄청난 어려움을 겪을 수밖에 없을 것이다. 자제력 부족은 절망·낙담·우울증으로 이어진다. 하지만 에너지가 풍부하고 통제가 잘 이루어지면 우리 마음은 희망과 자신감을 가지고 자연스럽게 고상한 생각으로 향하게 된다.

अपरिग्रहस्थैर्ये जन्मकथंतासंबोधः ॥३९॥

2.39 aparigrahasthairye janmakathaṁtā saṁbodhaḥ

aparigraha	가진 것 없이, 소유물 없이, 선물을 받지 않음
sthairye	안정되어, 안정된
janma	출생
kathaṁtā	어떻게, 어떤 방식으로, 어찌하여
saṁbodhaḥ	지식, 망상

'소유욕에서 자유로워지면 전생과 내생에 대해 훤히 알게 된다.'

분에 넘치는 물건을 갖지 않고, 욕심을 버리고 안정된 생활을 하는 사람은 삶의 참된 의미를 깨닫게 되고, 모든 삶이 그의 앞에 펼쳐진다.

일생 동안 청빈하게 살면 자신의 전생과 내생을 거울 들여다보듯 환하게 알 수 있다. 속세에 대한 포부를 버린 수행자를 산스크리트어로 크르타르탄(kṛtārthan: 행복하고 만족한 사람)이라고 한다.

아파리그라하는 단순히 무소유나 선물을 받지 않는 것만 의미하는 게 아니라 경직된 생각에서 자유로워지는 것도 의미한다. 자신의 생각을 끝까지 고집하는 것 역시 일종의 소유이므로, 물질과 함께 생각도 버릴 수 있어야 한다. 그렇지 않으면 그러한 생각들이 의식에 강한 인상을 남기고 그것이 씨앗이 되어 내생에 발현된다. 수행자가 생각·말·행동에 있어 완전히 청정하고 명징해질 때까지 윤회는 계속된다.

아파리그라하는 야마 중 가장 높은 수준의 것으로 이에 통달하기란 무척 어렵다. 하지만 아무리 어려워도 노력을 되풀이하여 반드시 '나는 무엇인가?'와 '나는 무엇을 위해 존재하는가?'에 관한 순수한 지식을 얻을 수 있어야 한다.

이러한 분별력 있는 사고를 통해 우리는 현생을 살면서 내생에 대한 계획을 세울 수 있다. 파탄잘리가 아파리그라힌aparigrahin에게 내생의 일이 펼쳐진다고 한 것은 바로 이런 맥락에서이다.

शौचात्स्वाङ्गजुगुप्सा परैरसंसर्गः ॥४०॥

2.40 śaucāt svāṅgajugupsā paraiḥ asaṁsargaḥ

śaucāt	청결을 통해, 순수함을 통해
sva	자아
aṅga	팔다리, 몸

jugupsā 비난, 혐오, 증오, 경계심을 가진, 질색
paraiḥ 타인과 함께
asaṁsargaḥ 비접촉, 비교류

'몸과 마음이 청결하면 자기만족을 위해 남과 접촉하는 일에 관심을 갖지 않게 된다.'

순수와 청결은 몸을 보호하고 그것을 관조자의 안락한 거처로 만든다. 따라서 몸은 더 이상 감각적 즐거움을 추구하지 않게 되고 다른 몸과의 접촉도 피하려는 경향을 띤다.

『요가 수트라』 제2장 40~45절에서는 니야마의 다섯 가지 덕목을 실천했을 때의 효과에 대해 설명하고 있다.
수행자는 몸이 썩어 없어지는 것임을 인정하면서도, 그 때문에 몸에 혐오감을 느끼지 않고 오히려 그 안에 거주하는 푸루샤를 존중하는 마음으로 그것을 깨끗하고 순수하게 관리한다. 이렇게 수행자는 몸을 신성한 사원으로 높인다(2장 43절 참조).
사원이나 교회를 매일 깨끗이 청소하듯이, 영혼의 사원인 내면의 몸도 아사나와 프라나야마 수련을 통해 항상 피를 넉넉하게 공급하여 청결하게 해 주어야 한다. 그로써 우리 몸은 신체적·생리적·지성적으로 정화된다. 자기만의 지성을 가진 몸은 자신의 잠재력을 발달시켜 행동 유형에 변화를 일으킨다. 그러면 수행자는 감각적 욕망에서 벗어나게 되어 몸의 주인인 영혼을 향해 나아갈 수 있다. 따라서 사우차는 몸을 영적 지혜를 얻는 적절한 도구로 만드는 역할을 한다.

सत्त्वशुद्धिसौमनस्यैकाग्र्येन्द्रियजयात्मदर्शनयोग्यत्वानि च ॥४१॥

2.41 sattvaśuddhi saumanasya aikāgrya indriyajaya ātmadarśana yogyatvāni ca

sattvaśuddhi	의식의 본질이 지닌 순수성
sau	쾌활한, 즐거운, 자비로운
manasya	마음
ekāgra	집중, 고정
indriya	지각력 및 행위력
jaya	제어된, 정복된
ātma	자아, 영혼
darśana	지식, 보이는 것
yogyatvāni	보기 좋은 상태
ca	그리고 또한

'몸이 청결해지고, 마음이 순수해지며, 감각이 제어되면, 내면의 자아를 깨닫는데 필요한 기쁨에 가득 찬 각성 또한 찾아온다.'

청결을 통해 정화된 몸은 관조자의 사원이 되면서 자신에 대한 각성의 기쁨을 느낀다.

의식이 쾌활하고 자비로워질 때 수행자는 영혼을 알고 그 모습을 볼 준비가 된 것이다.

संतोषादनुत्तमः सुखलाभः ॥४२॥

2.42 saṅtoṣāt anuttamaḥ sukhalābhaḥ

saṅtoṣāt	만족으로부터
anuttamaḥ	능가할 수 없는, 따라잡을 수 없는, 최고의, 훌륭한
sukha	기쁨, 행복
lābhaḥ	얻다

'의식의 만족과 자비심에서 최고의 행복을 얻을 수 있다.'

몸을 청결하게 하면 만족감을 얻을 수 있다. 청결과 만족이 함께 작용하여 발생한 타파스의 불꽃에 의해 수행자는 지식의 불을 향해 나아갈 수 있는 힘을 얻는다. 이는 수행자가 집중의 올바른 길을 걷고 있음을 보여 주는 증거로, 이 획기적인 변모를 통해 수행자는 진아를 탐구하여(스바드야야) 내면을 들여다 볼 수 있게 되고 나아가 신성을 향할 수 있게 된다.

कायेन्द्रियसिध्दिरशुद्धिक्षयात्तपसः ॥४३॥

2.43 kāya indriya siddhiḥ aśuddhikṣayāt tapasaḥ

kāya	몸
indriya	감각
siddhiḥ	성취, 힘
aśuddhi	불순물

kṣayāt　　파괴

tapasaḥ　　헌신적인 금욕, 완전을 이루겠다는 타오르는 열망, 모든 불순물을 태워 없애는 것, 자기 단련

'고행(타파스)은 불순물을 태워 없애고 신성의 불꽃이 타오르게 한다.'

고행을 통해 온갖 불순물이 파괴되고, 몸·마음·감각이 완전해져 의식은 그 기능을 자유롭게 발휘하고 신성을 얻는다.

타파스를 빼놓고는 아힘사를 올바로 이해할 수 없다. 타파스는 곧 내면의 힘사(폭력)로, 이에 의해 외적인 아힘사의 가능성이 만들어진다. 아힘사는 홀로 존재할 수 없다. 보완적인 힘이 반드시 존재해야 한다. 마하트마 간디도 자기 자신에게 혹독했기에 강력한 평화 운동을 통해 제국을 움직일 수 있었다. 폭력이란 말은 타파스에 대해 지나치게 강한 말이 될 수 있지만, 타인을 기꺼이 용서하고 자비심을 가질 수 있도록 흔들리지 않는 내면의 강인함을 기르려면 그 정도로 불타는 내적인 열정과 엄격함이 필요하다.

स्वाध्यायादिष्टदेवतासंप्रयोगः ॥४४॥

2.44 svādhyāyāt iṣṭadevatā saṁprayogaḥ

svādhyāyāt　　진아의 앎에 이르는 탐구에 의해, 진아에 대한 탐구 혹은 경전 독송

iṣṭadevatā	갈망하는 신성
saṁprayogaḥ	합일, 교감, 신성과 교감하는 것

'진아에 대한 탐구는 신에 대한 깨달음 혹은 자신이 바라는 신성과의 교감으로 이어진다.'

진아를 공부하는 길에는 두 가지가 있다. 그것은 피부에서 내면의 여러 겹을 거쳐 관조자를 향해 들어가는 길과 관조자로부터 그가 머무는 가장 바깥 겹으로 나오는 길이다. 비록 의식이 몸 안에 존재하기는 하지만 이것은 아사나와 프라나야마 수련을 통해 연결되어져야 한다. 아사나와 프라나야마 수련을 하는 동안에는 지성이 다리의 역할을 하여 신체의 각성을 존재의 핵심과, 또 반대로 존재의 핵심을 신체의 각성과 연결시킨다. 이렇게 연결 기능을 가진 지성만이 몸·마음·영혼이 조화를 이루게 하고 최고의 영혼Iṣṭadevatā과 가까워지게 한다.

전통적으로 스바드야야는 경전 공부나 '옴'을 외운 후에 이어지는 진언 염송이라고 알려졌다(1장 27~28절 참조). 이때 수행자는 자신의 수호신이나 소원을 들어주는 그가 선택한 신의 모습을 보게 된다.

समाधिसिध्दिरीश्वरप्रणिधानात् ॥४५॥

2.45 samādhisiddhiḥ Īśvarapraṇidhānāt

samādhi	몰입, 깊은 명상, 초의식
siddhiḥ	성취, 성공

Īśvara	신
praṇidhānāt	귀의하여, 단념하여, 몰두하여

'신에게 귀의함으로써 사마디가 완성된다.'

수행자의 지성이 맑아지고 신에게 귀의하겠다는 생각이 강렬해질 때 그는 비로소 사마디에 들어가게 된다. 신을 안식처로 삼는 이에게 사마디의 힘이 찾아온다.

신에게 귀의함으로써 수행자는 자신을 옭아매고 있는 세속적인 욕망에서 자유롭게 해방되어, 감각적 욕망을 제어하고 자신의 내면에 그 무엇보다 강한 몰입의 힘을 기르게 된다(1장 16절; 4장 29절 참조).

स्थिरसुखमासनम् ॥४६॥

2.46 sthira sukham āsanam

sthira	확고한, 고정된, 안정된, 단호한, 오래도록 지속되는
sukham	행복, 기쁨
āsanam	자세, 좌법

'아사나란 신체를 완벽하게 굳건히 하고, 지성을 안정되게 하며, 영혼을 자비롭게 만드는 것이다.'

『요가 수트라』 제2장 46~48절은 아사나와 아사나 수련의 효과에 대해 정의한다.

아사나는 다음과 같이 정의되고 있다. 우리는 어떤 종류의 아사나를 행하든 몸에서는 굳건함·안정·인내심을, 머리의 지성에서는 선의를, 가슴의 지성에서는 각성과 기쁨을 느껴야 한다. 각 아사나 자세를 이렇게 이해하고 수련하고 경험해야만 진정한 아사나 수련이라 할 수 있다. 아사나 수련은 수행자에게 기운을 주고 각성의 빛을 발하게 할 수 있어야 한다.

어떤 이들은 이 경문을 아사나 수련에서 자신이 편안함을 느끼는 자세라면 어떤 것이든 좋다는 뜻으로 해석한다. 만일 그렇다면 그런 아사나는 즐거움의 아사나(보가 아사나)이지 요가 아사나라 할 수 없다. 이 경문은 완전한 경지에 이른 아사나를 정의하고 있다. 파탄잘리는 『요가 수트라』의 첫 부분부터 완전한 경지에 이르기 위해서는 최고의 집중력이 필요하다고 했다. 이러한 단련과 집중은 아사나 자세 하나하나에 적용되어야 한다. 그래야 인체의 말단 부분까지 깊이 있게 관통해 들어갈 수 있다. 심지어 명상을 위한 아사나 자세일지라도 근섬유·세포·관절·근육이 마음과 협력하는 가운데 수행되어야 한다. 아사나를 이렇게 수련하지 않으면 아사나에 활력이 없어지고 수행자는 요기가 아닌 로기(rogi: 병에 걸린 사람)가 되고 만다.

또한 오로지 아사나를 명상을 위해 취하는 앉는 자세라고만 생각해서도 안 된다. 아사나를 몸의 단련을 위한 자세와 명상에 이용되는 자세로 나누는 사람들도 있다. 하지만 어떤 아사나 자세에서든 몸을 조정하고 마음을 단련시켜야 견고한 몸과 고요한 마음 상태를 보다 오래도록 지속시킬 수 있다. 아사나 수련을 할 때는 근육의 회전축이나 피부 세포 등을 공격적으로 대해서는 안 된다. 또 근육과 피부 사이에 공간이 생기게 해 피부가 근육·관절·인대의 움직임을 수용하게 해야 한다. 그러면 피부는 두뇌·마음·지성에 메시지를 보내고, 여기에서 자세가 올바른지를 판단한다. 이런 방식으로 아사나 수련에 야마와 니야마의 원칙이 적용되고, 동작과 성찰이 조화를 이룬다. 또한 다양한 아사나 동작의 수련으로 신경 체계가 정화되어 에너지가 신경계를 막힘없이 흐르게 되며, 프라나야마 수련을 하는 동안에 에너지가 몸에 분배될 수 있게 된다.

일반적으로 마음은 영혼보다는 몸이나 행위력과 지각력에 더 가까이 있다. 아사나가 정교해짐에 따라 지성이 존재의 핵심을 관통하도록 단련되기 때문에 아사나는 자연스럽게 명상적인 성격을 가지게 된다.

각 아사나 자세는 다섯 가지의 기능, 즉 능동적·인지적·정신적·지성적·영적 기능을 가진다. 능동적 행은 행동 기관이 활동하는 것을 말하고, 인지적 활동이란 그 행동의 결과를 인식하는 것을 말한다. 이 둘이 합쳐지면 마음의 분별 기능이 일어나 행동 기관과 인식 기관을 이끌어 보다 정확하게 아사나 동작을 행하도록 한다. 그러면 에너지와 각성의 흐름이 리듬을 타고 막힘없이 고르게 몸 전체의 통로를 통해 몸 바깥층을 향하는 동시에 몸 중심을 향해 흐르게 된다. 그러면 몸·마음·영혼이 하나가 되어 세포와 마음속에서 순수한 기쁨의 상태를 느낄 수 있다. 이것이 바로 아사나 수련 중 발현된 다라나와 디아나이다.

『요가 수트라』제3장 1~2절에서 다라나와 디아나를 설명할 때, 파탄잘리는 올바른 아사나 수련에 대해 아름답게 묘사한다. 그에 의하면 '몸 바깥이나 몸 내부의 정해진 곳에 주의를 집중시키는 것을 응념(다라나)이라 한다. 이런 강한 각성 상태를 계속 유지하면 한 지점으로 향해지는 집중이 특정한 대상이 없는 집중이 된다. 수련자의 의식과 수련 사이에 존재하는 집중된 각성이 깨어지지 않을 때, 그것을 디아나라 한다.' 『요가 수트라』 제2장 48절에서 파탄잘리는 아사나 수련이 올바로 이루어지면 이원성이 사라진다고 말하는데 그것은 분명 아사나 수행에서 발현된 다라나와 디아나의 상태를 일컫는 것이다.

(『요가 수트라』 1장 20절과 『요가 디피카』에 보다 자세한 설명이 나와 있다.)

प्रयत्नशैथिल्यानन्तसमापत्तिभ्याम् ॥४७॥

2.47 prayatna śaithilya ananta samāpattibhyām

prayatna	끈질긴 노력, 지속적인 노력, 노고
śaithilya	게으름, 이완
ananta	끝없는, 가없는, 영원한, 무한한
samāpattibhyām	원래의 형상을 취한, 완성, 결론

'인위적인 노력이 그치고 내면의 무한한 존재에 도달하게 되면 아사나의 완성이 성취된다.'

인위적인 노력이 그치고 무한한 평정이 스며들어 유한한 방편인 몸이 관조자와 하나가 되었을 때 비로소 아사나의 완성이 이루어진다.

더 이상 불굴의 노력이 필요하지 않게 되었을 때 수행자가 자세에서 확고함을 얻었다고 볼 수 있다. 이러한 안정감 속에서 그는 각 아사나 자세를 생리학적 측면에서 이해하여 내면으로 관통해 들어가 몸의 가장 미세한 부분에까지 도달하게 된다. 그때 그는 이완의 기술을 익혀 몸과 의식을 굳건히 유지하면서 확장시킬 수 있다. 이런 방식으로 수행자는 민감한 마음을 기르며, 이러한 민감함을 통해 자기의 사고 능력을 단련시켜 읽고 탐구하여 무한자를 관통한다. 이제 그는 더 이상 분할될 수 없으면서 우주에 두루 존재하는 가없는 '하나'의 상태에 녹아든다.

어떤 사람들은 단순히 신에게 귀의하기만 하면 아사나에 통달할 수 있다고 말한다. 하지만 어떻게 그럴 수 있겠는가? 요가 수행을 할 때 우리는 날카로운 면

도날 위에 서 있는 것이나 다름없기 때문에 반드시 끈기와 민감한 의식, 그리고 통찰력을 가지고 아사나를 완성해야 한다. 그렇지 않으면 계속 둔감한 상태로 남아 발전을 이룰 수 없다. 신에게 귀의하면 우리의 삶과 노력에서 오는 스트레스를 어느 정도 잊을 수 있고 또 아사나를 완성시켰을 때도 겸허해질 수 있도록 인도되겠지만, 신에게 귀의하는 것만으로 우리가 완전해지는 것은 아니다.

수행자가 그러한 균형 상태에 이르렀을 때 몸과 지성 모두에서 집중·확장·융합·이완을 동시에 체험하게 되고, 몸과 마음은 비로소 영혼과 하나가 된다. 이는 수행자가 즐거움과 고통·수축과 확장·더위와 추위·명예와 수치의 이원성에서 벗어났다는 표시이기도 하다.

아사나의 완성을 통해 우리는 때묻지 않은 지고의 행복을 맛볼 수 있다.

ततो द्वंद्वानभिघातः ॥४८॥

2.48 tataḥ dvandvāḥ anabhighātaḥ

tataḥ	저것으로부터, 그러면
dvandvāḥ	이원성, 상호 대립
anabhighātaḥ	방해가 사라짐

'그때부터 수행자는 이원성의 방해를 받지 않는다.'

아사나 수련의 결과 몸과 마음, 마음과 영혼 사이의 구별이나 이원성은 사라진다. 몸·마음·영혼이 하나가 된 수행자에게는 더 이상 어떤 이원성도 존재하지 않는다.

완전한 아사나 자세에서 몸·마음·영혼이 하나가 되면 수행자는 지복의 상태에 들어간다. 이렇게 고양된 상태에서는 이분법적 인식의 뿌리인 마음이 정체성을 잃어 더 이상 수행자를 괴롭히지 않는다. 몸과 마음 그리고 마음과 영혼 사이에 합일이 이루어지는 것이다. 더 이상 기쁨이나 슬픔, 더위나 추위, 명예나 수치, 고통이나 즐거움은 존재하지 않는다. 이것이 행의 완성이고 의식의 자유이다.

तस्मिन्सति श्वासप्रश्वासयोर्गतिविच्छेदः प्राणायामः ॥४९॥

2.49 tasmin satiśvāsa praśvāsayoḥ gativicchedaḥ prāṇāyāmaḥ

tasmin	이것에 대해
sati	성취되는
śvāsa	들숨
praśvāsayoḥ	날숨
gati	움직임, 동작, 길, 경로, 방법
vicchedaḥ	그침, 중지, 방해
prāṇāyāmaḥ	(prāṇa=호흡, 생명력. āyāmaḥ=상승, 확장 및 신장 혹은 길이, 넓이 및 둘레) 호흡의 조절, 호흡 조절을 통해 생명력이나 원기를 증대시키는 것

'프라나야마는 호흡 보유와 더불어 들숨과 날숨의 흐름을 조절하는 것을 가리킨다. 프라나야마는 반드시 아사나에 통달한 이후에만 수련할 수 있다.'

『요가 수트라』 제2장 49~53절에서는 프라나야마 수련과 그 효과에 대해 설명한다.

요가의 네 번째 요소인 프라나야마는 인체에 비유하면 심장에 해당된다.

여기서 한 가지 흥미로운 점은 수행자가 아사나에 완전히 통달한 후에 프라나야마 수련에 들어가야 한다는 점을 파탄잘리가 분명하게 지적하고 있다는 것이다. 요가 수행의 사다리를 타고 오를 때 반드시 순서를 지켜야 한다는 언급은 이때 처음으로 등장하며, 요가의 나머지 요소에 대해서는 이렇게 순서를 따로 정하지 않는다.

평소 우리의 호흡은 통제되지 않고 불규칙하다. 호흡의 그러한 양태를 잘 관찰하여 리듬에 따라 들숨과 날숨 및 호흡 보유를 조절할 수 있도록 마음을 제어하는 것이 바로 프라나야마 수련이다.

프라나란 스스로 에너지를 발산하는 힘으로 우주라는 형태 안에 자기장을 만들어 그것과 상호 작용하면서 그것을 계속 유지시키기도 하고, 다음의 창조를 위하여 파괴시키기도 한다. 프라나는 모든 차원에서 우주는 물론 각 개별자들에게도 스며들어 있다. 그것은 신체의 에너지로 작용하기도 하고, 마음이 정보를 수집할 수 있게 하는 정신적 에너지로 작용하기도 한다. 또 분별 기능을 지닌 지적 에너지로도 작용하여 모은 정보를 검증하고 걸러 낸다. 동일한 이 프라나가 성 에너지나 영적 에너지, 우주의 에너지로도 작용한다. 우주 안에서 진동하는 모든 것, 즉 열기·빛·중력·자력·활기·힘·생명력·전기·생명·영혼은 모두 프라나의 온갖 형태들이다. 프라나는 우주가 지닌 성격으로 모든 존재와 비존재 속에서 강력한 힘을 발한다. 프라나는 모든 활동을 일으키는 가장 주된 힘이며 생명력의 보고이다.

스스로 에너지를 내는 이 힘은 삶과 의식의 원리이다. 프라나는 우주의 만물을 생겨나게 한다. 모든 존재가 프라나를 통해 생겨나고 또 프라나에 힘입어 살아간다. 그들이 죽으면 그들 각자의 숨은 우주의 숨 속으로 녹아 들어간다. 프라나는 삶이라는 수레바퀴의 중심축일 뿐 아니라 요가의 중심축이기도 하다. 모든 것은 프라나 속에 형성되어 있다. 프라나는 삶에 스며들어가고, 태양·달·구름·바람·

비·흙 등 우주의 모든 물질을 만들어 낸다. 프라나는 존재sat이기도 하고 비존재asat이기도 하다. 인간을 포함한 모든 것 혹은 모든 존재는 프라나에서 휴식을 찾는다. 프라나는 근본적인 에너지로 모든 지식의 근원이다.

프라나(에너지)와 치타(의식)는 늘 접촉을 하고 있다. 둘은 쌍둥이 형제와 같다. 프라나는 치타가 자리한 곳에 집중되고, 치타도 프라나가 있는 곳에 집중된다. 요가 문헌에 의하면 호흡이 정지될 때 프라나도 정지하고 따라서 의식도 고요해진다고 한다. 프라나와 치타가 안정되고 고요해지면 모든 진동과 동요가 고요히 가라앉는다.

지혜로운 요가 수행자들은 호흡과 의식 사이의 이러한 연결을 잘 연구하여 에너지와 의식을 안정시키기 위한 프라나야마 수련을 적극 추천하였다.

프라나야마란 말은 '프라나prāṇa'와 '아야마āyāma', 두 부분으로 이루어져 있다. '프라나'는 스스로 에너지를 내는 힘으로 몸을 감싸 안는다. '아야마'는 뻗음·신장·확장·길이·넓이·조절·늘임·제어를 의미한다. 스스로 에너지를 내는 이 힘이 몸을 감싸서 그것을 늘리고 확장하고 제어하는 것이 바로 프라나야마인 것이다.

『쉬리마드 바가바탐Śrīmad Bhāgavatam』에 대양을 휘저어 '불멸의 영약'을 얻는 이야기가 나온다. 이어서 나오는 많은 내용을 담은 설명을 통해 알게 되겠지만 이 이야기는 프라나야마 수련 중에 인체에 어떤 일이 일어나는가를 상징적으로 표현하고 있다.

머나먼 옛날 데바(천신)들은 아수라(악마)들의 강대한 힘에 놀라 악이 선을 지배하게 될지도 모른다는 두려움에 사로잡혀 시바 신과 브라흐마 신, 인드라 신을 찾아갔다. 데바들의 청에 의해 이 신들은 전 우주의 수호자인 비쉬누 신을 찾아가 도움을 구했다.

비쉬누 신은 대양을 휘저어 그 안에 숨어 있는 불멸의 영약amṛta을 꺼내는 것이 좋겠다고 했다. 그는 영약의 효과를 악마들에게도 얘기해 그들도 대양을 휘젓는 일에 동참하도록 설득하라고 데바들에게 일렀다. 그러면 나머지 일은 자신이 알아서 하겠노라고 했다.

데바들과 악마들은 메루 산을 대양을 휘젓는 막대기로 삼고, 비쉬누 신을 태우고 다니는 뱀인 아디셰사 신을 산을 빙빙 돌리는 데 쓸 밧줄로 사용하기로 했다.

신들과 악마들은 초목·담쟁이덩굴·약초 등 온갖 식물을 모아 그것을 원료로 삼아 대양 속에 넣고 생명의 영약을 만들기 위해 휘젓기 시작했다.

아유르베다에서는 인체가 일곱 가지 물질dhātus과 세 가지 체액doṣas으로 이루어져 있다고 본다. 일곱 가지 물질은 몸을 지탱하는 역할을 하는 것들로, 유미(乳糜: rasa), 피rakta, 살māṁsa, 지방meda, 뼈asthi, 골수majjā, 정액śukra이다. 이 물질들을 통해 인체는 면역 기능을 갖춰 감염과 질병으로부터 보호를 받는다. 이것들이 프라나야마 수련을 통해 하나로 합쳐지면 생명의 영약이 만들어지는 것이다.

이 이야기에 등장하는 메루 산은 척추 기둥을 나타낸다. 인체에서는 척추가 거품기처럼 호흡을 휘저어 에너지를 만들어 내는 역할을 한다. 그리고 아디셰사 신은 수슘나를 상징한다. 호흡을 할 때 척추를 조정하는 밧줄 역할을 하는 것이 바로 수슘나이다. 아디셰사 신의 머리와 꼬리는 각각 핑갈라와 이다 나디(에너지 통로들)를 상징하고 이 통로를 통해 들숨과 날숨이 오르내린다.

서양 의학 용어로 보면 이다는 부교감 신경에 해당되고, 핑갈라는 교감 신경에 해당되며, 수슘나는 중추 신경계에 해당된다. 아디셰사 신이 대양을 휘젓는 밧줄로 사용된 것처럼, 인체 내에서는 들숨과 날숨이 중추 신경계라는 밧줄의 양쪽 끝 역할을 한다. 막대기로 표현된 척추는 호흡을 휘저어 에너지를 생성시키고, 그것을 척추에 있는 일곱 개의 방(차크라)에 저장한다. 즉 이것들이 모두 함께 들숨과 날숨을 휘저어 프라나라고 하는 원기를 생산하는 것이다.

다시 본래의 이야기로 돌아오면, 대양을 휘젓기 시작하자 메루 산은 바다 깊숙이 가라앉았다. 비쉬누 신은 쿠르마(거북이)로 화한 후 바다에 가라앉은 산 밑으로 기어 들어가 그것을 바닥에서부터 번쩍 들어 올리고 휘젓기가 계속되도록 산을 떠받쳤다. 그러자 바다 속에서 여러 가지 보물이 나오기 시작했고, 맨 마지막에 나온 것이 불멸의 영약amṛta이었다.

푸루샤 혹은 영혼은 비쉬누 신을 상징하고 몸은 프라크르티 혹은 자연을 상징한다. 몸은 생성의 샘이 되고 몸을 지배하는 신은 생성의 원동력이 된다. 아트만은 횡격막을 들어올려 위에 떠 있게 하는 거북이 역할을 하여 호흡이 몸의 내부 요소들(흙·물·불·공기·에테르)과 일곱 가지 구성 물질(유미·피·살·지방·뼈·골수·정액), 그리고 열 가지 생명력(프라나prāṇa·아파나apāna·사마나samāna·우다나udāna·브야나vyāna·나가nāga·쿠르마kūrma·크르카라kṛkara·데바다타devadatta·다남자야dhanaṁjaya)과 계속 접촉하게 해 준다.

이 일곱 가지 물질 및 열 가지 생명력과의 접촉을 통해, 그리고 관조자, 척추, 호흡의 도움을 받아 몸 안에서 생명력의 영약이 만들어진다. 이 프라나를 현대의 용어로는 생체 에너지라 한다. 프라나는 스스로 에너지를 내는 힘이므로, 프라나야마 수련을 하면 더 많은 힘을 낼 수 있다.

대양을 휘저어 처음으로 나온 것은 할라할라halāhala라고 하는 독이었다. 이것이 나오자 시바 신이 입안에 넣어 삼켜 버렸다. 이 독약을 몸 안에 흡수해도 괜찮은 것은 시바 신뿐이었기 때문이다. 이 할라할라는 숨을 내쉴 때 나오는 독소를 상징한다.

생명의 영약은 다섯 가지의 주요 요소가 원료가 되어 만들어진다. 흙은 생성의 토대 역할을 하고, 에테르는 에너지를 분배하는 역할을 한다. 공기는 숨을 들이쉬고 내쉴 때 활성화된다. 이 호흡이 원래 상극을 이루는 물과 불을 휘저어 혼합물을 만들면 생체 에너지라고 알려진 전기 에너지가 만들어진다. 산스크리트어로 이를 '오자스ojas'라고 하는데, 영혼의 광채라는 뜻이다.

인체 내에 프라나를 만들고 분배하는 과정은 전기 에너지를 만들어 돌리는 과정과 비슷하다. 고여 있는 물은 썩기 마련이다. 하지만 흐르는 물은 생명력을 불어넣는 역동적인 힘을 가지고 있다. 미약한 힘으로 흐르는 물에서는 전기가 만들어질 수 없다. 저수지를 만들어 떨어지는 물로 터빈을 돌려 스피드와 힘을 가하면 에너지가 만들어진다. 떨어지는 물이나 수증기에서 나오는 에너지는 자기장 내에서 터빈을 회전시켜 전기를 만든다. 그리고 전압이나 전류를 조절하는 변압기에 의해 전력이 단계적으로 강해지거나 약해지게 된다. 이제 전기는 전선을 통해 전달되어 도시의 불을 밝히고 기계를 돌린다. 여기서 프라나는 떨어지는 물 혹은 피어오르는 증기에 해당한다.

가슴 부위는 자기장에 해당한다. 프라나야마 수련을 하면 근방추체들이 터빈 역할을 하여 몸 안에 들어온 에너지를 폐 구석구석까지 보내 에너지를 만들어 낸다. 이렇게 만들어진 에너지는 척추에 자리를 잡고 변압기 역할을 하는 일곱 개의 차크라에 저장된다. 흉부의 공동空洞에서 만들어지는 이 에너지는 전기와 같다. 이 에너지가 차크라를 오르내리면서 순환계와 신경계의 전달 통로를 통해 온몸에 분배된다.

요기들이 프라나야마 수련을 발견한 것은 이렇게 몸 안으로 들어온 에너지를 최대한 활용하여 인체의 전반적인 시스템을 유지하기 위해서였다. 즉 호흡계·순환계·신경계·소화계·배설 기관·생식기 등이 최고의 효율성을 발휘하며 조화로운 기능을 할 수 있게 한 것이다.

프라나야마 수련에서는 융단처럼 콧구멍을 덮고 있는 점막이 콧속으로 들어오는 호흡을 여과하고 정화하는 역할을 한다. 숨을 밖으로 내보낼 때는 충분히 시간을 할애해서 몸 안에 들어온 에너지를 인체가 잘 흡수할 수 있도록 해야 한다. 그래야만 호흡이 혈액과 한데 섞일 수 있다. 이렇게 해서 깨끗해지고 화학 물질 및 호르몬으로 가득 찬 피를 '보석으로 가득 찬 물질', '혈액의 보석ratna pūrita dhātu'이라고 한다.

이렇게 흡수되고 재흡수된 에너지를 완전히 활용하면 우리는 건강한 몸, 맑은 마음, 고요한 영혼을 지닌 채 백 세가 될 때까지도 살 수 있다. 프라나야마 수련을 위대한 과학이자 기술이라고 하는 것은 바로 이 때문이다.

(3장 40절의 주석 및 『요가 디피카』, 『요가 호흡 디피카』, 『The Tree of Yoga』 참조)

बाह्याभ्यन्तरस्तम्भवृत्तिर्देशकालसंख्याभिः परिदृष्टो दीर्घसूक्ष्मः ॥५०॥

2.50 bāhya ābhyantara stambha vṛttiḥ deśa kāla saṁkhyābhiḥ paridṛṣṭaḥ dīrgha sūkṣmaḥ

bāhya	외적인
ābhyantara	내적인
stambha	제어, 정지, 휴지
vṛttiḥ	움직임
deśa	장소
kāla	시간, 기간
saṁkhyābhiḥ	숫자, 정확성, 미세함, 성찰, 숙고
paridṛṣṭaḥ	조절된, 측정된
dīrgha	공간적으로나 시간적으로 긴, 확장, 높은
sūkṣmaḥ	미묘한, 부드러운, 미세한, 섬세한, 정교한

'프라나야마의 움직임은 길고 미세한 들숨, 날숨, 호흡의 보유 등 세 가지로 이루어진다. 이 세 가지 모두 지속 시간과 장소에 따라 정확하게 조절되어야 한다.'

프라나야마에서 가장 중요한 세 요소는 잘 제어된 들숨, 날숨, 호흡의 보유이다. 이 세 가지 모두는 수행자의 수련 능력에 따라 실행되고, 늘여지며, 정련되어야 한다. 이 세 요소는 장소(deśa: 여기에서는 상반신을 가리킨다), 호흡의 길이kāla, 정확성saṁkhyā을 잘 고려해서 관찰해야 한다.

프라나야마에서 보유는 두 종류로 나뉜다. 보유란 들숨이나 날숨 이후에 호흡의 흐름을 잠시 끊는 것을 말한다. 폐활량(데샤)과 호흡의 길이 및 조절(칼라), 그리고 수행자의 정련된 정도와 섬세한 정도를 잘 생각해서 호흡의 움직임 및 그 사이의 간격을 조절하고 늘이는 것이 관건이다. 리듬에 따라 조절paridṛṣṭa해서 수련에 조화가 생기면 프라나야마에 통달할 수 있다.

날숨bāhya vṛtti·들숨antara vṛtti·보유stambha vṛtti 등 호흡의 조절에 초점을 맞추는 것prāṇa vṛtti은 호흡 자체에 집중하는 것이기 때문에 사비자(유종) 프라나야마라고 한다.

들숨은 존재의 핵심(관조자)에서 의식을 향해 나아간다. 마하트, 즉 우주의 지성은 자연의 활동에서 제1의 원리로 작동하기 때문에, 그것의 개별화된 대응물인 치타는 영혼을 휘저어 그것이 활동할 수 있게 한다. 우리 몸 안에 들어온 숨은 다섯 가지 겹인 아난다마야ānandamaya, 비즈냐나마야vijñānamaya, 마노마야manomaya, 프라나마야prāṇamaya, 안나마야annamaya 및 여러 요소(아카샤ākāśa, 바유vāyu, 테즈tej, 아프āp, 프르트비pṛthvi)와 접하게 되어 있다. 날숨은 이 과정을 역순으로 거친다.

들숨을 조절하는 것은 영혼의 밖으로의 전개, 즉 푸루샤를 한 단계씩 올리는 것과 같다. 자아가 육체적인 몸과 만날 때 들숨이 완성된다. 이 순간 푸루샤는 프라크르티를 감싸 안는다. 한편 날숨은 외부의 몸에서부터 겹을 차례로 거쳐 관조자를 향하게 된다. 이를 안을 향한 전개, 혹은 프라크르티가 자신의 주인인 푸루샤를 만나기 위해 아래로 내려오는 과정이라 한다. 들숨이 푸루샤가 프라크르티와 만나는 신성한 결합이라면, 날숨은 프라크르티가 푸루샤와 만나는 결합이라 할 수 있다. 들숨 후의 보유는 '안타라 쿰바카', 날숨 후의 보유는 '바야 쿰바카'라 한다. 안타라 쿰바카가 관조자를 봉헌하는 틀을 마련한다면svarūpa pratiṣṭha, 바야 쿰바카는 수행자를 삶의 네 가지 목적에서 해방시키는 역할을 한다puruṣārtha śūnya(4장 34절 참조).

बाह्याभ्यन्तरविषयाक्षेपी चतुर्थः ॥५१॥

2.51 bāhya ābhyantara viṣaya ākṣepī caturthaḥ

bāhya	외적인
ābhyantara	내적인
viṣaya	지역, 범위, 대상, 지시물, 목적, 영역
ākṣepī	뛰어넘는, 지배하는, 정복하는, 초월하는
caturthaḥ	네 번째의

'프라나야마의 네 번째 유형은 외적인 프라나야마와 내적인 프라나야마를 초월하며, 여기에서는 인위적인 노력과 의도가 사라진다.'

네 번째 유형의 프라나야마는 단순히 호흡의 흐름과 보유를 소설하는 것을 벗어나며, 앞의 경문에서 논의된 방법론도 초월한다. 이는 하타 요가 문헌과 요가 우파니샤드에 언급된 케발라 쿰바카와 비슷한 경지이다.

수행자가 의도하거나 노력하지 않는데도 호흡의 움직임이 일어날 때 그는 프라나야마의 네 번째 경지에 도달한 것이라 할 수 있다. 마음과 의식의 움직임이 중단되어 에너지·지성· 의식의 흐름이 고요하게 가라앉는데, 잠재적 인상만은 예외이다. 이는 『요가 수트라』 제1장 18절에서 설명한 비라마 프라티야야virāma pratyaya와 비슷하다. 이때 수행자는 호흡과 마음 모두에서 휴지의 상태를 경험하게 된다. 여기서부터 새로운 각성이 일어나 지성의 빛이 수행자의 내면 가장 깊은 곳까지 힘차게 뻗어 나간다.

이 네 번째 단계에는 아무 제한도 없기 때문에 제2장 50절에서 이야기한 움직임의 범위를 초월한다. 따라서 이를 '무종(니르비자)' 프라나야마라고 한다.

ततः क्षीयते प्रकाशावरणम् ॥५२॥

2.52 tataḥ kṣīyate prakāśa āvaraṇam

tataḥ	그것으로부터, 그때에
kṣīyate	파괴되는, 녹아드는
prakāśa	빛
āvaraṇam	덮고 있는

'프라나야마는 지식의 빛을 덮고 있던 베일을 벗겨 내어 지혜의 빛이 밝아 오는 것을 알린다.'

프라나야마의 수련으로 무지, 욕망, 망상으로 이루어져 지성을 흐리게 하는 환상이 사라지고 내면에 간직된 지혜의 빛이 환하게 비치기 시작한다. 산들바람이 불어 태양을 가리고 있던 구름을 흩어 버리듯, 프라나야마는 지성의 빛을 가리고 있는 구름을 걷는다.

『요가 추다마니 우파니샤드Yoga Chuḍāmaṇi Upaniṣad』에 따르면 프라나야마보다 높은 수련은 없다. 프라나야마는 고귀한 지식mahāvidyā이자 참된 삶, 자유, 행복으로 나아가는 최상의 길이라 불린다.

धारणासु च योग्यता मनसः ॥५३॥

2.53 dhāraṇāsu ca yogyatā manasaḥ

dhāraṇāsu	집중을 위하여
ca	그리고
yogyatā	적절함, 적합함, 타당함, 능력, 역량, 적합성
manasaḥ	마음의

'마음 역시 집중에 적합한 상태가 된다.'

프라나야마는 마음을 안정시키는 방편일 뿐만 아니라, 집중(다라나)으로 들어가는 관문이기도 하다.

프라나야마 수련을 통해 새로운 지식의 빛이 비쳐 들면, 마음은 영혼을 깨닫기에 좋은 상태와 능력을 갖추게 된다.

이 경문이 말하는 바는 분명 처음에 자기 수련과 탐구를 통해 요가의 길을 다져야 했던 수행자가 이제 자신의 노력이 수행에서 앞으로 더 나아가려는 자연스런 열정으로 바뀌었다는 것을 알게 된다는 것이다.

स्वविषयासंप्रयोगे चित्तस्यस्वरूपानुकार इवेन्द्रियाणां प्रत्याहारः ॥५४॥

2.54 svaviṣaya asaṁprayoge cittasya svarūpānukāraḥ iva indriyāṇāṁ pratyāhāraḥ

sva	그것들 자신의
viṣaya	대상
asaṁprayoge	접촉하지 않는
cittasya	사고 기능의, 의식 기능의
svarūpa	자기만의 형상, 자연스런 형상
anukāraḥ	모방, 따라 하기
iva	~인 것처럼, 말하자면
indriyāṇāṁ	감각
pratyāhāraḥ	(prati + aṅg + hṛ = pratyāhāra, 즉, 반대의 것에 이끌리는 것. prati = 반대하여, 대항하여, 그 대가로; aṅg = 가까이에, ~을 향하여, 힘; hṛ = 취하다, 지니다, 가지고 다니다; hṛ가 pratyāhāra의 어원임)뒤로 물러남, 퇴각, 제어, 감각의 철회

'감각·마음·의식을 외부 대상과의 접촉에서 물러나게 하여 관조자를 향해 내면

으로 이끄는 것이 프라티아하라이다.'

이제 마음은 집중하는 능력을 가지게 되었고, 감각이 자신의 만족을 위해 마음을 괴롭히는 일도 더 이상 없다. 감각은 그것이 각자 얽매여 있던 대상에 더 이상 맛과 향을 느끼지 못하기 때문에 외부 세상에서 물러나 마음이 내면의 여행을 할 수 있도록 도와주는 역할을 하게 된다. 이것이 바로 프라티아하라이다.

프라티아하라는 절제의 길을 따름에 있어 토대가 된다. 새가 한쪽 날개를 잃어버리면 하늘을 날 수 없듯이 수행자도 또한 그렇다. 요가에 있어서 두 날개는 야마에서 프라나야마까지의 아브야사(수련)와, 프라티아하라에서 사마디까지의 바이라기야(절제)이다. 날기 위해서는 이 두 가지가 모두 필요하다. 수련과 절제가 함께 이루어질 때 요기는 자신의 영혼 속에 머물면서 모든 것을 치타(의식 기능)의 방해 없이 직접적으로 인식할 수 있게 된다.

보통의 일상생활에서는 의식 작용의 도움으로 감각이 획득·거부·체념의 생각을 가지고 세상의 대상을 바라보게 된다. 감각은 이런 외부의 대상에 홀려 바깥의 즐거움을 추구하게 된다. 하지만 프라티아하라에서는 감각들이 내면을 향하면서 영혼을 깨닫고자 노력한다. 마음이 지각력 및 행위력과의 접촉에서 해방되는 것이 바로 프라티아하라인 것이다. 그때 마음은 영혼을 향하게 된다.

마음과 감각의 관계는 일벌과 여왕벌의 모습을 떠올리면 쉽게 이해할 수 있다. 여왕벌이 움직이면 나머지 일벌들도 따라서 움직이고, 여왕벌이 쉬면 일벌들도 함께 쉰다. 일벌들은 여왕벌과 별개로 독립적으로 행동하지 못한다. 마음과 감각도 이와 같아서 마음이 멈추면 감각 역시 기능을 멈춘다. 이런 정지의 상태가 바로 프라티아하라이다. 프라티아하라에서부터 인간이 자신의 창조주를 향해 되돌아가는 여정이 시작된다. 프라티아하라는 감각을 제어하는 과학으로, 감각을 만족시키는 외부 세계를 감각과 분리하고자 한다. 다시 말해 욕망과 만족이라는 영양을 더 이상 공급해주지 않음으로써 감각을 해방시키는 것이다.

수행자가 이렇게 감각과 마음을 다스리면 치타를 자신의 근원, 즉 영혼(아트마)으로 향하게 할 수 있고, 아트마를 통해 파라마트마(신)를 향하게 된다. 예를 들어 아사나 수련을 할 때는 몸의 지성이 바깥으로 뻗는 반면, 지각력·마음·지성은 내면을 향하게 된다. 이는 프라나야마 수련을 할 때에도 마찬가지이다. 이것이 바로 프라티아하라이다.

자연의 성격과 구성 요소를 이해하기 위해 상키야 철학에 따라 우주의 기본 요소들을 전체적으로 설명했던 『요가 수트라』 제2장 19절을 한 번 더 살펴볼 필요가 있다. 그 내용을 간단히 정리하면 다음과 같다. 우선 자연은 다섯 가지의 거친 요소인 흙·물·불·공기·에테르와 거기에 대응하는 미묘한 성질인 냄새·맛·모양·촉감·소리로 이루어져 있다. 이러한 요소들은 자연의 세 가지 구나(사트바·라자스·타마스)와 상호 작용을 한다. 자아·지성·마음으로 이루어진 치타는 우주의 지성인 마하트가 개인적 차원으로 화한 것이다. 우주의 지성은 아직 전개되지 않은 자연의 가장 근본적인 뿌리 혹은 생성 원리로, 여기에서 물질 세상의 모든 현상이 생겨난다. 이 밖에도 다섯 가지 지각력(귀·코·혀·눈·피부)과 행위력(다리·팔·언어 기관·생식 기관·배설 기관)이 자연을 이루는 주된 요소이다.

지각력은 소리·냄새·맛·모양·촉감과 접촉하여 자신이 받은 인상을 마음에 보내고, 이 인상들은 다시 기억에 저장된다. 기억은 더 많은 경험을 갈망하기 때문에 마음이 지성을 무시하도록 부추기고, 감각에게는 훨씬 많은 감각적 만족을 달라고 조른다. 이에 자극을 받아 마음은 행위력을 통해 더 많은 경험을 찾고자 한다. 지성은 이러한 과정을 거치는 동안 여러 가지 장단점을 파악하여 기억·마음·감각이 균형을 잡도록 이끈다. 하지만 기억·마음·감각은 과거에 즐겼던 즐거움의 맛을 기억하고 더 많은 즐거움을 맛보고 싶다는 욕심을 갖는다. 그러나 지성의 경고가 받아들여지는 일은 거의 없다. 그 결과 지나친 자극과 남용에 시달린 행위력은 자신의 힘을 잃고 더 이상 감각 기관이나 마음을 자극하지 못하게 된다.

우리는 과거의 인상이 가진 힘 때문에 계속해서 새로운 감각을 맛보는 데 매달리게 된다. 하지만 완전한 만족은 절대 이루어지지 않는다. 여기서 불행과 절망감이 생겨난다. 이때 진가를 발휘하는 것이 바로 요가의 다섯 번째 요소인 프라티아하라이다. 프라티아하라는 우리를 외부 세계의 올가미에서 해방시켜 영혼의 기쁨 속에서 행복을 맛볼 수 있게 해 주는 친구나 다름없다.

프라티아하라 수련을 하면 앞에서 이야기한 감각 추구의 메커니즘에 다음과 같은 변화가 온다. 이제까지 지성을 무시만 하던 마음이 지성에게 다가와 그의 조언에 귀를 기울이는 것이다. 지성은 자신의 분별 기능을 발휘해 옳고 그름, 적당한 것과 적당하지 않은 것을 따져 마음이 힘껏 노력하여 기억과 인상의 시끄러운 고함 소리에서 벗어날 수 있도록 도와준다. 이렇게 기억과 마음의 흐름과 반대로 향하는 것이 바로 프라티아하라이다. 프라티아하라가 외적인 수행(바히랑가 사다나)으로 불리는 것은 감각이 방향을 돌려 내면을 향한 여행을 시작하고, 마침내 자신의 근원으로 돌아갈 수 있도록 지성이 감각을 제어하기 때문이다.

자신의 본능·생각·행동을 헤아리는 이 과정은 초연함 혹은 절제 수련(바이라기야)에 해당한다. 에너지는 반드시 필요할 때만 사용되고 나머지는 잘 저장된다. 그러면서 예전의 감각 추구를 되풀이하고 싶다는 지속적인 욕망이 서서히 수그러든다. 기억은 새롭고 신선한 인상들을 모으면서 조용히 가라앉는다. 지성과 의식에 순순히 따르게 되는 것이다. 한편 지성을 붙잡아서 양심이 발원되는 곳에서 편안히 쉬도록 하는 것은 의식이다. 그러면 자연의 충동은 끝나고 직관적인 통찰력이 자유롭게 흐른다. 이것이 바로 프라티아하라의 효과이다.

프라나야마가 지성을 가리는 구름을 걷어 내 환한 빛을 내뿜게 한다는 것은 앞에서 이미 언급한 바 있다. 마음은 이제 명상을 하기 좋은 상태가 된 것이다. 이렇게 되기 전에는 의식은 항상 감각의 말에 쉽게 따라가고 감각이 만족을 얻는 걸 도와주려 나서기까지 했다. 하지만 감각은 이제 방향을 돌려 의식이 진아의 깨달음을 경험하겠다는 소망을 이룰 수 있도록 돕는다.

이것이 바로 프라티아하라이다. 프라티아하라는 신체적·심리적·지성적·영적 단계 등 네 가지로 나눌 수 있다. 에너지가 행위력 및 지각력에서 물러나 두뇌를 향하게 하는 것이 신체적 프라티아하라이다. 두뇌의 네 영역에서 일어나는 동요를 고요히 가라앉히는 것이 심리적인 프라티아하라, 지성이 뇌간을 향하도록 하는 것이 지성적인 프라티아하라이다. 마지막으로 지성과 의식의 에너지를 양심의 자리로 향하게 하는 것이 영적인 프라티아하라에 해당된다. 프라티아하라의 최고 경지는 관조자를 보는 것ātmasākṣātkāra이다.

ततः परमा वश्यतेन्द्रियाणाम् ॥५५॥

2.55 tataḥ paramā vaśyatā indriyāṇām

tataḥ	그러고 나면, 그로부터
paramā	최고의
vaśyatā	제어된, 조절된, 지배당하는
indriyāṇām	감각의

'프라티아하라 수련의 결과로 감각 기관은 완전히 제어된다.'

프라티아하라의 효과는 감각이 완전히 정복될 때 비로소 느끼게 되며, 이때 마음은 성숙하여 영적인 수행을 더욱더 갈망하게 된다.

감각들이 현상 세계에서 얻어지는 즐거움을 더 이상 추구하지 않을 때 그들은 잘 제어되어 영혼을 위해 봉사할 수 있다.

'사다나 파다'는 수행자가 윤리적·신체적·생리적·지적인 영역 모든 곳에서 갖고 있는 스스로의 약점을 잘 파악하여 그것을 없앨 수 있도록 가르치고 있다. 그러한 약점들은 요가 수행을 하거나 영적 해탈을 이루는 데 도움이 되지 않기 때문이다.

야마는 정직하게 사회를 살아갈 수 있는 기술을 익히게 해 주는 한편, 니야마는 수행자가 지닌 불순물을 깨끗이 정화해 주는 역할을 한다. 아사나는 신체적, 정신적 동요를 없애 주고, 프라나야마는 조화로운 상태를 유지시켜 생명 에너지의 소실을 막아 준다. 그러면 마음은 명상하기 좋은 상태가 된다. 프라티아하라는 감각과 마음을 순화시킨다.

외적인 수행(바히랑가 사다나)이 여기에서 끝나면서 수행자는 이제 요가의 내적 수행(안타랑가 사다나)으로 들어가는 문턱을 넘어선다.

여기서 『요가 수트라』 제2장 '사다나 파다'의 설명을 마친다.

제3부

비부티 파다 Vibhūti Pāda

제3부에서 파탄잘리는 요가의 여러 가지 성질과, 응념·명상·삼매를 통한 합일saṁyama의 기술에 대해 설명한다.

내면 가장 깊은 곳을 향한 탐구 과정에서 몸·마음·영혼이 합일된 수행자는 초자연적인 힘이나 신통력(비부티)을 자연스럽게 얻게 된다. 그러나 위험한 것은 수행자가 그러한 신통력에 유혹될 수도 있다는 사실이다. 수행자라면 마땅히 그러한 유혹을 과감히 떨쳐 버리고, 둘로 나누어지지 않는 지고한 경지인 카이발리아에 도달할 때까지 수행을 계속해 나가야 한다.

'사마디 파다'는 고도의 발전을 이룬 사람들이 무종 삼매에 들어갈 수 있도록 수련 방법을 일러 주는 내용이었다. '사다나 파다'는 외적인 수행(바히랑가 사다나)에 대한 내용으로, 어떤 어려움이 닥쳐도 정신적 평정을 잃지 않는 방법을 초보 수련자나 고급 단계 수련자가 다 같이 배울 수 있게 한다. '비부티 파다'에서는 응념(다라나)·명상(디아나)·삼매(사마디)를 포함하는 내적인 수행(안타랑가 사다나)으로 나아간다. 파탄잘리는 이 셋을 하나로 묶어 새로운 용어인 삼야마 요가saṁyama yoga로 표현하기도 했다.

삼야마는 우리가 요가의 자연스런 가피 속에서 살아가는 데 필요한 수련과, 초자연적인 신통력(싣디)을 얻는 데 필요한 수련에 대해 알려 준다.

합리적이고 과학적인 성향을 지닌 현대 독자라면 초자연적인 신통력이나, 초인간적인 힘에 관한 대목에 이르러서 난감해 할지도 모르겠다. 신통력이란 것을 믿어야 할지 말아야 할지 결정해야 하기 때문이다. 만일 우리가 신통력을 믿지 못하고 그것을 단순히 신화나 미신적인 문화에서 나온 공상이라 여긴다면 파탄잘리 저술의 다른 부분도 과연 타당한지 심각한 의심을 품게 될 수 있다.

우리는 이 문제에 대해 결정을 내려야 한다는 마음이 앞서는 바람에 파탄잘리의 깊은 뜻을 잘 헤아리지 못하는 실수를 한다. 그러나 『요가 수트라』는 이 세상 모든 사람들을 위해 쓴 것이다. 영적으로 높은 경지에 이른 사람이나 그렇지 않은 사람 모두를 그 대상으로 한다. '항상' 이 둘 모두를 대상으로 이야기하는 것이 『요가 수트라』의 독특한 특성이다. 파탄잘리의 이야기는 결국 누구에게나 도움이 된다. 모든 차원을 설명하기 때문에 종종 우리는 전혀 예상치 못한 곳에서 의문을 갖는다. 이를테면 현대에는 야마/니야마의 기본 원칙을 지키지 못한 신인神人들이 많은데, 『요가 수트라』의 내용에 따르면 이들의 명성은 다 물거품이 되는 것 아닌가? 또 범죄자들조차도 잠에 들었다가 깨어나는 순간에는 사마디와 비슷한 상태를 경험하지 않는가? 따라서 파탄잘리가 신통력의 위험성에 대해 경고할 때는 단순한 일반 수련자뿐만 아니라 높은 차원의 수행자까지 염두에 두고 있다는 사실을 알아야 한다. 파탄잘리가 단순히 공상에 빠져서 신통력을 이야기하는 것이 아니다.

파탄잘리가 '비부티 파다'에서 전하고자 하는 핵심은 다음과 같다. 우리가 수행의 길을 걸으며 목표를 이루기 위해 힘껏 노력하다 보면 우연히 어떤 만족스런 결과나 보상을 얻을 수 있다. 그런데 우리는 우연히 얻은 그 결과에 미혹당해 목적을 이루었다고 착각한다.

가령 여기 위대한 배우가 되고 싶어 하는 한 젊은 남자가 있다고 하자. 이때 그의 목적은 얼마든지 가치가 있다. 그런데 유명해지면서 위대한 배우가 되리라는 본래의 목적을 잊고 명성 쌓기에만 급급하다면 어떻게 되겠는가. 명성이라는 신통력이 결국 그를 기만하여 삼켜 버리게 되는 것이다.

또 야심에 찬 한 젊은 사업가가 가족을 부양하기 위해 사업을 시작했다가 우연히 부자가 되었다고 해 보자. 이제 그는 먹고 살고도 남을 만큼의 재산을 가지게 되었다. 하지만 이제 그는 부와 부에 대한 욕망의 노예가 되어 버리고 말았다. 오로지 더 많은 돈을 버는 데에만 혈안이 된 나머지 아내와 자식들은 초라하게 살게 그냥 내버려 둔다.

또 어떤 남자는 과거의 선업으로 왕가에 태어난다. 하지만 그는 왕가에 태어난 것을 백성을 위해 겸허히 봉사해야 한다는 뜻으로 생각하지 못하고, 자기 혈통에 대한 자만심에 빠져 독재를 일삼는다.

위 일화에 등장한 주인공들은 모두 목표를 추구하다 일탈하여 자신의 노력에서 우연히 나온 긍정적인 부산물을 진정한 목적으로 착각하는 잘못을 범하고 말았다. 그럴 경우 사람들은 작게는 자신의 길을 더 이상 걸을 수 없게 되고, 최악의 경우에는 자신의 존재마저 잃어 버리고 만다. 이들은 모두 실제를 보지 못하고 망상에 젖어 살았다. 여기에서 우리는 신통력을 통해 목표에서 벗어나지 말고 그것을 끝까지 추구해야 한다는 교훈을 얻을 수 있다. 신통력의 유혹에 사로잡힌 사람들은 신전의 벽돌이나 회반죽을 신이라고 모시는 사람들과 같다. 이를 영적 물질주의라고 한다.

요가에서 말하는 여덟 가지 싣디는 다음과 같다.

1 아니마 aṇimā	= 원자만큼 작아질 수 있는 능력
2 마히마 mahimā	= 거대하게 커질 수 있는 능력
3 라기마 laghimā	= 가벼워질 수 있는 능력
4 가리마 garimā	= 무거워질 수 있는 능력
5 프라프티 prāpti	= 원하는 것을 지배하고 손에 넣을 수 있는 능력
6 프라카미야 prākāmya	= 자신의 의지대로 자유롭게 움직이고 소원을 이룰 수 있는 능력
7 이샤트바 īśatva	= 모든 것을 제압할 수 있는 능력
8 바쉬트바 vaśitva	= 모든 사람과 사물을 복종시킬 수 있는 능력

이상이 요기들이 우연히 얻게 되는 여덟 가지 신통력이다. 이러한 신통력은 수행이 올바른 길로 나아가고 있다는 표시도 되지만, 회오리 같은 힘으로 수행자를 휩쓸어 그를 파멸시킬 수도 있다. 따라서 반드시 그러한 신통력에는 마음을 두지 말고 자유와 지복이라는 궁극적 목표를 향해 계속 나아가야 한다. 싣디를 손에 넣었다고 자만하고 그에 집착하면 재난과 혼란이 닥친다. 그리고 여기서 집착과 번뇌가 일어나는데, 파탄잘리가(3장 38절에서) 신통력이 디아나와 사마디에 장애가 된다고 한 것은 바로 이것 때문이다. 싣디는 수행자가 요가의 본래의 목적을 잊었을 때에만 쓸모가 있는 것이다. 그러므로 파탄잘리는 '신통력을 버리고 신을 깨닫는 데 모든 에너지를 쏟으라.'고 한다.

देशबन्धश्चित्तस्य धारणा ॥१॥

3.1 deśa bandhaḥ cittasya dhāraṇā

deśa	장소, 지점, 지역
bandhaḥ	묶는, 결합하는, 연결하는, 합치는, 고정시키는
cittasya	마음의, 의식의
dhāraṇā	묶는 행위, 마음을 계속 한군데로 모으는, 집중

'의식을 한 지점 혹은 장소에 고정시키는 것이 응념(다라나)이다.'

다라나란 집중력을 모으는 것을 말한다. 집중력을 몸 안이나 몸 바깥의 어느 한 지점 혹은 부위를 선택하여 거기에 모으는 것을 응념이라 한다. 이를 통해 마음의 기능이 제어되어 하나의 초점을 향하게 된다.

야마에서 프라티아하라에 이르기까지 요가의 다섯 단계에 완전히 숙달되고 나면, 마음과 의식을 한곳에 집중시키는 기술을 연마해야 한다. 마음이 자기 혼자 힘으로 안정된 상태를 유지하거나 고정된 한 대상에 머물러 있는 법을 배울 때 다라나의 상태에 들어가게 된다.

수행자는 야마와 니야마의 수련으로 감정적인 안정을 얻게 되고, 아사나에 의해 영혼의 거처인 몸을 질병의 굴레에서 해방시키게 된다. 또 프라나야마 수련에서는 에너지의 소실을 막는 방법을 터득해 에너지가 몸과 마음에 두루 퍼지게 해야 한다. 프라티아하라를 통해서는 의시력을 연마하여 자신을 지각력에서 분리시켜 사고를 맑게 만든다. 이것이 바로 두뇌 단련의 시초가 된다. 수행자가 한 번 세속적인 일에 무관심해지게 되면, 그는 내면의 탐구를 해 나가기에 적합하게 되어 이때부터 다라나를 통해 마음을 풍요롭게 할 수 있다. 디아나와 사마디는 의식을 내면을 향해 가장 깊이 들어가는 여정(안타라트마 사다나)으로 이끌어 영혼을 보게 한다.

아스탕가를 이루는 여덟 가지 요소들은 사실 모두 한데 얽혀 있는 것이지만 편의상 따로따로 설명을 하고 있다. 또 이 요소들은 외적인 수행(바히랑가 사다나)과 내적인 수행(안타랑가 사다나) 그리고 가장 내적인 수행(안타라트마 사다나)으로 분류되기도 한다. 이 수행들은 충분한 경험이 없는 사람들이라도 체계적인 수련을 통해 한 단계 한 단계 구체적인 형상에 집중하는 법을 배울 수 있게 한다. 수행이 성숙하고 정교해지면 내면 가장 깊숙한 곳의 생각과 느낌까지 꿰뚫을 수 있다(2장 53절 참조).

예를 들어 대부분의 사람들은(심지어 대부분의 요가 수행자조차도) 아사나 수련을 단순히 외적인 신체 수련이라고만 생각한다. 이 경문으로 우리는 그러한 생각이 잘못임을 알 수 있다. 파탄잘리의 정의에 의하면 몸 안이나 몸 바깥의 특정 지점이나 부위에 집중력을 모으는 것이 응념이기 때문이다. 아사나 수련을 할 때도 우리는 행위력과 지각력은 마음 쪽으로, 마음은 가장 내밀한 중심 쪽으로 돌리게 되는데, 그 순간 외적인 수행이 내적인 수행으로 변한다. 팔과 다리·지각력·마음·분별적인 지성이 멍에로 이어지듯 영혼의 에너지와 하나로 합쳐지면 그것은 가장 내적인 수행이 된다. 우리가 아사나 동작 하나하나를 열심히 수행하여 몸의 각 부분의 집중력과 하나가 되고, 방황하는 마음 및 분별지가 영혼과 하나가 되면 이것이 영적 수련이 아니고 무엇이겠는가?

아이들을 관찰한다면 누구나 이러한 과정을 알아차릴 수 있을 것이다. 비행기에 대한 열정으로 스스로 모형 비행기를 만드는 어린 소년을 본 적이 없는가? 열정적인 관심으로 인해 소년은 집중을 계속할 수 있고, 주변을 잊은 채 자신의 일에 완전히 몰두하게 된다. 아사나를 수련할 때 수행자는 처음에는 전념 혹은 열정으로 시작하지만, 집중을 통해 스스로 고양되고, 마침내 완전한 몰입의 경지에 이르게 된다. 이러한 수련에 의해 수행자는 겸허한 마음을 가지게 되는데, 이러한 겸허함이 없다면 결코 미묘한 차원으로 관통해 들어갈 수 없다.

다라나는 마음의 방해 작용을 가급적 줄여 그것들을 완전히 없애는 기술이다. 그러면 인식 주체와 인식 대상이 하나가 된다.(1장 41절 참조)

다라나는 외부적인 것과 내부적인 것 모두를 대상으로 삼을 수 있다. 외적인 대상은 상서롭고 순수함과 연관이 있어야 한다. 내적으로 마음은 존재의 핵심인 영혼을 꿰뚫어야 한다. 내적 대상은 사실 순수한 존재인 것이다.

쉬리 비야사는 이 경문에 대한 주석에서 몸의 특정 부분이 응념의 대상으로 적절하다고 한다. 여기에는 배꼽 부근nābhicakra·심장의 연꽃hṛdaya puṇḍarīka·머리 중심mūrdhani·밝게 빛나는 빛jyotiṣi/ājñācakra·코끝nāsikāgra·혀의 뿌리jiḥvāgra 등이 포함된다. 이 안쪽 지점들에 집중력을 고정하면 처음에는 먼저 자기 자신(사스미타)에게 서서히 몰두하게 되고 그 다음에는 영혼(아트만)에 빠져들게 된다.

तत्र प्रत्ययैकतानता ध्यानम् ॥२॥

3.2 tatra pratyaya ekatānatā dhyānam

tatra	그곳에(응념이 일어나는 장소)
pratyaya	기반, 내용, 믿음, 나아가는, 견고한 확신, 장치
ekatānatā	지속적인, 끊이지 않는 집중적 각성의 흐름
dhyānam	명상, 반성, 삼매

'똑같은 지점이나 부위를 향해 안정되고 지속적으로 집중력의 흐름이 이어지는 것이 명상(디아나)이다.'

명상(디아나)의 주된 특성은 고정된 지점 혹은 부위에 집중력의 흐름이 끊어지지 않고 이어진다는 데 있다. 이때는 어떤 방해나 개입 작용이 일어나지 않는다. 디아나에 들어가 마음이 스스로의 작용을 관찰하게 되면 심리적인 시간과 실제의 시간이 고요히 멈춘다. 의식의 장 속에서는 집중력의 강도가 바뀌거나 흔들리지 않아 안정되고, 부드럽고, 일정한 상태를 유지하는 것이 기름을 옮겨 담을 때 일정하게 떨어지는 것과 비슷하다. 집중적인 각성에서 각성의 강도를 일정하게 유지해 가면 처음에는 한 지점을 대상으로 응념이 이루어지던 것이 어떤 지점을 필요로 하지 않게 된다.

다라나와 디아나에 차이점이 있다면, 다라나는 동요하는 생각의 물결을 없애고 한 가지에만 집중하는 상태를 이루는 데 더 주안점을 두는 반면 디아나에서는 안정된 심오한 명상에 더 주안점을 둔다는 것이다.

에카타나타ekatānatā는 수행자의 의식과 수행이 하나로 합쳐져서 그 흐름이 끊어지지 않는다는 뜻을 함축하고 있다. 따라서 우리는 아사나 수련이나 프라나야마 수련에서도 디아나의 상태에 들어갈 수 있다는 것을 알 수 있다. 아사나 수련에는 몸을 수직이나 수평 방향으로 뻗든, 원을 그리며 뻗든, 의식이 몸의 경계를 향해 바깥으로 움직이게 되는 원심적 움직임이 있고, 이와 더불어 몸 전체가 하나의 초점에 맞춰지게 될 때 의식이 안을 향해 움직이는 구심적 움직임이 있다. 이 집중력이 이 상태로 안정되게 유지되면 명상이 시작된다. 프라나야마 수련도 이와 같이 들숨 혹은 날숨을 민감하게 헤아려 유지하면 자아와 완전히 하나가 될 수 있다. 그리고 호흡을 보유하고 있는 동안에 호흡·몸통의 세포들·의식·영혼이 하나로 합쳐지게 되면서 명상이 된다. 요약하면 수련 동작 중이나 관찰 중에도 주의 집중, 성찰, 깊은 사유의 상태를 안정적으로 유지하면 다라나에서 디아나의 상태로 발전한다는 것이다(1장 2절 참조).

तदेवार्थमात्रनिर्भासं स्वरूपशून्यमिव समाधिः ॥३॥

3.3 tadeva arthamātranirbhāsaṁ svarūpaśūnyam iva samādhiḥ

tadeva	한결같은(디아나)
artha	대상, 목적, 목표, 바람, 소망
mātra	오로지, 오직
nirbhāsaṁ	나타나는, 반짝이는
svarūpa	본질적인 형상, 그 자체로
śūnyam	빈, 공허한
iva	마치 ~처럼, 이를테면
samādhiḥ	완전한 몰입, 의식적인 집중, 합일, 조화를 이룸, 영혼의 몰입

‘명상의 대상이 명상의 주체를 집어삼켜 그것이 주체로 모습을 드러내는 순간 자아에 대한 인식이 사라진다. 이것이 바로 사마디이다.’

의식 집중의 흐름이 명상의 대상과 하나가 될 때 명상하는 사람의 의식, 즉 주체가 대상 속에 녹아든 것처럼 보이게 된다. 주체와 객체의 이러한 합일이 사마디가 된다.

명상의 대상이 의식의 방해를 받지 않고 환한 빛을 발하는 순간 디아나는 사마디의 상태로 들어간다.

음악가는 음악에 완전히 심취되면 자신을 잊어버리고, 발명가는 자신을 완전히 비워야 발명을 할 수 있다. 화가는 자신의 붓으로 색감과 음영을 표현할 때 자신을 초월하는 경계에 든다. 이는 요기도 마찬가지다. 요기가 자신을 비우고 명상의 대상과 하나가 될 때 사마디를 경험하게 되는 것이다.

이 둘 사이에 차이점이 있다면 예술가나 음악가는 노력을 통해 이 경지에 도달하지만 그 상태를 계속 유지할 수 없는 반면, 요기는 자의식을 비운 상태가 계속 유지될 때 자연스럽고 지속적이며 인위적 노력이 이루어지지 않는 경지를 경험한다는 것이다. 그래서 예술가는 장엄한 자신의 비전을 평소의 일상에까지 녹아들게 하지는 못한다. 그 비전은 특정한 예술 형태를 구상하고 실현시키는 것에만 연관되기 때문이다. 하지만 자신의 '기예'에 형상이 없으며, 그림·책·교향곡처럼 물리적인 표현을 목적으로 하지 않는 요기에게 있어 사마디의 향기는 '일상적인' 행동·활동·존재 상태의 모든 면면에 스며든다.

끊어지지 않는 집중력의 흐름은 보이는 대상과 그것을 바라보는 관조자 사이의 틈을 허물어 버린다. 그러면 의식은 작동을 멈추고 고요의 경지에 도달한다. 이것이 바로 '나'라는 존재가 비워진 상태로, 깊은 고요함 속에서 존재의 핵심과 하나로 합쳐진다. 사마디에 들면 장소에 대한 인식이 사라져 더 이상 시공간을 경험하지 않는다.

파탄잘리는 『요가 수트라』 제1장 27~28절에서 자파(기도), 아르타(의미와 목적), 바바나(느낌과 경험)에 대해 이야기하고 있는데, 여기에서 만트라의 자파는 다라나와, 아르타는 디아나, 바바나는 사마디와 연관이 될 수 있다.

(1장 41절, 43절 참조)

त्रयमेकत्रसंयमः ॥४॥

3.4 trayam ekatra saṁyamaḥ

trayam	이 셋의
ekatra	연합하여, 함께
saṁyamaḥ	정의하는, 함께 붙드는, 통합

'다라나·디아나·사마디 이 세 가지가 한데 모여 통합 즉 삼야마를 이룬다.'

삼야마란 응념(다라나)·명상(디아나)·삼매(사마디)를 통틀어 이르는 전문적인 용어이다. 삼야마 속에서 이 셋은 한 가닥 실처럼 엮여서 끊이지 않는 집중력에서 시작하여 사마디로 발전한다.

다라나는 집중력을 한곳에 모으는 것이다. 그 상태가 일정 시간 지속되면 디아나로 발전한다. '응념'이란 말에는 한곳을 향한다는 특성이 함축되어 있는데 이렇게 집중의 상태가 지속되는 동안 그 특성이 서서히 사라진다. 그리하여 집중력이 모든 곳을 향하는 동시에 어느 곳도 향하지 않게 되면(이 말은 곧 집중력을 모든 곳에 골고루 녹아들게 하면서도 한 순간도 집중력을 놓지 않는 것을 말한다.) 완전한 몰입(사마디)으로 이어진다. 높은 차원의 요가에 해당하는 이 세 단계를 계속 지속시키면 삼야마라고 하는 단일한 합일 상태를 이룰 수 있다. 그러므로 삼야마란 부동의 경지를 말함이고, 이렇게 자신의 열정을 고요히 가라앉혀 부동을 유지하는 수행자를 삼야미saṁyami라 일컫는다.

다음의 비유를 보면 다라나·디아나·사마디 사이의 유기적인 관계가 명확히 드러난다. 어떤 사람이 다이아몬드를 완상한다고 해 보자. 처음에는 보석 자체를 아주 명료하게 볼 것이다. 그러다 그는 서서히 다이아몬드 한가운데에서 나오는 빛을 인식하게 된다. 그 빛을 점점 더 인식하게 되면서 이제 하나의 대상으로서 광석 자체에 대한 인식은 사라져 버린다. 그러면 빛이 나오는 근원도, 대상도 사라지고 오로지 빛만 존재한다. 그 빛이 어느 곳에나 존재할 때, 그것이 바로 사마디이다.

다라나는 디아나에 비하면 외적이고, 디아나는 사마디, 사마디는 삼야마, 삼야마는 니르비자 사마디에 비해 외적이다. 마찬가지로 마음은 지성에 비해 외적이고, 지성은 의식, 의식은 관조자에 비해 외적이다.

다라나는 마음에 안정을 가져다주고, 디아나는 지성을 성숙시키며, 사마디는 의식을 두루 퍼지게 하는 역할을 한다.

다라나·디아나·사마디가 한데 엮이면 삼야마, 즉 통합이 이루어진다. 마음·지성·의식이 한데 엮이는 것을 이 셋의 삼야마라고 한다. 그리고 관조자를 보는 것은 니르비자 사마디에 들어가는 것과 같다.

तज्जयात् प्रज्ञालोकः ॥५॥

3.5 tajjayāt prajñālokaḥ

tad	그로부터
jayāt	통달하여, 성취하여서, 정복
prajñā	인식, 지혜, 판단, 분별
ālokaḥ	빛, 광채, 통찰력

'삼야마의 통달로 각성과 통찰력의 빛이 찾아온다.'

통합(삼야마)에 완전히 통달하면 지혜와 통찰력이 눈부신 빛을 발하면서 이미 아는 지식과 알 수 있는 지식을 화해시키고 영혼을 드러낸다.

각성과 인지는 직접적인 영적 인식을 통해 한층 견고해지고 날카로워진다.

일반적으로 우리의 지성은 한군데에 가만히 있지 못하고 대상과 장소를 이리저리 옮겨 다닌다. 그래서 어느 하나를 완전히 관통한다는 것이 불가능하다. 삼야마에서는 인식 주체가 인식 대상에 점점 더 가까이 다가가 결국엔 그것과 하나가 되어 더 이상 분리된 채로 남아 있지 않는다.

(1장 47절, 3장 36절, 4장 29절 참조)

तस्य भूमिषु विनियोगः ॥६॥

3.6 tasya bhūmiṣū viniyogaḥ

tasya	그것의(삼야마)
bhūmiṣū	정도, 단계
viniyogaḥ	적용

'삼야마는 다양한 국면에 적용되어 그 진가를 발휘할 수 있다.'

파탄잘리는 이러한 통찰력과 지혜가 삶의 다양한 국면에 적절히 분배될 수 있다고 설명한다.

삼야마는 다양한 국면에 적용될 수 있다. '사마디 파다'를 보면 프라티야야 같은 개념이나 삼프라즈냐타 사마디, 니르비자 사마디의 다양한 측면에 관한 설명이 나와 있다(1장 17~22절; 1장 51절 참조). 하지만 낮은 단계를 넘어서지 않고는 높은 단계에 도달할 수 없을 뿐만 아니라 중간 단계들을 건너뛸 수도 없다. 각 단계를 차례로 따라가면 그 단계들에 점차로 익숙해지고, 완전한 통찰력이 발달한다.

완전한 통찰력은 신의 가피를 받아 밝아질 수도 있고, 자신이 전생에 쌓은 선업을 통해 얻기도 한다. 바마데바Vāmadeva, 프라흘라다Prahlāda, 슈카데바Śukadeva, 라마크리쉬나Rāmakṛṣṇa 같은 고대 성인들이나, 아우로빈도Aurobindo, 라마나 마하르쉬Rāmaṇa Māhaṛṣi, 마하트마 간디Mahātma Gāndhi 같은 현대의 성인들은 신의 가피를 받아 완벽한 지혜를 얻은 경우에 속한다.

이 경문을 통해 우리는 규칙적으로 수련을 하지 않고는 수행에 성공하거나 통달할 수 없다는 사실을 다시 한 번 확인할 수 있다. 또 이 경문은 요가의 초반 단계를 통해 견고한 기반을 닦지 않고 더 높은 차원의 수련 단계로 건너뛰는 일은 없어야 한다고 경고한다.

현대 문학에서조차 요가 수행에서 정한 길을 걷지 않았는데도 전혀 예상치 못하게 삼야마를 경험하는 사례들이 많이 나온다. 일본 사람들은 이렇게 순간적으로 무지의 장막이 걷히는 것을 '섬광'이라 표현하기도 한다. 그 순간 그는 분명 가피를 받은 것이 맞지만, 이를 깨달음이라고 할 수는 없다. 이 갑작스런 가피를 받은 자가 분별 있는 사람이라면, 그는 처음으로 돌아가 자기에게 적합한 길을 찾고, 비록 여러 해가 걸리더라도 그 길을 열심히 따라 가피의 그 순간에 자신을 찾아왔던 것을 계속 지키기 위해 의식적으로 성심성의껏 노력할 것이다.

오늘날 '쿤달리니Kuṇḍalini 깨우기'가 유행하고 있는 것은 아마도 이러한 정상적이지 않은 '통합'을 경험하는 일이 일어나기 때문인 것 같다. 파탄잘리는 '요기 안에는 자연의 에너지가 풍부하게 흐른다(4장 2절 참조).'고만 말하지, 쿤달리니를 직접 언급하지는 않는다. 한 마디로 쿤달리니는 신조어인 셈이다. 파탄잘리가 말한 자연의 에너지(프라크르티 샤크티)는 원래 아그니(agni: 불)라 했었다. 그것을 나중에 요기들이 쿤달리니(똬리를 튼 것)라 부르게 되었다. 인체 내의 그 에너지 선이 척추 밑바닥에서 세 바퀴 반 똬리를 틀고 있기 때문이다. 하지만 분명한 것은 준비를 충분히 하지 않은 채 우주 의식과의 이러한 엄청난 합일을 경험하는 사람은 결국 얻는 것보다는 고통이 더 많다는 것이다. 물론 운이 좋은 사람의 경우 희귀한 그 경험을 발판 삼아 진정한 영적 구도의 길로 나아가기도 하지만. 대부분 이러한 경험은 심각한 신체장애와 생리적 장애를 일으키기 마련이다. 수련에 아직 입문하지 않은 사람들에게는 요가의 여덟 가지 길이 낯설게 보이겠지만, 이것이야말로 '안전 제일주의'의 원칙에 따라 영적 발전을 이룰 수 있는 궁극적인 길이다. 파탄잘리는 수행자가 수련할 때에는 반드시 토대가 견고해야 한다고 강조한다. 그가 야마와 니야마를 맨 처음 단계로 삼은 것도, 아사나에 통달한 뒤 프라나야마 수련을 해야 한다고 순서를 정한 것도 이런 이유에서이다.

비야사는 이 경문을 다음과 같이 해설한다. '요가는 요가를 통해서 알아야 한다. 요가가 요가의 스승이다. 요가의 힘은 오로지 요가를 통해서만 드러난다. 부주의·태만·산만함을 멀리한 사람만이 요가 안에서 쉬면서 요가를 즐길 수 있다.'

'Yogena yogojñātavya yogo yogātpravartate yo pramattastu yogena sa yogo ramate ciram.'

(1장 17, 40절; 2장 27절 참조)

त्रयमन्तरङ्गं पूर्वेभ्यः ॥७॥

3.7 trayam antaraṅgaṁ pūrvebhyaḥ

trayam　이 세 가지(다라나·디아나·사마디)

antaraṅgaṁ　안쪽 부분, 마음과 심장

pūrvebhyaḥ　앞의 것들과 관련하여

'요가의 이 세 가지 단계는 앞의 다섯 가지에 비해 내적이다.'

다라나·디아나·사마디는 앞서 논의된 요가의 다섯 가지 단계에 비해 보다 미묘하고, 내밀하고, 주관적인 수련이다. 요가의 처음 다섯 단계는 보이거나 인식 가능한 겹을 다루기 때문에 외적인 수행이라고 한다. 야마는 행위력을, 니야마는 지각력을 정화해 준다. 아사나는 육체적 차원에서의 우리 몸과 내부 기관을 정화하고, 프라나야마는 에너지가 낭비되는 걸 막아 원기를 북돋운다. 프라티아하라는 마음을 깨끗하게 만든다.

한편, 보다 내밀한 차원에서 다라나는 지성을 발달시키고 예리하게 만들며, 디아나는 의식을 정화하고, 사마디는 의식이 영혼에 이를 수 있게 한다. 이 세 가지는 마음·지성·의식의 미묘한 층과 직접적으로 연관되며, 영혼의 심장과 매우 밀접한 관계에 있다. 다라나·디아나·사마디는 영적인 여정에 직접적인 영향을 미치기 때문에 이들을 내적인 수행, 혹은 사비자 사마디라고 한다. 이때 수행자의 의식이 한 지점을 향하기 때문이다.

'사마디 파다'에는 파탄잘리가 사비자 사마디와 니르비자 사마디 사이에 진실을 담고 있는 지혜ṛtaṁbhara prajñā라는 문턱이 있다고 설명한 대목이 있다. 여기서 파탄잘리는 삼야마를 니르비자 사마디에 이르기 전전前前 단계라고 설명하고 있다.

이어지는 경문에서 파탄잘리는 삼야마가 니르비자 사마디보다 더 외적이라고 설명하고, 나아가 제3장 9~16절에서는 의식의 본질에서 일어나는 변화를 관통해야 가장 미세한 상태를 경험할 수 있는데, 이것이 삼야마보다 더 미묘한 단계로 나타난다고 한다.

तदपि बहिरङ्गं निर्बीजस्य ॥८॥

3.8 tadapi bahiraṅgaṁ nirbījasya

tat	저것
api	심지어, 역시
bahiraṅgaṁ	외적인 부분
nirbījasya	씨가 없는 것에 비해

'마찬가지로 삼야마는 무종nirbīja 삼매에 비해 외적이다.'

이렇게 다라나·디아나·사마디의 완성을 이루어도 무종 삼매(영혼을 직접적으로 관하는 것)를 경험한 사람에겐 이것이 외적인 것으로 보인다.

비야사는 『요가 수트라』 제1장 2절에 대한 주석에서 치타를 다음의 다섯 단계로 나눈다.

1 크쉽타 kṣipta	=	산만하고 부주의한 상태에서 흐트러진 정신력
2 무다 mūḍha	=	어리석고 둔감한 상태
3 빅쉽타 vikṣipta	=	정리되지도 통제되지도 않아 동요하고 산만한 상태
4 에카그라 ekāgra	=	집중력이 한 지점을 향한 상태
5 니루다 niruddha	=	모든 것이 제어되어 수행자가 카이발리아의 문턱에 이를 수 있는 상태

『요가 수트라』 제3장 7~8절은 사비자 사마디와 니르비자 사마디의 차이에 대한 설명이다. 제3장 7절의 설명에 따르면 카이발리아로 들어가는 관문을 여는 과정에서 가장 중요한 것은 바로 자연의 방편과 자연 자체를 정복하는 것이다. 제3장 8절에서는 삼야마가 방편이나 형상에 의존한다고 말하면서, 그렇기 때문에 니르비자 사마디에 비해 '외적'이라고 설명한다. 자연의 방편(신체·행위력·지각력·마음·지성·이성·의식)이 기능을 멈추면, 영혼(아트만)이 빛을 내뿜기 시작하여 수행자는 카이발리아의 문턱에 머무는 것이 아니라 그것을 넘어 그 안에 살게 된다.

애쓰지 않아도 정신 활동이 멈출 때 자연스럽게 잠이 찾아오듯이, 사비자 사마디에서 완성을 이루면 인위적으로 노력하지 않아도 수행자는 무종 삼매 혹은 카이발리아의 상태로 들어갈 수 있다. 그러면 영혼이 스스로 표면에 드러난다.

(1장 16~18절; 1장 41~45절; 3장 13절 참조)

व्युत्थाननिरोधसंस्कारयोरभिभवप्रादुर्भावौ निरोधक्षणचित्तान्वयो निरोधपरिणामः ॥९॥

3.9 vyutthāna nirodha saṁskārayoḥ abhibhava prādurbhāvau nirodhakṣaṇa cittānvayaḥ nirodhapariṇāmaḥ

vyutthāna	생각이 나타남, 떠오르는 생각
nirodha	억제, 장애, 제어
saṁskārayoḥ	잠재적인 인상들의
abhibhava	사라지는, 정복하는
prādurbhāvau	다시 나타나는
nirodha	제어, 억제

kṣaṇa	순간
citta	의식
anvayaḥ	연관, 스며듦, 분산
nirodha	제어, 억제
pariṇāmaḥ	변모, 효과

'잠재적인 인상이 떠오를 때와 제어될 때 사이의 고요한 순간을 탐구하면 의식을 제어된 상태로 변화시킬 수 있다nirodhapariṇāmaḥ.'

인상이 떠오르는 순간과 그것을 억제하려는 충동 사이, 그리고 억제하려는 충동과 다시 떠오르는 생각 사이에 나타나는 고요한 순간을 탐구할 때 의식을 제어하는 변화가 일어난다.

파탄잘리 철학에서는 진아(푸루샤)와 자연(프라크르티) 사이의 관계가 중심적인 맥을 형성한다. 우리는 태어나면서 자연에 귀속된다. 자연 없이는 아무 것도 움직이지 못하고 아무 것도 변화하지 못하며 아무 일도 일어나지 못한다. 하지만 우리는 또한 스스로를 자연으로부터 해방시켜 그것을 초월하여 영원한 자유를 얻고자 한다.

감각적인 접촉은 집착·욕망·절망·분노로 이어진다. 이는 혼란을 불러일으키고, 결국 우리의 참된 지성까지 파괴시킨다. 요가의 야마·니야마·아사나·프라나야마·프라티아하라가 제공하는 테크닉과 방책을 잘 결합하면 우리는 통제하는 법을 배울 수 있다. 신이나 호흡에 집중하든, 아사나에서 의식의 방향을 돌리고 확장시키는 법을 배우든, 이들은 모두 의식을 제어하는 외적인 방법이다. 이러한 모든 배움은 모두 주체와 객체의 관계에서 이루어지며, 상대적이고 이원적인 과정이어서 비교적 단순하다. 하지만 주체는 어떻게 주체에 대해 작용하며, 의식은 어떻게 의식에 대해 작용할 수 있는가? 다시 말해 어떻게 해야 우리 눈이 우리 눈을 볼 수 있을까? 파탄잘리는 『요가 수트라』 제3장 9~15절에서 그 방법을 제시한다.

혹자는 우리가 왜 이런 수련을 해야 하느냐고 물을 수도 있는데, 『요가 수트라』 제3장 13~14절은 그 질문에 대답하면서 우리가 우리의 의식 안에서 자연이 지닌 미묘한 특성들을 파악하고 그들의 차이점을 분별하며, 시간의 변화와 압박을 겪어야 하는 것과 영원불변한 것을 구별할 수 있게 해 준다. 이런 과정을 통해 우리는 피땀 어린 외적 수행을 통해 얻고자 하였던 자연으로부터의 해방을 내적 수행에서 얻는다. 우리가 시간의 횡포, 절대적인 망상으로부터 벗어나 얻게 된 이 자유는 무엇보다 소중하다. 우리 의식 내부에 있는 감각 대상과의 유대를 끊는 것은 외부 대상과의 관계를 끊는 것보다 훨씬 더 중요하다. 그렇지 않다면 독방에 갇혀 있는 죄수는 이미 반半 요기가 된 것이나 다름없다. 의식 내면에 깊이 자리 잡은 욕망, 애착, 혐오는 내적인 수행을 통해 사라진다.

파탄잘리는 『요가 수트라』 제3장 4절에서 다라나·디아나·사마디는 마치 세 가닥의 실이 하나의 실타래로 엮여 있는 것과 같다고 말한다. 그런 다음 그들과 직접적으로 관련된 세 가지의 의식 변화를 제시하는데, 이들은 순차적으로 가장 높은 단계로 올라간다. 가장 높은 단계에 이른 의식은 영혼의 빛을 반사한다. 이 변화를 각각 니로다 파리나마nirodha pariṇāma, 사마디 파리나마samādhi pariṇāma, 에카그라타 파리나마ekāgratā pariṇāma라고 한다. 이들은 자연의 세 가지 변화인 다르마·락샤나·아바스타 파리나마와 관련이 있고(3장 13절 참조), 고차원의 인식(보다 높은 차원에서 자연의 실제를 꿰뚫는 것)에서 비롯된다. 변화라고 말하면 우리는 정적인 구조 안에 있는 일련의 단계들을 상상하는데, 그보다는 오늘날의 입자 물리학에서 말하는 것처럼 일종의 조화로운 흐름이라고 생각하는 것이 좋다.

니로다 파리나마는 명상 방법과 관련이 있다. 이때 다라나는 대상에 대한 날카로운 집중력을 잃게 되고, 지성 자체가 집중의 대상이 된다. 다라나와 니로다 파리나마에서는 관찰이 역동적인 주도권을 갖는다.

니로다 파리나마(제어 또는 억제를 통한 변화)를 통해 의식은 의도적이든 아니든 자기 안에 일어난 동요와 산만함을 고요히 가라앉히는 법을 배운다. 니로다 파리나마의 방법은 먼저 떠오르는 생각과 그것을 제어하는 사이에, 또 반대로 그것을 제어하고 생각이 다시 떠오르는 사이에 일어나는 잠재의식의 고요한 휴지 상태를 알아차린 뒤 그 상태를 유지시키고 확장시켜 나가는 것이다.

하나의 인상이 그것과 반대되는 인상으로 대체되는 한, 의식은 그것을 향해 계속 떠오르게 된다. 이러한 상태를 비유타나 치타vyutthāna citta, 혹은 비유타나 삼스카라(vyutthāna saṁskāra: 떠오르는 인상)라고 한다. 떠오르는 의식의 물결을 제어하고 이 인상들을 억누르는 것을 니로다 치타 혹은 니로다 삼스카라라고 한다. 우리는 정지와 고요의 상태인 중간의 그 소중한 심리적 시간을 길게 지속시켜 실제적인 시간의 흐름 바깥에 존재하는, 시작도 끝도 없는 의식의 순간으로 들어가야 한다.

의식에서 일어나는 이 변화의 수레바퀴에 대한 이해는 호흡에서 찾을 수 있다. 숨이 들어오고 나가는 사이에 우리는 짧은 순간 호흡이 멈추는 것을 경험한다. 중간의 이 틈이 없으면 우리는 숨을 들이쉴 수도 내쉴 수도 없다. 들숨과 날숨 사이에 존재하는 이 휴지기에는 좋은 점이 하나 더 있다. 이 순간에 폐와 심장이 쉴 수 있다는 것이다. 나는 이 쉬는 순간을 심장과 폐의 '사바아사나śavāsana'라 부른다.

프라나야마 수련을 발견한 요기들은 이 자연스런 공간을 쿰바카라 부르고 후대인들에게 그 지속 시간을 연장하라 조언했다. 그리하여 매 호흡은 네 가지 움직임, 즉 들숨·보유·날숨·보유의 과정을 거치게 되었다. 의식 역시 네 가지 움직임을 보이는데, 떠오르는 의식·고요한 상태의 의식·제어되는 의식·고요한 상태의 의식이 그것이다.

들숨은 생각의 물결을 일으키는 반면, 날숨은 생각의 물결을 억제하도록 도와준다(1장 34절 참조). 들숨과 날숨이 일어난 후의 이러한 휴지기는 생각이 떠오르고 제어되는 사이사이의 휴지기와 비슷하다. 따라서 호흡의 변화와 의식의 변화는 결국 동일한 것이라 할 수 있다. 둘 다 생리적인 몸이나 지성적인 몸이 모두 고요히 휴식하는 기간이기 때문이다. 이때는 또 공空을 느낄 수 있는 텅 빈 순간이기도 하다. 파탄잘리는 우리에게 이러한 텅 빈 느낌을 역동적인 전체, 즉 어디에도 집중하지 않는 집중 상태에 대한 오롯한 집중으로 변화시킬 것을 권하고 있다. 여기서 두 번째 상태 즉 사마디 파리나마에 들어가게 된다.

우리의 마음은 바다의 파도같이 물결을 일으킨다. 따라서 우리는 한 가지 생각이나 대상에 마음을 집중시키기 위해 노력해야 한다. 그러다 보면 종종 억제와 산만함 때문에 깨어 있지 못할 때가 있다. 하지만 고요한 휴지기가 무엇인지 알고 있는 만큼 호흡 보유를 늘이면서 그러한 휴지기를 늘여 나가면 생각이 생겨나거나 제어될 여지가 없다.

(크리슈나 신은 『기타Gīta』에서 '다른 존재에게는 밤이라도 깨어 있는 요기에게는 낮이고, 요기의 밤은 다른 이에게는 낮이다.'(2장 69절)라고 일렀다. 이 경문도 같은 의미를 전한다. 일어나는 생각과 그것을 제어하는 것이 수행자를 깨어 있게 할 때 그것은 수행자에게 낮이 되지만 관조자에게는 밤이다. 일어나는 생각과 제어되는 생각 사이의 길어진 휴지기에 관조자가 깨어 있을 때 그것은 관조자에게는 낮이 되지만 수행자에게는 밤이다. 좀 더 명확히 이해하기 위해 우리 몸을 호수로 생각해 보자. 마음은 그 호수 위를 떠다니지만 관조자는 호수 밑바닥에 숨어 있다. 이것이 관조자에게는 어둠이다. 요가 수행은 마음을 밑바닥으로 가라앉게 하고 관조자를 위로 떠오르게 한다. 이것이 관조자에게는 낮인 것이다.)

한숨 푹 자고 나면 생기가 느껴지듯이, 이 휴지기를 늘여 생기를 주면 관조자의 의식도 다시 활기를 찾는다. 하지만 의식을 훈련시켜 떠오르는 생각을 제어하도록 하는 것이 처음에는 어려울 수 있다. 이는 생각의 흐름을 거스르는 것이기 pratipakṣa 때문에 동요를 일으킨다. 반면 제어 상태에서 떠오르는 생각으로 향하는 움직임은 흐름을 따라가는 것이기 때문에pakṣa 편안함을 준다. 첫 번째 방법에는 의지력이 요구되는 만큼 라자스의 성질을 약간 띠고 있다. 두 번째 방법은 얼마간 사트바의 성질을 가지지만 타마스의 성질도 약간 가지고 있다. 의식을 역동적인 고요가 존재하는 순수한 사트바의 상태로 만들기 위해서는 거듭되는 노력을 통해 중간의 휴지기를 늘여야만 한다(1장 14절 참조). 어떤 인상도 방해를 하지 못하게 하면, 의식은 늘 새로운 상태를 유지하며 자신의 거처에서 휴식을 취한다. 이것이 바로 에카그라타 파리나마이다.

일부 주석가들은 니로다 파리나마와 아삼프라즈냐타 사마디(마놀라야)를 같은 것으로 본다. 둘 모두 '나'라는 의식을 억제한다는 뜻이 있다고 여겨서이다. 그들의 주장에 따르면 이것이 가장 마지막에 와야 하기 때문에 경문의 순서도 제3장 12절, 제3장 11절, 제3장 9절의 순서로 되어야 한다고 주장한다. 즉 에카그라타 파리나마를 맨 앞에 두고 그것을 다라나에서 마음을 한 지점에 집중시키는 것과 관련시킨다. 물론 에카그라타가 표면적으로는 한 가지 대상에 관심을 집중시킨다는 뜻을 가지고 있기 때문에 둘 사이에 유사성이 있기는 하다. 하지만 에카그라타는 '둘도 없는 오직 하나'라는 보다 깊은 뜻을 가지고 있다. 영혼만이 존재할 뿐 다른 것은 없다는 뜻이다. 이러한 심오한 의미가 있다는 것을 알게 되면 파탄잘리가 경문을 지금과 같은 순서로 배치한 이유가 분명히 드러난다. 파탄잘리가 다르마, 락샤나, 아바스타 파리나마를 다루고 있는 부분을 보면(3장 13절 참조) 이 점이 보다 명확하게 드러난다.

의식은 다르마적인 특징 세 가지를 가지고 있다. 그것은 동요하는 것, 제어되는 것, 고요히 머무는 것이다. 우리는 마지막의 고요한 상태를 역동적이지만 단일한 각성의 상태로 만들 수 있어야 한다. 그런데 의식을 제어하는 중 오래된 인상이 다시 나타날 수도 있다고 파탄잘리는 경고한다. 따라서 수행자는 그러한 인상이 나타나는 즉시 반응할 수 있도록 훈련을 쌓아 그 근원부터 잘라야 한다. 의식을 제어하는 동작 하나하나는 다시 평안의 상태를 가져다준다. 이것이 바로 다르마 파리나마dharma pariṇāma이다. 아무런 방해도 일어나지 않는 상태에서 평정의 고요한 물결이 이어지면 사마디 파리나마samādhi pariṇāma와 락샤나 파리나마lakṣaṇa pariṇāma가 시작된다. 그런데 이 단계에서 수행자가 영혼의 사막에 갇혀 버리는 수가 있다(1장 18절 참조). 이때 수행자는 인내하여 영혼과의 합일에 이르러 그 상태avasthā pariṇāma에 변함없이 머물러야 한다. 이 마지막 목표를 이룰 수 있게 하는 것이 바로 에카그라타 파리나마ekāgratā pariṇāma이다(1장 20절 참조).

표 12: 치타와 프라크르티의 변화 순서

치타의 변화	프라크르티의 변화
1 니로다 파리나마 (제어하는 변화)	1 다르마 파리나마 (고귀한 상태로의 변화)
2 사마디 파리나마 (사마디로의 변화)	2 락샤나 파리나마 (완전한 각성 상태로의 변화)
3 에카그라타 파리나마 (하나에 집중하는 상태에서 집중 대상이 없는 집중으로의 변화)	3 아바스타 파리나마 (완전한 상태의 유지)

तस्य प्रशान्तवाहिता संस्कारात् ॥१०॥

3.10 tasya praśāntavāhitā saṁskārāt

tasya	그것의(니로다 파리나마)
praśānta	평정, 평화로운 상태
vāhitā	흐름
saṁskārāt	인상(업)의 기능, 닦여진, 정련된

'떠오르는 인상을 제어하면 평정의 흐름이 끊임없이 이어진다.'

떠오르는 인상과 제어되는 인상 사이의 휴지기 속에서 완전한 각성 상태를 계속 유지하면 인위적 노력 없이 자연스럽게 안정이 이루어진다. 그러면 의식에 어떤 물결도 일지 않고 평정의 흐름이 이어진다(3장 9절 참조).

숙달될 수 있도록 노력을 거듭하면 의식은 변화하고 단련되며 정련된다. 이로부터 모든 종류의 동요에서 벗어나는 자유를 얻게 되어 끊이지 않는 평화가 흐른다. 물방울 하나하나가 모여 호수가 되듯, 수행자는 떠오르는 인상과 제어되는 인상 사이의 평화로운 휴지기를 늘이기 위해 끊임없이 노력해야 한다. 아비야사와 바이라기야에 능숙해진 수행자는 스스로 늘 안정된 상태를 유지할 수 있어 고요함이 끊이지 않고 흐른다. 그리하여 수행자는 의식이 지닌 과거의 모든 인상으로부터 자유로워진다.

앞에서 파탄잘리는 평정의 상태를 가리키기 위해 지타 프라사다남citta prasādanam, 아디야트마 프라사다남adhyātma prasādanam, 스바라사 바히니svarasa vāhinī, 아난타 사마파티ananta samāpattiḥ라는 용어를 썼다. 방해를 받던 의식이 방해 받지 않는 상태가 된 것을 치타 프라사다남(치타의 긍정적인 기질)이라 한다. 또 슬픔이 정복된 상태를 스바라사 바히니(영혼의 향기가 흘러나옴)라 하고, 영혼을 찾는 노력이 끝난 상태는 아난타 사마파티(본래의 영원한 모습을 취함)라 한다. 한편 명상에 능숙해지는 것은 아디야트마 프라사다남(영혼의 빛이 드러남)이다. 이 모두가 같은 의미를 나타낸다. 결국 구도자와 그가 찾는 대상이 하나라는 것, 즉 구도자와 관조자가 하나라는 것이다.

(1장 12절, 33절, 47절; 2장 47절; 4장 29절, 32절 참조)

सर्वार्थतैकाग्रतयोः क्षयोदयौ चित्तस्य समाधिपरिणामः ॥११॥

3.11 sarvārthatā ekāgratayoḥ kṣaya udayau cittasya samādhipariṇāmaḥ

sarvārthatā	모든 곳을 향함, 많은 곳을 향함
ekāgratayoḥ	한곳을 향함
kṣaya	부패
udayau	떠오름
cittasya	의식의
samādhi	영적인 몰입
pariṇāmaḥ	변화

'치타 안에서 산만하였던 집중이 힘을 잃고 한곳을 향한 집중력이 생기는 것은 사마디에 가까워짐을 의미하는 변화이다.'

의식은 여러 곳을 향하는 집중력과 한곳을 향하는 집중력 사이를 오간다. 한곳을 향한 집중력이 자리를 잡으면 여러 곳을 향하는 집중력은 사라진다. 또 한곳을 향한 집중력이 사라지면 의식은 분산된다. 이러한 변화를 관찰하여 한곳을 향한 강한 집중력을 유지하는 법을 배우는 것이 변화의 두 번째 단계인 사마디 파리나마이다.

치타는 두 가지 속성, 즉 흩어지는 성질sarvārthatā citta과 한곳에 모이는 성질ekāgratā citta을 지니고 있다. 치타는 이러한 성질을 가지고 자신의 집중력을 바깥으로 돌리기도 하고 안으로 돌리기도 한다. 또 치타는 이 두 가지 힘을 하나로 합쳐서 영적인 몰입(삼매)을 향해 나아갈 수도 있다.

치타는 보고, 관찰하고, 생각할 수 있는 어떤 대상에 대해서든 그 형상을 취한다. 또 치타는 자신이 원하는 만큼 스스로를 확산시킬 수가 있다. 치타가 확산되면 집중력은 여러 곳을 향하게 되고, 안정적으로 집중된 상태를 유지하면 한곳으로 집중된다. 치타가 흩어지면 그 순간 산만함과 불안이 찾아든다. 이러한 불안을 정복할 수는 있지만, 존재하는 것은 무엇이든 파괴되지는 않는다. 오로지 변화가 가능할 뿐이다. 따라서 세심한 집중력을 통해 사라지거나 옅어지게 해야 하는데, 이로써 의식의 평온한 흐름이 안정적으로 이어질 수 있다. 이렇듯 의식은 그 자신의 행위에 영향을 받는다. 치타는 한 가지 생각에 몰입하는 버릇이 있는데, 이것이 수행자가 영적인 몰입을 할 수 있는 바탕이 된다. 이러한 집중력, 즉 사마디 파리나마는 평온한 상태를 안정적으로 유지시킨다.

니로다 파리나마에서는 생각의 물결이 일어나지 않도록 제어되고 잠재워진다. 사마디 파리나마에서는 떠오르는 생각과 제어되는 생각 사이, 그리고 제어되는 생각과 떠오르는 생각 사이의 휴지기에 대해 탐구한다. 이 탐구로부터 정지 상태가 시작되고 고요함에 이르게 된다. 우리는 정지는 확고함이며 고요는 수용적인 명상의 상태라는 것을 알아야 한다. 고요한 상태에서 영혼의 향기는 집중의 중심으로 떠오른다. 이것이 바로 에카그라타 파리나마로, 다음 경문에서 이어서 설명한다.

(1장 2, 5, 32, 43, 50절 참조)

ततः पुनः शान्तोदितौ तुल्यप्रत्ययौ चित्तस्यैकाग्रतापरिणामः ॥१२॥

3.12 tataḥ punaḥśānta uditau tulya pratyayau cittasya ekāgratāpariṇāmaḥ

tataḥ	그 다음에
punaḥ	다시
śānta	가라앉는 상태, 조용한 상태
uditau	떠오르는 상태
tulya	비슷한
pratyayau	인지, 행위의 방편, 이유
cittasya	의식(마음)의
ekāgratā	(eka = 단수의, 하나의, 홀로, 탁월한; agra = 첫째의, 휴식처, 기반, 두드러진, 훌륭한, 최고의, 가장 높은 자리 및 정상: ekāgra = 한 지점을 향한, 한 가지 대상에 열중한. 여기에서 ekāgra는 나누어지지 않는abhedya 영혼 및 삶의 토대를 의미한다.) 한곳을 향함
pariṇāmaḥ	변화

'생각이 떠오를 때와 가라앉을 때의 과정이 균형을 이루면, 한곳을 향하는 의식이 나타난다. 한곳을 향하던 집중력이 어느 곳도 향하지 않게 될 때까지 강력하

게 깨어 있는 상태가 지속되는 것이 에카그라타 파리나마이다.'

이렇게 치타의 성질에만 초점을 맞춘 상태에서도 집중의 민감성은 강할 수도 있고, 약할 수도 있다. 치타 안에서 집중의 흐름과 강도를 끊이지 않게 안정적으로 유지시키는 것이 변화의 세 번째 단계이다.

때때로 의식은 생각에 잠긴 듯 고요해졌다가도 갑자기 날뛰는 등 활동성을 보인다. 이러한 활동이 제어되어 다시 균형을 찾는 것은 순식간이다. 이렇게 의식을 제어하기 위해서는 노력이 필요하며, 노력은 시간을 필요로 한다. 처음에는 잠깐 나타나던 깊은 고요의 상태가 능숙한 수련에 의해 의식 전체에 스며들어 가득 차게 된다. 그러면 시간 감각이 사라지고, 과거와 미래는 다시 무시간성 속으로 빠져 들어간다.

마음과 시간은 상호의존적이다. 마음이 경험하는 순간순간이 끝나면 시간 역시 끝이 난다. 치타와 관조자(아트만)는 면도날의 날카로운 양끝과 같다. 한곳을 향한 집중력(에카그라타 삼스카라) 속에서 수행자와 관조자의 에너지는 하나가 된다. 수행자는 행하고, 관조자는 존재한다. 존재에 행이 더해지면 변화가 된다. 변화는 역동적인 성질을 지니고 있기 때문에 여기에는 주체도 없고 객체도 없다. 이제 초점은 관조자에게 있고, 관조자를 위한 것이며, 또 관조자에 의한 것이다. 이것이 바로 에카그라타 파리나마이다.

수행자가 제어의 상태에 도달하면(니로다 삼스카라), 언뜻 보이던 고요의 상태가 연장되어 의식을 가득 채운다(사마디 삼스카라). 그러면 세 번째 단계인 에카그라타 삼스카라를 수련해야 한다. 바로 이때 외부 대상에 의존하고 있던 의식이 내면으로 움직여 씨앗이 없는 영혼의 자리가 생기게 한다.

파탄잘리는 『요가 수트라』 제3장 9~12절에서 의식 변화의 세 단계를 순서에 따라 설명한다. 즉 니로다 파리나마와 사마디 파리나마를 설명한 다음, 마지막으로 에카그라타 파리나마에 대해 이야기한다. 에카그라타는 앞에서 설명한 것처럼 두 가지 의미를 지니고 있다. 하나는 주어진 대상에 집중하는 것으로, 이 외부적 차원에서는 다라나와 같은 의미를 지닌다. 다른 하나는 '오직 하나 밖에 없는 그것'으로, 곧 영혼을 말한다. 이것이 의식의 변화 중 최고의 수준이다. 따라서 나는 파탄잘리가 의미하는 것은 다음과 같다고 생각한다. 즉, 에카그라타 파리나마는 변화의 최종 단계로 이때 의식은 영혼의 차원에까지 올라 그것과 하나가 된다.
(1장 47, 51절; 2장 19~20절 참조)

एतेन भूतेन्द्रियेषु धर्मलक्षणावस्थापरिणामा व्याख्याताः ॥१३॥

3.13 etena bhūtendriyeṣu dharma lakṣaṇa avasthā pariṇāmāḥ vyākhyātāḥ

etena	이것에 의해
bhūtendriyeṣu	요소들, 신체와 감각 기관
dharma	타당성, 법, 의무, 올바름, 덕성, 종교
lakṣaṇa	성격, 표시, 특징, 특질, 설명
avasthā	조건, 상태, 위치
pariṇāmāḥ	변화, 효과, 변모
vyākhyātāḥ	눈에 보이는, 설명된, 펼쳐진, 열거된

'단련된 의식은 이 세 단계를 통하여 잠재적인 상태dharma에서 보다 정교한 상

태lakṣaṇa 그리고 마지막으로 지극히 정교한 상태avasthā로 변화한다. 이런 식으로 자연의 요소·감각·마음의 변화가 일어난다.'

『요가 수트라』 제3장 9~12절에 설명된 변화의 세 가지 단계는 신체 기관, 감각·몸·마음 등 존재 전반에 두루 영향을 미쳐 의식을 안정되고 한결같은 상태에 이르게 한다.

사실 푸루샤와 프라크르티는 모두 다 영원하다. 푸루샤는 영원히 변치 않는 상태로 존재한다. 반면 프르크르티는 영원히 변하는데, 프라크르티의 세 가지 속성인 사트바·라자스·타마스가 상호 작용을 일으키기 때문이다.

흙·물·불·공기·에테르, 여기에 상응하는 냄새·맛·모양·촉감·소리, 그리고 지각력·행위력·마음·지성·의식·자의식은 모두 자연의 일부를 구성한다. 이 중에서도 자의식·의식·지성은 민감하고 미묘한 특징이 있다. 이들은 지각력·행위력·마음을 통해 인식한 대상들에 대한 경험을 모은다. 이런 경험들은 지각력, 행위력, 그리고 마음이 주변 상황과 어떤 관계를 맺고 있느냐에 따라 달라진다. 이런 식으로 의식은 자연의 속성에 의해 제한된다. 의식은 또한 과거·현재·미래의 생각에 따라 이리저리 흔들리므로 시간과도 관련이 있다.

수련과 노력으로 경험을 잘 관찰하면 그것이 최선의 경험이 되도록 향상시킬 수 있다.

탐구를 통해 우리는 의식이 네 가지 경향 혹은 속성을 지니고 있다는 것을 알 수 있다. 먼저 의식에 아비디야가 우세할 때는 동요하는 속성vyutthāna saṁskāra을 지닌다. 분별력의 힘이 나타나기 시작하면 두 번째 경향인 제어의 성격nirodha saṁskāra, dharma pariṇāma이 드러난다. 제어의 결과, 평정의 흐름praśānta vāhita saṁskāra이 나타나는데 이는 비유타나 삼스카라와 니로다 삼스카라 사이에서 경험할 수 있다. 이것이 세 번째의 경향으로 락샤나 파리나마라고 한다. 이 고요한 중간 휴지기를 늘이려고 노력하여 수행자는 해탈의 최고 경지avasthā pariṇāma에 이르는데, 이것이 바로 의식이 지닌 네 번째 마지막 속성이라 할 수 있다.

의식이 이런 경향을 모두 잃고 잠잠해지면, 그것은 관조자 안에서 편안히 쉬게 된다. 이는 신체·감각·마음의 작용 유형에까지 영향을 미쳐 이들도 모두 평화로운 상태에 머문다. 이렇게 모두가 평화로운 상태를 에카그라타 파리나마ekāgratā pariṇāma라 한다. 우리가 신중하게 행동을 하면 의식은 자신이 지닌 속성의 근원을 찾아 그곳으로 다가가 그 안에 녹아든다. 바로 그 순간 몸·감각·마음에서는 전개와 용해, 혹은 탄생과 죽음이 사라진다. 이것을 비베카 키야티viveka khyāti라고 한다(2장 26절 참조). 수행자는 스스로를 고결한 경지dharma pariṇāma로 변화시켜 완전한 각성 상태lakṣaṇa pariṇāma로 나아간 후 그 완전성을 잃지 않은 상태avasthā pariṇāma에 계속 머문다.

이어지는 두 개의 비유로 속성dharma·변화lakṣaṇa·상태avasthā의 개념을 한결 쉽게 이해할 수 있을 것이다.

도공이 도자기를 빚으려면 먼저 진흙을 덩어리로 뭉쳐야 한다. 아직 뭉쳐지지 않은 진흙은 그 속성(다르마)이라 할 수 있다. 반면 뭉쳐진 진흙 덩어리는 변화(락샤나)이고, 완성된 도자기는 궁극적인 상태(아바스타)라 할 수 있다. 도공이 도자기 모양을 바꾸려면 그것을 완전히 뭉개버려 원래의 상태로 되돌려야 한다. 이는 금반지를 만들 때에도 똑같다. 금세공인이 금반지를 다시 만들기 위해서는 반지를 녹여 원래의 상태로 만들어야 하는 것이다.

여기 한 남자가 있다. 그는 누군가의 아들일 수도 있고, 형·조카·처남·사위·아버지·삼촌· 장인·할아버지일 수도 있다. 부르는 이름은 달라도 그는 여전히 같은 사람이다. 여기서 이 사람을 다르마, 즉 본래의 실체라고 한다면 타인과의 다양한 관계는 락샤나라 할 수 있고, 그가 정점에 달해 있는 상태는 아바스타라 할 수 있다.

다르마 파리나마가 프라크르티와 푸루샤가 무엇인지를 아는 것이라면, 락샤나 파리나마는 그것들을 이용하는 방법이라 할 수 있다. 이에 비해 아바스타 파리나마는 시행착오의 단계를 벗어나 안정된 상태로 들어가 그것을 한결같이 유지하는 것을 말한다. 자연의 요소·행위력·지각력·마음은 이런 식으로 변화를 거친다. 이는 푸루샤가 인정과 이해를 받는 과정이기도 하다. 이 모든 변화의 과정이 안정을 이루고, 몸과 마음과 자의식의 변화가 모두 끝나면 수행자는 영원히 변치 않는 푸루샤 안에서 휴식을 취할 수 있다. 관조자가 오로지 자신만이 구도자임을 깨달아 자기 자신의 형상인 스바루파svarūpa를 찾을 때 구도가 끝나고 구도자와 구도의 대상 사이의 이원성이 사라진다. 이제 영혼은 스스로 순수한 향기를 내뿜는 불멸의 영약을 마시게 된다.

의식에서 일어나는 이 세 단계의 변화는 평정심에서 절정을 이룬다. 이때는 각성의 흐름이 평화롭게 이어지고 덕성이 다르마 파리나마로서 일어난다. 이것이 지성과 의식의 진정한 특징이다. 이제 수행자는 고도로 단련되고 계발되었다. 이것이 락샤나 파리나마이다. 마지막으로 질적으로 변화된 이러한 의식 상태를 유지하여 최고의 경지로 나아가는 것이 아바스타 파리나마이다.

(1장 3절; 2장 15, 18~19, 20절; 3장 5, 45, 48절 참조)

शान्तोदिताव्यपदेश्यधर्मानुपाती धर्मी ॥१४॥

3.14 śānta udita avyapadeśya dharma anupātī dharmī

śānta	완화된, 진정된, 고요해진, 조용해진, 평화로워진
udita	떠오른, 올라온, 드러난

avyapadeśya	정의되지 않은, 숨어 있는, 잠재적인 형태로 숨어 있는
dharma	타당성, 활용, 법, 의무, 종교, 선
anupātī	바짝 뒤따르는, 공통된
dharmī	선한, 올바른, 종교적인, 특징이 잡힌

'실체란 계속 존재하면서 모든 상태(겉으로 드러난 상태·잠재된 상태·제어된 상태)에서 자신의 특질을 유지하는 것이다.'

자연의 고유한 특질mūla-prakṛti은 세 가지 속성을 지니고 있다. 평화롭고 고요한 특성śānta·겉으로 드러난 특성udita·잠재된 특성avyapadeśya이 그것이다. 이들은 개개인의 지적 발달 정도에 따라 희미하게 나타나기도 하고 분명히 드러나기도 한다.

자연은 변모를 겪더라도 그 기층에 지니고 있는 성질은 한결같다. 의식이 형성되는 것은 자연의 속성들이 변하기 때문이다.

파탄잘리는 『요가 수트라』 제3장 9절에서 의식에는 떠오르는 상태·제어되는 상태·이 두 상태 사이의 휴지기의 세 단계가 있다고 설명한다. 그리고 제3장 10절에서는 이 휴지기를 고요한 의식이라고 말한다. 이 휴지기를 늘이면 모든 곳을 향하는 집중력과 한곳을 향하는 집중력이 만나, 더 이상 생각이 떠오르거나 가라앉을 여지가 없게 된다(3장 11절). 여기서 나아가 제3장 12절에서는 이 고요한 순간들을 계속 유지하면 의식은 균형 잡힌 상태가 되어 제3장 13절에서 말한 것처럼 고도로 단련된 조화로운 상태에 이른다고 한다. 생각이 떠오르고 제어되는 것은 치타의 성향dharma인 반면, 고요한 상태는 그것의 실체적 특질dharmī에 해당된다.

표 13: 의식의 네 가지 수준

1 무의식의 수준	1 샨티 치타 Śānti citta (고요한)	1 깊은 수면 상태	1 니드라아바스타 Nidrāvasthā 혹은 수숩티야아바스타 Suṣuptyāvasthā
2 잠재의식의 수준	2 크샤야 치타 Kṣaya citta (잠자는)	2 꿈이 가득한 상태	2 스바프나아바스타 Svapnāvasthā
3 의식의 수준	3 우다야 치타 Udaya citta (떠오르는)	3 깨어 있는 상태	3 자그라타아바스타 Jāgratāvasthā
4 초의식의 수준	4 1, 2, 3의 초월	4 카이발리아, 즉 영원한 해탈	4 투리야아바스타 Turyāvasthā

치타가 일어나는 것은 감각 기능을 지닌 몸 안에서 느낄 수 있다. 이때 치타는 외적인 수준에서 바히랑가 치타bahiraṅga citta로서 나타난다. 이렇게 떠오르는 생각의 움직임을 관찰하는 것이 외적인 수행, 즉 바히랑가 사다나bahiraṅga sādhana이다. 떠오르는 생각들을 섬세히 제어하면 치타가 가장 바깥쪽에 있는 몸을 떠나 안으로 들어오게 되는데, 이를 내적인 수행, 즉 안타라트마 사다나antarātmā sādhana라 한다. 이 상태는 의식의 지복의 순간이라고 여겨진다. 이것은 마치 도자기로 존재하기 전의 진흙을 다시 발견하는 것과 비슷하다.

『요가 수트라』 제3장 9절에서부터 14절까지의 내용으로 우리는 의식에는 외적인 단계·내적인 단계·가장 내적인 단계의 세 가지가 있다는 것을 알게 되었다. 이 단계들을 거듭해서 따라가 보면 아사나, 프라나야마 수련 및 명상이 이들과 가지는 관계를 알게 된다. 아사나, 프라나야마 및 명상 수련에서는 피부에 머물러 있던 의식이 안쪽을 향해 움직이면서 세포 및 근섬유 하나하나가 관조자의 평정 속으로 스며들어간다.

오늘날 삶의 '스트레스와 긴장'을 모르는 사람은 없다. 하지만 삶을 복잡하게 만드는 의식의 이러한 측면들은 인류에게 새로운 것이 아니다. 파탄잘리가 '생각의 떠오름'이란 뜻으로 사용한 비유타나vyutthāna란 말은 '스트레스'가 나타난다는 말이나 다름없다. '떠오르는 생각을 제어한다'는 뜻의 니로다nirodha는 그러한 스트레스를 제어하려고 할 때 생기는 '긴장'에 해당한다. 이 둘 사이에서 균형을 잡는 것을 '이완śānti citta'이라 한다. 떠오르는 생각을 제어하는 것은 물결을 거스르는 것pratipakṣa이기에, 제어도 일종의 긴장이다.

유년기를 거친 사람을 산스크리트어로 샨타śānta라고 하는데, 여기에는 유년기를 이미 넘겼다는 뜻이 들어 있다. 또 한창 때의 젊은이는 현재udita의 상태에 있다고 한다. 시간이 지나면 그도 점점 나이가 들어가겠지만 아직까지 노인이 된 것은 아니다. 이를 아비야파데샤avyapadeśya라 하는데, 아직 그 모습이 뚜렷하게 드러나지 않은 노년이라는 뜻이다. 하지만 이 모든 변화를 겪는다 해도 그는 여전히 똑같은 그 사람이다. 이렇게 변하지 않는 것을 다르미라 한다. 마찬가지로 우유 역시 응유와 유장乳漿으로 분리되는 성질이 있고, 또 가공을 거쳐 버터가 된다. 이것은 앞에서 이야기한 것처럼 흙으로 점토를 반죽해서 도자기를 구워내는 것과 같다. 흙이 과거라면, 점토는 현재를, 도자기는 미래를 나타내는 것이다. 이렇게 근원에서 시작된 변화는 과거, 현재, 미래의 시간 속에서 움직인다.

『요가 수트라』 제2장 18절에서는 자연에는 밝음prākāśa, 활동성kriyā, 불활성sthithi의 속성이 있다고 설명한다. 이 성질을 어떻게 사용하느냐에 따라 인간은 즐거움과 고통의 그물에 걸려 옴짝달싹 못할 수도 있고 즐거움과 고통을 초월하여 때묻지 않은 지고의 행복에 이를 수도 있다.

자연의 여러 성질들이 존재하는 것은 수행자를 밖으로 나오게 하거나 내면으로 들어가게 하기 위해서이다. 자연의 일부인 의식은 시간이라는 수레바퀴에 예속당할 수밖에 없다.

수행자가 지식과 분별심viveka을 통해 올바른 씨앗을 뿌리고 의식을 발달시키면 그는 에카그라타ekāgratā를 통해 자아의 깨달음이라는 열매를 얻게 된다. 이제 그는 자연에 숨겨진 성질과 자연의 변모를 구별하는 힘을 가지고 언제나 변치 않고 선한 자신의 진실하고 순수한 존재의 상태를 인지하게 된다. 이것이야말로 현명한 수행이 가져다주는 값진 열매라 할 수 있다.

우리는 이 경문이 지닌 의미를 아사나·프라나야마·명상 수련에 실용적으로 활용할 수 있다. 우리 몸 안 이곳저곳에 흩어져 있는 다양한 세포들(흙)을 관찰하여 그것에 에너지를 주고 하나로 뭉치게 하면(진흙 덩어리), 다양한 아사나와 프라나야마의 수련 속에서 내면이 동일되는 것을 느끼고 몸·호흡·의식을 새로운 형태로 변화시킬 수 있다. 이는 도공이 점토를 가지고 갖가지 모양의 도자기를 만드는 것과 같은 이치다.

아사나 수련을 할 때 긴장을 늦추지 않은 상태에서 몸의 에너지가 조화를 이루어 '0의 지점'이 되면 정확성을 이룬 것이라 할 수 있다. 이는 프라나야마의 수련 중 들숨, 숨의 배분, 날숨에도 적용될 수 있으며, 명상에서도 마찬가지이다. 존재의 핵심에서 한곳을 향한 집중력을 모든 곳을 향하는 집중력과 결합시키는 것이 바로 이 경문에서 말하고자 하는 진정한 핵심이다.

이때 '0의 지점'은 균형과 조화가 이루어지는 중심점으로, 우리는 여기서 물질과 감정 사이에 얽혀 있는 복잡한 혼란을 완전히 해소할 수 있다. 이것은 또한 몸·호흡·의식이 수직으로 늘어나고 수평으로 확장할 때 이 두 운동이 만나는 정확한 중심 지점을 알아내는 것이 얼마나 중요한지를 알려 준다.

क्रमान्यत्वं परिणामान्यत्वे हेतुः ॥१५॥

3.15 krama anyatvaṁ pariṇāma anyatve hetuḥ

krama	가는, 나아가는, 진군하는, 정도正道, 방법, 일의 순서, 연속
anyatvaṁ	다른, 구별되는
pariṇāma	변화, 변모, 효과
anyatve	다른, 구별되는, 다양한
hetuḥ	원인, 이유

'이어지는 일련의 변화는 의식에 뚜렷한 변화를 일으킨다.'

의식의 변화에 차이가 존재하는 것은 수련 방법에 있어 순서가 변하기 때문이다.

수행자가 어떤 수련 순서를 택하느냐에 따라 저마다 다른 변화가 일어난다.

크라마krama는 일정한 순서를 의미한다. 앞에서 이야기한 도자기의 예를 다시 들어보자. 애초의 흙가루는 속성(다르마)을 지닌 전개의 제1원리이고, 말랑말랑한 점토는 특질적인 표시(락샤나)를 드러내며, 도자기는 최종 단계로서 전개가 끝난 상태(아바스타)를 나타낸다. 이때 우리는 동작의 일정한 순서를 따라야만 흙에서 도자기를 만들어 낼 수 있다. 이것이 바로 조화롭고 유기적인 성장이다.

요가 수행에서도 우리는 반드시 일정한 순서를 따라야만 한다. 수행자는 먼저 의식을 제어하는 법을 습득한 후에(니로다 파리나마) 평정을 경험하게 되어 있다(사마디 파리나마). 그런 다음에는 '오직 하나 밖에 없는 그것', 즉 관조자에게로 나아간다(에카그라타 파리나마). 이런 경지에 이르러야만 비로소 완전한 요기kṛtārthan라 할 수 있다(1장 18, 19절; 4장 32절 참조).

의식은 부분적으로 시간 바깥에 존재하는 것으로 여겨지기도 하지만, 의식을 결정적으로 변화시키기 위해 필요한 작업은 시간의 틀 안에 존재한다. 우주에는 질서정연한 상태로 발전하려는 경향이 있어 이것에 의해 만물이 결국에는 더 나은 방향으로 나아가게 되어 있음은 당연한 일이다. 하지만 그것에만 의존할 수는 없기 때문에 개인적 노력이 반드시 필요하다. 특히 전개가 펼쳐지는 유일한 무대라고 할 수 있는 이 세상이 지금은 인간의 과도한 오염·욕심·전쟁으로 위험에 처해 있기에 더욱 그러한 노력이 절실히 요구된다. 파탄잘리가 살던 시대는 이렇지는 않았지만, 그는 후대 사람들이 질서정연하고 신속하게 발전할 수 있도록 정확한 지도를 마련해 주는 것이 좋겠다고 생각했던 것 같다.

식물이 성장할 때 씨앗에서 싹이 트고 줄기로 자라나 꽃봉오리를 맺고 꽃을 피워 마침내 열매를 맺는 것처럼, 영혼을 향해 들어가는 내적인 여행에도 나름의 논리가 존재한다. 파탄잘리가 제시하는 방법에 따라 우리가 찾아가게 되는 본래의 순수한 의식은 자신의 내면에 변화를 일으키는 씨앗이다. 결국 우리 자신의 영적인 운명을 만들어 가는 것은 우리 자신이라 할 수 있다.

수련의 구조와 순서가 얼마나 중요한가는 말을 배우는 과정을 보면 알 수 있다. 우리가 어떤 체계적인 교육 없이 말을 배우기 시작하면 그 언어를 습득할 수도 있고 그렇지 않을 수도 있다. 그것은 '될 대로 되라'는 식의 과정이다. 하지만 우리가 체계적인 방법에 따라 말을 배우려고 하면 반드시 정해진 순서를 따르게 되어 있다. 처음에는 먼저 'to be(있다)', 'to have(가지다)'와 같은 동사의 현재형과 기본적인 명사나 전치사를 익히게 된다. 처음부터 복잡한 문법부터 익혔다가는 제풀에 지치고 만다. 모든 것에는 나름의 발전 구조와 순서가 있고, 그 안에 나름의 논리와 조화가 존재한다. 이것을 순서, 즉 크라마라 한다.

परिणामत्रयसंयमादतीतानागतज्ञानम् ॥१६॥

3.16 pariṇāmatraya saṁyamāt atīta anāgatajñānam

pariṇāma	변화, 변모, 효과
traya	세 겹의
saṁyamāt	통합, 조절
atīta	과거
anāgata	미래
jñānam	지식

'의식의 니로다·사마디·에카그라타 상태에 대한 삼야마를 통해, 그리고 자연(다르마)·특질(락샤나)·상태(아바스타)의 세 가지 변화에 완전히 통달함으로써 요기는 과거와 미래를 알게 된다.'

이제 파탄잘리는 요기의 특징, 흔히 말해 의식이 변화되었을 때 요기가 얻게 되는 여러 가지 신통력에 대해서 설명한다.

제3장 14절에서는 과거·현재·미래에 샨타(고요히 가라앉음), 우디타(발생), 아비야파데샤(비발현)라는 용어를 썼다. 제3장 15절에서는 근원(다르미)에서부터 발전이 이루어지는 순서에 대해 말하면서, 변화에는 시간과 노력이 필요함을 이야기하였다. 수행자는 이러한 순서를 따르면서 현재가 과거로 들어갔다가 다시 미래로 모습을 드러내는 자연스런 흐름을 잘 관찰하여 시간에 완전히 통달할 수 있어야 한다.

이 경문에서 파탄잘리는 먼저 요가 수행의 진전을 이룬 사람이 이루는 성취에 대해 설명한다. 그 중 첫 번째가 바로 시간에 대해 아는 것이다. 이제 요기의 의식은 시간의 경계를 뛰어넘어 시간을 영원히 흐르는 것으로 본다. 따라서 그는 과거와 미래를 잘 안다. (현재를 굳이 언급하지 않은 것은 현재가 존재한다는 것은 지금 이 순간 느껴지기 때문이다). 요기는 질서정연한 순서에 따라 현재가 과거로 향했다가 다시 미래로 흘러들어가는 것을 인식한다. 즉 그는 시간을 알고, 시간의 의미와 그것의 영향력을 아는 것이다.

『요가 수트라』 제3장 16절부터 50절에 걸쳐 논의되는 소위 신통력들은 그 수행자가 요가 수행을 올바로 하고 있다는 증거다. 하지만 그는 여기서 방심하지 말고 확고한 믿음과 열의로 수행의 강도를 더 높이고 자신이 이룬 성취에는 무심해져야 한다. 그래야만 퇴보하여 번뇌·동요·자기만족에 빠지는 일이 없다.

(4장 1절; 28절 참조)

शब्दार्थप्रत्ययानामितरेतराध्यासात् संकरस्तत्प्रविभागसंयमात् सर्वभूतरुतज्ञानम् ॥१७॥

3.17 śabda artha pratyayānām itaretarādhyāsāt saṅkaraḥ tatpravibhāga saṁyamāt sarvabhūta rutajñānam

śabda	말, 소리
artha	목표, 목적, 의미
pratyayānām	느낌, 감정, 생각, 내용
itaretara	하나를 다른 것으로
adhyāsāt	포개지는, 우연히 만나는
saṅkaraḥ	함께 뒤섞는, 혼합물, 하나가 되는
tat	그것들의
pravibhāga	구별, 차이, 분해
saṁyamāt	제어, 차단, 조절, 정복하다, 지배하다
sarva	모든
bhūta	살아있는 존재
ruta	소리, 말
jñānam	지식

'말·목표·생각들은 중첩되어 있어 혼란을 일으킨다. 수행자는 삼야마를 통해 모든 존재들이 하는 말에 대해 알게 된다.'

말의 통상적인 사용법이나 말의 근본적인 의미, 내용, 느낌은 다 같을 수도 있고, 혹은 혼합이나 중첩에 의해 혼란을 불러일으킬 수도 있다. 또 같은 말이라도 언어에 따라 전혀 다른 의미를 지닐 수도 있다. 완벽한 요기는 어떤 언어로 표현되었다 하더라도 모든 존재의 말이나 소리의 의미와 느낌을 정확히 알게 된다.

예를 들면 옛날 예수의 제자들은 모든 언어로 말할 수 있는 능력을 얻었다고 전해진다.

보통 때 우리는 어떤 단어와 그것의 본래의 목적과 의미, 그리고 그것의 현재의 용법을 따로 구분하지 않는다. 평균적 지성을 가진 사람은 이들이 서로 일치할 것이라고 생각한다. 하지만 높은 수준의 지성을 가진 사람들은 말이 가진 소리, 의미, 느낌을 통해 그것이 전하고자 하는 바를 정확하게 꿰뚫어 볼 줄 안다. 완전한 성취를 이룬 요기는 모든 생명체가 내는 소리와 단어 하나하나의 의미와 느낌을 그것들이 표현되는 방식에 따라 직관적으로 인식하고 정확하게 구별해낼 줄 안다.

संस्कारसाक्षात्करणात् पूर्वजातिज्ञानम् ॥१८॥

3.18 saṁskāra sākṣātkaraṇāt pūrvajātijñānam

saṁskāra	잠재적인 인상, 본능, 과거 인식에 대한 깨달음
sākṣātkaraṇāt	실제적으로 보는 것, 직접적 관찰을 통하여, 직접적 인식을 통하여, 의식의 표면으로 가져가서
pūrva	더 이른, 이전의
jāti	가계, 삶에서의 지위, 혈통, 조건, 계급, 출생
jñānam	지식

'요기는 자신의 잠재적 인상을 직접적으로 인식하여 자신의 전생前生을 안다.'

요기는 자신의 현생을 형성한 과거생의 인상들을 기억할 수 있다. 유전하는 삶에서 본능과 기억 그리고 욕망은 중요한 역할을 한다. 기억은 잠재의식적인 마음에 속하고, 욕망의 과보(전생에 쌓은 선업과 악업의 결과로 현생에서 경험하게 되는 고통과 즐거움)는 무의식적인 마음에 속한다.

모든 본능과 욕망에서 벗어난 요기는 기억이나, 기쁨이나 슬픔에 대한 느낌에 상관없이 직접적으로 볼 수 있다. 그는 시간의 질서정연한 순서에 따라 직관을 통해 과거 자신의 혈통과 미래의 지위는 물론 다른 사람들의 삶까지 실제로 보게 된다.

(2장 12~13, 39절; 4장 33절 참조)

प्रत्ययस्य परचित्तज्ञानम् ॥१९॥

3.19 pratyayasya paracittajñānam

pratyayasya	개념, 생각, 인식
para	타인의, 다른 사람의
citta	마음, 의식
jñānam	지식

'그는 다른 사람의 마음을 읽을 수 있는 능력을 얻게 된다.'

의식이 순수해진 요기는 자기 자신의 마음과 의식은 물론 타인의 마음과 의식의 본성까지도 직접적으로 깨닫게 된다.

제3장 18절에서 사용된 '사크샤트카라나트sākṣātkaraṇāt'란 말은 실제를 본다는 의미이다. '프라티야야pratyaya'는 마음의 내용을 인식하는 것을 의미한다. 이 둘은 모두 똑같은 의미를 담고 있다. 요기는 자기 자신의 마음과 의식에 통달하여 투시력을 키워 타인의 마음도 읽을 수 있게 된다.

न च तत्सालम्बनं तस्याविषयीभूतत्वात् ॥२०॥

3.20 na ca tat sālambanaṁ tasya aviṣayī bhūtatvāt

na	~이 아닌
ca	그리고
tat	저것(지식)
sālambanaṁ	지지대, 사용
tasya	저것
aviṣayī	인식되지 않은, 마음이 가 닿지 않는, ~의 범위 안에 없는
bhūtatvāt	삶 속에서

'일반적인 차원에서 타인의 마음을 읽을 수 있는 요기는 필요할 경우엔 마음이 미치지 못하는 특수한 내용까지 정확히 알 수도 있다.'

이 경문은 후대에 더해진 것이라 해서 종종 생략되는 경우가 있다. 이 경문을 생략하는 이들의 주장에 따르면, 앞의 경문에서 설명한 것처럼 요기가 사람들의 일반적인 마음을 읽을 수 있으면 특정한 마음의 내용까지 꿰뚫어보는 것은 당연한 일이다. 어떤 이들은 제3장 19절과 20절을 하나로 묶거나 20절을 빼 버리고, 요기의 집중 대상은 다른 사람의 마음속에 있는 생각이지 그것을 떠받치는 대상은 아니라는 것을 의미한다고 해석한다. 하지만 이는 중요하지 않다. 진정한 요기라면 마음을 꿰뚫어 볼 수 있는 일반적인 능력과 특수한 능력을 모두 가지고 있다 하더라도 다른 사람들의 마음을 읽느라 시간을 허비하며 요가의 가피를 잃는 위험을 무릅쓰지는 않는다. 다만 상대방의 동기를 명확히 알아야 그에게 최선의 행동을 할 수 있을 때만은 예외이다. 수행자는 욕망에서 자유롭게 벗어난 사람에게 자신의 마음을 집중시키고 싶어 한다. 예를 들면 자기 스승의 마음에 대해 관을 하면 그의 의식이 스승에게 동화되어 보다 고상한 성향을 띠게 되기 때문이다.

다중의 의식 내용을 감지하는 것보다는 개개인의 마음을 헤아릴 때 더 높은 민감성이 요구된다. 대중의 생각을 파악하는 데 능한 사람으로 성공적인 정치인을 든다면, 개개인의 생각을 헤아리는 것은 추상적인 회화를 감상하는 미술관의 관람객에 비유될 수 있다. 그는 자신의 느낌을 작가에게 투영하여 그림의 의미를 파악하려 한다. 요기라면 화가의 마음을 꿰뚫어서 그가 작업 당시에 어떤 생각과 느낌을 가졌는지 정확히 읽어낼 수 있을 것이다.

कायरूपसंयमात् तद्ग्राह्यशक्तिस्तम्भे चक्षुष्प्रकाशासंप्रयोगेऽन्तर्धानम् ॥२१॥

3.21 kāya rūpa saṁyamāt tadgrāhyaśakti stambhe cakṣuḥ prakāśa asaṁprayoge antardhānam

kāya 몸

rūpa	형상
saṁyamāt	제어, 조절
tad	그 형상으로부터
grāhya	파악되는, 취해진, 받아들여진, 인식 가능한
śakti	힘, 역량, 감화력
stambhe	정지
cakṣuḥ	눈
prakāśa	빛
asaṁprayoge	아무 접촉이 없는 상태
antardhānam	사라짐, 보이지 않음

'요기는 미세한 몸을 통제하여 자신에게서 나오는 빛을 마음대로 정지시킬 수 있다. 그러면 그는 다른 사람의 눈에 보이지 않게 된다. 그는 그 빛을 회복시켜 다른 사람이 다시 자신을 보게 할 수도 있다.'

एतेन शब्दाद्यन्तर्धानमुक्तम् ॥२२॥

3.22 etena śabdādi antardhānam uktam

etena	이것에 의해
śabdādi	소리 빛 다른 것늘
antardhānam	사라짐
uktam	전해진, 설명된

'요기는 소리·냄새·맛·모양·촉감도 위에 설명한 것과 같은 방식으로 거둘 수 있다.'

일부 문헌에서는 이 경문이 생략되어 있다. 요기가 자기 마음대로 형상을 감췄다 나타냈다 할 수 있다면 다른 감각도 마음대로 조절할 수 있으리라는 것을 유추할 수 있기 때문이다.

सोपक्रमं निरुपक्रमं च कर्म तत्संयमादपरान्तज्ञानमरिष्टेभ्यो वा ॥२३॥

3.23 sopakramaṁ nirupakramaṁ ca karma tatsaṁyamāt aparāntajñānam ariṣṭebhyaḥ vā

sopakramaṁ	즉각적인 효과, 강렬하게 작동하는, 활동적인
nirupakramaṁ	서서히 실현되는, 작동되지 않는, 불활성의
ca	그리고, 또는
karma	행위
tat	저것들, 이것들, 그것들
saṁyamāt	제어하여, 조절하여, 통달하여
aparānta	죽음
jñānam	지식
ariṣṭebhyaḥ	징후나 조짐에 의하여
vā	또는

'행의 결과는 즉각 나타나거나 혹은 뒤늦게 나타난다. 요기는 자신의 행에 대한 삼야마로 그것의 최종적인 결과를 미리 알 수 있다. 그리고 징후를 통해 자신이 언제 죽을지도 정확히 알게 된다.'

행의 과보karmaphala는 시간과 연결되어 있다kāla phala. 젖은 빨래를 완전히 펼쳐서 널어놓으면 금방 마르지만 접거나 둘둘 말아 놓으면 말리는 데 시간이 더 오래 걸린다. 마찬가지로 행의 과보도 즉각 느껴지는 것이 있는가 하면 시간이 지난 후에야 느껴지는 것들도 있다.

죽음의 징후에는 세 가지 종류가 있다. 직관에 의해 바로 머릿속에 떠오르기도 하고, 몸을 구성하는 기본 요소의 이상을 통해 알기도 하며, 신의 목소리를 듣고 알기도 한다. 예를 들어 몸의 진동 소리를 더 이상 들을 수 없거나 눈앞에 있는 손가락을 볼 수 없을 때 이것은 죽음이 다가오고 있다는 조짐이다.

인도 철학에 대한 이해가 있는 이들은 상치타 카르마sañcita karma, 프라랍다 카르마prārabdha karma, 크리야마나 카르마kriyamāṇa karma를 알고 있을 것이다. 이는 과보를 맺는 세 가지 행을 말한다. 첫 번째인 상치타 카르마는 이전 생애들에서 쌓은 선업이나 악업을 말한다. 두 번째인 프라랍다 카르마는 특히 현생을 형성하게 된 선행이나 악행을 가리킨다. 그리고 세 번째인 크리야마나 카르마는 우리가 현생에 쌓은 행에 의해 만들어진다. 크리야마나 카르마의 결과는 나중에 나타나게 된다. 따라서 우리는 파탄잘리가 크리야마나 카르마와 상치타 카르마는 니루파크라마(nirupakrama: 서서히 실현되는 결과)의 범주에, 프라랍다 카르마는 소파크라마(sopakrama: 즉각적인 결과)의 범주에 넣었다고 생각할 수 있다.

(2장 12, 14절; 3장 15, 18절; 4장 7절 참조)

मैत्र्यादिषु बलानि ॥२४॥

3.24 maitryādiṣu balāni

maitrī	호의
ādiṣu	등등
balāni	강인함, 힘(도덕적 및 감정적)

'그는 모든 이를 향한 호의와 다른 여러 덕성들을 완성하여 도덕적, 감정적 힘을 얻는다.'

타인에게 완전한 우정·동정심·자비를 베풀고 어디에도 치우치지 않고 사물을 공평하게 바라볼 줄 아는 요기는 자신의 의식을 욕망·분노·탐욕·욕정·자만심·질투심에서 자유롭게 해방시킬 수 있다. 마음에서 이러한 결점들이 깨끗이 사라지면 온화함이 생겨나 모든 이에게 행복을 준다. 요기의 마음이 평형을 유지하면 기품 있는 성품이 생겨난다.

(1장 33절 참조)

बलेषु हस्तिबलादीनि ॥२५॥

3.25 baleṣu hasti balādīni

baleṣu	강인함에 대한 삼야마를 통해
hasti	코끼리

bala	강인함(신체적 및 지적)
ādīni	타인

'강인함에 대한 삼야마를 통해 요기는 코끼리가 지닌 것과 같은 신체적 강인함과 우아함, 인내심을 기르게 된다.'

삼야마(통합)를 통해 요기는 코끼리가 지닌 것과 같은 강인함과 우아함을 갖게 되고, 원하기만 하면 능력을 개발하여 가장 강하고, 가장 기품이 넘치고, 가장 민첩하게 될 수 있다.

प्रवृत्त्यालोकन्यासात् सूक्ष्मव्यवहितविप्रकृष्टज्ञानम् ॥२६॥

3.26 pravṛtti āloka nyāsāt sūkṣma vyavahita viprakṛṣṭajñānam

pravṛttyah	초감각적인 활동, 초감각적인 인식
āloka	빛
nyāsāt	~를 향하게 하는, 투영시키는, 뻗는
sūkṣma	작은, 미세한, 미묘한
vyavahita	숨긴, 가려진, 은폐된
viprakṛṣṭa	외딴 곳의, 먼
jñānam	지식

'가까운 곳이나 먼 곳에 감춰져 있는 것들도 요기의 눈에는 다 보이게 된다.'

요기는 내면의 빛을 통합시켜, 즉 영혼의 통찰력을 이용해 초감각적인 인식력을 발달시킨다. 이러한 통찰력은 미묘하고 미세한 것들, 혹은 감춰져 있거나 먼 곳에 있는 것도 볼 수 있는 힘을 생기게 한다.

(3장 34절 참조)

भुवनज्ञानं सूर्ये संयमात् ॥२७॥

3.27 bhuvanajñānaṁ sūrye saṁyamāt

bhuvanajñānaṁ	세상에 대한 지식
sūrye	태양에 대하여
saṁyamāt	제어를 통해, 통합을 통해

'요기는 태양에 대해 삼야마를 행하여 일곱 가지 세계와 몸 안에 존재하는 일곱 개의 우주의 중심에 대해 알게 된다.'

태양이 빛을 발해 이 세상을 밝게 비추듯 영혼의 빛이 사하스라라(sahasrāra: 천 개의 꽃잎이 달린 차크라, 브라흐마카팔라brahmakapāla라고도 한다.)를 비춘다. 요기는 이제 외부 세계와 내면세계 모두의 기능을 알게 된다.

인도 철학에서는 이 우주가 열네 개의 세계, 혹은 구역으로 이루어져 있다고 보는데, 일곱 개는 위에, 일곱 개는 아래에 있다. 위쪽에 자리 잡은 세계를 천계라 하여 불로카bhūloka, 부바르로카bhuvarloka, 수바르로카suvarloka, 마하로카mahāloka, 자노로카janoloka, 타포로카tapoloka, 사티아로카satyaloka로 나눈다. 아래에 자리 잡은 세계는 하계라 하여 아탈라atala, 비탈라vitala, 수탈라sutala, 라사탈라rasātala, 탈라탈라talātala, 마하탈라mahātala, 파탈라pātala로 나눈다. 이들 세계는 모두 상호의존적이고 서로 연결되어 있다.

소우주는 대우주의 모습을 담고 있는 만큼, 인간의 몸은 이 위대한 우주의 구조 전체를 그대로 나타낸다. 앞에서 이야기한 열네 개의 세계는 정수리부터 발바닥에 이르기까지 인체의 다양한 부분에 표현되어 있다. 상반신의 맨 아랫부분을 중심점으로 해서 천계는 위쪽에, 하계는 아래쪽에 자리 잡고 있는 것으로 본다. 천계의 일곱 세계와 관련, 골반 부위는 불로카, 배꼽 부위는 부바르로카, 횡격막 부위는 수바르로카, 심장은 마하로카, 목은 자노로카, 미간은 타포로카, 정수리는 사티아로카에 해당된다. 한편 하계의 일곱 세계에서 엉덩이는 아탈라, 허벅지는 비탈라, 무릎은 수탈라, 종아리는 라사탈라, 발목은 탈라탈라, 척골은 마하탈라, 발바닥은 파탈라에 해당된다.

요기들에 의하면 인체에서 천계에 해당되는 부위 안에 일곱 개의 주요 차크라가 있는데, 그것은 각각 물라다라(mūlādhāra, 항문 부위), 스바디스타나(svādhiṣṭāna, 천골 부위), 마니푸라카(maṇipūraka: 배꼽 부위), 아나하타(anāhata: 심장), 비슈디(viśuddhi: 목구멍), 아즈냐(ājñā: 미간), 사하스라라(sahasrāra: 정수리)이다. 이외에 수리야(sūrya: 교감 신경계에 해당), 찬드라(candra: 부교감 신경에 해당), 마나스(manas: 마음의 자리) 같은 차크라도 있다. 이 차크라들은 태양계의 행성들처럼 서로 연결되어 있다. 영혼의 중심부에서 나오는 빛은 생명의 태양과도 같다. 그 빛은 수리야 차크라의 입구에 있는 수리야 나디를 통해 요기의 의식 속의 일곱 각성 상태를 환히 밝힌다(2장 27절 참조).

파탄잘리는 외적인 성취뿐 아니라 내적인 성취에 대해서도 설명한다. 그는 수행자가 마음을 내면의 몸으로 돌려 영혼에 대해 탐구하고 그것에 대해 잘 알도록 가르친다.

चन्द्रे ताराव्यूहज्ञानम् ॥२८॥

3.28 candre tārāvyūhajñānam

candre	달에 대해
tārā	별
vyūha	은하수, 체계, 질서정연한 배열, 기질
jñānam	지식

'요기는 달에 삼야마를 행하여 별들의 위치와 체계를 알게 된다.'

바로 앞의 경문에서 수리야(태양)는 존재의 핵심을 가리키고, 찬드라(달)는 마음과 의식을 가리키고 있다. 우리 몸에서 태양신경총은 몸통에 자리 잡고 있고, 달의 신경총은 대뇌에 자리 잡고 있다. 요기는 그 부분에 삼야마를 행해 보다 깊은 지식을 얻는다.

우리 몸에서 두뇌는 태양계의 열을 식혀 주는 달과 같다. 계절이 바뀌어 온도가 변하더라도 달의 신경총은 체온을 항상 일정하게 유지시키는 역할을 한다. 또 부교감 신경을 조절하고 통제하며, 중추신경계의 기능도 조절한다.

한편 무수한 별들로 이루어진 은하수는 인체에서는 무수한 생각의 물결을 뜻한다. 이 생각의 물결들은 별처럼 반짝이다 사라지고 또 다시 나타나 빛을 발하곤 하기 때문이다.

ध्रुवे तद्गतिज्ञानम् ॥२९॥

3.29 dhruve tadgatijñānam

dhruve	고정된, 견고한, 영원한, 북극성, 기원, 코끝
tat	그것으로부터, 그것들의
gati	움직임, 사건의 추이, 행운
jñānam	지식

'요기는 북극성에 삼야마를 행해 운명의 행로를 알게 된다.'

요기가 북극성dhruva nakṣatra에 삼야마를 행하면 별들이 어떻게 움직이고 그것이 세상사에 어떤 영향을 미치는지 알게 된다. 드루바는 지붕ājñā cakra이라는 뜻과 함께 코끝nāsāgra이라는 뜻도 가지고 있다. 요기는 자신의 운명과 타인의 운명을 미리 알 수 있다.

옛날 우타나파다Uttānapāda 왕에게는 수니티Sunīti와 수루치Suruchi라는 두 아내가 있었다. 수니티가 정실이었지만 왕은 둘째 부인인 수루치를 더 사랑했다. 둘은 각각 아들을 하나씩 두고 있었는데, 형의 이름은 드루바Dhruva, 아우의 이름은 우타마Uttama였다. 하루는 우타마 왕자가 아버지의 무릎 위에서 놀고 있었다. 드루바가 그것을 보고 자기도 아버지 무릎 위에 올라가 놀려고 했다. 하지만 우타마의 엄마인 수루치는 드루바를 끌어내리고 그런 특권을 얻으려면 타파스 수행을 해서 그녀에게서 태어나야 한다고 꾸짖었다. 드루바는 자기 어머니에게 이 일을 이야기하면서 숲으로 들어가 타파스 수행을 해야 왕국을 얻을 수 있으니 허락해 달라고 했다. 그러자 큰곰자리의 일곱 개 별이 그에게 진언을 일러 주었다.

드루바는 그 진언을 외우며 왕국을 얻게 해 달라며 비쉬누 신에게 열심히 기도 드렸다. 비쉬누 신은 왕자가 어린 나이에도 열심히 타파스 수행을 하는 것을 보고 기특히 여겨 그의 소원을 들어주었다. 그리고 오늘날 우리에게 북극성이라 알려진 별자리를 그의 이름을 따서 드루바 나크사트라라고 불렀다.

नाभिचक्रे कायव्यूहज्ञानम् ॥३०॥

3.30 nābhicakre kāyavyūhajñānam

nābhi	배꼽
cakre	신비로운 중심, '바퀴', 에너지의 중심
kāya	몸
vyūha	체계, 기질, 질서정연한 배열
jñānam	지식

'요기는 배꼽에 삼야마를 행하여 인체의 성질을 완벽하게 알게 된다.'

나비 차크라(마니푸라카 차크라라고도 한다.)가 있는 배꼽 부위에 삼야마를 행하면 요기는 인체의 구조를 완벽하게 알게 된다. 세포 하나하나의 작용을 모두 알게 되기 때문에 자기 몸에 완전히 통달하게 되는 것이다.

요가 문헌에서는 배꼽을 칸다스타나(kanda = 알 혹은 구체, sthāna = 부위)라고도 한다. 모든 신경의 뿌리는 배꼽에 있다. 배꼽에서 뻗어 나오는 신경 뿌리(하타 요가에서는 이를 '나디'라고 한다.)만 무려 72,000개이다. 이 72,000개의 신경 뿌리는 각각 또 다른 72,000개의 신경과 연결되어 있다. 이처럼 72,000개의 신경에 또 72,000개가 곱해진 수의 신경들이 갈라져 나와 사방으로 뻗어 있으면서 인체 전반에 에너지를 공급한다. 배꼽은 교감신경의 중심축이고, 두뇌는 부교감신경의 중심축이라고 여겨진다.

그러면 인체의 다섯 가지 겹kośa에 대해 다시 살펴보자.

먼저 해부학적인 겹은 피부·혈액·살·힘줄·뼈·골수·정액의 일곱 가지 물질로 이루어져 있다. 이것들은 세 가지 체액 즉 바람vāta·담즙pitta·점액질śleṣma/kapha과 결합해서 기능을 한다.

생리적인 겹은 순환계·호흡계·소화계·배설계·내분비계·림프계·신경계·생식계로 이루어진다. 심리적인 겹은 동기가 일어나는 중심지이다. 한편 지성적인 겹에는 이성과 판단력이 자리하고 있으며, 지극한 행복의 겹이기도 한 영적인 겹은 원인체라고도 불린다.

오로지 요기만이 몸과 마음, 마음과 영혼 사이에 존재하는 이 미세한 경계선들을 알아 자기 자신의 주인이 될 수 있다.

कण्ठकूपे क्षुत्पिपासानिवृत्तिः ॥३१॥

3.31 kaṇṭhakūpe kṣutpipāsā nivṛttiḥ

kaṇṭha	목
kūpe	구멍, 우물
kṣut	허기

pipāsā	갈증
nivṛttiḥ	귀의된, 정복된

'요기는 목구멍에 대한 삼야마로 허기와 갈증을 정복한다.'

요기는 목구멍에 삼야마khecarī mudrā를 행하여 극심한 허기와 갈증의 고통을 억제하고 그것을 정복할 수 있다.

칸타 쿠파kaṇṭha kūpa는 후대 요가 문헌에서는 비슈디 차크라라고 하며, 목구멍에 위치한다고 전해진다. (카카 무드라kāka mudrā와 케차리 무드라khecarī mudrā 같은 일부 무드라도 허기와 갈증을 정복하는 데 도움을 준다.)

कूर्मनाड्यां स्थैर्यम् ॥३२॥
3.32 kūrmanāḍyāṁ sthairyam

kūrma	거북이, 신경의 이름
nāḍyāṁ	신경, 맥관
sthairyam	불변, 부동성

'요기는 목구멍에 있는 쿠르마 나디에 삼야마를 행하여 자기 몸과 마음을 거북이처럼 견고하게 만들고 움직이지 않게 할 수 있다.'

요기는 쿠르마 나디를 정복하여 거북이·악어·뱀처럼 자기 몸을 꿈쩍하지 않을 수 있을 뿐만 아니라, 몸과 지능의 기능을 완전히 고정시켜 정신적 동면에 들어갈 수 있다. 쿠르마 나디는 상복부에 위치한다.

우리의 인체에서 쿠르마 나디가 어디 있는지 정확히 알기는 쉽지 않다. 과거 스승들은 신경에 대한 지식을 기록해 두었겠지만, 오랜 시간을 거치는 동안 그 내용은 유실되고 말았다. 또한 당시의 가르침은 구전으로 전해졌고, 스승과 제자 사이의 원활하지 못한 의사소통으로 나디의 정확한 위치에 대한 기억이 사라지고 말았을 것이다.

우리 인체는 다섯 가지의 생명 에너지prāṇa vāyus, 즉 프라나prāṇa·아파나apāna·사마나samāna·우다나udāna·브야나vyāna에 의해 기능을 발휘한다. 프라나는 흉곽 안을 움직이면서 호흡을 조절한다. 아파나는 하복부에서 움직이면서 대소변과 정액 배설을 조절한다. 사마나는 위에 열을 내게 하여 소화를 돕고 복부 기관이 조화롭게 기능할 수 있게 한다. 우다나는 목 안에서 작용하여 성대의 기능을 조절하고 공기 및 음식물의 흡입에 관여한다. 브야나는 몸 전체에 스며들어 동맥·정맥·신경을 통해 호흡과 음식물의 에너지를 몸 구석구석에 나누어 주는 역할을 한다.

이 외에도 우파 프라나upa-prāṇas라고 하는 다섯 가지 우파바유upavāyu가 있다. 나가nāga·크르카라kṛkara·데바다타devadatta·다남자야dhanaṁjaya·쿠르마kūrma가 그것이다. 나가는 트림을 일으켜 복부의 압력을 줄이는 역할을 하고, 크르카라는 재채기를 하거나 기침을 하여 이물질이 코의 통로를 통해 올라가거나 기관지로 내려가지 못하게 막는다. 데바다타는 하품을 유발하고 잠에 들게 하는 기능을 맡고 있다. 다남자야는 점액을 만들고 인체에 영양을 준다. 또 죽은 뒤에도 몸에 남아 있으면서 때로는 시체를 부풀게 한다. 쿠르마는 눈꺼풀의 움직임을 관장하고, 볼 수 있도록 동공의 크기를 조절하여 빛의 세기를 알맞게 조율한다. 두 눈은 두뇌의 상태를 알려 주는 지표이다. 두뇌에서 일어나는 모든 움직임은 눈동자에 반영된다. 따라서 쿠르마 바유를 조절해 두 눈을 고요히 정지시키면 생각도 정지되고 두뇌도 움직이지 않게 된다(1장 18~19절 참조).

(자세한 내용은 『요가 호흡 디피카』 참조)

요가 문헌을 읽을 때 이다iḍā·핑갈라piṅgalā·수슘나suṣumnā·치트라citrā·간다리gāndhārī·하스티지흐바hastijihvā·푸샤pūṣā·야샤스비니yaśasvinī·알룸부사ālumbusā·쿠후kuhū·샤라스바티śarasvatī·바루니vāruṇī·비쇼다리viśodharī·파야스비니payasvinī·샨키니śaṅkhiṇī·슈바śubhā·카우시키kauśikī·슈라śūrā·라카rākā·비즈냐나vijñāna·쿠르마kūrma 등 여러 가지 주요 나디의 이름을 접할 수 있다. 이 가운데 시작되는 지점과 끝나는 지점이 정확히 명시된 것이 있는가 하면 끝나는 지점만 기록된 것들도 있다. 또 그 기능이 설명되어 있는 것들이 있는가 하면, 그렇지 않은 것들도 있다. 예를 들어 쿠르마 나디의 경우 기능은 설명되어 있지만, 그 시작과 끝에 대해서는 기록이 없다. 쿠르마 나디는 상복부를 나타내는 것으로 보이며, 감정의 동요와 제어에 직접 영향을 미치는 것 같다.

우리의 정신 기능은 주로 정욕·분노·탐욕·탐닉·자만심·질투심과 관련되어 있는데, 이것들은 영혼의 적으로 간주된다. 거북이의 네 다리와 입, 그리고 꼬리는 이 감정들을 상징한다. 거북이는 위험이 닥치면 머리와 팔다리를 등껍질 속으로 집어넣고 무슨 일이 있어도 나오지 않는다. 쿠르마 나디를 완전히 정복하면 요기는 마음의 이 여섯 가지 바큇살이 움직일 수 없도록 막기 때문에, 마음이 더 이상 사트바·라자스·타마스의 성질에 영향을 받지 않는다. 그는 영혼의 적들을 안정된 상태로 만들고 사트바 구나의 정복을 통해 이것들을 친구로 변화시킨다. 그리고 거북이처럼 등껍질 속에 들어가 어떤 상황이 닥쳐도 감정의 중심이 흔들리지 않게 한다. 그리하여 감정적 안정을 이루는데, 이것이 영적 깨달음의 선결 조건이다.

मूर्धज्योतिषि सिद्धदर्शनम् ॥३३॥

3.33 mūrdhajyotiṣi siddhadarśanam

mūrdha	머리
jyotiṣi	빛에 대해
siddha	완벽해진 존재
darśanam	관觀

'요기는 정수리ājñā cakra의 빛에 삼야마를 행하여 완전해진 존재들을 관한다.'

싣다siddhas란 깨달음의 영역에서 완성을 이룬 존재를 말한다. 무르다즈요티mūrdhajyoti는 요가 문헌에서 말하는 아즈나 차크라에 해당된다.

요기는 머리의 균형을 잡고 평정한 마음을 지닐 수 있으며, 싣다·요기·아차리아(ācāryas: 위대한 스승들)를 관하여 수행에 더욱 매진할 수 있는 지침과 통찰력을 얻는다.

प्रातिभाद्वा सर्वम् ॥३४॥

3.34 prātibhāt vā sarvam

prātibhāt	환하게 광채를 발하는 빛, 찬란한 개념, 직관적인 지식, 영적 인식의 기능
vā	또는
sarvam	모든, 모든 것

'요기는 영적 인식 기능을 통해 모든 것에 대해 알게 된다.'

요기는 직관적으로 모든 것을 인식할 수 있다. 환한 광채를 내뿜는 빛에 삼야마를 행하면 그는 모든 것을 아는 사람이 된다. 모든 지식이 요기 안에 비추어진다.

요약하면 새벽이 지나면 밝은 대낮이 되듯이, 충동적인 자연은 직관적인 생각으로 변하고 요기는 이를 통해 보편적인 지식을 얻는다. 이것이 바로 자연의 정복이다.

हृदये चित्तसंवित् ॥३५॥

3.35 hṛdaye cittasaṁvit

hṛdaye	심장에 대해
citta	의식
saṁvit	지식, 인식

'요기는 심장 부위에 삼야마를 행해 의식의 내용 및 경향에 대해 완전한 지식을 얻는다.'

푸루샤가 머무는 곳은 심장이다. 그곳은 아나하타 차크라로 의식과 더불어 순수한 지식이 자리 잡은 곳이다. 요기는 삼야마를 통해 의식과 진정하고 순수한 지식을 인식할 수 있게 된다. 그는 자기 존재의 근원을 열고 그것에 연결하여 자신을 최고의 존재와 동일시하는 법을 배운다.

सत्त्वपुरुषयोरत्यन्तासंकीर्णयोः प्रत्ययाविशेषो भोगः परार्थत्त्वात् स्वार्थसंयमात् पुरुषज्ञानम् ॥३६॥

3.36 sattva puruṣayoḥ atyantāsaṁkīrṇayoḥ pratyaya aviśeṣaḥ bhogaḥ parārthatvāt svārthasaṁyamāt puruṣajñānam

sattva	지성, 세 가지 구나 중 하나, 확실한, 실제의, 진실한
puruṣayoḥ	영혼의
atyanta	절대적인, 지극한
asaṁkīrṇayoḥ	서로 구별되는, 섞이지 않는
pratyayaḥ	알아차림
aviśeṣaḥ	구별되지 않는
bhogaḥ	경험
parāthatvāt	서로 떨어져 있는
svārtha	자기 자신의, 자기 이해
saṁyamāt	제어, 조절을 통하여
puruṣajñānam	영혼에 대한 지식

'요기는 삼야마를 통해 지성과 실제적이며 참된 영혼의 차이를 쉽게 구별한다.'

순수한 지성은 진아와 자연의 목적에 봉사하기 때문에 관조자와 하나인 것처럼 보이지만 사실 이 둘은 서로 전혀 다르다. 스스로 존재하는 그것에 대해 삼야마를 행하면 영혼에 대한 지식이 찾아온다.

정교하게 다듬어져 밝은 빛을 발하는 지성sattva buddhi은 이기심에서 자유롭게 벗어나 있다. 하지만 이것은 영혼의 빛과는 전혀 다르다. 자신의 자아에 삼야마를 행하면 지성과 자아 사이의 차이가 밝게 드러나게 되고 요기는 영혼에 관한 지혜의 왕관을 쓰게 된다. 이 경문에서는 관조자에게는 스바르타svārtha라는 말을, 지성에게는 파라르타parārtha라는 말을 써서 이 둘 사이에 차이가 있음을 분명히 보여 준다. 관조자와 지성을 구별하지 못하면 세속적 즐거움에 얽매이게 된다. 이 둘 사이의 차이를 잘 알아야 영혼에 이르는 문에 들어갈 수 있다.

환한 빛을 발하는 정련된 지성은 자연이 만들어 낸 최고의 작품이나 그것은 다양한 경험을 겪을 수밖에 없다. 하지만 영혼은 변치 않기 때문에 그 빛은 언제나 꺼지지 않고 일정하며 변하지 않는다. 수행자에게는 지성이 푸루샤인 것처럼 보인다. 따라서 요기는 반드시 삼야마를 행하여 지성과 자아를 한데 묶고 있는 매듭을 풀고 정련된 지성을 분리해야 한다. 바로 여기에서부터 감각·마음·자의식이 따로따로 분리되고 마침내는 영혼이 빛을 발하게 된다.

우리가 알베르트 아인슈타인Albert Einstein·라마누자Rāmānuja·아놀드 토인비Arnold Toynbee·샤쿤탈라 데비Śakuntalā Devi·융C.G. Jung과 같은 인물들을 존경하는 것은 당연한 일이다. 그들의 뛰어난 지성은 인류를 위해 봉사하는 데 쓰이면서 우리 모두를 고취시킨다. 하지만 그들의 영성은 환히 빛나는 정련된 지성의 일부로 인간의 본성에 속하는 것이었지 찬연한 빛을 발하는 영원불변한 푸루샤의 영성은 아니었다.

(1장 3절; 2장 18절, 20절; 3장 35절; 4장 34절 참조)

ततः प्रातिभश्रावणवेदनादर्शास्वादवार्ता जायन्ते ॥३७॥

3.37 tataḥ prātibha śrāvaṇa vedana ādarśa āsvāda vārtāḥ jāyante

tataḥ	거기에서부터, 그래서
prātibha	빛, 영적 인식의 기능
śrāvaṇa	듣는 기능, 청각
vedana	촉감의 기능
ādarśa	보는 기능
āsvāda	맛보는 기능
vārtāḥ	냄새 맡는 기능
jāyante	생산된

'요기는 그러한 영적 인식을 통해 듣고, 만지고, 보고, 맛보고, 냄새 맡는 데 있어 신과 같은 능력을 얻는다. 더욱이 그는 자신의 의지에 의해 이러한 신성한 발산물(소리, 감촉, 모습, 향, 맛 등 감각의 대상)들을 생성시킬 수도 있다.'

직관적인 이해가 지닌 밝은 빛이 스스로 빛을 발하기 시작하면서, 듣고, 만지고, 보고, 맛보고, 냄새를 맡을 때 보통의 인식 범위를 넘어선 신성한 인식이 저절로 생긴다.

마음은 지각력의 작용에 중심이 되므로 듣고, 만지고, 보고, 맛보고, 냄새 맡는 힘을 제한한다. 하지만 요기는 마음이 가하는 이런 제한을 없애 자기 존재의 핵심과 접촉하여 지각력과는 상관없는 직접적이고 신성한 인식을 얻는다. 이제 그는 아무 제한 없는 공간을 통해 듣고, 만지고, 보고, 맛보고, 냄새 맡을 수 있다.

(3장 26절; 34절 참조)

ते समाधावुपसर्गा व्युत्थाने सिद्धयः ॥३८॥

3.38 te samādhau upasargāḥ vyutthāne siddhayaḥ

te	그것들은(즉 신적인 인식)
samādhau	사마디에 들어
upasargāḥ	장애물, 방해물
vyutthāne	오르는, 스스로의 경향에 따르는, 외향적인 마음
siddhayaḥ	힘

'이러한 성취는 활동적인 삶에서는 힘이 되지만, 사마디에는 장애물이 된다.'

신과 같은 인지 능력은 최고의 지혜를 가지고 영혼의 삼매를 추구하는 요기에게는 오히려 방해가 된다. 그런 신통력이 대단한 성취인 것은 사실이나 요기가 반드시 알아야 할 것은 그 능력이 자연의 세 가지 속성의 범위에서 벗어나지 못하며, 오히려 신통력을 얻으려다 삶의 주된 목적을 잊고 신통력에 빠져 지낼 수도 있다는 사실이다. 하지만 이런 신통력에 대한 미련을 버리면 신통력은 사마디에 도움이 된다.

요기는 수행의 결과로 생긴 신통력이나 보상이 요가의 목적이라 착각할 수도 있다. 그는 자신이 위대한 영적인 경지에 올랐으며 요가를 통해 얻을 수 있는 모든 것을 얻었다고 생각한다. 이렇게 그는 진아에 대한 깨달음이라는 요가의 궁극적 목표를 잊고 마는 것이다.

파탄잘리는 요기라면 이러한 신통력을 수행의 장애물로 여겨야 한다고 경고한다. 몸의 번뇌를 정복하고 마음의 동요를 가라앉히기 위해 노력하였듯 그는 온 마음을 다해 신통력을 통제해야 한다. 그러면 카이발리아, 즉 해탈을 향해 나아갈 수 있다.

बन्धकारणशैथिल्यात् प्रचारसंवेदनाच्च चित्तस्य परशरीरावेशः ॥३९॥

3.39 bandhakāraṇa śaithilyāt pracāra saṁvedanāt ca cittasya paraśarīrāveśaḥ

bandha	속박
kāraṇa	원인
śaithilyāt	느슨함, 이완
pracāra	움직임, 통과, 통로, 흐름
saṁvedanāt	아는 것으로부터, 민감함으로부터
ca	그리고
cittasya	의식의
para	다른 사람의
śarīra	몸
aveśaḥ	입구, 점거

'요기는 속박의 원인을 풀어내고, 의식을 자유롭게 흐르게 하여 다른 사람의 몸에 마음대로 들어갈 수 있다.'

완전한 경지에 오른 요기는 다른 사람의 몸에 마음대로 들어가거나, 카르마의 속박에서 스스로 해방되기 위해 자기 몸을 마음대로 떠날 수 있다.

요기는 속박의 원인karmāśaya이 사라지고 한 몸에서 다른 몸으로 들어가는 법을 알게 되면 자신의 의식을 다른 사람의 몸 안으로 들여보낼 수 있다. 이는 요기가 흙의 요소를 정복했음을 뜻한다.

이러한 신통력은 속박의 원인, 즉 무지·자의식·욕망·악의·죽음에 대한 두려움에 삼야마를 행한 결과이다.

인도에서 전해지는 이야기에 따르면 쉬리 상카라차리아Śrī Śaṅkarācārya가 파라카야 프라베사(parakāya praveṣa: para = 다른, kāya = 몸, praveṣa = 들어감), 즉 다른 사람 몸에 들어가는 신통력을 실제로 행한 일이 있다고 한다.

쉬리 상카라차리아가 살던 시대에 만다나 미쉬라Maṇḍana Miśra라는 푸르바 미맘사pūrva mīmāṁsā를 신봉하는 철학자가 있었다. 그는 자신이 해야 할 일을 잘 알고 규칙적으로 성스러운 의례를 행했다. 그는 바라티Bhāratī라는 여인을 아내로 맞아 가정을 꾸리고 있었는데 그녀 역시 학식이 풍부하여 신성한 경전에 대한 지식을 모두 갖추고 있었다. 그런데 쉬리 상카라에게서 그의 일원론 철학에 대하여 들은 사람들이 말하길, 그가 많은 추종자를 거느리고 의례를 신봉하는 미쉬라를 설득하여 그의 철학을 받아들이게 하고 산야신(sannyāsin: 수도승)으로 만들 수 있다면 그의 가르침을 널리 펴는 데 도움이 될 것이라는 것이었다. 그러면서 미쉬라의 집 현관에 베다를 암송하는 앵무새가 있으니 그의 집을 찾기는 쉬울 것이라고 알려 주었다.

쉬리 상카라는 미쉬라의 집을 찾아 사방으로 다니다가 베다를 외우는 앵무새 소리를 듣고 미쉬라의 집을 찾게 되었다. 그때 미쉬라는 부친의 기일을 맞아 제사를 지내고 있었다. 상카라는 제사가 끝날 때까지 기다렸다. 제사가 끝나고 나서 그 둘은 푸르바 미맘사와 아드바이타advaita의 각 장점에 대해 논하기로 하고 논쟁에서 지는 쪽이 상대편의 철학을 받아들이기로 했다. 미쉬라의 아내인 쉬리마티 바라티에게 심판을 맡겼으나 바라티는 자신은 집안일로 너무 바쁘다며 둘 모두에게 화환을 씌워 주고는 화환이 먼저 시드는 쪽이 지는 것이라고 했다. 논쟁은 며칠 동안이나 끝날 줄 모르고 계속되었다. 마침내 미쉬라의 화환이 서서히 시들기 시작했고, 바라티는 그가 논쟁에서 졌다고 선언했다. 미쉬라는 자신의 패

배를 인정하고 쉬리 상카라의 제자가 되기로 했다.

그때 바라티가 쉬리 상카라에게 도전을 했다. 부부는 일심동체이므로 부부가 상카라의 제자가 되기 위해서는 그녀와의 논쟁에서도 이겨야 했던 것이다. 바라티는 상카라에게 가장의 삶에 대한 논쟁을 제안했다. 수도승이었던 상카라는 처음에는 당황했으나 결국 그 제안을 수락하고는 시간을 달라고 했다. 바라티는 약속한 시간 동안 그를 기다려주기로 했다. 상카라는 아마라카Amarakā라는 왕이 죽어가고 있다는 것을 신통력으로 알아냈다. 쉬리 상카라는 제자들에게 자신의 몸을 안전한 곳에 숨기고 자신의 의식이 다시 돌아올 때까지 잘 지키고 있을 것을 부탁한 뒤에 치트라 나디에 삼야마를 행해(『요가 호흡 디피카』 참조) 자기 몸을 떠나 죽은 왕의 몸속으로 들어갔다. 그러자 왕이 되살아났고 쉬리 상카라는 왕의 몸을 빌려 나라를 다스리게 되었다. 하지만 아마라카의 왕비가 왕의 행동이 예전 같지 않은 것을 알고 의심을 품게 되었다. 왕비는 사자使者를 보내 쉬리 상카라의 시체를 찾아 당장 궁으로 가져오라고 일렀다. 왕비의 계획을 알게 된 쉬리 상카라는 그녀가 자신의 본래 몸을 못 쓰게 만들어 놓을까 두려워 쓰러져서 왕의 몸을 빠져나온 후 원래의 몸으로 돌아갔다.

그 후 쉬리 상카라는 바라티 앞에 다시 나타났다. 바라티는 요가 수행에서 얻은 신통력으로 그가 이제는 가장으로서의 경험이 있다는 것을 알고 자신의 패배를 인정했다.

인도 북부로 가서 미쉬라 부부를 제자로 만드는 데 성공한 쉬리 상카라는 다시 남부로 돌아와 대학자인 바라티를 기념하기 위해 쉬린게리Śṛṅgeri에 샤라다Śāradā 사원을 지었다. 쉬리 상카라의 가르침을 배우는 이 종교적 성소는 현재 쉬린게리 상카라차리아 마타Śṛṅgeri Śaṅkarācārya maṭha라고 불리며 인도에서 가장 유명한 수도원으로 손꼽힌다.

उदानजयाज्जलपङ्ककण्टकादिष्वसङ्ग उत्क्रान्तिश्च ॥४०॥

3.40 udānajayāt jala paṅka kaṇṭakādiṣu asaṅgaḥ utkrāntiḥ ca

udāna	다섯 가지 프라나(원기) 중의 하나
jayāt	정복하여, 통달하여
jala	물
paṅka	진흙
kaṇṭaka	가시
ādiṣu	등등, 기타 등등
asaṅgaḥ	비접촉의
utkrāntiḥ	상승, 부상, 저 너머 위로 올라가기
ca	그리고

'요기는 우다나 바유udāna vāyu에 통달하여 물이나 진흙, 가시덤불을 건드리지 않고 그 위를 마음대로 걸어 다닐 수 있다. 또 공중부양도 할 수 있다.'

요기는 우다나 바유에 삼야마를 행하여 물이나 진흙, 가시덤불 위를 걸어도 젖거나 찔리지 않을 정도로 몸을 아주 가볍게 만들 수 있다. 또 브라흐마란드라brahmarandhra를 통해 프라나를 위로 올라가게 만들어 마음대로 죽을 수 있다.

파탄잘리는 제3장 37절에서 요기에게는 탄마트라(tanmātras: 소리·촉감·모양·맛·냄새)를 알 수 있는 힘이 있다고 했다. 탄마트라는 자연을 이루는 다섯 가지 요소의 대응물을 말한다. 반면 제3장 40절부터 43절까지에서는 자연의 요소인 물·불·공기·에테르의 정복에 대해서 말한다.

프라나는 보통 '숨'이라고 번역되지만, 이것은 프라나가 인체에서 발현되는 형태 중 하나에 지나지 않는다. 호흡이 멈추면 생명도 끝난다. 고대 인도의 현인들은 다섯 가지의 생명 에너지(프라나 바유)인 프라나·아파나·사마나·우다나·브야나를 통해 몸의 모든 기능이 이루어진다는 것을 알고 있었다. 모든 존재에는 태초의 생명 원리가 존재하는데, 이 단일한 우주적 생명력이 구체적인 양상으로 나타난 것이 바로 다섯 가지 생명 에너지이다. 이 다섯 가지의 프라나 바유가 가진 기능은 제3장 32절에서 설명한 바 있다.

프라나야마 수련에서는 들숨을 통해 프라나 바유를 활성화시키고, 날숨을 통해 아파나 바유를 활성화시킨다. 브야나는 프라나와 아파나의 작용에 반드시 필요하다. 프라나와 아파나 사이에서 양쪽에 에너지를 전달해 주는 매개 역할을 하기 때문이다. 우다나는 에너지를 척추 하부에서 두뇌 쪽으로 끌어올리는 역할을 한다.

이 경문은 우다나 바유에 통달한 요기가 얻을 수 있는 신통력에 대해 설명하고 있다. 그는 우다나 바유를 끌어올려 물 위를 자유롭게 걸어 다닐 수 있게 된다.

(『요가 디피카』와 『요가 호흡 디피카』 참조)

다음의 몇 가지 이야기로 요기들이 얻는 신통력에 어떤 것들이 있는지 잘 알 수 있을 것이다.

8세기에 티루망가이 알와르Tirumangai Ālwār라는 성인이 살았다. 그는 여기저기 인도 남부의 유명한 사원들을 순례하고 있었다. 그는 신통력을 가진 네 명의 제자와 늘 함께 다녔다. 먼저 톨라발라 반Tolarvalla Vān은 뛰어난 언변으로 사람들을 사로잡을 수 있었다. 두 번째 제자인 탈루다반Taludhavān은 숨을 내뿜기만 하면 아무리 단단하게 잠겨 있는 것도 열 수 있었다. 세 번째 제자인 닐랄라이 피디판Nilalai Pidippan은 사람들을 자신의 그림자에 묶이게 해 꼼짝 못하게 만들 수 있었다. 마지막으로 네 번째 제자인 니르멜 나다판Nīrmel Nadappan은 물 위를 걸을 수 있었다.

어느 날 티루망가이 알와르와 그의 제자들이 인도에서 가장 신성하다는 쉬리랑가나타Śrī Raṅganātha의 사원에 도착했다. 사원은 카베리Kāveri 강의 쉬리랑감Śrīraṅgam에 자리 잡고 있었다. 퇴락할 대로 퇴락한 사원의 모습을 보고 티루망가이는 사원을 다시 짓고 싶어서 몇몇 부자들에게 재정적인 도움을 요청했지만 아무도 나서는 사람이 없었다. 그러자 그는 도적떼의 우두머리가 되기로 결심하고 제자들에게 그들의 신통력을 발휘해서 사원을 짓는 데 쓸 돈을 모으라고 했다. 제자들은 스승의 명에 따라 건축에 필요한 돈·자재·인부들을 구했다. 몇 년에 걸쳐 그들은 티루친나팔리(Tiruchināpally=트리치Trichy) 근처에 '일곱 개의 벽을 가진 쉬리랑감 사원'을 완공하였다. 사원이 완성되자 티루망가이는 도적질을 그만뒀지만 이제 인부들이 돈을 달라며 그를 괴롭히기 시작했다. 티루망가이가 그들의 요구를 들은 척도 하지 않자, 그들은 티루망가이를 죽이려 했다. 티루망가이는 인부들을 설득해서 돈을 일부 숨겨 놓았던 강 반대편으로 데려가 돈을 똑같이 나눠 가지게 했다. 그런 다음 물 위를 걸을 수 있는 제자에게 귓속말로 그들을 싣고 가다가 배를 강 한가운데에서 가라앉히라고 했다. 마침 강은 물이 잔뜩 불어 있었다. 제자는 스승의 명에 따라 인부들이 탄 배를 가라앉히고는 다시 스승에게 돌아왔다.

또 쉬리 샹카라차리아의 제자인 사다난다차리아Sadānandācārya는 바라나시(Vārāṇasi: 오늘날의 베나레스)에 있는 강가Gaṅgā 강 건너편에 있다가 스승이 부르는 소리를 듣고 물 위를 걸어온 것으로 알려져 있다. 사람들은 그의 발자국에 연꽃 모양이 새겨진 것을 볼 수 있어서 그를 파드마파다차리아(Padmapādācārya: padma = 연꽃, pada = 발)로 불렀다.

또 마하라쉬트라Mahārāṣṭra의 바지라오Bājirao 1세의 스승인 브라흐멘드라 스와미Brahmendra Svāmi는 종려나무 잎을 타고 바다를 건넌 것으로 전해진다. 물 위를 걷는 신통력은 예수와도 관련이 있는데 그는 호수 건너편에 있는 제자들을 만나기 위해 물 위를 걸어갔다고 한다.

समानजयाज्ज्वलनम् ॥४१॥

3.41 samānajayāt jvalanam

samāna	다섯 가지 프라나 바유 중 하나
jayāt	정복, 통달
jvalanam	빛나는, 불타는, 타오르는, 불

'요기는 사마나 바유에 삼야마를 행하여 불처럼 달아올라 자신의 몸에서 빛이 나게 할 수 있다.'

요기는 사마나 바유를 정복하여 불의 요소tejastattva를 제어하는 힘을 얻는다.

우리 인체에서 상반신 한가운데는 사마나의 영역으로, 이는 위에 열을 내는 역할을 하여 소화 작용에 도움을 주고 복부 기관이 조화롭게 기능할 수 있게 한다. 또 이것은 심장의 기능을 조절하며, 이를 통해 생명력도 조절한다.

상키야 철학의 창시자인 카필라Kapilā는 눈에 불을 내뿜는 힘을 지녔던 것 같다. 그는 그 불로 사가라Sagara 왕의 아들들을 태워 죽였다고 한다. 한편 『바가바드 기타』를 번역하고 주석을 단 마하라쉬트라의 성인 즈냐네쉬바르Jñāneśvar 역시 이 신통력을 지녔었다고 한다. 그리 멀지 않은 과거에 쉬리 라마크리쉬나의 제자는 한밤중에 스승이 길을 갈 때 자기 눈에서 나오는 빛으로 길을 밝혔다고 한다.

श्रोत्राकाशयोः संबन्धसंयमाद्दिव्यं श्रोत्रम् ॥४२॥

3.42 śrotra ākāśayoḥ saṁbandha saṁyamāt divyaṁ śrotram

śrotra	듣는 것의
ākāśayoḥ	공간 속의, 에테르
saṁbandha	관계
saṁyamāt	제어를 행하여
divyaṁ	신성한
śrotram	듣는 힘

'요기는 소리와 공간 사이의 관계에 삼야마를 행하여 먼 곳의 소리와 신성한 소리를 듣는 능력을 얻는다. 청각 기관인 귀는 공중의 소리를 포착할 수 있게 된다. 이것이 바로 공기의 정복이다.'

कायाकाशयोः संबन्धसंयमाल्लघुतूलसमापत्तेश्चाऽऽकाशगमनम् ॥४३॥

3.43 kāya ākāśayoḥ saṁbandha saṁyamāt laghutūlasamāpatteḥ ca ākāśagamanam

kāya	몸
ākāśayoḥ	에테르
saṁbandha	관계
saṁyamāt	제어

laghu	빛
tūla	목화 섬유
samāpatteḥ	합체, 하나가 됨
ca	그리고
ākāśa	공간, 부양
gamanam	통로, 가는 것, 움직임, 동작

'요기는 몸과 에테르 사이의 관계를 알아 자신의 몸과 마음을 변화시켜 목화 섬유만큼이나 가볍게 만들 수 있다. 그러면 공중에서도 부양을 할 수 있다. 이것이 바로 에테르의 정복이다.'

이는 라그히마laghimā라는 신통력 중의 하나로, 목화처럼 가벼워지는 것을 말한다.

고대 인도의 힌두교 성전인 푸라나purāṇas를 보면 어느 날 (바람 신의 아들인)하누만Hanumān이 태양을 사과인 줄 알고 그것을 따려고 하늘 위로 높이 뛰어 올랐다는 이야기가 있다. 또 『라마야나Rāmāyaṇa』에는 그가 라바나Rāvaṇa의 아들과 싸우다 부상을 입은 라마Rāma 신의 형제의 생명을 구하기 위해 산지바니sañjīvanī라고 불리는 생명의 영약을 얻으려 히말라야 산맥으로 뛰어올랐다는 이야기도 있다. 『박티 수트라Bhakti Sūtras』를 지은 나라다Nārada는 먼 옛날 태고 시대부터 지금까지 삼계를 누비고 다니고 있는 것으로 전해진다.

बहिरकल्पिता वृत्तिर्महाविदेहा ततः प्रकाशावरणक्षयः ॥४४॥

3.44 bahiḥ akaplitā vṛttiḥ mahāvidehā tataḥ prakāśa āvaraṇakṣayaḥ

bahiḥ	외적인, 바깥의
akaplitā	상상할 수 없는, 실제의, 생각되지 않는
vṛttiḥ	동요, 변화
mahā	위대한
videhā	몸이 없는
tataḥ	그러면
prakāśa	빛, 광채
āvaraṇa	덮고 있는
kṣayaḥ	파괴, 분해

의식이 몸의 바깥에서 작용하는 '마하비데하(mahāvidehā: 몸이 없는 상태)에 삼야마를 행하면 밝은 빛을 덮고 있던 베일이 없어진다.'

요기는 의식에 삼야마를 행하여 몸이 없는 상태에서 살아갈 수 있다. 상상할 수 없는 일 같지만 이것은 사실이다. 이는 마하비데하 싣디(육체를 없애는 위대한 능력)라 불리는 신통력이다. 이 신통력을 이용하면 밝은 빛을 덮고 있던 베일이 사라진다. 이 상태에 들어간 요기는 진실하고 순수한 지성을 지니게 된다.

의식이 몸 밖으로 이동하지만 몸 안에 머무는 것을 상상이 가능한 상태라 부른다. 반면 그 의식이 몸 밖으로 이동하여 몸에 의존하지 않고 그 안에 살지 않는다면 그것은 상상이 불가능한 상태이다. 요기는 마하비데하에 들어가 자기 몸을 의식과 분리시킨다. 그러면 더 이상 번뇌가 그에게 영향을 미치지 못한다. 그는 세 가지 구나를 초월해 있다. 이러한 비집착의 상태에서 치타는 신성하고 편재遍在하게 되어, 몸·감각·자의식을 이용하지 않고도 공간 속의 모든 것을 흡수할 수 있다.

쉬리 아우로빈도의 전기를 보면 그가 인도에서 독립 운동을 하던 당시 감옥에 구금되었을 때 이 마하비데하의 상태에 있었다는 것을 알 수 있다.

(1장 19절 참조)

स्थूलस्वरूपसूक्ष्मान्वयार्थवत्त्वसंयमात् भूतजयः ॥४५॥

3.45 sthūla svarūpa sūkṣma anvaya arthavatva saṁyamāt bhūtajayaḥ

sthūla	거친
svarūpa	형상, 속성
sūkṣma	미묘한
anvaya	편재성, 상호 침투, 결합
arthavatva	목석, 온전함
saṁyamāt	제어를 통하여
bhūtajayaḥ	요소에 대한 통달

'요기는 자연의 요소들과 그것들의 질량·형상·미묘함·결합·목석 등에 삼야마를 행해 만물을 지배하는 주인이 된다.'

요기는 제어를 통하여 자연의 거칠고 미묘한 요소들 및 그 형상과 속성, 그리고 목적에 대해서도 통제력을 얻게 된다.

이 우주는 자연의 기본적인 구성 요소, 즉 흙pṛthvi·물āp·불tejas·공기vāyu·에테르ākāśa로 이루어져 있다. 각 요소들은 5가지의 속성을 지니고 있는데, 질량sthūla·미묘함sūkṣma·형상svarūpa·편재성 혹은 상호 침투성anvaya·목적이나 결실arthavatva이 그것이다.

거친 형태를 지닌 자연의 요소들은 고체성·유동성·열·이동성·부피 등의 특징을 지니고 있다. 이 요소들에 대응하는 미묘한 요소들은 냄새·맛·모양·촉감·소리이다. 이들의 편재성 혹은 상호 침투성은 자연의 세 가지 구나에 드러나 있으며, 이들의 목적은 세속적 즐거움의 추구 혹은 자유와 행복의 추구이다.

흙의 요소는 소리·촉감·모양·맛·냄새의 다섯 가지 성질을 모두 가지고 있다. 한편 물은 소리·촉감·모양·맛의 네 가지만을, 불은 소리·촉감·모양의 세 가지 성질만 가지고 있다. 공기는 소리와 촉감만을 가지고 있으며, 에테르는 소리라는 한 가지 특질만을 가진다(1장 27절 '프라나바praṇavaḥ' 참조).
(2장 18~19절 참조)

표 14: 자연의 요소와 각 요소들이 지닌 성질

요소	성질				
	소리	촉감	모양	맛	냄새
흙	+	+	+	+	+
물	+	+	+	+	
불	+	+	+		
공기	+	+			
에테르	+				

ततोऽणिमादिप्रादुर्भावः कायसंपत् तद्धर्मानभिघातश्च ॥४६॥

3.46 tataḥ aṇimādi prādurbhāvaḥ kāyasaṁpat taddharma anabhighātaḥ ca

tataḥ	그것으로부터, 그 이유로
aṇimādi	작아지는 것을 비롯한 여러 신통력
prādurbhāvaḥ	드러남, 외관
kāya	몸의
saṁpat	완성, 부
tad	그것들의
dharma	속성, 기능
anabhighātaḥ	비저항, 방해물이 없음, 파괴되지 않음
ca	그리고

'그것으로부터 몸이 완성되고, 자연의 요소들의 작용에 저항할 수 있는 능력과 작아지는 것을 비롯한 여러 신통력이 생긴다.'

요기는 자기 몸을 원자만큼 작게 하거나 혹은 엄청나게 확대시킬 수 있다. 또 몸을 가볍게 할 수도 무겁게 할 수도 있다. 바위도 뚫을 수 있으며, 무엇이든 할 수 있고, 모든 것을 지배할 수 있다.

자연의 요소와 그것이 지닌 성실·형상·결합물·결과에 삼야마를 행하면 요기는 여덟 가지 신통력을 얻게 되어 몸에 모든 것을 완벽하게 갖출 수 있다. 그러면 자연의 요소들이 일으키는 방해에 희생될 일이 없어진다. 이것이야말로 몸이 지닐 수 있는 최고의 보배로, 요기는 완전함을 얻고 모든 방해물로부터 벗어나게 된다.

이 경문에서는 요기가 자연의 요소를 정복하면 세 가지 분야에 통달한다고 말하고 있다. 첫째는 여덟 가지 신통력을 얻는 것이고, 둘째는 몸이 완전함을 갖추는 것이다. 이것은 곧 그가 흙에 더럽혀지지도 물에 젖지도 불에 타지도 않는다는 뜻이다. 또 바람에 휩쓸리는 일도 없으며 공간을 통해 언제 어디서나 자유롭게 자기 몸을 숨길 수 있다. 세 번째는 자연의 요소의 작용 및 그 성질, 그리고 그것들의 방해 작용에 더 이상 영향을 받지 않는다는 것이다.

(1장 30~31, 40절; 2장 55절 참조)

रूपलावण्यबलवज्रसंहननत्वानि कायसंपत् ॥४७॥

3.47 rūpa lāvaṇya bala vajra saṁhananatvāni kāyasaṁpat

rūpa	우아한 형상, 외관
lāvaṇya	기품, 아름다움, 매력, 사랑스러움, 끌어당기는 힘
bala	강인함, 힘
vajra	번개, 견고한, 단단한, 다이아몬드, 뚫을 수 없는
saṁhananatvāni	견고함, 조밀함
kāya	몸
saṁpat	완성, 보배

'완전한 몸이란 아름다운 형상·우아함·강인함·조밀함·다이아몬드처럼 단단하고 찬란한 빛을 갖춘 것이다.'

(자세한 내용은 『The Art of Yoga』 참조)

ग्रहणस्वरूपास्मितान्वयार्थवत्त्वसंयमादिन्द्रियजयः ॥४८॥

3.48 grahaṇa svarūpa asmitā anvaya arthavattva saṁyamāt indriyajayaḥ

grahaṇa	인식의 힘
svarūpa	실질적 외관, 자연 상태, ~의 형상, ~의 외양
asmitā	자기 본위, 개인의 자아
anvaya	결합
arthavattva	목적성, 존재의 이유
saṁyamāt	제어하여
indriya	감각
jayaḥ	정복

'앎의 과정·자아·자연이 결합하는 목적에 대해 삼야마를 행하면 감각을 완전히 정복하게 된다.'

요기가 지각력의 본래의 상태, 그 기능 및 수용성에 삼야마를 행하면 자연·감각·자아의 결합 목적을 알게 되어 이들 모두에 대한 지배권을 얻는다. 이때 지각력은 자연과 개별 자아asmitā의 인식과 결합할 수도 있고, 하지 않을 수도 있다.

파탄잘리는 제3장 47절에서 몸의 완벽한 경지에 대해 논한 뒤 이 경문에서는 감각의 뛰어난 경지에 대해 말하고 있다.

이 경문은 제3장 45절의 주석이자 보충으로, 45절에서는 자연의 요소가 지닌 다섯 가지 성질을 객관적으로 분류한 바 있다. 한편 이 경문에서 파탄잘리는 다섯 가지 구체적인 성질을 특히 지각력 및 자아와 관련하여 설명하고 있다. 지각력은 여러 가지 속성을 지니고 있는데, 그것은 자신의 본래의 상태에 대해 아는 것, 외부의 대상을 인지하거나 인식하는 능력, 이러한 접촉에 대한 판단, 개인의 자아를 이러한 상태에 개입하게 하여 이 자아를 객관적 상태에서 주관적 상태로 변화시키는 것 등이다.

우리가 이 우주 안에서 경험하는 모든 것은 감각이라는 매개를 거쳐 '나'라는 의식에 전달된다. 감각은 원래 즐거움을 주는 세상의 사물에 이끌리는 경향이 있고, 그것에 대한 갈망이 점점 더 커지면서 감각은 스스로를 옭아매게 된다. 그러다 어떤 단계에 이르면 감각이 만족감을 느껴 감각과 행위력이 수동적인 상태가 되면서 고요의 경지를 경험할 수 있다. 평범한 사람이라면 즐거움을 좇고자 하는 갈망이 다시 일어나면 감각을 계속 추구하겠지만, 단련된 지성은 자신을 내면으로 돌리는 것이 가능한지 성찰하고 검토할 것이다. 감각과 마음의 수용성에 대한 이런 성찰은 지성을 통해 관조자의 영역을 탐구하는 방향으로 나아가게 된다. 그러면 감각·마음·자의식 모두가 영혼의 거처 속에서 영원히 쉴 수 있게 된다.

(2장 6, 21, 22절; 4장 4절 참조)

ततो मनोजवित्वं विकरणभावः प्रधानजयश्च ॥४९॥

3.49 tataḥ manojavitvaṁ vikaraṇabhāvaḥ pradhānajayaḥ ca

tataḥ	그 이유로, 그것에서부터, 그로부터
manojavitvaṁ	마음의 민첩성, 마음의 속도
vikaraṇabhāvaḥ	변화의 느낌, 수정, 감각의 도움 없이, 지각력으로부터의 자유

pradhāna	첫째 원인, 최고의, 주된, 뛰어난, 가장 뛰어난, 처음의 혹은 원래의 물질
jayaḥ	통달, 정복
ca	그리고

'지각력을 완전히 정복하면, 요기의 몸·감각·마음의 속도는 영혼의 속도와 같아져서 자연의 최초의 원인들에 의존하지 않는다. 요기는 의식의 도움을 받지 않고도 자연의 첫 번째 원리(마하트)를 정복한다.'

자연이 지닌 속성을 정복하고 몸과 의식 모두를 순수하게 정화시키면, 자아는 자연에 의존하지 않고 직접적으로 빠르게 인식하게 된다. 이제 몸·감각·마음·의식은 움직임에 있어 관조자와 같고, 이때 영혼은 스스로의 달콤함을 맛본다. 성인 비야사는 이 상태에 대해 주석을 달면서 그 달콤함을 마두 프라티카(madhu pratīka: madhu = 달콤함, 꿀 pratīka = ~쪽으로 돌린)라 불렀다. 벌집에 들어 있는 꿀은 모두 맛이 같다. 이와 마찬가지로 행위력·지각력·몸·마음은 영혼의 수준에 이르도록 변화하면 영혼만큼 순수해지게 된다. 이렇게 높은 영적 경지에 도달하면 감각적인 만족과 즐거움에 대해서는 더 이상 관심을 갖지 않게 된다. 세포 하나하나가 순수한 진아의 빛을 반사하고 영혼의 감로수를 마시게 된다. 이것이 바로 마두 프라티카이다.

(1장 41, 48절 ; 3장 26, 37절 참조)

सत्त्वपुरुषान्यताख्यातिमात्रस्य सर्वभावाधिष्ठातृत्वं सर्वज्ञातृत्वं च ॥५०॥

3.50 sattva puruṣa anyatā khyātimātrasya sarvabhāva adhiṣṭhātṛtvaṁ sarvajñātṛtvaṁ ca

sattva	순수한, 밝게 빛나는
puruṣa	영혼
anyatā	구별, 분별, 차이
khyāti	인식, 지식의 이해
mātrasya	오로지, 그것의
sarva	모두
bhāva	드러남, 상태
adhiṣṭhātṛtvaṁ	최고권, 지배권
sarvajñātṛtvaṁ	모든 것을 알고 있음, 전지
ca	그리고

'밝게 빛나는 지성과 관조자 사이의 차이를 아는 사람만이 존재하는 모든 것과 드러나는 모든 것에 대한 최고의 지식을 얻는다.'

요기는 지성·의식·자의식·영혼 사이의 차이를 구별한다. 요기는 영혼에 대한 지식을 통해 드러나는 만물의 모든 상태에 대해 지배권을 얻어 모든 지식에 통달하게 된다. 이제 그는 어디에나 존재하며 전지전능하다.

오로지 그만이 모든 것을 직접적으로 인식하는 진정한 관찰자이며, 오로지 그만이 마음·지각력·행위력에 구애받지 않는 진정한 행위자이다.

(1장 36, 47절; 2장 18, 20절; 3장 36절; 4장 25절 참조)

तद्वैराग्यादपि दोषबीजक्षये कैवल्यम् ॥५१॥

3.51 tadvairāgyāt api doṣabījakṣaye kaivalyam

tadvairāgyāt	비집착에서 그것들로, 그것들에 무심한, 그것들에 대해 모든 욕망을 버린
api	심지어
doṣa	결점, 속박, 불완전성
bīja	씨앗
kṣaye	파괴에 대하여
kaivalyam	순수한, 단순한, 섞이지 않은, 스스로의 자아 안에서 완전한, 완전한 독존, 영원한 해탈, 최고의 영혼 안에 빠져 듦

'속박의 씨앗을 파괴하고 그러한 신통력의 힘까지 포기할 때 영원한 해탈이 찾아온다.'

요기는 초인적인 신통력을 포기해야 영원한 해탈에 이른다. 초자연적인 모든 경험에 무심해져야 슬픔의 씨앗이 파괴되어 순수한 자아 속에서 살아가기에 이른다. 신통력을 떨쳐내지 못하는 요기는 미묘한 번뇌의 덫에 걸려 거기서 빠져나오는 데 큰 고통을 겪을 수 있다.

파탄잘리는 『요가 수트라』 제2장 16절에서 자만심과 무지로 인해 나중에 수행자가 번뇌와 고통의 수레바퀴에 걸려 아픔을 겪을 수 있다고 했다. 이제 수행자의 지적 감수성이 충분히 발달한 만큼, 그는 신통력의 유혹에 굴복하면 한 순간에 번뇌에 잡아먹힐 수 있다는 사실(4장 28절 참조)에 귀를 기울일 준비가 되어 있다. 신통력 뒤에 숨어 있는 위험을 알아차리지 못하면 요기는 결국 비탄에 빠지고 만다. 하지만 신통력에 대해 집착하지 않는 마음을 기르고 그것에서 초연해지면 싣다 비디야siddha vidyā에서 생기는 슬픔·나약함·속박이 모두 파괴된다. 이러한 포기로부터 영원한 해탈, 즉 때묻지 않은 순수함이 생겨난다. 이것이 바로 카이발리아이다. 이제 자아는 절대적인 독립을 성취하고 자신의 본성 속에서 살아간다.

(1장 3절; 2장 25절; 4장 27, 30절 참조)

स्थान्युपनिमन्त्रणे सङ्गस्मयाकरणं पुनरनिष्टप्रसङ्गात् ॥५२॥

3.52 sthānyupanimantraṇe saṅgasmayākaraṇaṁ punaraniṣṭa prasaṅgāt

sthāni	장소 혹은 위치, 신분, 존엄성, 주재하는 신
upanimantraṇe	초대를 받고, 초대된
saṅga	함께 오는, 합일, 접촉, 연합
smaya	기적, 놀라움, 미소
akaraṇaṁ	실행하지 않음
punaḥ	다시
aniṣṭa	바람직하지 않은, 호의적이지 않은
prasaṅgāt	연결, 사건

'천상의 존재들이 다가올 때 집착하지도 말고 놀라지도 말아야 한다. 그로 인해 다시 바람직하지 못하게 그들과 연결될 수 있기 때문이다.'

천상의 존재들은 요기를 유혹하여 그를 요가의 가피에서 멀어지게 하려고 한다. 요기는 어렵게 얻은 자신의 자유를 반드시 지켜내야 하며, 유혹에 사로잡혀 영혼의 높은 경지에서 떨어지는 일이 없게 해야 한다.

바다에서 선원들을 유혹하는 요정 사이렌처럼 천상의 존재들은 훌륭한 성취를 이룬 요기를 유혹하여 나락으로 떨어뜨린다. 그들의 감언이설에 넘어간다면 그는 다시 감각적 즐거움과 번뇌에 사로잡혀 요가의 가피에서 멀어지고 만다.

요기들은 크게 프라타마 칼피카prathama kalpika, 마두부미카madhubhūmika, 프라즈냐즈요티prajñājyotī, 아티크란타바바니야atikrāntabhāvanīya 등 네 가지 유형으로 나눌 수 있다. 프라타마 칼피카 요기들은 요가 수행에 힘쓴 결과 이제 막 수련의 힘을 느끼기 시작한 이들이다. 마두부미카 요기들은 치타와 관조자 사이의 차이를 익혀 보다 큰 지배력을 손에 넣으려 한다(이들을 르탐바라 프라즈냐rṭambharā prajñās라고도 부른다). 프라즈냐즈요티는 자연의 요소와 지각력의 성질·마음·욕망을 성공적으로 조복하여 관조자를 깨달은 사람들을 말한다. 반면 아티크란타바바니야는 관조자에 대한 가장 높은 지식을 얻은 사람들로, 이들은 파라바이라기야(paravairāgya: 최고의 초연함)라는 힘을 지니고 있다.

파탄잘리는 천인들이 쳐 놓은 '그물'에 걸리지 말고 이러한 유혹에 스스로 거리를 두어 마음에 바람식하지 못한 삼성이나 충동이 소금도 자리 삽지 못하게 해야 한다고 모든 등급의 요기에게 경고하고 있다.

(1장 16, 21, 48절; 2장 27절 참조)

क्षणतत्क्रमयोः संयमाद्विवेकजं ज्ञानम् ॥५३॥

3.53 kṣaṇa tatkramayoḥ saṁyamāt vivekajaṁ jñānam

kṣaṇa	순간, 촌각, 시간의 최소 단위
tat	저것, 그것의
kramayoḥ	순서, 차례, 연속
saṁyamāt	제어를 통하여
vivekajaṁ	고귀한 지성, 전적인 인식
jñānam	지식, 신성한 지식, 인식

'요기는 순간과 순간들의 끊임없는 흐름에 삼야마를 행하여 시간과 공간의 제한에서 자유로운 고귀한 지식을 얻는다.'

파탄잘리는 이제 사마디에 이르는 전혀 새로운 방법을 제시한다. 연이어 끊임없이 지속되는 순간의 흐름, 즉 시간에 삼야마를 행하여 요기는 시간과 상대성을 직접적으로 이해한다. 이로부터 요기는 시간 속의 한 순간은 시간을 초월해 있으며, 이러한 무시간성이야말로 진정하고 영원하다는 걸 알게 된다. 그 반면 순간의 움직임은 과거와 미래에 갇혀 있다. 움직임은 시간의 속박을 받고 무상하여 끊임없이 변한다. 하지만 순간 자체는 영원하며, 변함이 없고, 신성하다. 이것이야말로 사마디의 비밀이라 할 수 있다. 순간은 절대적인 실재이지만, 연속된 순간의 흐름은 제약을 받는 실재이다. 제약 받는 실재는 절대적이라기보다 상대적이고 착각에 가깝다. 이러한 깨달음을 일컬어 고귀한 지성이라 한다.

순간 속에서는 심리적인 시간도 연대순의chronological 시간도 느낄 수 없다. 떠오르는 인상들과 그것들을 제어하는 사이, 그리고 그 반대의 과정 사이에 순간은 찾아온다. 사이에 끼어 있는 고요하고 행복하고 순수한 상태인 이 순간은 의식이 절대적 경지에 이를 수 있도록 안정되고 길어지고 확장되어야 한다.

이를 비베카자 즈냐나vivekaja jñāna라 하며 카이발리아로 들어가는 관문이다. 수련과 시간의 질서 있는 순서를 익힌 요기는 이제 천인들의 유혹에 사로잡히지 않는다. (그러나 이렇게 되기 위해서 요기는 끝까지 수행의 길을 갈 것이며 진아에 대한 깨달음이 목표라는 것을 늘 마음에 새겨야 한다.)

원자가 물질의 가장 미세한 입자이듯, 순간은 시간을 이루는 가장 작은 입자라고 할 수 있다. 순간은 완전히 독자적으로 존재한다. 각각의 순간은 차례로 이어지는데 이러한 연속된 순간들이 모여 시간을 이룬다. 따라서 순간의 바큇살이 모여 시간이라는 수레바퀴가 된다. 연속적인 마음의 움직임은 심리적인 시간이며, 현재, 과거, 미래에서의 순간들의 움직임은 연대순의 시간이다.

요기는 언제나 순간을 인식하고 있기에 심리적인 시간과 연대순의 시간을 정복한다. 그는 늘 순간에 집중하므로 순간들의 움직임에 주의를 빼앗기지 않으며, 무엇에도 흔들리지 않는 상태에 있다. 시간적 요인이 사라지게 되므로 그의 의식은 시간의 의미까지도 잊는다. 그때 그는 영혼의 모습을 볼 수 있게 된다. 이것이 바로 비베카자 즈냐나, 고귀한 지성이자 신비롭고 신성한 지식이다(『요가 수트라』 2장 9절~15절을 되풀이 읽기 바람).

이것은 매우 복잡하게 들리며, 실제로 이것에 대한 절대적인 깨달음은 마치 바늘귀보다 두꺼운 실을 바늘에 꿰려 할 때처럼 믿을 수 없을 만큼 어렵다. 하지만 모든 사람이 배워서 삶의 질을 향상시킬 수 있는 핵심적인 가르침이 여기에 있다.

지금 이 순간을 살라는 말은 글이 처음 나온 그 순간부터 모든 문화권의 시인들과 지혜로운 이들이 한결같이 주장한 것이있다. 지금 이 순간이야말로 우리가 실제로 가지고 있는 모든 것이기 때문이다. TV에서 방영되는 자연 다큐멘터리를 보면 아름다운 가젤 무리들이 항상 무시무시한 포식자들에게 둘러싸인 채 살아가는 걸 볼 수 있다. 그런 가젤들의 삶이 두려움과 불안이 가득한 생지옥이라고 할 수 없는 이유는 무엇일까? 자신들이 결국엔 사자의 먹이가 될 것을 알면서도 자신의 아름다움을 뽐내며 구애하고 새끼를 낳고 즐거워하며 살아갈 수 있는 것은 무엇 때문일까? 우리는 그것을 체념에서 오는 둔감함이나 상상력의 결핍이라고 말할 수 없다. 상상력이 없다면 사자를 만났을 때 그토록 빨리 달아날 이유가 무엇이겠는가? 그것은 그들이 미래의 있을 수도 있는 순간이 아니라 현재의 있는 그대로의 순간에 살아갈 수 있는 능력을 가졌기 때문이다. 유일하게 현재가 될 수 있는 실재 속에 살고 있는 사람들도 틀림없이 죽을 것이지만 그들은 죽기 전에 분명 삶을 살았다고 할 수 있다. 하지만 많은 이들은 제대로 살아보지도 못한 채 죽고 만다. 이는 심리적인 차원 뿐 아니라 세포의 차원에도 적용되는 이야기이다. 아사나 수련을 하며 완벽한 자세를 취하면 우리의 세포 하나하나에는 생기가 넘쳐나는데, 이는 결국 현재의 알아차림과 다름없다. 이 세포들 역시 죽게 되지만, 그 전에 분명 삶을 산 것이다.

아사나를 가르치며 내가 그토록 열성을 보이는(옛날에는 수업이 훨씬 더 격렬했다.) 이유 중 하나는 학생들이 수업을 하는 한 시간 반 동안만이라도 현재의 삶을 살게 해 주고 싶은 마음 때문이다. 시르사아사나(물구나무서기) 자세를 하는 동안 다리를 똑바로 펴라고 내가 학생에게 소리를 지르는 순간만큼은 저녁에 뭘 먹을지, 이번에 승진이 될지 좌천이 될지 다른 생각을 할 여유가 없다. 습관적으로 현재를 도피하는 사람들에게는 '지금'을 경험하는 그 한 시간이 무척 힘들 수도 있다(심지어 녹초가 되는 사람도 있다.). 일부 학생들은 수련 자체보다 그런 부분 때문에 수업을 마치면 피곤을 더 느끼는 것 같다. 계속해서 정신을 놓고 지내는 것은 신경안정제를 먹은 상태와도 같으며, 그런 습관은 쉽게 사라지지 않는다. 반면 정신이 늘 깨어 있는 민감한 학생들에게는 아사나 수련이 아주 놀라운 효과를 발휘한다.

심리적인 시간에 얽매여 '여기가 아닌 다른 곳', '다른 방식으로'의 정신 상태를 가지면 지금 이 순간에 머물지 못하고 실제가 아닌 망상 속에서 살아가게 된다. 이는 호텔이 하나밖에 없는 마을에 머무는 상황에 비유할 수 있다. 이 호텔은 그다지 안락하지 못하여 우리는 그 호텔에 머물면서 밤새 전날 묵었던 안락한 호텔 생각에 괴로워한다. 그 호텔에 머무는 것이 어쩔 수 없는데도 공상에 빠져서 밤잠을 설치는 것이다. 시간의 가장 미세한 입자인 순간이라는 원자는 이렇게 호텔이 하나밖에 없는 마을과 같다. 좋든 나쁘든 시선을 이리저리 돌려가며 신경 쓰지 않고, 무심하게 있는 모습 그대로의 것과 함께 살아갈 수 있으면 우리는 자유로운 것이다. 이야기를 너무 단순화한 것 같지만, 나는 단지 지성인들의 지적 유희가 되어 버린 주제를 보다 쉽게 논의하고 싶었을 뿐이다.

(4장 12~13절 참조)

जातिलक्षणदेशैरन्यतानवच्छेदात तुल्ययोस्ततः प्रतिपत्तिः ॥५४॥

3.54 jāti lakṣaṇa deśaiḥ anyatā anavacchedāt tulyayoḥ tataḥ pratipattiḥ

jāti	계급, 혈통, 신분, 인종, 가계
lakṣaṇa	구별되는 표시, 기호, 특질
deśaiḥ	장소, 공간 속의 위치
anyatā	그렇지 않으면, 다른 방식으로
anavacchedāt	경계 지워지지 않은, 분리되지 않은, 정의되지 않은
tulyayoḥ	같은 종류 혹은 계급의, 비슷한, 동등한
tataḥ	그 때문에, 그것으로부터
pratipattiḥ	이해, 지식

'이러한 지식을 통해 요기는 신분·질적인 특징·공간 속의 위치로는 구별되지 않는 비슷한 대상들의 차이점을 실수 없이 구별할 수 있다.'

요기는 이 고귀한 지성을 통해 신분·교의·특질·장소 혹은 공간에 차이가 없는 비슷한 두 가지 종류나 대상 사이에서 극도로 미세한 차이점을 실수 없이 즉각적으로 구별해 낼 수 있다.

영적 깨달음을 얻은 요기는 가장 미묘한 사물들을 다룰 때에도 명확성과 민감성을 잃지 않는다. 그는 모든 사물을 구별해서 바라보고 실수 없이 자신의 생각을 표현한다.

지성의 이러한 특질은 단순히 높은 차원의 영혼만으로는 가질 수가 없고, 그 영혼이 신성한 영적 지식인 비베카자 즈냐남vivekaja jñānam에 뿌리를 내리고 있어야만 한다.

तारकं सर्वविषयं सर्वथाविषयमक्रमं चेति विवेकजं ज्ञानम् ॥५५॥

3.55 tārakaṁ sarvaviṣayaṁ sarvathāviṣayaṁ akramaṁ ca iti vivekajaṁ jñānam

tārakaṁ	빛나는, 밝은, 명료한, 맑은, 뛰어난
sarva	모든
viṣayaṁ	대상, 연구, 사건, 목표
sarvathā	모든 방법으로, 어떻게 해서든, 전적으로, 완전히, 항상

viṣayaṁ 대상, 연구, 상황, 목표
akramaṁ 이어지지 않고, 방법이나 질서 없이, 차례를 지키지 않고
ca 그리고
iti 이것
vivekajaṁ jñānam 고귀한 지식, 신성한 영적 지식

'요기가 지닌 고귀한 지식의 본질적인 특성은 시간이나 변화의 순서를 따르지 않고도 모든 대상의 목적을 즉각적으로 분명하고 완전하게 파악한다는 것이다.'

요기는 고귀한 이해와 명료한 행위로 자연을 지배하고 초월하며, 요가 수행을 통해 영혼의 빛에 이른다.

(1장 36절; 2장 52절; 3장 34, 36절 참조)

सत्त्वपुरुषयोः शुध्दिसाम्ये कैवल्यमिति ॥५६॥

3.56 sattva puruṣayoḥ śuddhi sāmye kaivalyam iti

sattva 순수하고 밝게 빛나는 의식
puruṣayoḥ 영혼
śuddhi 순수성의
sāmye 동등해지는
kaivalyam 완전한 독존, 얽매이지 않는 자유, 자기 자신 안에서 순수한, 단순한, 완전한
iti 이것

'지성의 순수함이 영혼의 순수함과 같은 수준이 되면 요기는 요가의 완성 단계인 카이발리아에 이른 것이다.'

영혼의 덮개가 영혼만큼 순수해지면 둘 사이에 조화가 깃든다. 그러면 자연의 속성에 오염되지 않은, 관조자의 진정한 자유인 카이발리아가 찾아온다.

수행자는 요가 수행을 통해 지성을 덮고 있던 무지의 베일을 벗겨 낼 수 있다. 이것이야말로 실재하는 진정한 빛으로, 비베카자 즈냐남(밝게 빛나는 의식)이다. 이 때 의식의 빛은 영혼인 푸루샤의 빛과 같아진다. 그러면 지성과 의식 사이에 존재하던 구별도 끝난다. 지성과 의식 모두 활활 타오르는 영혼의 빛 속에 녹아드는 것이다. 그리고 자연에 존재하는 대상과도 더 이상 접촉하지 않게 된다. 번뇌의 씨앗은 완전히 불태워졌다. 영혼을 뒤덮고 있던 덮개는 벗겨져서 기능을 잃거나 그것을 덮고 있는 영혼과 같은 차원으로 변하였다. 이것이 바로 자유이다. 이제 진정한 영혼은 티 없이 맑은 형상 속에서 순수한 빛을 발하고 존재 내에서 최고권을 행사한다. 이것이 바로 더 이상 나뉘지 않는 존재 상태인 카이발리아이다.

(2장 23절; 3장 49절; 4장 26절 참조)

이상으로 『요가 수트라』 제3장인 '비부티 파다'의 설명을 마친다.

제4부

카이발리아 파다Kaivalya Pāda

'카이발리아 파다'는 요가에 대한 파탄잘리의 저술의 네 번째이자 마지막 부분이다.

파탄잘리는 이제까지 『요가 수트라』 속에 인도 철학의 세 가지 초석을 나름의 방식에 따라 배치하였다. '사마디 파다'에서는 헌신의 길인 '박티마르가'를, '사다나 파다'에서는 행의 길인 '카르마마르가'를, '비부티 파다'에서는 지식의 길인 '즈냐나마르가'를 제시한 것이다. 그리고 마지막 4부인 '카이발리아 파다'에서는 절제의 길인 '바이라기야 마르가' 혹은 '비라크티 마르가virakti mārga'를 제시한다. 절제의 길이란 세상에 존재하는 대상에서 초연해지고 세속적 욕망에서 자유로워지는 것을 말한다. 파탄잘리는 이렇게 인도 철학의 네 가지 초석을 제시하는 과정에서 인도인들이 삶을 어떻게 바라보는지 그 본질을 드러내 보인다.

'카이발리아 파다'는 처음에는 복잡해 보이고 이해하기 어렵다. 실제적인 부분보다 이론적인 부분이 더 많은 것처럼 보이기 때문이다. 하지만 각 경문마다 실제적인 측면이 숨어 있는 걸 알 수 있다.

'카이발리아 파다'에서 파탄잘리는 의식이 어떤 과정을 통해 순수해지는지, 또 어떻게 지성을 갖추고 성숙해져서 마침내 자연의 족쇄로부터 자유로워지는지 설명한다. 이렇게 의식이 순수해지고 지성이 성숙하면 요기는 자신이 줄곧 목표로 하던 절대적인 자유와 지고의 행복에 도달할 수 있다. 파탄잘리는 이러한 자유와 행복이야말로 완전한 요기의 자질이라고 한다. 그 다음에 고귀한 요기가 깨달음을 얻은 뒤에 따라야 할 행의 길을 다루고 있다.

파탄잘리에 의하면 지성을 단련하여 성숙시킬 수 있으면 자의식(아함카라)이 자연스럽게 그 힘을 잃어 의식이 신성한 순수함의 상태에 이른다. 지성과 의식의 강물은 각자의 정체성을 잃고 영혼의 강물과 하나로 합쳐지는 것이다. 이것이 요가 수행에서 맛볼 수 있는 최상의 기쁨인 것이며, 카이발리아 혹은 브라흐마 즈냐나Brahma jñāna를 얻는 것이다.

지금까지 논의해 왔던 내용을 간략하게 요약하면 다음과 같다. 이제 독자는 '사마디 파다'가 내적인 수행을 다루고 있다는 사실을 잘 알고 있을 것이다. '사마디 파다'에서 우리는 요가의 기술 및 의미, 마음·지성·의식의 기능에 대한 설명과 함께 의식을 균형 잡히고 안정되게 만들어 그 상태를 유지하는 방법을 알 수 있었다.

'사다나 파다'에서는 몸·감각·마음을 다룬 뒤에 이들을 지성 및 의식과 연결시켰다. 몸 외부의 겹(몸·감각·마음)은 인식과 구별이 가능하지만, 지성과 의식은 쉽사리 인식되지 않는다. 그러므로 '사다나 파다'는 먼저 구별이 가능한 겹인 외적인 수행에 대한 이야기로 시작해서 지성과 의식을 통해 존재의 핵심을 관통하는 단계로 나아간다.

'사마디 파다'는 의식의 동요를 다루는 것으로 시작하여 마음이 더 이상 기능하지 않는 상태에 대한 이야기로 끝난다. 한편 '사다나 파다'는 몸의 번뇌와 거기에 함축된 감정적 의미에 대한 논의에서 출발하여 다양한 요가 수행을 통해 그것들을 정복할 수 있는 방법들을 제시한다.

따라서 『요가 수트라』의 처음 두 장은 요가의 기술·이론·실제적 수련에 대해 강조한다.

'비부티 파다'에서는 요가가 지닌 다양한 특성이 논의된다. 제1장과 2장을 통해 수행자에게 외적인 수행을 가르쳤던 파탄잘리는 이 장에서는 수행자를 내적인 수행으로 이끌고, 나아가 통합(삼야마)에 들어가게 한다.

삼야마는 온전히 명상에 들어가는 기술로, 이를 통해 요기는 명상의 대상과 하나가 된다. 파탄잘리는 주체와 객체가 하나가 되는 이러한 과정을 가장 내적인 수행이라 불렀다. 그에 의하면 삼야마에 들어가면 섬광과 같은 초의식과 비범한 능력이 생기는데, 이것이 오히려 요기의 신성함에 영향을 주거나 그가 자아에 대한 인식과 우주적 의식으로 나아가는 것을 방해할 수 있다. 그래서 파탄잘리는 그런 능력을 얻은 요기들에게 그것들을 멀리하라고 조언한다. 그러기 위해서는 신통력이 '내 것'이라는 생각을 하지 말아야 하며, 나아가 의식을 더욱 여과하고 정화하여 고귀한 지성인 비베카자 즈냐남을 얻어야 한다. 그때 관조자는 최상의 경지에 오르게 된다.

『요가 수트라』의 처음 세 장은 완성되지 않은 마음 상태에서 성숙된 지성과 의식이 찬란히 빛나는 경지로 나아가기까지의 인간의 성장을 다루고 있다.

한편 '카이발리아 파다'에서 파탄잘리는 외적인 겹과 내적인 겹을 염두에 두면서 요기를 가장 미묘한 겹인 영혼으로 이끈다. '카이발리아 파다'를 영혼의 탐구를 뜻하는 안타라트마 사다나라 부르는 것도 이 때문이다. 여기서 파탄잘리는 고귀한 경지에 올라 최고의 지혜를 지닌 요기가 어떻게 살아가야 하는지, 또 어떻게 인류에게 봉사해야 하는지 그 길을 제시하고 있다. 이때 요기는 때묻지 않은 지성과 순수한 평화 속에서 영혼이 계속 빛을 발할 수 있게 해야 한다.

흥미롭게도 파탄잘리는 '카이발리아 파다'의 서두에서 그런 높은 경지의 요기의 재탄생을 다루고 있다. 요가를 통해 정교한 지성을 손에 넣은 요기들은 자만심이나 독단에 빠지거나 수행에 무심해지고 게을러져 요가의 가피에서 멀어질 수가 있다. 파탄잘리는 이렇게 요가의 가피로부터 멀어진 요기들에게 '자티얀타라 파리나마jātyantara pariṇāma'라는 말을 사용한다(jātyantara = 출생의 변화, 다른 계급에 태어남, 다른 상태의 삶; pariṇāma = 변화).

높은 경지의 요기들은 전생의 수행 정도에 따라 다양한 모습으로 태어난다. 자연이 지닌 잠재성이 그들 안에 가득 흘러들어오면 그들은 새로운 용기와 열의를 가지고 다시 수행을 계속할 수 있다(1장 21절 참조).

파탄잘리는 '카이발리아 파다'에서 행karma에는 네 종류가 있다고 한다. 처음의 세 가지 행은 모든 사람에게 공통적으로 나타나는 것으로, 흰색 행·회색 행·검은 행이다. 그 다음 파탄잘리는 네 번째 행에 대해 설명하는데, 이 행은 아무런 반작용도 일으키지 않으며 때묻지 않은 순수성을 얻기 위한 것이다. 수행자는 수행하는 내내 이들 행을 계속 유지할 수 있도록 노력해야 한다고 파탄잘리는 경고한다. 그러면 의식은 자신이 스스로는 빛을 내지 못하며, 오로지 영혼(아트만)의 빛을 빌려서만 존재한다는 사실을 깨닫게 된다. 이 단계에 이르면 의식은 자신의 주인인 영혼(아트만)을 향해 이끌려 그것과 하나가 된다.

이제 요기는 네 가지 삶의 목적에서 자유로워졌다. 즉 더 이상 종교적 의무dharma, 삶을 추구하고 생계를 꾸려가는 의무artha, 삶의 기쁨kāma, 해탈mokṣa에 얽매이지 않는 것이다. 또 중력처럼 끌어당기는 사트바·라자스·타마스에서도 자유로워져 더 이상 거기에 이끌리지 않는다. 그는 자연의 구나에서 자유롭게 벗어난 사람, 구나티탄guṇātītan

이다. 이것이 요가의 최고 경지이다.

『바가바드 기타』에서 크리쉬나 신은 아르주나에게 완전한 요가 수행자가 지닌 여러 가지 특징을 다음과 같이 아름다운 말로 묘사해 들려준다(2장 55~59, 61, 64~72절).

생각·말·행동·영혼이 욕망에서 자유롭게 벗어난 사람은 지성이 맑고 깨끗하다. 55절

슬픔 가운데에서도 흔들리지 않는 사람, 즐거움을 추구하지 않고 열정·두려움·분노에서 자유롭게 해방된 사람은 굳건한 지혜를 지니고 있다. 56절

어느 쪽에도 집착하지 않고 선과 악에 무심한 사람은 자신의 지성 속에서 확고하게 자리 잡고 있다. 57절

거북이가 팔다리를 등껍질 속으로 집어넣듯 노력 없이도 감각을 대상으로부터 물러나게 할 수 있는 사람은 지혜가 견고하게 자리 잡은 것이다. 58절

감각과 마음의 욕망을 더 이상 충족시키지 않고, 욕망을 맛보고자 하는 마음이 스스로 사라지도록 하는 사람은 영혼을 지닌 사람이다. 59절

감각과 마음을 통제하고, 자신의 지혜 속에 확고히 자리 잡은 사람은 늘 '나'에 전념하며 요가에 정진할 수 있다. 61절

자신의 치타를 단련해 온 사람은 좋고 싫은 것에 반응하지 않으며, 늘 순수함과 평정심으로 가득 차 있다. 64절

그러한 평정 상태에 있는 사람은 모든 불행을 소멸시키고 자신의 고귀한 지성 속에 확고히 자리 잡는다. 65절

의식의 동요를 제어하지 못하는 사람은 집중할 수 없고, 집중력이

없는 사람은 구원을 얻을 수 없다. 수행자는 수련과 절제의 노력을 통해 마음을 다스려야만 한다. 66절

치타가 외부 대상 주위를 배회하는 감각과 뒤섞이게 되면, 수행자는 분별력을 잃고 풍랑이 배를 휩쓸고 가듯 수행의 길에서 벗어나게 된다.67절

그러므로 크리쉬나 신은 감각을 대상에서 완전히 해방시킨 사람이 지성도 통제할 수 있다고 하였다. 68절

모든 존재에게 밤인 것이 수련하는 요기에게는 낮이다. 왜냐하면 그는 영혼을 보는 사람 apavarga이기 때문이다. 모든 존재가 세속적 즐거움bhoga으로 분주할 때, 요기는 이를 밤으로 여기고 속세의 생각에서 스스로 멀리 물러나 있다. 69절

물이 바다로 흘러 들어가도 바닷물이 더 높아지거나 물결이 일지 않듯, 지성 속에 단단히 자리 잡은 사람은 즐거움에 연연하지 않고 해탈을 얻는다. 70절

모든 욕망을 버리고 집착을 멀리하는 사람은 자유와 행복kaivalya을 얻는다. 71절

망상에서 벗어나 죽는 순간에조차 신성한 의식과 계속 접촉하는 사람은 카이발리아와 최고의 신에게 이르게 된다. 72절

जन्मौषधिमन्त्रतपःसमाधिजाः सिद्धयः ॥१॥

4.1 janma auṣadhi mantra tapaḥ samādhijāḥ siddhayaḥ

janma	출생
auṣadhi	약초, 약용 식물, 약물, 향, 영약
mantra	진언, 마력, 주문
tapaḥ	열기, 불타는, 빛나는, 고행이 뒤따르는 헌신적인 수련, 완전함에 도달하기 위한 불타는 갈망, 모든 불순물을 태워 없애는 것
samādhi	깊은 명상, 완전한 몰입
jāḥ	태어난
siddhayaḥ	완성, 성취, 완수, 얻음

'출생이나 약초의 사용·진언·자기 수련 혹은 사마디를 통해 성취를 얻을 수 있다.'

성취를 이룬 요기siddhayaḥ에는 다섯 가지 종류가 있다.

1 완선해지겠다는 열망을 가지고 태어나 성취를 이룬 요기(잔마janma)
2 약초·약재·영약으로 영적 경험을 얻어 성취를 이룬 요기(아우샤다auṣadha)
3 자신이 좋아하는 신의 이름을 염송하여 성취를 이룬 요기(만트라mantra)
4 고행이 뒤따르는 헌신적인 수련으로 성취를 이룬 요기(타파스tapas)
5 깊은 명상을 통해 성취를 이룬 요기(사마디samādhi)

영적 성취를 얻는 이러한 방법들 사이에는 중요한 차이점이 있다. 처음 세 방법을 따르는 이들은 자만심이나 게으름에 빠져 요가의 가피에서 멀어질 수도 있으나 타파스나 사마디를 통해 영적 성취를 이룬 사람은 그렇게 되지 않는다. 이들은 최고의 스승이 되어 신성하고 자유로운 영혼으로 우뚝 서서 인류에게 찬란한 귀감이 된다.

난디Nandi, 라마크리쉬나 파라마함사Rāmakṛṣṇa Paramahaṁsa, 쉬르디Śirḍi의 사이 바바Sai Bābā, 라마나 마하르시Rāmaṇa Māharṣi는 모두 태어날 때부터 성취를 이룬 요기였다.

성인 만다비야Māṇḍavya와 야야티Yayāti 왕은 삶의 영약을 통해 신통력을 얻었다. 오늘날에는 많은 사람들이 메스칼린, LSD, 해시시, 헤로인 등에 의해 올더스 헉슬리 같은 이들이 연구하였던 소위 영적 체험을 하려고 한다. 옛날에는 화가나 시인 역시 약물에 의존해 정상 상태를 초월한 경지에 들어가 자신의 예술성을 더 높이려 하기도 했다.

만다비야는 성인이자 요기였다. 그가 어릴 때 유일하게 즐긴 놀이는 파리를 죽이는 것이었다. 그는 나중에 어른이 되어 타파스 수행을 통해 사마디에 도달할 수 있었다. 그런데 그 지방의 도적떼들이 만다비야 모르게 그의 은둔처를 자기들의 휴식처로 삼고는 훔쳐 온 물건을 그곳에 갖다 두었다. 도적떼들 때문에 골머리를 앓던 백성들은 왕을 찾아가 이렇게 살아갈 수는 없다고 탄원했다. 그러자 왕은 바로 신하들에게 명령해 도적떼를 찾아내 교수형에 처할 것을 명했다. 신하들은 요기의 은둔처에서 도적떼들을 찾아내서는 그들을 모두 끌고 와(여기에는 만다비야 요기도 포함되어 있었다.) 목을 매달았다. 하지만 만다비야만은 죽지 않고 살아남았다. 이 놀라운 광경을 본 왕은 만다비야 성인에게 용서를 빌고 그를 교수대에서 풀어 주었다. 하지만 만다비야는 교수대를 발로 걷어차 부숴 버린 뒤 스스로 목숨을 끊었다.

그러자 야마 왕(죽음의 신)의 신하들이 그를 지옥으로 데려갔다. 만다비야는 자신이 지옥으로 끌려온 걸 알고는 깜짝 놀라 죽음의 신에게 그 까닭을 물었다. 야마 왕은 그가 어린 시절 파리들을 죽였기 때문에 지옥으로 오게 되었노라고 했다. 그러자 만다비야 성인은 화를 내며 어린 시절의 죄는 부모에게 있는 것이지 아이들 잘못이 아니라고 벼락같이 고함을 질렀다. 만다비야 성인은 야마 왕에게 이렇게 말했다. '당신은 다르마(의무의 법)가 무엇인지 모릅니다. 당신을 저주하노니 앞으로 당신은 지상에 수드라의 아들로 태어날 것이오. 자신의 의무를 다하지 못하고 인간의 죄에 불공정한 심판을 내렸기 때문이오.' 이렇게 말하고 성인은 젊은 시절의 모습으로 자신의 은둔처로 돌아갔다. 죽음의 신은 만다비야의 이 저주를 받고 비두라Vidura로 태어나 『마하바라타』에 나오는 드르타라시트라Dhṛtarāṣṭra 왕의 고문관 역할을 했다.

야야티 왕은 나후사의 아들로, 두 아내가 있었다. 첫째 부인은 데바야니(Devayānī: 슈크라차리아Śukrācārya의 딸, 그는 악마들의 스승으로 생명의 영약을 만들었다.)였고, 둘째 부인은 샤르미스타Śarmiṣṭhā였다. 왕은 속세의 권력이 커질수록 감각적 즐거움에 대한 욕망도 커져 결국에는 불륜을 저질렀다. 남편의 간통 사실에 진노한 데바야니는 자기 아버지에게 가서 남편의 행실에 대해 불만을 토로했다. 슈크라차리아는 왕이 조로증에 걸릴 것이라는 저주를 내렸다. 하지만 저주를 내리는 순간 갑자기 남편에 대한 애정이 생긴 데바야니는 아버지께 그 저주는 너무 심하다고 애원했다. 딸의 간청에 마음이 약해신 아버지는 왕이 그 저주를 받지 않는 대신 왕자들 중 하나가 저주를 받아들여야 한다고 했다. 왕자들 누구도 나서지 않는 가운데 막내 왕자인 푸루Purū가 자신이 저주를 받겠노라 자청했다. 푸루는 아버지의 나이를 받아 늙어버리고, 아버지인 야야티 왕은 계속 젊음을 유지했다. 하지만 말년에 들어 욕정kāma을 아무리 추구해도 그것이 꿈처럼 사라지지 않는다는 사실을 깨달은 왕은 자기 대신 조로증을 받았던 막내아들에게 자신의 젊음과 왕국을 함께 물려주었다. 그리고 자신은 노인이 되어 숲으로 들어가 여생을 명상으로 보냈다.

만트라 염송으로 수행에 입문한 많은 수행자들은 참회를 하고 영적인 스승이나 시인, 학자가 되었다. 한때 도적이었던 라트나카르Ratnākar는 그 유명한 서사시 『라마야나Rāmāyaṇa』를 지었다. 우타나파다Uttānapāda 왕의 아들인 드루바Dhruva는 신의 경지에 올랐으며, 악마 왕 히라니야카쉬푸Hiraṇyakaśipu의 아들인 젊은 프라흘라다Prahlāda는 기둥으로부터 신이 나오게 하였다.

जात्यन्तरपरिणामः प्रकृत्यापूरात् ॥२॥

4.2 jātyantara pariṇāmaḥ prakṛtyāpūrāt

jātyantara	다른 계급에서, 출생의 변화, 또 다른 삶
pariṇāmaḥ	변화, 변모
prakṛti	자연, 창조의 원인, 자연의 에너지
āpūrāt	가득 차게 되는, 가득 찬, 풍부한 흐름

'자연의 에너지가 풍부하게 흐르면 출생에 변화를 가져와 발전 과정에 도움을 준다.'

물이 수증기나 얼음으로 변하고 금이 장식품으로 탈바꿈하듯이, 아비디야를 제거하면 우리 의식 속의 동요나 번뇌도 제어되고 변화될 수 있다.

앞서 제4장 1절에서 파탄잘리는 수행력이 높은 요기에게 자연의 에너지가 풍부하게 흘러넘치면 그는 이 현생을 순수하고 역동적인 경지 속에서 살아갈 수 있다고 설명했다. (설령 수행자가 이번 생에 완전함에 이르지 못하더라도 다음 생에서 자연이 그를 풍부하게 관통하여 수행을 완성시키게 된다. 그때 수행자는 자유를 경험할 수 있다.)

수행에 힘쓴 결과 에너지가 가득 흘러넘치면 수행자는 불멸의 존재가 될 수 있을 정도의 힘을 얻는다. 이는 진화론과도 부합하는 설명이다. 또 다름 아닌 자연이 영적 발전의 동력이 된다는 사실 역시 흥미롭다.

붓다·아디 상카라Ādi Śaṅkara·쉬리 라마누자차리아Śrī Rāmānūjācārya·즈냐네쉬바르Jñāneśvar·투카람Tukārām·난다나르Nandanār는 현생에서 요가 수행을 하지 않고도 카이발리아를 얻었다jātyantara pariṇāma. 이는 전생에 이미 요가 수행을 쌓은 인연의 결과이다.

마찬가지로 아차리아니스 마이트레이ācāryāṇīs Maitreyī·가르기Gārgī·아룬다티Arundhatī·릴라바티Līlāvatī·술라바Sulabhā·샤라다 데비Śāradā Devi·카슈미르의 요기니 랄라Lallā·자이푸르의 요기니 모티바이Motibai 모두 자티얀타라 파리나마jātyantara pariṇāma를 통해 해탈을 얻었다[『Great Women of India』(아드바이타 아쉬라마Advaita Āśrama 출판사, 히말라야의 알모라Almora)] 및 기타 S. 아헹가Geeta S. Iyengar가 쓴 『A Gem for Women』(얼라이드 출판사Allied Publishers, 델리Delhi) 참조].

निमित्तमप्रयोजकं प्रकृतीनां वरणभेदस्तु ततः क्षेत्रिकवत् ॥३॥

4.3 nimittaṁ aprayojakaṁ prakṛtīnāṁ varaṇabhedaḥ tu tataḥ kṣetrikavat

nimittaṁ	부수하여 일어나는, 방편의, 작용인, 구실
aprayojakaṁ	유용하지 않은, 아무 소용이 없는, 실행에 옮겨지지 않는 것

prakṛtīnāṁ	자연스런 경향 혹은 가능성
varaṇam	덮개, 베일, 장애
bhedaḥ	분열, 분화, 분리
tu	하지만, 반대로, 한편, 그럼에도 불구하고
tataḥ	그것으로부터
kṣetrikavat	농부처럼

자연의 작용인作用因은 그것의 가능성이 현실화되도록 부추기지 않고 다만 발전을 가로막는 장애물이 제거되도록 도울 뿐이다. 농부가 논에 물을 대기 위해 논둑을 만드는 것처럼.'

싹이 튼 의식을 단련시키는 것은 요가에서 무엇보다 중요하다. 농부가 물의 흐름을 조절하기 위해 논둑을 만드는 것처럼, 높은 경지에 이른 요기는 풍부한 자연의 에너지가 잘 흐르게 하여 스스로를 행의 속박에서 해방시키고 영혼의 통찰력을 얻는다. 수행자의 삶을 살아가는 동안 완전한 변환은 못 이룬다 하더라도, 이러한 의식 단련은 발전을 가로막는 장애물을 없애는 데 분명히 도움이 된다.

과거의 선행karmāśaya은 자연의 경향이 의식의 좋은 면으로 흐르게 하는 데 간접적인 방편이 된다. 농부는 농사를 지을 때 논둑을 만들어 그 안에 물을 가두고 땅에 물이 흠뻑 배어들게 한다. 땅이 물을 완전히 머금으면 논둑을 터서 물이 옆의 논으로 흘러 들어가게 한다. 농부는 논 전체에 물이 완전히 스며들 때까지 이 작업을 거듭한다. 그런 다음 가장 좋은 씨앗을 뿌려 가을에 최상의 작물을 수확하고 그 결실을 즐긴다. 요기도 요가 수행을 통해 발전을 가로막는 모든 장애물을 제거해야 해탈을 즐길 수 있다.

따라서 수련을 통해 향상된 요기의 에너지는 수행자의 영적 성장을 가로막는 동요나 번뇌를 자연스럽게 제거해 준다. 그러면 수행자는 자기 존재의 본질, 즉 영혼에 대한 통찰력을 얻는다.

이 경문은 그 자체로 아름다움을 느끼게 한다. 이제 수행자의 몸에는 자연의 에너지가 넘쳐흐른다. 아사나·프라나야마·반다 수련을 통해 이러한 에너지를 만들고 집중시킬 수 있기에 요가의 수련은 인체 내에서 마치 '논둑'과 같은 역할을 한다고 볼 수 있다. 그것들이 에너지를 조절하고 흘려보내 마음과 지성이 존재 구석구석에 스며들 수 있는 것이다.

분별력을 가지고 에너지를 사용하면 용기·강인함·지혜·자유가 생긴다. 이렇게 재능을 연마하면 마침내 천재의 수준까지 나아갈 수도 있다.

(1장 2, 18, 29~39절; 2장 2, 12~13, 18절; 2장 29절~3장 15절.)

निर्माणचित्तान्यस्मितामात्रात् ॥४॥

4.4 nirmāṇacittāni asmitāmātrāt

nirmāṇa	헤아리는, 형성하는, 만드는, 직조하는, 창조하는, 창조
cittāni	의식의 국면, 마음의 재료
asmitā	개인성에 대한 인식
mātrāt	오직 그로부터

'구성된 혹은 창조된 마음은 개별성에 대한 인식asmitā에서 나온다.'

자기를 의식하는 데에서 무수한 활동들이 의식 내에서 서로 관련을 맺게 되고, 여기서 기분이라 불리는 갖가지 정신 상태가 생겨나며, 이들이 니르미타(nirmita: 계발된) 치타가 된다. 이들은 지성을 방해하고 왜곡하며 갖가지 동요와 번뇌를 일으킨다. 이렇게 왜곡된 의식을 다시 올바른 방향으로 흐르게 할 수 있을 때 정교함과 민감함이 생겨난다. 그러면 니르미타 치타가 니르마나 치타nirmāṇa citta 혹은 사스미타 치타sāsmita citta, 즉 사트바의 특성을 지닌 개별성에 대한 인식으로 변화하고, 자연은 지성을 지혜롭게 만들며 그 결과로 의식도 순수한 상태를 유지한다.

이 경문은 아스미타를 통해 건설적이고 창조적인 마음의 특성에 대해 설명하고 있다. 마음이라는 물질의 자리는 두뇌에 있다. 이 마음이란 것이 동요와 편견을 만들면 거기서 고통과 번민이 생기므로 우리는 무엇보다 마음을 제어할 필요가 있다.

마음은 그 근원에 있어 단일하며 순수하다. 마음은 존재의 핵심ātman 혹은 영혼의 심장이 자리한 곳으로 알려져 있다. 마음에서 싹이 자라나면 그것은 자의식의 중심antaḥkaraṇa이 되어 사스미타, 곧 사트바의 특성을 지닌 개별성에 대한 인식을 형성한다. 이것이 의식citta으로 발전하고, 여기서 자의식ahaṁkāra·지성buddhi·마음manas이 뻗어 나온다. 이들은 여러 갈래의 생각의 물결로 나타나는데, 이들이 마음대로 날뛰게 놓아두면 온갖 동요와 번뇌vyutthāna citta가 일어나게 된다.

규칙적인 수련을 할 때 수행자는 요가의 불꽃의 도움으로 본래의 마음과 거기서 생겨난 마음, 하나의 마음과 복잡하고 다층적인 마음이 어떻게 다른지 분별할 수 있게 된다. 그는 이를 위해 자신의 행동을 면밀히 관찰하고, 또 그러한 생각의 물결citta vṛttis의 근원을 찾아내기 위해 에너지를 보내어 그것을 바로 그 근원에서 없애 버린다. 이것이 바로 샨타 치타 혹은 사마히타 치타로, 수행자는 이를 통해 단일한 의식 상태에 접근하여 싹이 튼 의식을 단련된 의식nirmāṇa citta으로 변환시키게 된다. 그리하여 이 변환된 의식은 수행자의 개별적 존재의 핵심을 찾아 나간다. 이 과정이 명상dhyāna이 되면, 복잡한 마음이 일으키는 왜곡이 사라진다. 머리에서의 의식적 인식은 마음에서의 의식적 인식과 하나가 되고, 의식은 성숙하고 순수해진다divya citta. 이 순수한 의식이 바로 뿌리가 되는 근본 의식mūla citta이다.

예를 들면 하나로 통일된 의식 상태는 나무의 몸통에, 그리고 다층적인 마음은 여러 갈래로 뻗은 나뭇가지에 비유할 수 있다. 나뭇가지가 중심 줄기에서 뻗어 나오지만, 그것은 여전히 줄기에 연결되어 있듯이 수행자도 의식의 가지, 즉 '나'라는 의식을 가지 끝에서 그 근본 뿌리로 되돌릴 수 있어야 한다. 그래야만 의식이 스스로의 정체성을 잃는다.

(1장 2절; 2장 6절; 3장 12~13절 참조)

प्रवृत्तिभेदे प्रयोजकं चित्तमेकमनेकेषाम् ॥५॥

4.5 pravṛtti bhede prayojakaṁ cittam ekam anekeṣām

pravṛtti	앞으로 나아가는, 진보하는
bhede	차이
prayojakaṁ	효과, 유용성, 이익
cittam	의식
ekam	하나
anekeṣām	수없이 많은, 다수의

'의식은 하나이지만 거기서 가지가 뻗어 나와 여러 가지 다양한 종류의 활동과 셀 수 없는 생각의 물결을 일으킨다.'

의식은 단일하지만 다양한 생각을 지배하여, 때때로 말과 행동의 불일치를 일으킨다. 의식은 우리의 여러 행동의 간접적인 원인이기도 하고, 욕망과 욕망 충족의 근원이 되기도 한다. 의식이 더 이상 생각을 지배하지 않을 때, 의식을 단련시켜 변화nirmāṇa citta시키고자 하는 필요성도 더 이상 생기지 않는다.

파탄잘리는 사람들이 다양한 마음이 지닌 에너지를 올바른 방향으로 향하게 하기를 원했다. 그러면 말·생각·행동 사이에 어떤 불일치나 왜곡도 일어나지 않기 때문이다.

활성화된 '나'라는 의식이 다양한 생각의 근원이라는 것은 앞에서 이미 말한 바 있다. 그리고 무지avidyā 때문에 생각의 동요가 일어나 의심·혼란·갈망·욕심을 일으키고, 여기에서 발생한 번뇌가 마음을 어지럽힌다. 이들은 마음의 '잡초'나 다름없다(vyutthāna 혹은 nirmita citta). 요가 수행을 통해 얻은 분별력nirodha citta을 활용하고, 동요하는 변화를 잘 분석하면 이러한 마음의 잡초들을 완전히 뿌리 뽑고 고요한 상태praśānta citta를 만들 수 있다. 이는 원래의 우주적인 마음과 개인적인 마음의 중간 상태라 할 수 있다. 이 고요의 상태에 이르면 내면divya citta에서 정련하고 정화하는 불꽃이 일어난다. 이렇게 되면 자연은 의식의 진정한 친구가 되어 자신의 풍부한 에너지로 의식을 단련하고 변화시키며, 심장의 지성을 정화한다. 그러면 지성과 의식은 자신들이 서로 다른 분리된 존재가 아니라 하나라는 사실을 깨닫는다. 여기서 모든 슬픔과 기쁨이 사라진다.

심장의 지성이란 다름 아닌 관조자이다. 지성과 의식은 관조자 속에서 순수함과 신성함을 지닌 채 영원히 휴식하고 머문다.

(1장 2, 17절; 2장 6절; 3장 13~14절; 4장 1, 3절 참조)

तत्र ध्यानजमनाशयम् ॥६॥

4.6 tatra dhyānajam anāśayam

tatra	그것들의, 이것들의
dhyānajam	명상에서 태어난
anāśayam	인상이나 영향에서 자유로운

'완성을 이룬 존재의 의식 활동 가운데 오로지 명상에서 나온 활동만이 잠재적인 인상과 영향에서 자유롭다.'

파탄잘리는 하나의 마음에서 다양한 생각이 발생해 본래의 마음이 지닌 평정을 어지럽힌다고 설명한 후, 깊은 명상을 통해 이렇게 '싹튼' 마음을 단련시키고, 고요히 가라앉혀야 한다고 말한다. 그러면 잠재 인상의 영향이 그치고, 의식은 보이고 들리고 알아지는 외부의 대상에 더 이상 얽매이지 않게 된다.

명상은 의식을 과거의 인상에서 자유롭게 해방시킬 뿐 아니라, 마음의 진취적인 발전을 가로막는 여러 장애물까지 제거해 준다. 집착과 번뇌의 잠재 인상은 타인을 계속 괴롭힌다.

이러한 장애물들, 즉 욕정·분노·욕심·탐닉·자만심·질투는 감정이라는 수레바퀴의 바큇살이다. 명상을 하면 이러한 장애물이 가라앉아 감정의 중심(심장의 의식)이 영적 성장의 새로운 차원으로 확대될 수 있다. 그러면 의식은 더 이상 장점도 결점도, 선도 악도, 동요도 번뇌도 지니지 않는다. 다시 말해 '단련된 치타 samāhita citta'가 되어, 카이발리아를 경험하는 데 도움을 준다.

(1장 23, 29, 32절; 2장 11~12절; 3장 51절 참조)

कर्माशुक्लाकृष्णं योगिनस्त्रिविधमितरेषाम् ॥७॥

4.7 karma aśukla akṛṣṇaṁ yoginaḥ trividham itareṣām

karma	행行
aśukla	희지 않은
akṛṣṇaṁ	검지 않은
yoginaḥ	요기의
trividham	세 겹의(검은, 하얀, 뒤섞이거나 회색의)
itareṣām	다른 사람들에게는

'요기의 행行은 희지도 검지도 않다. 반면 다른 사람들의 행은 세 종류로, 희거나, 검거나, 회색이다.'

이 경문에서는 행의 세 가지 종류와 그것이 일반 개인에게 미치는 영향에 대해 설명하지만 실제로 행에는 네 종류가 있다. 네 번째 행은 자유로우며, 무엇에도 물들지 않은, 순수한 행이다. 요기는 이러한 행을 따르므로 행의 과보에서 자유롭다.

희거나 검거나, 이 둘이 혼합된 회색의 행은 모두 과보와 연쇄 반응을 일으킨다. 검은 행은 타마스의 결과를, 회색 행은 라자스의 결과를, 흰 행은 사트바의 결과를 만들어 낸다. 또 흰 행은 선을 낳고, 검은 행은 악을 낳는다. 회색 행은 복합적인 결과를 일으켜 긍정적인 감정과 부정적인 감정 모두를 불러일으킨다.

반면에 무엇과도 뒤섞이지 않은 요기의 행은 사트바·라자스·타마스를 모두 초월해 있다. 요기의 행은 의식에 어떤 부정적인 반응이나 긍정적인 반응도 일으키지 않기 때문에 이원성에서 자유롭다. 이러한 네 번째 행은 행복을 가져다준다. 이것이야말로 요기의 진정한 '행의 기술'인 것이다(『바가바드 기타』 2장 50절 참조).

보통 사람은 야망에 가득 차 있다. 즉 자신이 한 일에 보상을 바라지만 그것이 고통의 씨앗을 내포하고 있다는 사실은 잊어버린다. 이때 그가 지닌 야망이 영적인 열망으로 바뀌면 그는 더 이상 보상에 연연해하지 않고 오로지 수행을 위한 수행, 혹은 행을 위한 행을 이해하게 된다. 이제 그는 정련되어 마음과 의식이 맑아지고 행동이 깨끗해진다. 이제 그는 더 이상 업을 쌓지 않는다. 또 생을 받을 때도 오로지 과거에 쌓인 업을 깨끗이 청소하기 위한 목적만 가진다. 그는 서슴없이 신성의 의지에 자기 마음과 의식의 닻을 내린다. 그의 모든 행동은 반작용의 씨앗에서 자유롭게 벗어나 있다.

우리는 파탄잘리가 이야기한 요가의 여덟 단계를 수련하는 수행자를 흔히 육체의 유혹을 완전히 끊어버린 은둔자와 연관시키는 경향이 있다. 이런 사람들은 문명화된 세계를 거부하고 어떤 유혹도 존재하지 않는 곳에 틀어박혀 지낸다. 어떻게 해야 이 세상에 속해 살아가면서 행위를 하되 거기에 물들지 않을까에 대한 모든 논쟁들 중에서 흔히들 최고의 논쟁으로 치는 것은 전투 전야에 크리쉬나 신이 아르주나와 나눈 대화이다. 여기에서 크리쉬나 신은 행은 피할 수 없는 것임을 분명하게 밝히고 있다. 행동하지 않는 것 역시 행이기 때문이다. 또한 그는 이기적인 행동과 그 과보에 대한 집착으로 인해 덫에 걸리게 된다고 말한다.

세계 문학과 철학에 있어서의 위업이라고 할 수 있는 『바가바드 기타』와 관련하여 우리는 파탄잘리가 이 경문에서 특유의 간명한 어조로 그와 똑같은 이야기를 하고 있는 것을 주목해야 한다. 단도직입적으로 핵심을 찌르는 파탄잘리의 천재성은 최고를 자랑하는 『바가바드 기타』의 유려한 문체와 비교해도 손색이 없다.

그렇다면 자유로운 사람은 행을 하면서도 어떻게 계속 자유로울 수 있을까? 이것은 '카이발리아 파다'에서 전하고자 하는 주된 요점이기도 하다. 파탄잘리는 인과를 벗어난 자유로운 행은 동기나 욕망을 벗어난 행이라고 분명히 밝힌다. 지상에 옭아매는 실이 없어야 연이 비로소 하늘을 훨훨 날 수 있는 것과 똑같은 이치이다.

(2장 12~15절, 4장 4절 참조)

ततस्तद्विपाकानुगुणानामेवाभिव्यक्तिर्वासनानाम् ॥८॥

4.8 tataḥ tadvipāka anuguṇānām eva abhivyaktiḥ vāsanānām

tataḥ	그곳에서부터
tad	그것들의 인상, 그것들의 경향, 가능성
vipāka	성숙, 과보
anuguṇānām	그에 대응하여, 따라서
eva	오로지
abhivyaktiḥ	드러남
vāsanānām	욕망의, 경향의

'이 세 종류의 행은 잠재 인상을 남기는데, 조건이 무르익으면 그 업이 밖으로 발현된다.'

앞서 이야기한 네 가지의 행 가운데 처음 세 가지는 잠재적 잔여물을 남기고, 이것이 기억 속에 인상으로 저장된다. 기억은 욕망을 낳고, 욕망의 결과는 다시 기억이 된다. 이 둘은 함께 움직이면서 잠재적인 인상을 형성하는데, 이 인상은 그것이 얼마나 무르익었느냐에 따라 바로 발현되기도 하고, 잠재된 상태로 있으면서 나중에 현생이나 내생에서 예기치 않은 순간에 모습을 드러내기도 한다.

욕망은 몸과 마음을 자극하는 동기 부여의 힘이며 충족되고자 애써 노력한다. 욕망을 가지고 그것을 충족시키려 하면 의식은 세 가지의 행에 얽매이게 된다. 욕망과 기억은 자신들의 욕망을 충족시키도록 마음에 압력을 가하여, 내생의 출생·수명·경험 등을 결정짓는다. 좋은 잠재 인상은 영적인 삶을 살아가기에 좋은 상황을 만드는 반면, 나쁜 인상은 우리를 정욕·분노·탐욕·탐닉·자만심·질투에 얽매이게 하고 의식에 여러 가지 방해 작용을 일으킨다. 그러나 그렇다 하더라도 요가의 여덟 가지 길을 신심을 가지고 정성스럽게 밟아 나가 자신의 의식이 관조자를 향하게 할 수 있으면 우리의 행은 더 이상 앞의 세 종류의 행이 아니라, 과보나 보상에 대한 욕망을 낳지 않는 네 번째 행이 된다. 'yogaḥ karmasu kauśalam(요가의 행의 기술)'이란 다름 아닌 이것을 말한다.

(1장 12, 43절 ; 2장 12, 13, 28절 ; 3장 18, 23, 38절 참조)

जातिदेशकालव्यवहितानामप्यानन्तर्यं स्मृतिसंस्कारयोरेकरूपत्वात् ॥९॥

4.9 jāti deśa kāla vyavahitānām api ānantaryaṁ smṛti saṁskārayoḥ ekarūpatvāt

jāti	계급, 혈통, 가세, 인종, 신분
deśa	장소, 소재
kāla	시간, 효과, 지점

vyavahitānām	~사이에 위치한, 분리된, 막힌, 옆에 놓여진, 추월된, 잘 된
api	심지어
ānantaryaṁ	중단되지 않는 연속적 진행, 즉각적인 계승
smṛti	기억
saṁskārayoḥ	잠재성, 잠재 인상
ekarūpatvāt	형태가 같은, 외관상 똑같은, 공통된 정체성을 지닌

'삶은 인종·장소·시간 등으로 구분되지만 사실은 연속적인 과정이다. 기억과 잠재적인 인상은 간섭받지 않는 긴밀한 관계를 유지하고 있기 때문에, 행의 과보는 출생으로 인한 단절이 없는 듯 한 생에서 다음 생까지 온전히 전해진다.'

인도 철학에 따르면 각 삶은 신분·장소·시간에 따라 모두 구별되지만 카르마의 법칙은 거듭해서 윤회하는 삶 속에서 끊이지 않고 작동한다. 욕망과 잠재 인상은 기억 속에 저장되어 전생의 행동 유형을 현생 및 내생의 행동 유형에 연결시킨다.

인과 법칙이라고도 하는 카르마 이론을 아는 수행자는 희지도 검지도 않은 카르마를 추구하게 된다. 그래야 과거생에 쌓인 행에 불과한 욕망과 과보에서 자유로워질 수 있기 때문이다. 이렇게 욕망이 사라진 행은 의식을 계발하고 정련시켜 영혼의 왕국을 탐험할 수 있게 해 준다. 이는 니르마나 치타의 또 다른 측면이기도 하다.

앞의 경문에서 잠재되어 습관처럼 나타나는 인상과 기억 사이에는 공통점이 있다고 하였다. 기억과 잠재 인상은 서로 관련을 맺고 얽혀 있다. 이 둘은 현생에서 일종의 자극제 역할을 한다. 각 전생이 사회적 조건·지위·시간·장소 등에 따라 나뉜다고 해도, 하나로 뭉쳐진 기억과 업은 의식·잠재의식·무의식의 차원에서 재빨리 되살아나 현생의 패턴을 결정짓는다. 예를 들어 과거 수많은 전생에서 다른 동물로 살다가 인간의 형상을 취하게 되었더라도, 기억과 잠재 인상은 전생과 현생의 간격이 아무리 멀다 해도 단번에 과거와 현생을 연결한다. 따라서 우리는 이 현생에 내생의 씨앗을 심는다고 할 수 있다. '뿌린 대로 거두리라'는 말처럼 현생에서 어떻게 살아가느냐에 따라 내생의 모습이 결정된다.

많은 사람들이 카르마 이론을 '운명이 미리 결정된다'는 숙명론으로 오해하는 경우가 많은데 전혀 그렇지 않다. 카르마 이론은 우리의 책임감을 일깨우고 우리에게 앞으로의 삶의 노정에 영향을 미칠 힘이 있다는 것을 알려 준다. 우리는 카르마 이론을 일종의 지표로 삼아 선한 행동을 실천하여 욕망이 사라진 행을 실천하게 되는 단계까지 나아가겠다고 마음을 다질 수 있다.

तासामनादित्वं चाशिषो नित्यत्वात् ॥१०॥

4.10 tāsām anāditvaṁ ca āśiṣaḥ nityatvāt

tāsām	그러한 기억과 잠재 인상
anāditvaṁ	시작이 없는, 영원부터 존재한
ca	그리고
āśiṣaḥ	욕망
nityatvāt	영원한, 영구적인

'살고자 하는 욕망이 영원하기에 이러한 잠재 인상·기억·욕망도 영원히 존재해 왔다.'

이 우주가 영원한 것처럼 잠재 인상과 욕망 역시 그러하다. 이들은 태고로부터 존재해 왔다. 하지만 결점의 씨앗을 소멸시키고, 욕망을 잠재워 없앤 사람에게는 우주의 격렬한 변화가 그친 것처럼 보인다.

시간을 초월해 있으며 근원적이고 절대적인 하나의 존재가 과연 무엇인지, 혹은 이 세상이 언제 생겨나게 되었는지는 아무도 모른다. 푸루샤와 프라크르티(영혼과 자연)는 인간이 나타나기 이전부터 존재했다. 세상이 창조될 때 인간은 의식·지성·마음·감각·지각력·행위력 및 몸을 받았다. 동시에 자연의 세 가지 성질(구나)인 밝음(사트바), 활동성(라자스), 불활성(타마스)이 인간의 몸으로 들어왔다. 자연의 세 속성이라는 바큇살을 가진 시간의 수레바퀴 위에 실린 인간은 하나로 얽혀 있는 세 가지의 이 근본 속성에 따라 기능하기 시작했다. 인간은 본래 순수한 마음을 가지고 태어났지만 서서히 자연이 쳐 놓은 그물에 사로잡히고, 즐거움과 고통·선과 악·사랑과 증오·영원한 것과 무상한 것의 이원성의 제물이 되었다. 욕망(바사나)과 업(삼스카라)은 이렇게 인간의 삶에 뿌리를 내리게 되었고, 경문에서 욕망이 태고로부터 존재했다고 말하는 것도 이런 까닭에서이다.

이러한 이원성에 사로잡힌 인간은 번뇌에 영향을 받지 않고, 행과 행의 반응에서도 초탈하며, 즐거움과 슬픔의 경험에서 자유로운 개별적 차원에서의 신성神性이 필요하다고 느끼게 되었다. 그리하여 푸루샤 혹은 신의 모습으로 나타나는 지고의 이상을 추구하게 된 것이다. 이러한 인간의 욕구에서 문화가 나오고 또 문명이 만들어졌다. 인간은 선과 악·미덕과 악덕·도덕과 부도덕을 구별하는 법을 배웠다. 요가도 이런 과정 속에서 발견되었다.

우리는 요가 수행을 통해 아득한 옛날부터 존재하던 욕망을 뿌리 뽑고 카이발리아를 경험할 수 있다.

파탄잘리는 『요가 수트라』 제2장 12절에서 행의 원인이 우리가 과거에 행한 행위로부터 쌓인 업에 숨어 있다고 한다. 그리고 어떤 업도 쌓이거나 저장되지 않는 순수한 행에 대하여 이야기한다.

치타는 본질적으로 평정의 본성śānta citta을 지니고 있다. 생각의 물결이 떠오르지 않도록 막을 수만 있다면vyutthāna citta, 그것을 제어nirodha citta할 필요도 당연히 없어진다. 이 둘 모두가 샨타 치타에 의해 정화되면 수행자는 그 고요한 상태에 머물면서 자신의 의무를 다하게 된다. 그의 행은 순수하며, 행에서 나온 결과 역시 순수해진다(4장 7절 참조).

무지에 의해 슬픔과 기쁨이 일어나고, 자신이 처한 상황에 따라 그 힘이 강해지게 된다. 기쁨과 슬픔이 마음대로 날뛰어 의식의 고요한 상태를 방해하도록 내버려 두면 카이발리아로 들어가는 관문은 영원히 닫혀 버리고 말 것이다. 하지만 요가의 가피로 마음을 닦으면 욕망의 고리를 끊을 수 있다. 요가 수행을 하는 한 수행자는 욕망에서 자유롭다. 평생에 걸쳐 헌신적으로 요가를 수행하면 욕망의 수레바퀴가 멈추어 수행자는 평화와 평정 속에서 살아갈 수 있다.

(1장 35절; 2장 1, 9절; 3장 51절 참조)

हेतुफलाश्रयालम्बनैः संगृहीतत्वादेषामभावे तदभावः ॥११॥

4.11 hetu phala āśraya ālambaniḥ saṅgṛhītatvāt eṣām abhāve tad abhāvaḥ

hetu	원인, 동기, 충동
phala	결과, 과보
āśraya	밑받침, 휴식처, 근거지, 밀접하게 연관된 무엇

ālambanaiḥ	의존하는, ~에 의지해 휴식하는, 도움, 조력
saṅgṛhītatvāt	함께 모아진
eṣām	이것들의
abhāve	~이 없는
tad	그것들의, 이것들의
abhāvaḥ	소멸

'잠재 인상과 욕망은 인과에 의지하여 서로 얽혀 있다. 욕망이 사라지면 잠재 인상도 더 이상 작용하지 않는다.'

무지(아비디야)로 인해 번뇌가 생기고, 번뇌는 다시 욕망을 낳는다. 그리고 이것이 윤회를 일으킨다. 기억 속에 켜켜이 쌓여 있는 인상들은 시작을 알 수 없지만, 개인이 수련을 거쳐 분별력을 쌓는다면 반드시 끝나게 되어 있다. 욕망이 더 이상 형성되지 않으면 윤회도 끝난다.

대상을 보았을 때 동기가 일어나고, 동기는 욕망의 도약판으로 작용한다. 욕망은 동기를 계속 유지하도록 부추기고, 동기는 행동에 불을 지펴 그 욕망을 충족시키고자 한다. 이로 인해 욕망이 더 강해져서 의식 속에 자리를 잡고 영혼을 영원히 속박한다.

이때 경건한 마음으로 규칙적으로 요가를 수행하고 분별력 있는 지성을 활용하면, 대상·동기·욕망·보상의 그물이 걷히게 되어 있다. 그러면 양극단을 이루던 선과 악·고통과 즐거움·증오와 집착 등의 이원성이 서서히 희미해져 마침내는 완전히 사라진다.

그러면 의식이 민감하고 정교해져 이제는 욕망과 보상을 바라는 생각을 피하게 되고, 대신 관조자를 향한 탐구에 관심을 쏟게 된다.

(1장 4절; 2장 3~9, 12~14, 18절 참조)

अतीतानागतं स्वरूपतोऽस्त्यध्वभेदाद्धर्माणाम् ॥१२॥

4.12 atīta anāgataṁ svarūpataḥ asti adhvabhedāt dharmāṇām

atīta	과거
anāgataṁ	미래
svarūpataḥ	그것의 진실한 형상 속에서, 본질적인 형상, 실제의 자연
asti	존재하다
adhvabhedāt	조건이 달라짐
dharmāṇām	성격, 고유한 성질

'과거와 미래의 존재는 현재가 존재하는 만큼이나 실제적이다. 순간순간이 아직 미래로 나타나지 않은 움직임 속으로 굴러 들어가면, 개인의 지성과 의식이 지닌 지식의 성질이 영향을 받는다.'

시간을 제대로 이해하면 속박에서 벗어날 수 있다. 시간은 하나의 사건이 다른 사건들과 차례로 가지는 연속적인 관계를 과거, 현재, 미래의 순서로 드러내는 하나의 체계이다. 시간은 사건들이 꼬리를 물고 계속 이어지는 무한한 지속성으로 여겨진다.

과거와 미래는 현재만큼이나 실제적이다. 순간순간이 리듬에 따라 질서정연하게 움직이는 것kṣaṇa cakra을 시간의 수레바퀴kāla cakra라고 한다. 이것의 존재는 실세적이며 영원하다.

현재는 희미해져 과거 속으로 사라지기도 하고 혹은 다가오는 미래에 분명히 모습을 드러낼 수도 있다. 그런데 자연의 속성들의 작용으로 조건들이 변하면 시간이 변화한다는 착각이 생긴다.

순간순간의 움직임 때문에 과거·현재·미래는 서로 다른 것처럼 보이지만 사실 과거와 미래는 현재 안에 얽혀 들어가 있다.

욕망은 충족되기 위해 행동을 부추긴다. 이때 욕망·행동·충족 사이에 틈이 생기는데 여기에 시간이 개입되어 과거·현재·미래로 드러난다. 동기와 순간의 움직임을 바로 이해한 요기는 속박의 매듭을 풀 수 있다.

순간은 변치 않고 영원하다. 순간들은 끊임없이 움직임 속으로 흘러들어가 과거·현재·미래로 판단된다. 이렇게 헤아릴 수 있는 시간은 영원하지 않고 유한하다.

시간이 미치는 부정적 영향은 지성(무지와 자만심)·감정(즐거움에의 집착과 고통을 싫어함)·본능(삶에 대한 집착) 등 여러 측면에서 나타난다. 시간이 주는 긍정적 영향은 지식을 얻을 수 있다는 것이다. 과거의 경험은 현재를 뒷받침해 주고, 현재의 발전은 미래를 위한 든든한 초석이 된다. 우리는 과거를 지표로 삼아 분별력·민감함·자각력을 길러 진아를 깨닫기 위한 길로 순조롭게 나아갈 수 있다. 시간의 이러한 독특한 순환을 깊이 연구하는 요기는 늘 순간순간의 움직임에서 초연하다. 그는 욕망이 사라진 가장 중요한 순간인 현재 안에 편안히 머문다. 따라서 그의 머리는 명징하고, 마음은 깨끗하며, 의식을 구속하는 시간에서 자유롭게 된다. 순간의 움직임과 의식 사이의 결합이 사라지면 자유와 행복(카이발리아)을 경험할 수 있다.

(3장 14, 16절; 4장 33절 참조)

ते व्यक्तसूक्ष्मा गुणात्मानः ॥१३॥

4.13 te vyakta sūkṣmāḥ guṇātmānaḥ

te	그것들은(과거·현재·미래)
vyakta	드러나다
sūkṣmāḥ	미묘한
guṇātmānaḥ	자연의 속성

'시간의 세 가지 국면은 리듬에 따라 한데 섞여 자연의 속성들과 얽힌다. 시간의 국면들은 자연의 속성들의 구성을 거친 것과 미묘한 것으로 변화시킨다.'

욕망·행위·보상은 시간의 주기와 얽혀 있을 뿐 아니라, 사트바·라자스·타마스의 주기적인 운동에 따라 구성되어 있고, 또 감추어져 있기도 한다. 그것들은 표면으로 드러나기도 하고, 계속 숨어 있다가 나중에 드러나기도 한다.

인간은 자연의 세 가지 구나에 의해 시간의 수레바퀴에 얽힐 수밖에 없다. 그러면 의식의 불길 속에서 욕망을 연료로 하여 갖가지 생각들을 만들어 내기 시작한다. 그 다음 과거의 행위와 경험을 통해 이원성에서 벗어나기 위한 삶을 만들어 가기 시작한다. 여기에는 시간이 개입되는데, 사실 시간이란 것은 순간의 연속일 뿐 시작도 끝도 없다. 순간순간은 지속적인 흐름 속에서 영원하고 실제적이지만, 그것은 움직임으로 바뀐다. 인과의 사슬에서 자유로워지기 위해서는 순간순간에 스스로의 행동을 만들어 나가는 것이 무엇보다 중요하다. 그 원인은 미세하지만 결과는 느낄 수 있다. 어제 우리가 한 행동의 결과가 오늘 하는 행동의 원인이 되고, 오늘 하는 행동의 경험이 내일 하게 될 행동의 씨앗이 되는 것이다. 따라서 모든 행동은 시간과 자연의 속성을 중심으로 하여 이루어진다.

요기는 무지를 없애고 지식의 빛을 늘리는 방법을 배운 사람이다. 그는 무지에서 앎으로, 암흑에서 빛으로, 죽음에서 불멸로 나아간 사람이다. 오직 요기만이 자연의 맹공에 굴하지 않고 자유롭게 살아가는 법을 안다. 이것이 바로 카이발리아이다.

(2장 18~19절 참조)

परिणामैकत्वाद्वस्तुतत्त्वम् ॥१४॥

4.14 pariṇāma ekatvāt vastutattvam

pariṇāma	변화, 변경, 수정, 변형, 확장
ekatvāt	하나임으로 인하여, 합일된 까닭에
vastu	대상, 사물, 자연
tattvam	본질, 실제의, 불변의 물질, 본질적인 속성

'자연에 영구히 존재하는 속성인 사트바·라자스·타마스로 인해 일어나는 시간의 변화 속에 하나의 통일성이 생기면 대상 안에 변화가 일어난다. 하지만 대상의 고유한 본질, 즉 실체는 변하지 않는다.'

자연에 있어서든 개별 자아에 있어서든 사트바·라자스·타마스 사이에 조화로운 변화가 존재하듯, 우리가 대상을 보는 방식에 있어서도 차이가 있다. 각자의 지성을 우위적으로 점유하고 있는 구나가 무엇이냐에 따라 같은 본질을 가진 대상도 다르게 인식된다.

요기는 자연의 속성들의 조화로운 조합을 꿰뚫어 보고 그 변화 양상을 분명하게 이해하여 그것들에서 초연함을 유지한다. 이런 방식으로 공부하면 요기는 언제나 자신이 명상하는 대상의 본질 속에 머물 수 있다. 이 본질이야말로 시간이나 자연의 속성에 구애되지 않는다. 변하지 않는 관조자, 혹은 영혼이 이러한 대상에 해당된다. 관조자는 마음과 달리 시간에 구애받지 않는다.

이 경문은 우리에게 좋은 지침이다. 아사나와 프라나야마를 수련할 때 수련의 주체는 바로 우리 자신이다. 그 반면, 다양한 아사나 자세와 프라나야마 수련법은 우리가 분명히 인식하여 그 본질과 원리를 깨닫고자 하는 대상이다. 이제까지 쌓아온 욕망과 인상들 때문에 우리가 생각하고 보고 느끼는 방식은 늘 변화한다. 이때 세심하게 관찰하는 법을 배워 아사나의 각 자세 및 프라나야마의 호흡 수련에 적용되는 기본 원리를 잘 안다면 아사나와 프라나야마 수련의 본질을 파악할 수 있다.

진리는 하나이며, 우리는 구별 없이 그 참된 본질 속에서 진리를 경험해야 한다. 진리가 변하는 것처럼 보인다면 그것은 우리의 지성과 인식이 변하기 때문이며, 그로 인해 우리는 본질적인 진리를 보지 못한다. 지성과 의식을 정화하고 정교하게 단련하면 주체와 객체 모두 자신의 진정한 본질을 간직하고 그것을 드러내게 된다.

파탄잘리가 아사나 자세를 완벽하게 취하면 이원성이 사라진다고 할 때(2장 48절 참조), 그것은 곧 대상의 본질은 변하지 않는다는 것, 다시 말해 주체와 객체가 하나로 합쳐져 둘 사이의 구별이 나타나지 않는다는 것을 말함이다. 마찬가지로 프라나야마에서도 지성을 덮고 있던 베일이 사라지고 주체와 객체가 자신의 참된 본질을 드러낸다. 이러한 결과는 다른 모든 대상의 본질에도 똑같이 적용된다.

(2장 18~19절 참조)

वस्तुसाम्ये चित्तभेदात् तयोर्विभक्तः पन्थाः ॥१५॥

4.15 vastusāmye cittabhedāt tayoḥ vibhaktaḥ panthāḥ

vastu	대상
sāmye	같음
citta	의식
bhedāt	다름
tayoḥ	그들의 것, 이 둘 중에서
vibhaktaḥ	다른, 나눠진, 구획된, 분리된, 떨어진
panthāḥ	길, 존재 방식

'마음 상태가 다르기 때문에 사람들 각자는 자신만의 사고방식에 따라 똑같은 대상을 다르게 볼 수 있다.'

대상(자연 혹은 프라크르티)은 주체(푸루샤)만큼이나 실제적이다. 하지만 자연이나 대상의 실체는 늘 똑같아도 그에 대한 인식은 사람들 각자의 의식이 어떻게 발전하느냐에 따라 다양하게 바뀐다.

이때는 의식이 인식 주체가 되고, 인식되는 대상이 앎의 대상이 된다. 시간이라는 수레바퀴 때문에 자연의 실체와 속성, 그리고 인식 주체로서의 의식은 개개인 안에서 저마다 다르게 발전한다. 다양한 인식 주체가 대상을 저마다 다른 방식으로 바라보아도 대상은 항상 그대로이다. 예를 들어 같은 사람이라도 누구에게는 연인으로 기쁨을 주기도 하고, 다른 이에게는 경쟁자로서 고통을 준다. 금욕 수행자는 그 사람에게 무심할 것이고, 고행을 하는 사람은 그에게 아무런 흥미도

가지지 않을 것이다. 즉 대상은 같아도 다양한 구나의 상호 작용에 따라 대상을 다른 조명 속에서 바라보는 것이다.

아사나와 프라나야마를 수련할 때 기질이나 마음가짐의 상이함 때문에 테크닉이나 수련 순서는 변할 수 있지만 수련의 본질은 변하지 않는다. 불순물을 제거하여 의식이 정화되는 순간, 아사나와 프라나야마는 자신의 본질을 드러낸다. 어느 한쪽에도 치우치지 않고 균형이 잡힐 때 주체와 객체가 가지고 있는 본질이 가장 순수하고 진실한 형태로 그 모습을 드러낸다.

인식 주체는 의식의 형태를 하고 있지만, 사실은 진정한 인식 주체가 아니라 그 주인(관조자, 푸루샤)의 방편이라는 것을 요기가 깨달을 때, 의식은 동요를 멈추고 그것의 바깥 형태인 에고도 버린다. 그리하여 단 하나의 흔들리지 않는 마음과 하나가 된다. 이로 인해 단 하나의 마음은 관조자 속에 녹아들고, 관조자는 영혼의 빛 속에서 찬란한 빛을 발하게 된다. 이것이 바로 아트마 즈냐나ātma jñāna로, 브라흐마 즈냐나Brahma jñāna도 여기에서 나온다.

(1장 41~43절 참조)

न चैकचित्ततन्त्रं चेद्वस्तु तदप्रमाणकं तदा किं स्यात् ॥१६॥

4.16 na ca ekacitta tantraṁ ced vastu tat apramāṇakaṁ tadā kiṁ syāt

na	~이 아닌
ca	그리고
eka citta	하나의 의식
tantraṁ	의존하는

ced	그것
vastu	대상
tat	저것
apramāṇakaṁ	관찰되지 않은, 승인되지 않은, 인지되지 않은
tadā	그때
kiṁ	무엇
syāt	발생할 것이다

'대상은 어떠한 의식에 의해 인지되든, 그와 상관없이 존재한다. 대상을 인식하는 의식이 존재하지 않을 때 대상은 어떻게 될 것인가?'

대상의 본질은 개인의 마음이나 의식에 의존하지 않는다. 마음이나 의식이 대상을 의식하지 못한다는 것은 마음이나 의식이 대상을 바라보고 있지 않거나 관조자가 대상에게서 자극을 받지 않는다는 뜻이다. 그렇다고 해서 이것이 대상이 존재하지 않음을 의미하는 것은 아니다.

프라크르티가 푸루샤만큼 실제적이고 영원한 것처럼 객체와 주체 또한 그러하다. 하지만 성숙하지 못한 지성과 의식 발달의 차이로 인해 개개인은 자신의 지적 '주파수'에 따라 대상을 인식한다. 그럼에도 대상들이 지닌 본질은 변하지 않는다. 요기가 완전한 수행 경지에 도달하면 지성과 의식이 최고의 지식과 접하게 된다. 그는 완전한 요기가 되어 대상을 오직 담담하게 바라보는 자로 머문다.

인간은 몸·마음·영혼의 세 가지 요소로 이루어져 있다. 인도 철학에서는 마음을 열한 번째 감각으로 다루고 있음을 이미 설명하였다. 다섯 가지 행위력과 다섯 가지 지각력, 그리고 마음을 합하여 열한 개의 감각이라 한다. 몸·감각·마음·

지성·자아는 상호의존적이다. 이들은 모두 우주적 지성(마하트)의 일부이며, 변치 않는 영혼과는 달리 쉽게 변하는 성질이 있다. 마음은 지각력에 자극을 촉발하고, 지각력 역시 마음에 자극을 준다. 여기에 행위력이 개입하면 마음은 외부 대상을 경험할 수 있다. 이러한 경험들은 개인의 마음 발달 정도에 따라 기억에 저장되고, 이것이 의식에 잠재 인상을 만든다.

대상이 마음을 자극하지 않으면 대상은 마음에 의해 인식되지 못하거나 마음이 대상을 파악하지 못한다. 마음이 구나의 작용에서 자유롭게 벗어나면, 구나의 진정한 본질 안에서 대상을 바라보게 되고 잠재 인상에서 자유로울 수 있다. 마음과 인식 대상과의 연결이 끊어지면 마음과 영혼은 하나가 되고, 모든 대상의 본질과도 하나가 된다.

(1장 43절; 2장 22절; 4장 22, 31~32절 참조)

तदुपरागापेक्षित्वाच्चित्तस्य वस्तु ज्ञाताज्ञातम् ॥१७॥

4.17 taduparāga apekṣitvāt cittasya vastu jñāta ajñātam

tad	그 때문에
uparāga	조건 짓기, 착색
apekṣitvāt	기대, 희망, 욕망, 욕구, 필요
cittasya	의식에 의하여, 의식을 위하여
vastu	대상
jñāta	알려진
ajñātam	알려지지 않은

'대상은 의식의 조건이나 기대에 따라 알려질 수도 있고 알려지지 않은 채 남아 있기도 한다.'

의식은 관조자가 아니라, 관조자의 방편이다. 조건화된 마음은 결코 대상을 바르게 인식하지 못한다. 마음이 대상을 아무 기대 없이 바라볼 때 마음은 늘 자유롭다.

대상은 마음의 기대에 따라 이해되고 알려질 때도 있지만 반사 작용reflection이 없을 때는 계속 인식되지 않은 상태로 남아 있기도 한다. 대상이 마음을 끌어당기면 접촉과 반사가 시작된다. 그리고 여기서 지식이 생긴다. 마음은 대상과 접촉하지 못하면 대상을 인식하지 못하므로 우리는 대상을 계속 알지 못하게 된다.

의식이 어떤 조건에 처해지거나 빛깔로 물들면(1장 6절 및 2장 6절의 브르티와 클레샤 참조) 대상에 대한 인식 또한 그 빛깔로 물든다. 의식이 아무런 조건이나 얼룩, 기대 없이 대상을 반사할 때 대상의 진정한 본질을 알 수 있다. 마찬가지로 의식이 아무 조건이나 편견 없이 관조자의 본질을 반사할 때 마음은 환한 빛으로 밝아진다. 마음은 자신이 관조자가 아니라 관조자의 방편에 불과하다는 것을 비로소 알게 된다. 반면에 깨닫지 못한 사람은 마음과 의식을 관조자라고 착각한다.

(1장 2~4, 41절; 2장 3절, 12~14, 20절 참조)

सदा ज्ञाताश्चित्तवृत्तयस्तत्प्रभोः पुरुषस्यापरिणामित्वात् ॥१८॥

4.18 sadā jñātāḥ cittavṛttayaḥ tatprabhoḥ puruṣasya apariṇāmitvāt

sadā	항상
jñātāḥ	알려진
citta vṛttayaḥ	의식의 동요
tatprabhoḥ	그것의 주인의
puruṣasya	영혼의
apariṇāmitvāt	변치 않음으로 인하여

'푸루샤는 늘 환하게 빛나며 변하지 않는다. 늘 한결같은 모습으로 마음을 지배하는 푸루샤는 언제나 의식의 다양한 형태와 상태를 알고 있다.'

의식의 주인은 관조자이다. 그는 변함없이 늘 한결같고 결코 뒤바뀌거나 흔들리지 않는다.

깊은 수면에 들어가면 의식은 스스로를 잊어버린다. 잠에서 깨어난 뒤 마음이 수면을 기억해 내도록 일깨우는 것은 관찰자로서의 푸루샤이다. 이는 곧 푸루샤가 늘 깨어 있음sadā jñātā을 뜻한다. 수행자는 의식을 깨끗이 제어하여 떠오르는 갖가지 생각과 그 생각에서 오는 속박에서 자유롭게 벗어났을 때에만 깨어 있는 푸루샤가 어떤 것인지 알 수 있다. 그러면 수행자는 곧 관조자가 된다.

관조자는 자신의 의식과 의식에서 뻗어 나온 수없는 가지에 대해서도 잘 알고 있다. 관조자가 씨앗이자 뿌리라면 의식은 거기에서 움튼 새싹과도 같다. 그 줄기는 '나'라는 의식(아스미타)이고, 여기서 자의식·지성·마음이 가지로 뻗어 나온다. 의식의 씨앗이자 뿌리인 관조자는 자신 안에서 일어나는 다양한 변화와 변모를 관찰한다.

(2장 17, 20, 22~24절; 4장 30절 참조)

न तत् स्वाभासं दृश्यत्वात् ॥१९॥

4.19 na tat svābhāsaṁ dṛśyatvāt

na	~이 아닌
tat	저것
svābhāsaṁ	스스로 빛을 발하는
dṛśyatvāt	그것의 인식 능력이나 인지 능력 때문에

'의식은 알 수 있는 대상이기 때문에 스스로 빛을 발하지 못한다.'

의식도 하나의 대상으로 볼 수 있다. 그것은 알 수 있고 인식될 수 있는 대상이므로 관조자처럼 스스로 빛을 내지는 못한다.

의식은 관조자에게서 싹이 텄기 때문에 그 씨앗인 관조자의 빛에 의존해서 성장하고 빛을 발한다. 의식이 내는 빛은 태양으로부터 반사된 빛인 달빛과 같다. 관조자가 태양이라면 의식은 달이다. 아이들이 부모의 품에서 안정감과 힘을 느끼듯, 관조자의 자식인 의식도 관조자로부터 힘을 끌어온다.

의식은 지각력과 마찬가지로 보통 때에는 대상을 인식할 수 있지만 스스로의 형상을 인식하지는 못한다. 보통 사람의 경우에는 눈이 관조자 역할을 하여 세상의 대상들을 이해한다. 지성을 지닌 사람에게는 눈은 보이는 대상이 되고, 마음이 관조자가 된다. 깨달음을 맛본 사람은 마음과 지성이 의식의 대상이 된다. 그러나 현명한 관조자에게는 의식 자체가 인식 대상이 된다.

관조자는 주체와 객체 역할을 동시에 할 수 있지만 의식은 그렇지 못하다. 따라서 우리는 의식이 스스로 빛을 내지 못한다는 것을 추론을 통해 알 수 있다. 의식의 빌려온 빛이 다시 그 근원으로 돌아갈 때 관조자(영혼)는 찬란한 빛을 내뿜는다. (2장 19~20절 참조)

एकसमये चोभयानवधारणम् ॥२०॥

4.20 ekasamaye ca ubhaya anavadhāraṇam

ekasamaye	동시에
ca	그리고
ubhaya	둘 다의
anavadhāraṇam	이해할 수 없다, 확신을 가지고 지지될 수 없다.

'의식은 관조자와 자기 자신을 동시에 이해할 수 없다.'

의식은 주체-객체, 관찰자-관찰 대상, 행위자-목격자를 동시에 이해할 수 없지만, 관조자는 그것이 가능하다.

낮과 밤이 동시에 존재하기란 불가능하다. 마찬가지로 절대적인 이원성의 구도에서는 불안과 휴식도 공존할 수가 없다. 하지만 낮과 밤 사이에는 새벽이 존재한다. 마찬가지로 불안cittavṛtti, cittavāhinī과 휴식praśānta vṛtti/praśānta vāhinī 사이에도 공간이 있다. 불안과 휴식이라는 두 강줄기 사이에, 그리고 그 강줄기 아래에 영혼의 강이라는 눈에 보이지 않는 비밀의 강이 숨어 흐르고 있다. 이것이 바로 낮과 밤 사이의 새벽, 혹은 느닷없이 찾아오는 깨달음이다.

요기에게 불안은 밤과 같고 휴식은 낮과 같다. 그 중간에 제3의 상태가 존재하는데, 밤도 낮도 아닌 새벽과 같다. 이때는 의식이 녹아들어 불안과 휴식이 절대의식의 자리에서 하나가 된다.

호수가 파문 하나 일지 않고 잠잠할 때는 달이 수면에 또렷이 비친다. 마찬가지로 의식이라는 호수가 고요해지면 의식은 스스로 확산된다. 이 상태를 영혼의 모습을 잠깐 보는 것, 또는 영혼이 반영된 것이라고 한다.

변함없이 늘 한결같은 관조자는 의식의 고요함은 물론 동요도 인식할 수 있다. 만일 의식이 스스로 빛을 발할 수 있다면, 그것 역시 인식 주체인 동시에 인식 대상이 될 수 있을 것이다. 하지만 의식은 이 두 가지 모두가 될 힘이 없기 때문에 지혜로운 요기는 영혼의 빛 속에서 살아갈 수 있도록 의식을 단련시킨다.

『바가바드 기타』(2장 69절)에 '스스로를 통제할 줄 아는 사람은 모든 존재들의 밤에 깨어 있고, 모든 존재들이 깨어 있을 때가 그에게는 밤이 된다.'는 말이 있다. 그러므로 요가 수행자는 의식이 활동할 때에는 관조자가 잠들고, 관조자가 깨어 있을 때에는 의식에 밤이 찾아온다는 사실을 깨닫는다.

『하타 요가 프라디피카』에서도 이와 비슷하게 '하ha'는 결코 빛을 잃지 않는 '태양', 즉 관조자를 뜻하는 말로 사용되고, '타ṭha'는 영원히 차고 이우는 '달', 즉 의식을 나타내는 말로 사용된다.

(1장 2, 33, 38, 47절; 3장 10절 참조)

चित्तान्तरदृश्ये बुध्दिबुध्देरतिप्रसङ्गः स्मृतिसंकरश्च ॥२१॥

4.21 cittāntaradṛśye buddhibuddheḥ atiprasaṅgaḥ smṛtisaṅkaraḥ ca

citta	의식
antaradṛśye	다른 것에 의해 알 수 있는 상태
buddhibuddheḥ	인지의 인지
atiprasaṅgaḥ	무례, 불손, 풍부함, 너무 많은, 넘침
smṛti	기억
saṅkaraḥ	혼동, 뒤죽박죽인
ca	그리고

'만일 의식이 한 존재 속에서 여러 개로 나누어져 나누어진 각각의 의식이 서로를 인지하면, 지성 역시 여러 개로 나뉘게 된다. 그리하여 마음의 투영 작용도 여러 가지가 되어 각 마음이 각각의 기억을 갖는다.'

의식이 여러 개로 나뉘면 하나의 마음이 다른 마음을 이해하지 못하는 결과가 초래될 수 있고, 여기서 심각한 혼란과 광기가 생겨난다. 그래서 파탄잘리는 의식은 하나이지 여러 개가 될 수는 없다고 결론 내린다.

나무의 수많은 가지가 모두 하나의 줄기에 연결되어 있듯, 다양한 생각의 주파수 역시 하나의 의식에 연결되어 있다. 이 의식은 영적인 심장heart에 있는 자신의 근원에서 늘 순수하고 신성한 상태로 있다. 그러다 의식의 근원에서 머리 쪽으로 가지가 뻗어 나오면, 그것을 새로 생겨난 의식인 니르미타 치타nirmita citta라 하는데 이 의식은 아직 단련되거나 계발되지 않았다. 그것은 외부의 대상과 접촉하는 순간 곧바로 오염되어 사념의 물결 속에 여러 가지 상태를 만들어 낸다. 이러한 상태에는 다섯 가지 동요(브르티)와 다섯 가지 번뇌(클레샤)가 있다(1장 6절; 2장 3절 참조).

파탄잘리의 『요가 수트라』에 대해 초기에 주석을 붙인 사람들은 의식의 다양한 양태를 나타내기 위해 불교 철학에서 용어를 빌려왔다. 분별지vijñāna, 기쁨과 슬픔을 인식하는 지식vedana, 융합saṁjña, 유사성rūpa, 인상saṁskāra이 그러한 용어들이다. 이들은 모두 니르미타 치타의 감시를 받는다.

마음의 이런 여러 상태를 마음이 여러 개인 것으로 착각해서는 안 된다. 마음은 늘 하나인데, 갖가지 상태들이 마음이 여러 개인 것처럼 착각하게 만든다. 만약 마음이 정말로 여러 개라면, 각각의 마음이 저마다의 기억과 지성을 가지게 될 것이다. 이것은 터무니없는 이야기이다. 한 방에 거울이 여러 개 있으면 거울을 보는 사람이 혼란을 느끼는 것처럼 마음이 여러 개라는 생각 역시 혼란과 모호함을 불러일으킨다.

요가 수행을 하면 머릿속의 의식이 단련되고 정교해져 분석의 기술savitarka이 완성되고, 사물이나 상황에 대해 정확한 판단savicāra을 내릴 수 있다. 또 지고의 행복ānanda을 경험하게 되고, 늘 복된 상태sāsmitā에서 살아가며, 성숙한 지혜(심장의 의식)와 때묻지 않은 지혜ṛtambharā prajñā를 향해 나아갈 수 있다.

『문다카우파니샤드Muṇḍakopaniṣad』에는 의식이 지닌 두 측면에 관한 설명이 아름답고 시적으로 서술되어 있다(3부 1, 2편). 그 내용은 다음과 같다. 무화과나무 위에 새 두 마리가 나란히 앉아 있다. 그 중 한 마리가 가만히 있지 못하고 불안한 듯 가지를 이리저리 날아다니며 신맛·쓴맛·짠맛·단맛이 나는 과일들을 이것저것 쪼아 먹는다. 자신이 원하는 맛이 나는 과일을 찾지 못하자 새는 더욱 안달이 나서 저 멀리에 있는 가지까지 날아간다. 다른 새 한 마리는 조용하고 평온한 모습으로 가지에 가만히 앉아 있다. 과일 맛을 보며 이리저리 날아다니던 새는 자기 친구가 조용히 앉아 있는 것을 보고 미친 듯이 먹이를 찾던 일에 염증을 느끼고 자신도 서서히 고요해진다. 과일에 대한 욕망을 무의식적으로 잃어버리면서 비집착과 고요, 휴식과 행복을 경험하는 것이다.

이 이야기는 요기에게 시사하는 바가 많다. 나무는 몸을 의미하고, 두 마리 새는 관조자와 의식, 과일은 싹튼 의식(2차적 의식)을 의미한다. 그리고 다양한 과일의 맛은 마음에 동요와 번뇌의 물결을 일으키는 다섯 가지 지각력을 뜻한다.

침착한 새는 영원하고, 순수하고, 신성하고, 전지한 관조자와 같다. 나머지 새 한 마리는 욕망과 그 충족에 여념이 없는 싹튼 의식(2차적 의식)을 뜻하며, 생각이 일으키는 다양한 상태를 보여 준다. 여러 가지 고통과 즐거움을 경험하면 이 2차적 의식은 자신의 상태를 바꾸어 스스로의 진정한 본성을 파악하고 자신의 근원인 마음으로 돌아가 쉬고자 한다. 이렇게 의식이 머리에서 영적인 심장의 자리로 다시 되돌아가는 것이 바로 의식의 정화divya citta이며, 또 요가이다.

(1장 4~6, 17, 48절; 2장 3~4절 참조)

चितेरप्रतिसंक्रमायास्तदाकारापत्तौ स्वबुध्दिसंवेदनम् ॥२२॥

4.22 citeḥ apratisaṁkramāyāḥ tadākārāpattau svabuddhisaṁvedanam

citeḥ	관조자
apratisaṁkramāyāḥ	변치 않는, 움직이지 않는
tad	그것의
ākāra	형상
āpattau	성취를 이룬, 확인한, 맡은
sva	그 자신만의
buddhi	지성
saṁvedanam	알다, 가정하다, 확인하다

'의식이 자신의 근원(변치 않는 관조자)을 반사하고 확인하며 그 형상을 받아들일 때 그것은 그 자신의 각성과 지성을 구별하게 된다.'

순수한 의식을 성취하면 변치 않는 관조자에 대해 알게 된다. 관조자는 다른 어느 곳에서가 아닌 자신의 지성에서만 휴식을 취한다.

의식이 더 이상 동요하지 않으면, 그 순수한 본성이 표면으로 떠올라 스스로를 이해한다. 제4장 21절의 해설에서 설명하였듯 의식은 두 가지 면을 지니고 있다. 하나는 순수하고 신성하고 변지 않으며, 다른 하나는 제멋대로 변하고 앞으로 나서는 경향이 있다. 의식은 스스로 빛을 내지 못하고 관조자와 보이는 외부 대상 사이에서 매개체 혹은 중개자 역할을 한다. 의식은 무지로 인하여 자신이 관조자를 흉내 내고 있다는 사실을 깨닫지 못한다. 하지만 관조자는 의식의 움직임을 모두 알고 있다.

의식의 한 면이 더 이상 작동하지 않으면 그것은 외부 대상과 접촉하는 것을 그만두고 잠재 인상을 모으는 것을 멈춘다. 그러면 의식의 나머지 측면이 관조자에게로 이끌려 이 둘이 하나가 된다. 지성과 의식은 자신의 거처인 아트만 속에서 하나가 되고, 영혼은 자기 자신과 대면한다.

더러운 거울에는 상이 잘 비치지 않고, 깨끗한 거울에는 사물이 또렷하게 비치는 법이다. 밝게 빛나게 된 의식은 순수함을 찾아 외부의 사물을 있는 그대로 정확히 비춰준다. 이렇게 사물을 비추는 것을 빔바-프라티빔바 바다bimba-pratibimba vāda, 즉 이중 투영이라 한다. 이때 근원이 되는 사물과 투영되는 이미지 사이에는 차이가 없다. 영혼이 영혼을 투영하는 것이다. 이것이 바로 요가의 완성이다. 이때 치타는 관조자와 동일시된다. 이를 내면의 목소리에 대한 직관적 이해svabuddhi saṁvedanam라 한다.

의식이 관찰 대상의 절대적 속성과 형상을 온전히 그대로 취하는 일상적인 예 중 하나는 우리가 춤추듯 불타오르는 불꽃이나, 바다의 파도, 나무를 스치고 지나가는 바람을 넋을 잃고 바라볼 때이다. 이때 우리는 어떤 생각이나 조바심도 느끼지 않은 채 마치 우리 자신이 끝없이 밀려드는 파도나, 명멸하는 불꽃, 나무를 뒤흔드는 바람이라도 된 것처럼 그저 대상을 바라보는 것에 푹 빠져 든다.

द्रष्टृदृश्योपरक्तं चित्तं सर्वार्थम् ॥२३॥

4.23 draṣṭṛ dṛśya uparaktaṁ cittaṁ sarvārtham

draṣṭṛ	아는 자, 관조자
dṛśya	알 수 있는 것, 보이는 대상
uparaktaṁ	색깔을 입힌, 비춰진, 때가 묻은, 고통 받는
cittaṁ	의식
sarvārtham	두루 퍼지는, 인지하는, 이해하는

'보이는 대상과 관조자 둘 모두로부터 비춰지는 의식은 모든 것을 이해하는 것처럼 보인다.'

의식은 관조자와 보이는 대상 모두와 접하고 있기 때문에 보통 사람의 눈에는 의식이 모든 곳에 두루 퍼져 있고, 모든 것을 알며, 실제적인 것처럼 보인다. 하지만 단련과 정화의 과정을 거치고 나면 의식은 스스로는 존재하지 못하며 관조자에 의존하고 있다는 사실을 깨닫게 된다.

우리의 육체적인 틀이 의식에게는 몸이듯이, 의식은 관조자의 몸이다. 의식은 자연과 영혼을 잇는 다리와 같아, 관조자에 의해 빛을 받기도 하고 보이는 대상에 의해 오염되기도 한다. 지혜로운 요기는 의식을 자연의 속성에서 자유롭게 해방시키고, 의식을 늘 깨끗하게 만들어 보는 사람이나 보이는 대상에 왜곡당하지 않고 의식이 투영되도록 한다.

바다에서 굽이치던 파도는 가라앉으면 자신의 정체성을 잃고 바다와 하나가 된다. 마찬가지로 보는 사람의 물결(지각력·마음·지성·의식)도 잦아들면 자신의 정체성을 잃고 관조자의 바다 속에 녹아든다. 그러면 관조자는 혼자 힘으로 빛을 내뿜는다. 이것이 바로 진정한 영혼의 모습이다.

의식에 대해 보다 명확하게 이해하기 위해서는 제4장 22~25절의 내용을 하나로 묶어서 읽어야 한다.

제4장 22절에서 파탄잘리는 의식이 더 이상 주체가 아니라 객체라고 설명한다. 의식이 인식 주체가 아닌 인식 대상이라는 것이다. 수행자가 수련을 통해 의식을 성숙시키면paripakva citta, 순수한 지성śuddha buddhi을 통해 의식이 순수śuddha citta해진다.

지금까지 의식은 자신이 사물을 비추는 주체bimba이며, 나머지 이미지는 모두 투영되는 대상pratibimba라는 인상에 지배되고 있었다. 이 경문은 성숙하지 못한 상태에서의 의식은 스스로를 전능하며 모든 것에 두루 퍼져 있다고 생각하지만, 사실 진정한 투영 주체는 관조자라는 사실을 말하고 있다. 파탄잘리는 관조자를 흉내 내는 의식이 보이는 대상으로 변하는 것을 보여준다. 투영 주체와 투영물, 즉 치타는 결국은 동일한 것이다.

『바가바드 기타』(4장 19절)에서는 바람이 잠잠한 곳의 등잔불이 흔들리지 않듯 단련된 요기를 이루고 있는 겹sheaths도 흔들리지 않는다고 말한다. 단련된 요기의 이 겹들이 욕망의 바람에 휩쓸리지 않으므로 관조자는 자신의 장엄한 빛ātmajyoti을 발하고, 그 빛puruṣa jñāna 속에 머물게 된다.

(1장 41절, 2장 18절, 23절; 4장 4절 참조)

तदसंख्येयवासनाभिश्चित्रमपि परार्थं संहत्यकारित्वात् ॥२४॥

4.24 tat asaṅkhyeya vāsanābhiḥ citram api parārthaṁ saṁhatyakāritvāt

tat	저것
asaṅkhyeya	헤아릴 수 없는
vāsanābhiḥ	기억에서 나온 지식, 인상, 욕망, 믿음
citram	얼룩덜룩한, ~로 가득 찬, ~를 갖춘
api	그럼에도 불구하고
parārthaṁ	다른 것을 위하여
saṁhatya	잘 짜여진, 단단히 결합된, 긴밀하게 연결된
kāritvāt	그것 때문에

'의식이라는 직물은 헤아릴 수 없이 많은 욕망과 잠재적 인상이 함께 어울려 짜여 있지만, 의식은 관조자를 위해 존재한다고 할 수 있다. 의식은 객관적인 세계와도 가까이 있지만 관조자와도 가까이 있기 때문이다.'

여러 가지 인상들saṁskāras에 영원히 가려져 있기는 하지만, 의식은 감각의 욕망bhoga을 충족시키는 것만을 목적으로 삼지 않고 영혼의 해탈apavarga을 이루기 위해서도 노력한다.

의식은 드러나지 않은 힘에 의해 관조자와 자연 모두에 연결되어 있다. 의식은 자신의 주인에게 봉사하겠다는 열망 밖에 가지지 않지만, 관조자에 이를 수 있는 여건을 잘 갖추고 있다.

의식은 기억에서 비롯된 수없이 많은 성향과 인상을 지니고 있는데, 그 중에서도 즐거움에 대한 갈망과 그 즐거움에서 벗어나고자 하는 갈망이 두드러진다. 이들은 욕망의 대상이 되는 인상이라 할 수 있다. 이를 통해 자연과 영혼 모두에 가까이 있는 의식은 스스로를 위해 존재하는 것이 아니라 푸루샤와 프라크르티를 위해 존재한다고 느낀다는 사실이 분명해진다. 신에게 진정으로 귀의한 사람이 마치 신에게 필요하다는 듯 신에게 음식과 의복과 각종 공양물을 올리는 것처럼, 의식은 세상의 기쁨으로 자신의 주인을 만족시키려고 한다. 요가 수행으로 의식이 단련되면 그것은 성숙하여 빛을 발한다. 그리하여 관조자가 즐거움의 대상에는 관심이 없다는 것을 깨닫고 초연함을 통해 관조자에게 봉사하는 길을 택한다. 이제 자신의 내면적 가치를 이해하게 된 의식은 자연의 즐거움은 하찮은 것에 불과함을 깨닫고 진아를 깨닫기 위한 여정으로 들어선다. 이렇게 변화된 의식은 해탈을 향한 여정을 시작한다.

수행자가 선한 업을 쌓았으면 그로 인해 호기심이 일깨워져 카이발리아의 길로 향하게 된다. 수행자는 영혼의 모습을 보는 것으로 자신의 노력에 대한 보상을 받는다. 요가 수행은 이 과정이 더욱 빨리 이루어지게 한다. 먼저 몸을 정복하면 마침내 영혼의 모습을 보게 되니, 이것이 바로 구원이다.

(1장 41절; 2장 18~19절, 22~23절; 4장 18절, 27절 참조)

विशेषदर्शिन आत्मभावभावनानिवृत्तिः ॥२५॥

4.25 viśeṣadarśinaḥ ātmabhāva bhāvanānivṛttiḥ

viśeṣa	구별, 구체적인 성질, 특이함
darśinaḥ	~에게, 보는 자, 관조자
ātmabhāva	관조자에 대한 생각
bhāvanā	느낌, 성찰
nivṛttiḥ	되돌아감, 소멸, 해탈

'치타와 아트마 사이의 차이를 깨달은 사람에게는 이 둘 사이를 구별하는 의식이 사라진다.'

의식citta과 의식의 투영자citi 사이에 존재하는 차이를 알게 되면, 진아를 깨닫기 위한 구도의 여정이 비로소 끝난다.

파탄잘리는 제4장 15절에서부터 25절의 내용을 통해 의식이 모든 것을 아는 주체가 아니라 영혼의 방편에 불과하다는 사실을 수행자가 점차로 깨닫게 한다.

의식citta과 영혼citi 사이에 존재하는 차이를 확실히 알지 못하는 사람을 위해 그는 다음과 같은 예를 든다. '장마철에도 새순이 돋아나는 것은 땅 밑에 싹을 틔우지 못한 씨앗이 숨어 있었기 때문이다.'

파탄잘리는 이 경문에서 적절한 때에 영혼의 씨앗ātma bīja을 심어야 영혼에 대한 지식ātma jñāna이 견고하게 자리를 잡는다고 말한다. 밧줄을 얼핏 보고 뱀인 줄 착각하지만 자세히 보면 그것이 밧줄임을 알 수 있듯, 이 단계에 오른 의식은 자신이 모든 걸 알지 못하며 영혼의 방편에 불과하다는 사실을 깨닫게 된다. 그러면 아비디야가 사라지고 수행자는 객관적 지식은 물론 주관적 지식까지 왜곡 없이 완전히 이해하게 된다. 이때 모든 동요가 그치고, 의식은 관조자의 고귀한 경지를 보기에 가장 알맞은 단계에 이르게 된다. 이제 요기는 더 이상 세상의 유혹에 이끌리지 않는다. 자아를 찾기 위한 여행은 여기에서 끝난다. 이제 그는 요가와 자기 자신에게 완전히 통달한 사람, 요게쉬바라yogeśvara가 된다. 이것이 요가의 본질svarūpa이며 관조자가 지닌 독특한 특성viśeṣa darśinaḥ이다.

(1장 47절; 2장 10, 12절; 3장 56절 참조)

तदा विवेकनिम्नं कैवल्यप्राग्भारं चित्तम् ॥२६॥

4.26 tadā vivekanimnaṁ kaivalya prāgbhāraṁ cittam

tadā	그러면
vivekanimnaṁ	의식 속의 고귀한 지성의 흐름
kaivalya	존재의 나뉘지 않는 상태, 해탈
prāg	~을 향하여
bhāraṁ	중력, 영향력, 중요성
cittam	의식

'그러면 의식은 관조자, 즉 영혼에게 강하게 이끌린다. 그 속의 고귀한 지성이 중력처럼 끌어당기는 힘을 갖고 있기 때문이다.'

고귀한 지성이 환하게 불타오르면 의식도 빛을 발한다. 의식은 자유로워지고 신성한 빛citta śuddhi을 띠게 된다. 이 신성한 빛 덕분에 고귀한 지성을 지닌 치타는 자석에 이끌려가듯 영혼에 이끌리게 된다. 둘로 나뉘지 않는 관조자는 홀로 있으며 자유롭고 완전하다.

의식은 고귀한 지성의 상태에 도달하기 전에 먼저 세상의 즐거움에 더 이끌리게 되어 있다. 지성이 의구심과 편견에서 자유롭게 벗어나면 절대적인 관조자를 향해 다가간다.

농부가 논에 물을 대기 위해 논둑을 만드는 것처럼 지성은 의식을 위해 둑을 만든다. 그러면 의식은 다시는 세상을 향해 움직이지 않고 방향을 돌려 신성한 관조자와 하나가 되는 쪽으로 흐른다. 이것을 자유와 행복이 가득 찬 존재인 카이발리아라고 한다. 그러한 요기는 인간 중 가장 뛰어난 존재가 된다.

여기에서 나는 파탄잘리가 '중력'이라는 말을 사용하고 있다는 사실을 독자들에게 환기시키고 싶다. 이는 그가 살던 시대의 과학이 오늘날 서양의 과학에 전혀 뒤지지 않았음을 입증하고 있다. 오히려 오늘날의 과학보다 한발 더 앞서 있었다고 할 수 있다.

(1장 49절; 2장 25~26절; 3장 55절; 4장 29절 참조)

तच्छिद्रेषु प्रत्ययान्तराणि संस्कारेभ्यः ॥२७॥

4.27 tat cchidreșu pratyayāntarāņi saṁskārebhyaḥ

tat	저것
cchidreșu	구멍, 투입구, 기공, 틈, 결점, 찢어진 곳, 오점, 실수, 트인 구멍

pratyaya	~을 향해 가는, 믿음, 견고한 확신, 믿음, 신뢰, 자신감, 내용, 개념
antarāṇi	간격, 공간, 중간 휴식
saṁskārebhyaḥ	인상으로부터

'이러한 발전을 이룬다 하더라도 수행자가 중간에 조심하지 않으면 과거의 숨겨진 업에 의해 다시 틈이 생겨 그것이 의식과 관조자를 갈라놓는다.'

과거의 잠재 인상은 지성의 자만심이나 다른 다양한 생각의 형태로 의식에 일종의 구멍을 만드는 힘이 있다. 이로써 의식은 교란당하고, 순수한 진아 atmabhāva와 하나가 됐을 때의 조화로움과 고요가 깨진다.

이 경문에서는 의식에 영향을 미쳐 거기에 금이 가게 만드는 오래된 인상에 대항하는 방법을 제시한다.

파탄잘리의 경고에 따르면, 최고의 지성을 얻은 경우라 할지라도 이 중간 단계에서 잠재의식의 삼스카라(인상)가 표면에 떠올라 의식을 휘저어 놓을 수 있다.

파탄잘리는 세속적 삶에서 자유롭게 벗어나기를 원하는 요기들에게 늘 경계심을 잃지 않아 이 오래된 습관을 극복하라고 당부했다. 그렇지 않으면 의식이 완전함을 바라는 갈망과 실제의 완전함 사이에서 흔들리게 된다. 끊임없이 요가 수행을 하면 의식에 생긴 이러한 틈이 반드시 사라지고, 의심과 편견이 뿌리 뽑혀 순수한 지혜가 빛을 발한다.

(영적 진화를 이룬 사람들의 의식 상태에 관해서는 『요가 수트라』 제1장 18절에서도 다루고 있다. 이때 요기는 사비자와 니르비자 사마디의 문턱에 있다.)

『바가바드 기타』 제2장 59절에서 크리쉬나 신은 지극히 엄격한 고행자에게조차도 고유한 욕망이 균열의 형태로 계속 남아 있다고 이야기한다. 이러한 잠재된 결점이 영원히 사라지는 길은 단 하나, 최고의 영혼을 보는 것뿐이다. 그 순간부터는 어떤 세속적 욕망이나 유혹도 요기가 이룬 평정과 덕을 깨뜨리지 못한다. (1장 50절; 3장 55~56절 참조)

हानमेषां क्लेशवदुक्तम् ॥२८॥

4.28 hānam eṣāṁ kleśavat uktam

hānam	포기, 소멸, 해로움, 결핍, 손상
eṣāṁ	이것들 중에서
kleśavat	번뇌
uktam	발설된, 말해진

'수행자가 번뇌에서 자유로워지기 위해 무던히 애를 쓰는 것처럼, 요기는 이 잠재적인 인상들을 반드시 분별 있게 다뤄 끝내 소멸시켜야만 한다.'

의식과 관조자 사이의 균열은 자아에 부조화와 동요가 일어나는 원인이 된다. 연료가 없으면 불이 더 이상 탈 수 없듯, 요기는 의식에서 잠재된 인상들을 없애 완전히 불을 꺼뜨려야 한다. 그래야 의식이 관조자와 조화를 이룰 수 있다.

파탄잘리는 높은 경지에 이른 요기에게 장애를 없애기 위해서는 신심·용기·활기로 다시 요가 수행에 정진해야 한다고 조언한다. 요가 수행을 처음 시작했을 때 아비디야·아스미타·라가·드베샤·아비니베샤 등의 번뇌를 뿌리 뽑으려고 노력했던 것처럼, 높은 차원에 오른 요기도 반드시 수련을 통해 의식에 생긴 구멍들을 없애야 한다.

바로 앞의 제4장 27절에서는 잠재의식의 인상이 지성의 자만심 형태로 표면에 떠올라 신성한 관조자와 하나가 되려는 목표를 이루지 못하도록 방해한다고 하였다. 불에 탄 씨앗에서는 싹이 트지 않는다. 이처럼 요기는 지혜의 불로 잠재 인상과 야망을 완전히 불태워, 그것들이 더 이상 혼란스런 생각을 일으키지 못하게 해야 한다. 그러면 의식은 관조자와 영원한 합일을 이룰 수 있다.

प्रसंख्यानेऽप्यकुसीदस्य सर्वथा विवेकख्यातेर्धर्ममेघः समाधिः ॥२९॥

4.29 prasaṁkhyāne api akusīdasya sarvathā vivekakhyāteḥ dharmameghaḥ samādhiḥ

prasaṁkhyāne	지성의 최고 형태, 발전, 열거, 성찰, 깊은 명상
api	심지어
akusīdasya	욕망과 혐오에서 자유로운, 개인적인 이해나 이기적 동기를 가지지 않은 사람
sarvathā	끊임없는, 전적으로, 완전히, 언제나
vivekakhyāteḥ	인식, 분별력, 집중하는 지성을 가지고
dharmameghaḥ	덕의 비구름, 기쁨과 향기가 넘치는 덕, 정의의 비구름, 다르마의 비
samādhiḥ	최고의 영혼, 하나로 합쳐짐

'최고의 발전 단계에조차 아무런 관심을 가지지 않고 고도의 집중력과 또렷한 깨어 있음을 유지하는 요기는 다르마메가 사마디dharmameghaḥ samādhi를 성취한다. 그는 고귀한 덕과 정의에서 피어나는 향기로움을 관조한다.'

덕성의 물줄기가 흠뻑 쏟아져 내려와 의식에서 편견과 열망이 깨끗이 씻겨 나가면, 영혼의 빛이 서서히 밝아온다. 이것이 바로 요가 수행의 결실인 다르마메가 사마디dharma megha samādhi이다.

최고의 지성 또한 수행자에게 방해가 된다는 것을 잘 아는 요기는 영적 능력의 성취는 물론 이러한 깨달음의 지혜에 대해서도 한결같이 무심한 상태를 유지한다. 그러면 선한 덕이 폭우처럼 그에게 쏟아져 내려 그가 가진 개인적인 속성을 깨끗이 씻어 내린다. 이제 요기의 소망은 오로지 하나, 영적인 건강을 유지하는 것뿐이다. 그는 이제 순수함과 깨끗함을 지니고 있다. 그의 개인적 속성도 완전히 변화했다. 그는 자비로우며, 우주적이며 신적인 존재가 된다. 이제 그는 그 어디에도 비할 수 없는 최고의 행복인 다르마메가 사마디*7) 의 경지에서 영원히 살아간다.

그는 이제 모든 것을 버린 비베키(viveki: 눈에 보이지 않는 영혼과 눈에 보이는 외부 세계를 구별할 수 있는 사람)이자 즈냐닌(jñānin: 현인), 바이라긴(vairāgin: 고행자), 바크탄(bhaktan: 신성하며 헌신적인 수행자)이다. 그는 니르비자 사마디를 성취한 것이다.

(1장 16절, 49~50절; 3장 50, 55~56절 참조)

*7) 구름은 두 가지 면을 지니고 있다. 먼저 구름은 비를 내리지 않은 채 하늘만 뒤덮고 있을 수 있다. 그러면 공기가 우울한 빛을 띠고 사람들은 무기력과 둔감함을 느낀다. 하지만 구름이 비를 쏟으면 공기가 맑아지고 태양이 밝게 빛나 사람들은 즐거운 마음으로 일을 하러 나서게 된다. 마찬가지로 요기도 의식을 타마스의 상태에 조용히 머물게 해서는 안 된다. 그보다는 늘 깨어 있는 사트바의 상태에 머물게 해서 언제나 밝은 빛을 내보내고, 기쁨과 향기를 발하는 선의 비구름 속에서 살아가야 한다.

ततः क्लेशकर्मनिवृत्तिः ॥३०॥

4.30 tataḥ kleśa karma nivṛttiḥ

tataḥ	그 후에, 그곳에서부터
kleśa	번뇌
karma	행
nivṛttiḥ	돌아오다, 사라지다, 행을 삼감, 세속적 관심을 끊고 해탈을 위해 전념하는 것, 지극한 행복

'그러면 번뇌와 업이 끝을 맺는다.'

다르마메가 사마디를 성취하면 자유, 즉 다섯 가지의 번뇌와 동요에서 완전히 해방되는 자유를 맛볼 수 있다. 이것은 지성과 발전의 최상의 형태이다.

이 덕의 비구름에 의해 번뇌는 흔적도 없이 저절로 사라지며, 그 대신 어떠한 반작용도 일으키지 않는 신성한 행이 요기로부터 강물처럼 흘러나온다. 이것이 자유이다.

모든 번뇌의 근원인 아비디야는 뿌리와 가지까지 완전히 제거되고, 의식 속에 숨어 있는 잠재적인 인상도 함께 사라진다. 이제 수행자는 신성함의 길에서 벗어나는 일이 없고, 자신의 의식을 구속하고 옭죄고 방해하는 어떤 행도 하지 않는다. 이제 그는 카르마의 속박에서 벗어난 것이다.

『바가바드 기타』(6장 5절)에서 크리쉬나 신은 이렇게 말한다. '각각의 개인들은 깨닫기 위해서 스스로를 단련시켜야 하며 한 번 이룬 성취에서 떨어지지 않는 법을 배워야 한다. 오로지 진아만이 개별 자아의 유일한 친구이며, 또 오로지 진아

만이 이기적인 자아의 유일한 적이기 때문이다.'

등잔의 기름이 다 떨어지면 불빛이 희미해지듯, 기쁨과 슬픔을 낳는 행을 연료로 삼는 마음도 그 연료가 떨어지면 빛을 잃게 되어 있다.

니르마나 치타가 스스로 빛을 꺼뜨릴 때, 그 근본적 동기도 사그라져 더 이상 어떤 결과가 생길 여지를 남기지 않는다. 그러면 인과 법칙의 고리도 끊어져 요기는 자연의 손아귀에서 완전히 자유로워진다. 하지만 이렇게 완전히 자유로워진 상태에서도 요기는 수련을 그만두어서는 안 된다. 수련을 신성한 책무라 여기고 계속해야 힘겹게 얻은 자유를 방종으로 인해 다시 잃어버리는 일이 없을 것이다.*8)

(1장 3~5, 47절; 2장 12, 20~21, 24, 52절; 3장 55~56절; 4장 3, 4, 25절 참조)

तदा सर्वावरणमलापेतस्य ज्ञानस्याऽऽनन्त्याज्ज्ञेयमल्पम् ॥३१॥

4.31 tadā sarva āvaraṇa malāpetasya jñānasya ānantyāt jñeyam alpam

tadā	그러면
sarva	모든
āvaraṇa	베일, 덮는, 숨기는, 에워싸는, 가리는, 방해하는
mala	불순물
āpetasya	~이 없는, ~을 빼앗긴, 제거된

*8) 파탄잘리는 『요가 수트라』 제2장 16절에서 미래의 고통은 피할 수 있다고 말한 바 있다. 그러면서 수행자에게 요가를 시작하는 그 순간부터 올바른 이해와 올바른 행을 통해 지성을 지켜나갈 것을 강조했다. 이 경문에서는 요기의 의식이 완전히 성숙한 단계에 이른 만큼, 이제는 치타에 틈이 생기면 번뇌가 미래가 아니라 지금 당장에 영향을 미칠 수 있다는 사실을 요기에게 경고하고 있다.

jñānasya	지식의
ānantyāt	무한성으로 인하여
jñeyam	알 수 있는 것
alpam	작은, 사소한

'그리하여 불순물의 장막이 걷혀지면 본래 갖추어진 순수하고 무한한 최고의 지식을 얻을 수 있다. 그러면 유한자인 앎의 대상은 사소한 것으로 보인다.'

덕의 강물은 불순물의 모든 장막을 걷어 사라지게 한다. 이제 요기에게는 어떤 의심도, 선입견도, 편견도 없다. 영혼의 무한한 빛이 그를 끊임없이 비추면서 요기의 의식과 관조자는 하나가 된다. 영혼에서 나오는 이 무한한 지혜에 비하면 인식 기관 및 의식을 통해 얻은 지식은 요기에게 보잘것없는 것이다.

이 경문에서는 번뇌를 일으키는 행에서 벗어난 요기가 어떤 특성을 지니게 되는지를 설명한다. 그의 머리는 맑아지고 심장은 수정처럼 깨끗하고 순수하다.

흐린 하늘을 뒤덮고 있던 구름이 흩어지면 하늘은 맑게 갠다. 햇빛이 환하게 빛을 발할 때 다른 빛은 필요치 않다. 마찬가지로 요기도 영혼의 빛이 환하게 빛을 발할 때에는 지식을 발달시킬 마음이나 지성이 더 이상 필요하지 않다.

이제 요기의 지식은 즈냐나 강가(jñāna gaṅgā: 끊이지 않고 흐르는 지혜의 강)라는 모든 지식의 씨앗으로부터 영원히 나오게 되며, 그의 인식도 직접적으로 이루어진다. 요기는 이제 완전한 성취의 경지에 이른 것이다.

(1장 3, 47절; 2장 22, 52절; 3장 49, 56절 참조)

ततः कृतार्थानां परिणामक्रमसमाप्तिर्गुणानाम् ॥३२॥

4.32 tataḥ kṛtārthānāṁ pariṇāmakrama samāptiḥ guṇānām

tataḥ	그것에서부터, 그것에 의해
kṛtārthānāṁ	자신의 의무를 완수한
pariṇāma	변화, 변경, 변모, 확장
krama	규칙적인 과정, 노정, 질서, 봉사, 순서
samāptiḥ	끝
guṇānām	자연의 세 가지 속성인 사트바, 라자스, 타마스

'다르마메가 사마디를 성취하면 자연의 속성(구나)이 휴식을 취한다. 자신의 목적을 완수했기 때문에 연속적으로 일어나던 변화도 끝난다.'

요기의 의식이 밝은 영혼의 빛을 통해 변화를 이루었기 때문에, 이제는 자연의 세 가지 속성인 사트바·라자스·타마스도 리듬과 순서에 따라 변하는 일이 없다. 임무를 완수한 자연의 세 가지 속성은 다시 자연으로 돌아간다.

이제 지성의 본질과 의식의 본질은 모두 영혼의 거처로 물러나 휴식을 취한다. 주인인 관조자, 즉 영혼은 이제 어느 것에도 의존하지 않는다. 그는 구나의 활동을 중지시키고 필요할 때에만 그들을 활용한다. 구나는 전처럼 요기에게 영향을 주거나 그의 진정한 영광을 방해하지 않고 충실한 하인처럼 기꺼이 그를 섬긴다. (2장 18, 22~24절 참조)

क्षणप्रतियोगी परिणामापरान्तनिर्ग्राह्यः क्रमः ॥३३॥

4.33 kṣaṇa pratiyogī pariṇāma aparānta nirgrāhyaḥ kramaḥ

kṣaṇa	순간들
pratiyogī	끊어지지 않는 연속, ~에 상응하는, ~에 관계된, 협조하는, 똑같이 대응하는, 맞대응하는
pariṇāma	변화, 변모, 변경, 확장
aparānta	종국에는
nirgrāhyaḥ	뚜렷이 인식할 수 있는, 전적으로 이해 가능한
kramaḥ	규칙적인 과정, 노정, 순서, 배열, 연속

'구나의 전변轉變이 더 이상 기능하지 않으면, 순간순간의 끊임없는 움직임인 시간도 멈춘다. 이렇게 시간의 흐름이 무너지는 것은 오로지 해탈의 이 마지막 상태에서만 이해할 수 있다.'

시간의 순서는 자연의 구나가 움직이는 순서와 관련이 있다. 오로지 요기만이 이 상호관계를 인지하고 구나에서 자유로워진다.

끊이지 않는 순간순간의 흐름을 시간이라고 부른다. 이러한 순간순간의 움직임과 구나의 끊이지 않는 전변은 변화의 절정기에 뚜렷이 인식할 수 있다.

보통 사람들은 순간순간을 인식하지 못하고, 그들의 움직임을 과거·현재·미래로 이해한다. 순간순간을 알아차리지 못하는 사람들은 순간들의 흐름 속에 살게 된다. 그러면 기억이 영향력을 행사하기 시작하고, 시간의 흐름 속의 접합점이라 할 이 기억에서 의식이 감지된다.

하지만 완전한 요기는 이러한 흐름에 휘말리지 않고 순간 속에서 삶을 살아간다. 순간순간의 흐름은 중지되고 심리적인 시간이나 연대순으로 흘러가는 시간도 멈춘다. 요기는 순간순간을 살아가며 관조자를 관한다. 이것이 발전이다. 자연은 지성과 의식이 발전해 나갈 수 있도록 영원히 돕는 한편, 관조자는 영원히 변치 않은 채 그대로 머문다. (『문다코파니샤드』의 내용을 언급하고 있는 제4장 21절 참조. 관조자인 첫 번째 새는 나뭇가지 위에 안정되게 고요히 앉아 있기 때문에 쿠타스타 니티얀kūṭastha nityan이라 했다. 반면 다른 한 마리 새에 해당하는 의식pariṇāma nityan은 첫 번째 새를 찾을 때까지 계속해서 가지를 이리저리 날아다닌다.)

발전은 순간 속에서 일어난다. 순간은 '지금 당장'을 의미하는 반면, 흐름은 시간을 의미한다. 변화는 시간의 흐름 속에서 일련의 노력을 거친 뒤에야 찾아오며, 한 순간 단박에 일어난다. 변화는 노력 없이 이루어지지 않는 것이다. 보통 사람들이 변화를 인지할 수 있는 것처럼, 요기는 자신의 순수한 지혜인 다르마메가 사마디를 통해 최후의 변화를 알아볼 수 있다. 그는 시간·공간에서 자유롭지만, 다른 이들은 이 그물에서 헤어나지 못한다. 그는 자연에 이끌리지도 않고 그것에게 방해받지도 않는다. 이제 그는 신성한 요기가 된 것이다.

(2장 18절; 3장 13, 15, 53절 참조)

पुरुषार्थशून्यानां गुणानां प्रतिप्रसवः कैवल्यं स्वरुपप्रतिष्ठा वा चितिशक्तिरिति ॥३४॥

4.34 puruṣārtha śūnyānāṁ guṇānāṁ pratiprasavaḥ kaivalyaṁ svarūpapratiṣṭhā vā citiśaktiḥ iti

puruṣārtha	인간의 네 가지 목적: 자신에게 부과된 의무와 자기 자신·가정·사회·국가에 대한 책임을 다하는 것(다르마); 직업을 가져서 생계를 유지하고 부를 얻는 것(아르타); 문화 및 예술의 추구와 사랑 및 욕망의 충족(카마); 해탈 혹은 속세의 삶에서 벗어나는 것(모크샤)
śūnyānāṁ	~이 없는
guṇānāṁ	세 가지 근본적인 특징을 지닌
pratiprasavaḥ	안으로의 전개, 재흡수, 원래의 형태로 되돌아감
kaivalyaṁ	자유, 해탈, 지복
svarūpa	스스로의 본성 속에서
pratiṣṭhā	설립, 설치, 헌신, 완성
vā	혹은
citiśaktiḥ	순수한 의식의 힘
iti	그것이 전부다

'해탈을 뜻하는 카이발리아는 요기가 푸루사르타(puruṣārthas: 삶의 네 가지 목적)를 완수하고, 구나를 초월했을 때 찾아온다. 목적과 구나는 자신의 근원으로 돌아가고 의식은 본래의 순수성 속에서 자리를 잡는다.'

고귀한 지식이 강물처럼 흐르는 요기는 삶의 목적을 더 이상 지니고 있지 않다. 그는 자연의 속성에서 자유로워졌기 때문이다. 푸루사르타란 인간이 살면서 추구하게 되는 네 가지 목표, 즉 다르마(의무), 아르타(생계 유지), 카마(삶의 즐거움), 모크샤(속세의 즐거움에서 해방됨)이다. 이것들은 완성된 관조자를 떠나 자연과 하나가 된다.

파탄잘리는 『요가 수트라』의 맨 마지막 경문에서만 푸루사르타에 대한 이야기를 꺼낸다. 이에 수행자들은 다소 의아해 할 수도 있다. 본래 파탄잘리는 불멸의 존재였지만 감정의 격변과 지적 결함을 겪으면서 우리에게 그러한 장애물을 뛰어넘어 자유로 가는 길을 일러주기 위해 기쁨과 슬픔, 집착과 혐오가 수반되는 인간으로서의 환생을 받아들였다. 그의 마음 깊은 곳에서 무의식적으로 삶의 목적에 대해 인지하고 있던 것이 『요가 수트라』 막바지에 이르자 표면으로 떠오른 것일 수도 있다. 그러나 푸루사르타에 대한 그의 생각은 이전의 장章들에도 넌지시 드러나 있었고, 마지막에 와서야 분명하게 표명된 것이다. 따라서 나는 『요가 수트라』의 네 장은 모두 의식적이든 무의식적이든 삶의 이 네 가지 목적과 활동 단계를 바탕으로 하여 서술되었다고 생각한다.

『요가 수트라』의 첫 번째 장은 의식의 동요를 억제하는 수련법인 다르마에 대해 다루고 있다. 그래서 서두에서부터 'Yogānuśāsanam'이라는 행동 규범을 이야기하는 것이다. 두 번째 장에서는 이러한 수련 및 수련 뒤에 숨어 있는 목적(아르타)에 관해 자세한 정보를 전한다. 여기서는 육체적 건강과 만족을 얻는 것을 요가의 목적으로 제시한다. 그러면 수행자는 세상의 즐거움을 즐기게 될 수도 있고 혹은 해탈을 추구하게 될 수도 있다(2장 18절 참조). 세 번째 장에서는 요가 수행을 통해 얻게 되는 비범한 능력을 숨겨진 보물로 소개한다. 그런데 수행자는 유혹에 빠져 이러한 힘을 영적인 목적보다는 속세의 즐거움kāma을 얻는 데 이용할 수 있다. 네 번째 장에서는 행을 단련시켜 행에서 더 이상 반작용이 일어나지 않게 하며 신통력의 유혹을 버릴 수 있어야만 의식이 영혼의 빛 속에 녹아들어moksa 근원적인 존재가 밝은 빛을 발할 수 있음을 설명한다.

파탄잘리가 『요가 수트라』를 삶의 네 가지 목적 중 최고에 해당되는 모크샤의 개념으로 마무리하고 있는 만큼, 파탄잘리가 살던 시대의 사회적·문화적·윤리적 조건이 어떠하였는지 살펴보는 것도 좋을 것이다. 물론 그 조건들은 오늘날 우리의 삶에도 여전히 적용되고 있다. 인도의 요기와 현인들은 인간이 조화롭고 평화로운 삶을 누릴 수 있는 여러 가지 방법과 방편을 만들어 냈는데, 이를 위해 인간의 마음을 그들이 가진 직업varṇa·삶의 단계āsrama·삶의 목적puruṣārtha에 따라 네 가지로 나누었다.

크리쉬나 신은 『바가바드 기타』(4장 13절)에서 인간은 자신이 성취한 윤리적·정신적·지적·영적 성장 정도에 따라 탄생한다고 말하는데, 이것은 공동체에 대한 의무varṇa dharma와 관련이 있다. 바르나란 사람이 자신의 말·생각·행동에 따라 갖게 되는 심리적 특성을 뜻한다. 바르나는 색깔·외양·거처·종류·유형·자질을 의미하기도 한다. 그리고 다양한 발전 정도에 따라 인간을 브라마나(brāhmaṇa: 사제 계급)·크샤트리야(kṣatriya: 전사 계급)·바이샤(vaiśya: 상인 계급)·수드라(śūdra: 노동 계급)의 네 계급으로 나눈다. 시민 사회의 구성의 측면에서 보았을 때 이러한 계급은 노동 분화를 나타내는 것이지 사람들이 흔히 생각하는 것처럼 엄격한 카스트 제도를 말하는 것이 아니다.

다시 『바가바드 기타』의 말을 인용하면(18장 40~44절), '순수하고 신성한 삶을 영위하기 위한 고요함·믿음·자기 제어·금욕·순수함·끈기·강직함·지식'은 브라마나의 특성이라고 할 수 있다. 브라마나는 진아(푸루샤)에 대해 잘 알고 스스로의 신성함을 이해하고 깨달은 사람이다.

한편 크샤트리야는 '영웅적 자질·용기·단호함·지모·관용·옳음을 지키기 위한 투쟁·진리를 지켜내기 위한 정의의 수호'라는 기능을 부여받는다.

바이샤는 '사회 유지에 필요한 것들을 조달하며 축적하는 사람들로서 근검절약하는 특징이 있고, 자신의 정신적 역량에 따라 지혜와 덕을 얻으려 노력한다.' 한편 수드라는 '복종하고 아첨하며, 순종적이고, 고된 노동을 하는 사람들'이다.

계급에 따른 이 정신적 특징은 오늘날에도 모든 직업 속에 알게 모르게 존재한다. 요가 수행에서도 이에 적용되는 예를 찾을 수 있다. 수련 초기에는 원래 엄청난 인내와 노력이 요구되며, 수련이 무엇인지 알기 위해서는 몸과 두뇌가 땀으로 흠뻑 젖어야 한다. 이는 거의 육체노동과도 같다. 이를 수드라 다르마śūdra dharma라 한다.

요가 수행에서 발전의 두 번째 단계는 수행자가 요가를 가르쳐 생계를 꾸리기 위해 의식적으로 경험을 축적하기 시작하면서 출발한다. 이를 바이샤 다르마vaiśya dharma라 한다.

어떤 사람이 용기를 내어 단호한 자세로 엄청난 인내심을 발휘하여 특정 분야에 대한 기술을 개발하고 거기에 통달하면, 그 분야에 대한 권위를 얻어 자신의 지식과 경험을 타인과 나누고 고도의 경지에 오른 그 기술을 계속 유지하게 된다. 이런 사람의 수행을 크샤트리야의 수행이라 한다.

우주적인 영혼Paramātman의 본체는 둘로 나뉘지 않는 고귀하고 절대적인 존재의 상태jīvātman인데, 수행자가 수행에 전념해 이 지바트만을 경험하고 말·생각·행동에 있어 그에게 귀의하면 그를 일러 요가 수행의 브라마나라고 한다. 이러한 요가에 대한 신심 어린 열의는 곧 모든 수행자가 추구하는 목표이다.

인간의 삶도 이와 같이 발전 양상을 네 단계로 나눈다. 제자의 단계brahmacaryāśrama, 일반적인 가장의 단계gṛhastāśrama, 비집착을 배우기 시작한 가장의 단계vānaprasthāśrama, 마지막으로 세속적인 생각에서 벗어나 신에게 귀의한 사람의 단계sannyāsāśrama가 그것이다. 인간의 수명을 백 년으로 잡고 넷으로 나누면 25년씩이 되는데, 그 기간 동안 이 네 단계의 삶을 거치고 네 가지 삶의 목표를 추구해 진정한 존재를 경험하는 길로 나아간다고 볼 수 있을 것이다.

그 네 가지 목표puruṣārtha란 다르마, 아르타, 카마, 모크샤이다.

다르마는 자신에게 부여된 윤리적·사회적·지적·종교적 의무를 매일의 일상 속에서 주의 깊게 지켜나가는 것을 말한다. 엄격히 말하면 이는 제자의 단계에서 배우는 것이지만 사실 이러한 의무감은 평생에 걸쳐 가지고 있어야 한다. 일상 속에서 이렇게 정성을 다하지 않고 영적인 성취를 이루기는 불가능하기 때문이다.

아르타란 부를 얻어서 삶의 진정한 목적에 대한 이해 등, 보다 고상한 삶의 목표를 향해 나아가는 것을 말한다. 자기 스스로 먹고 살 길을 찾지 못하는 사람은 남에게 기생하는 삶을 살게 된다. 그러나 재물을 모을 때는 욕심을 부려서는 안 되며, 오직 필요한 만큼, 즉 몸을 건강하게 하거나 걱정과 근심에서 벗어날 수 있을 정도의 부만 추구해야 한다. 또 이 단계에서는 가정생활을 함께 꾸릴 배우자도 찾게 된다. 사람들은 개인적인 우정과 동정을 통해 인간적인 사랑을 이해하게 되는데, 이것이 우주적인 동료애로 발전해 신성한 사랑에 대한 깨달음으로 이어진다. 가장이라면 자녀 양육의 책임을 다해야 하며, 동료들을 기꺼이 도와야 한다. 따라서 결혼 생활은 절대로 행복이나 신성한 사랑, 최고의 영혼과의 합일을 방해하는 것으로 여겨지지 않았다.

카마는 신체가 건강하고 마음이 조화와 균형을 잃지 않는 선에서 삶의 즐거움을 맛보는 것을 말한다. 몸이 약한 사람은 절대 진아를 경험할 수 없기 때문에, 영혼의 사원인 몸을 항상 돌보고 존중해야 한다. 따라서 아사나·프라나야마·디아나는 몸을 정화하고 마음을 안정시키며 지성을 밝히는 데 무엇보다 중요하다고 할 수 있다. 우리는 몸을 활로 삼고, 아사나·프라나야마·디아나를 화살로 삼아 관조자, 즉 영혼이라는 과녁을 뚫어야 한다.

모크샤는 우리를 옭아매는 속세의 즐거움에서 자유로워지는 것을 의미한다. 즉 해탈과 지복을 경험하는 것으로 이는 신체적·심리적·지적·환경적 번뇌를 떨치고 (1장 30~31절 참조) 가난·무지·자만심에서 자유로울 수 있을 때에만 가능하다. 이 경지에 도달한 사람은 권력·지식·부·즐거움이 지나가는 과정에 불과하다는 사실을 깨닫게 된다. 따라서 우리는 각자 열심히 노력하여 자연의 속성(구나)에서 벗어나고 그들을 완전히 정복하여 구나티탄이 되어야 한다. 이것이야말로 삶의 본질이자, 둘로 나뉘지 않는 무한하고 완전한 지고의 행복이다.

이러한 목적을 이루기 위해서는 선한 행동이 필요하며, 이 목적들은 또한 자연의 속성 및 의식의 성장과도 관련이 있다. 자유라는 목표가 성취되면, 의식과 자연의 제한적 속성은 더 이상 존재하지 않는다. 이 완성의 경지에서 요기는 구도자와 관조자, 그리고 관조자를 인지하는 데 사용된 방편이 모두 아트만이라는 사실을 깨닫는다. 이러한 의식의 절대성은 다름 아닌 곧 관조자이다. 이제 그는 스스로의 본성 속에 자리를 잡는다. 이것이 카이발리아아바스타kaivalyāvasthā이다.

요가 수행은 앞에서 설명한 삶의 모든 목적에 도움이 된다. 행위력·지각력·마음·자의식·지성·의식을 올바로 사용하면, 주인인 관조자에게 봉사하고자 하는 이들의 목적이 끝난다. 관조자가 걸치고 있던 이 옷은 자연의 속성과 함께 원래의 상태로 되돌아가 자연의 뿌리mūla-prakṛti와 하나가 된다.

원래의 상태로 되돌아간 행위력·지각력·마음·자의식·지성·의식은 자연의 뿌리 안에서 잘 간수되고, 독자적으로 떨어져 존재한다. 이를 통해 치타는 순수해지고 최고의 단계에 이른다. 이 최고의 단계에 들어간 치타는 관조자의 처소 안에 신성하게 녹아들고, 관조자는 티 없이 맑고 순수한 홀로됨의 상태에서 밝은 빛을 발하게 된다. 이제 요기는 인간 중의 왕처럼 빛을 발한다. 그는 영적 지혜의 왕관을 쓰게 된다. 완성된 영혼이라는 뜻의 크르타르탄kṛtārthan이 된 그는 이제 자연의 속성을 제어하는 법을 알게 된다. 그는 순수한 지성을 자신의 것으로 만든다

(3장 56절 참조). 그는 리듬에 따라 발현되는 구나의 시간적 전변에서 자유로워지며, 나아가 영혼을 찾고자 하는 구도가 끝나면서 갖가지 목적과 대상에서도 자유로워진다. 자연을 이루는 스물네 가지 원리(2장 19절 참조)는 다시 자연에게로 돌아가고 스물다섯 번째의 원리인 관조자만이 카이발리얌kaivalyaṁ의 상태에서 홀로 존재한다. 이제 그는 오직 하나 밖에 없는 최고의 존재로서 자비로운 자유와 지복 속에서 살아간다. 이 순수한 의식의 힘citta śakti으로 그는 모든 관조자들의 씨앗(Paramātmā: 신)에게 완전히 귀의한다.

크리쉬나 신은 『바가바드 기타』 제18장 61~62절에서 '최고의 통치자는 모든 존재의 마음속에 살면서 그들을 이끌어 영적 발전을 향한 지혜의 수레바퀴를 굴리게 한다. 이러한 신성한 지혜를 얻은 자는 자신의 행동은 물론 자기 자신까지 최고의 영혼 즉 신에게 귀의시켜 은신처를 구해야 한다.'고 말한다. 그래야 진아에 대한 깨달음에서 신에 대한 깨달음으로 나아갈 수 있기 때문이다.

파탄잘리는 영혼의 왕국으로 향하는 여행을 '지금'을 뜻하는 '아타atha'라는 말로 시작하였다. 이제 그는 '그것이 전부다'라는 뜻의 '이티iti'라는 말로 끝을 맺고 있다. 이제 요기는 자신의 목적을 이룬 것이다.

이상으로 파탄잘리의 『요가 수트라』 제4장 '카이발리아 파다'의 설명을 마친다.

에필로그

여기에서 파탄잘리의 『요가 수트라』에 대한 해설을 끝마친다. 첨단 기술과 사회의 발전은 최고조에 이르고 있으나 인간적인 가치와 영적인 가치가 사라져 인류 역사가 중대한 기로에 서 있는 오늘날, 인도 역사에 있어 가장 위대한 사상가였던 파탄잘리의 사상은 시대를 뛰어 넘어 남녀노소를 막론한 누구에게나 시사하는 바가 크다.

『요가 수트라』의 마지막 경문에 대한 해설을 마치면서, 새로운 시대가 열려 모든 이들을 이롭게 하고자 한 파탄잘리의 보편적인 철학에 대해 인류가 다시 한 번 관심을 갖게 되기를 간절한 마음으로 발원한다.

20세기가 끝나가는 지금 요가가 성공하여 널리 퍼지지 못했다면, 또 요가를 수련하는 사람들이 전 세계에 널리 분포되어 있지 않았다면, 이제까지 내가 한 말은 모두 헛된 것이었다고 할 수도 있겠다. 하지만 비록 심원한 것을 다루고 있다 해도 요가는 이제 더 이상 극소수 엘리트만을 위한 '비주류' 학문으로 취급되지 않는다. 요가는 구체적이고, 과학적이며, 충분히 입증된 가치를 담고 있기에 절대로 탁상공론이라 할 수 없다. 요가의 불꽃은 전 세계의 수행자들이 육체적 건강과 정신적 강인함과 영적 성장의 길을 갈 수 있도록 빛을 비춰 주었다.

흔히 인도를 문명을 낳은 어머니의 나라라고 하고, 파탄잘리를 요가의 아버지라 한다. 파탄잘리께 바치는 기도문에서는 그를 요가의 창시자이며 수많은 세대의 영혼의 아버지이자 훌륭한 현인으로 칭송한다.

파탄잘리의 『요가 수트라』는 간결한 형식과 우아한 문체를 자랑하는 저술로, 단 몇 마디 말로 그 어떤 저술보다 풍부한 의미를 전하고 있다.

경문들은 지극히 간결하게 표현되어 있지만 거기에는 깊이 생각하고 삶의 지침으로 삼을 수 있는 지혜의 보물이 가득 차 있다. 파탄잘리는 인간의 조건을 깊이 연구하여 인간이 왜 고통을 받으며 그 고통을 어떻게 하면 극복할 수 있는지 알려 주었다. 다시 말해 우리 각자가 보다 완전하고 행복한 삶을 살아갈 수 있는 방법을 일러준 것이다.

그는 의식과 의식의 다양한 상태 및 양상을 치밀하게 연구한 분석가였다. 그의 방법론은 독창적인 생각과 명료하고 핵심을 꿰뚫는 지성, 그리고 놀라운 분석 능력을 토대로 이루어져 있음이 입증되었다.

파탄잘리는 내적인 부분부터 외적인 부분에 이르기까지 의식의 모든 구조를 우리에게 보여 준다. 의식이 어떻게 밖으로 향하며, 어떻게 안으로 향하는지, 그리고 어떻게 자신 안에서 조용히 쉴 수 있는지에 대해 설명하며, 의식·감각의 인식·인간의 행동과 관련된 자연 세계와 물리적 세계의 모든 부분에 대해 명료한 설명을 제시하고 있다. 의식이 발전하고 또 초월해 가는 과정을 단계별로 보여주고, 더불어 자연의 세 속성에 따른 개개인의 차이를 설명하며, 사람들 각자가 자신의 재능과 지적 능력에 따라 어떻게 하면 자유를 향한 구도 과정 속에서 자신을 완성시킬 수 있는지에 대해서도 말한다. 여기서 흥미로운 것은 파탄잘리가 사람들이 근본적인 면에서는 별로 다를 바가 없다고 생각했다는 사실이다. 그는 특정하고 분화된 것에서 절대적이고 더 이상 나뉘지 않는 것으로 사람들을 이끌고 있다.

그렇다고 파탄잘리가 무미건조한 심리학자나 철학자였던 것은 아니다. 그가 우리를 데려가고자 하는 곳은 복잡하게 얽혀 있는 마음과 의식의 미로가 아니라 바로 우리 내면의 자아이다. 그는 우리가 그곳에서 휴식을 취하고 평화를 얻기를 바라는 것이다. 이러한 평화는 우리 존재의 핵심에 영원히 자리하고 있다. 이 평화는 늘 우리를 기다리고 있으며, 우리를 이끌어 준다. 또 때로는 숨어 있기도 하고, 때로는 꾸짖기도, 반기기도 한다. 우리는 요가 수행을 통해 이러한 내면의 평화를 찾을 수 있다.

파탄잘리는 인도가 인류 발전에 있어 전통에 기반을 둔 독특한 기여를 했다는 것을 잊지 않고 있다. 그것은 아사나와 프라나야마의 기술로, 이들은 프라티아하라·다라나·디아나·사마디에 이르는 데 중요한 역할을 한다. 그러나 아사나와 프라나야마 수련이 제대로 이루어지기 위해서는 먼저 야마와 니야마의 토대가 견고해야 한다. 야마와 니야마가 없는 삶은 기계적이고 이론적이며 정체되는 경향을 띠기 쉽다.

『요가 수트라』는 인류를 위해 보편적 맥락에서 쓰였으므로 누구에게나 타당한 내용을 담고 있다. 고통을 싫어하고 즐거움을 찾는 것은 모든 사람이 가지고 있는 성향이기 때문이다. 파탄잘리의 가르침은 탁월하게 실용적이다. '본질'에 관한 논의는 가급적 줄이고 '방법론'을 최대한 제시하고 있기 때문이다. 그는 우리가 어떻게 하면 삶의 번뇌에서 벗어나 자유를 향해 나아갈 수 있는지 그 성장 단계를 하나하나 밝혀 준다. 『요가 수트라』를 몇 번이고 거듭해서 읽다 보면 그가 우리 모두가 어디에서나 붙잡을 수 있도록 구명 밧줄을 얼마나 여러 번 던져 주고 있는지 알아차리게 된다. 또 각 장은 저마다 다른 장들을 이해할 수 있는 실마리를 포함하고 있으며 다른 장들과 서로 통합되어 있다.

감각과 마음은 수련을 통해 제어할 수 있다. 인내심을 기르면 우리는 번뇌를 극복하고 안정감과 성숙한 지성을 발달시킬 수 있다. 그리고 성숙한 지성은 절제로 이어진다. 파탄잘리는 어떻게 하면 성공을 하고, 왜 실패를 하는지 지극히 객관적인 시선으로 탐구한다. 그는 '이것을 행하면 너 자신의 힘으로 알게 되리라.'고 말한다. 그는 우리에게 물질적 보상을 약속하지 않는다. 오히려 가장 우리의 마음을 유혹하는 것을 포기해야 한다고 말한다.

우리가 이번 생에서 그 목표를 이룰 수 있는지 여부는 차치하고라도, 자신을 단련하는 요가의 여정은 그 자체로 노력을 기울일 만한 가치가 있다. 지성을 정련하고 사고방식을 발전시키는 것은 누구나 원하는 바이기 때문이다. '카이발리아 파다'까지 다 읽은 우리 마음에는 앞으로도 계속 빛과 향기, 맑음, 소박함, 불굴의 의지가 각인되어 있을 것이다. 파탄잘리는 엄한 스승이긴 해도 자비로운 안내인으로 늘 우리 곁에 있다.

결론적으로, 파탄잘리가 고안한 요가 체계는 전통적인 혹은 현대적인 어떤 사상이나 지식, 지혜와도 비교될 수 없다. 그의 저술은 절대적으로 완결되어 있으며 영원성을 담고 있다. 단순히 외부의 시선으로 판단해서는 안 된다. 오로지 실제 수련을 하는 사람만이(물론 그는 신심을 가지고 수련하며, 사랑하는 마음으로 절제를 할 줄 알아야 한다.) 그 진실을 발견할 수 있을 것이다.

우리가 파탄잘리의 가르침을 성심껏 부지런히 따르고 그 내포된 의미를 우리 내면 깊은 곳에서 생각해 보면, 우리 자신은 물론 타인까지 전혀 새롭게 이해할 수 있을 것이다. 그러면 이것이 어떻게 가능한지를 간략히 살펴보기로 하자.

요가 철학에서는 자연에 세 가지 속성(구나)이 있으며, 이것들이 마음manas · 지성buddhi · 의식citta에 스며들어 있다고 본다. 지성도 세 단계로 나눌 수 있는데 미세한 지성sūkṣma · 더욱 미세한 지성ati sūkṣma · 가장 미세한 지성parama sūkṣma이 그것이다. 이것들은 각각 '보통의, 예리한, 지극히 예리한' 지적 민감성이라고 해석될 수 있을 것이다.

파탄잘리는 이렇게 지성의 다양한 단계와 의식 수준을 정의하여, 요가 수행자가 스스로의 발전 정도를 인지할 수 있도록 했다. 나아가 요가 수행을 통해 그 수준을 초월하여 존재의 핵심인 관조자에 이를 수 있게 한다. 관조자에 이른 그 순간부터 수행자는 영혼의 거처에서 살아가게 된다. 이 근원은 시작도 없고 끝도 없다. 그것은 영원하고 끊임없이 흐르는 생명력의 강이다.

의식citta은 일곱 가지 면을 지니고 있다. 출현하는vyutthāna, 제어하는nirodha,

만들어진nirmāṇa, 평온한praśānta, 집중하는ekāgratā, 균열된chidra 그리고 마지막의 순수하고śuddha 영원하며nitya 신성한divya 의식이 그것이다.

수행자가 의식의 이 일곱 가지 면을 다 알게 되면 둘로 나뉘지 않는 고귀한 존재에 도달하게 되고, 이때 자아를 찾는 여행이 끝나면서 구도자와 관조자가 하나가 된다.

파탄잘리는 지성과 각성의 발달 정도에 따라 수행자를 분류하여 각각 그에 알맞은 설명을 한다. 보통의 지적 능력을 가진 수행자에게는 다섯 가지의 번뇌kleśa와 그들이 치타에 어떤 식으로 방해 작용을 일으키는지에 대해 설명한다. 예리한 지능을 가진 사람들에게는 번뇌로 이어질 수 있는 다섯 가지 동요vṛtti에 대해 공부할 것을 강조한다. 또 가장 민감한 지능을 소유한 사람에게는 의식 깊은 곳에서 일어날 수 있는 균열에 대해 설명한다. 파탄잘리는 각기 다른 수준을 지닌 수행자 모두가 자신의 발전 정도에 맞는 방식에 따라 영적 성장을 가로막는 장애물들을 극복할 수 있도록 이끌어 주는 역할을 한다.

파탄잘리는 저술 전반을 통해 자신의 주제를 드러내는데, 이때 어떤 견해들은 반복해서 드러나기도 한다. 독자들은 그 견해들이 다시 제시될 때마다 거기서 이전과는 다른 보다 심오한 통찰력을 얻는다. 예를 들어 행의 결과karmaphala를 논할 때 파탄잘리는 행의 결과가 약간 다를지라도 그 내용은 변치 않고 그대로라고 설명한다(『요가 수트라』제2장 13~14절의 내용과 제4장 1~2절의 내용 비교). 또 『요가 수트라』제2장 20절과 제4장 18절의 설명도 그 내용이 거의 동일하다. 파탄잘리는 보통의 지적 능력을 가진 사람에게는 아직 찾아오지 않은 슬픔과 고통은 수련을 통해 피할 수 있다고 이야기하고 있고(2장 16절 참조), 가장 섬세하고 민감한 지적 능력을 가진 사람에게는 의식 속에 생긴 균열은 곧바로 경험하게 된다고 이야기한다(4장 28절 참조). 그리고 번뇌와 동요를 극복하는 방법에 대해 제1장 23, 29절과 제2장 11절 그리고 제4장 6절에서 똑같은 이야기를 하고 있다. 하지만 지금쯤 독자의 이해는 더 깊어지고 섬세해졌다.

이러한 예들이 우리를 지치게 하는 것이 아니다. 앞으로 경문들의 내용을 비교 분석하여 자녀 교육과 같은 다양한 영역에 이용할 수 있다면 아주 유익하리라 생각한다.

처음 자녀 교육을 시작할 때 부모는 아이에게 '해야 할 것'과 '하지 말아야 할 것'을 가르치는데 이는 요가의 야마 및 니야마 수련에 비교할 수 있다. 아이들이 유아 단계를 벗어나면 다른 아이들과 함께 놀이를 하게 된다. 여기서 아이들은 자신의 행위력을 지각력과 조화시키는 법을 배운다. 그 과정에서 친절함, 우정, 스포츠 정신을 기른다. 이는 바로 아사나와 프라나야마 수련에 해당된다. 그러다 학교에 들어가면 아이는 이제 놀이보다는 공부에 마음을 두게 되는데, 이는 프라티아하라의 원리가 적용된 것이라 할 수 있다. 공부에 몰두하는 과정은 다라나이며, 공부에서 목표를 성취하는 것은 디아나에 해당된다. 이 단계에 이르면 이제 아이는 이러한 과정이 이기적 목적을 위해서였는지 아닌지 의문을 품기 시작하여 오로지 이기심을 버릴 때만 삶이 진정으로 성숙해진다는 것을 깨닫는다.

하지만 영감 가득한 이 위대한 관조자가 수세대를 관통하여 전하고자 하는 가장 중요한 메시지는 바로 우리 삶의 진정한 목적은 미혹의 바다를 건너는 것, 그리하여 세속적 즐거움이라는 이 언덕을 떠나 해탈과 영원한 행복이라는 건너편 언덕으로 건너가는 것이라는 것이다.

부록 I

『요가 수트라』 이해를 위한 주요 개념들

부록 1은 분석적 성격을 띤 것으로, 파탄잘리의 아스탕가 요가를 전반적으로 다루었다. 즉 아스탕가 요가의 수련 방법·슬픔의 원인·번뇌와 장애 및 그것들을 극복할 방편·세속적 즐거움의 절제·요가의 특성과 효과·해탈에 이르는 다양한 방법들이 나와 있다.

주요 개념들은 독자가 신속하게 참조하여 쉽게 이해할 수 있도록 배열되었다.

'→' 기호는 '항목 참조'를 의미한다.

아비야사abhyāsa, 아누스타나anuṣṭhāna 혹은 사다나sādhana(수련)

　　1장 1~2, 12~14, 20, 23, 32~39절

　　2장 1, 25~26, 29~34, 43, 46~47, 49~51, 54절

　　3장 1~3, 6, 9~12, 15절

　　4장 3절

몰입 → 사마디samādhi 및 사마파티samapātti

요가의 성취 및 특성 → 비부티vibhūtis

고차원의 수행자 → 신다 요긴siddha yogins

번뇌 → 클레샤kleśas

안타라야antarāyas(장애물)

　　1장 30~31절

　　2장 33~34절

　　3장 38, 52절

　　3장 4, 5, 10, 27절

아누스타나anuṣṭhāna(수련) → 아비야사abhyāsa, 아누스타나anuṣṭhāna 및

3장 9~10, 12~16, 53절

4장 12~15, 20, 32~33절

카르마 차크라karma cakra(인과론)

(i) 일반적인 내용

2장 15, 22절

4장 7~11, 13절

(ii) 인과의 소멸

1장 41, 43, 45, 50절

2장 15, 22~23, 25~26절

3장 5, 53절

4장 7, 29~30, 32절

클레샤kleśas와 브르티vṛttis(번뇌와 의식의 동요)

(이 두 측면은 상호 연관되고 얽혀 있으며 질병과도 관련이 있다. 1장 30~31절 참조)

(i) 일반적인 내용

1장 4, 30~31절

2장 3절

(ii) 원인

2장 3, 11~14, 17, 21~24, 34절

3장 38, 52절

4장 10, 27~28절

(iii) 다양한 종류

1장 5~11, 30~31절

2장 3, 5~9절

(iv) 특징qualities

1장 5~11절

부록 Ⅱ

표로 요약한 요가

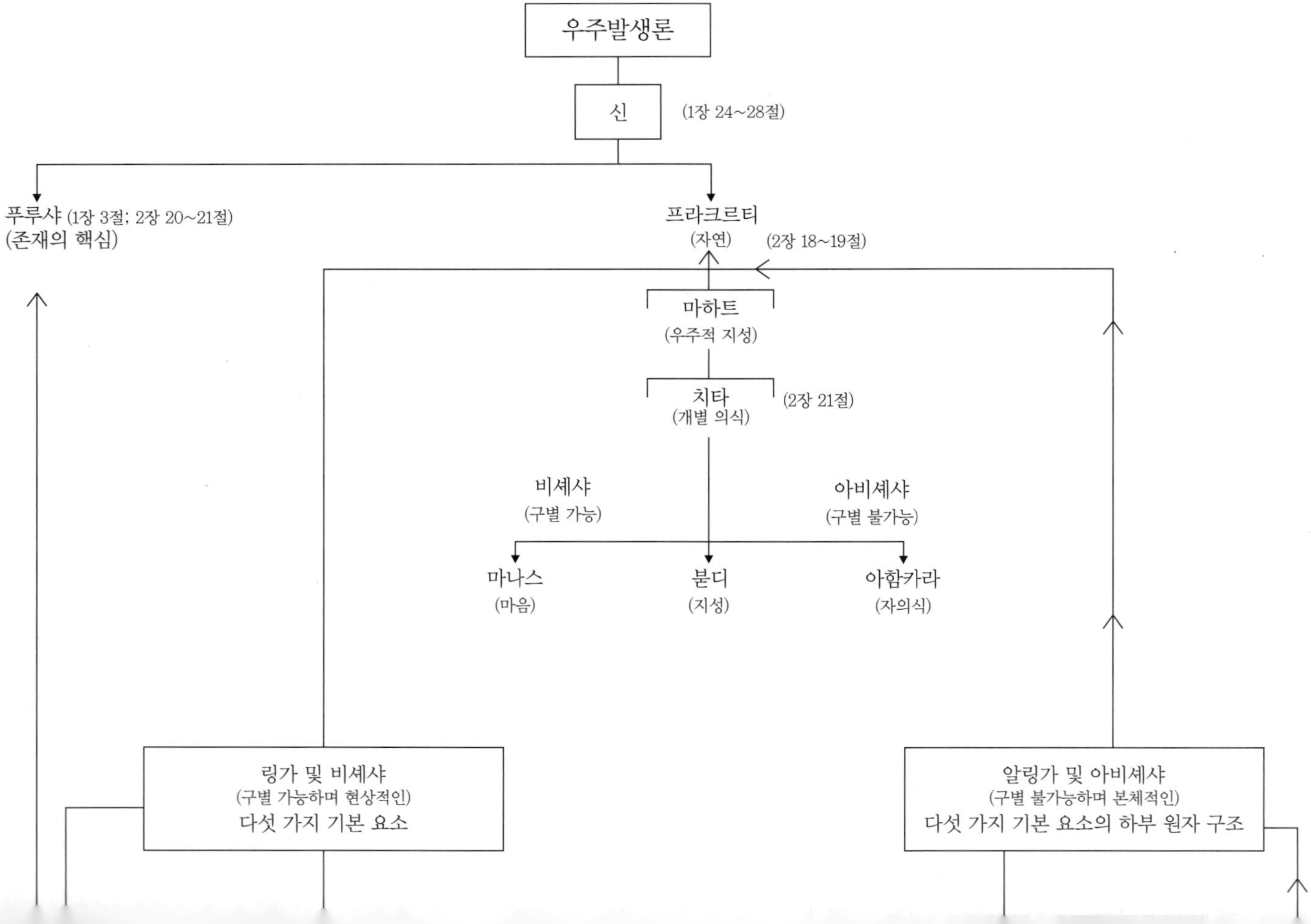

우주발생론
신
(1장 24~28절)
푸루샤 (1장 3절; 2장 20~21절)
(존재의 핵심)
프라크르티
(자연)
(2장 18~19절)
마하트
(우주적 지성)
치타
(개별 의식)
(2장 21절)
비셰샤
(구별 가능)
아비셰샤
(구별 불가능)
마나스
(마음)
붇디
(지성)
아함카라
(자의식)
링가 및 비셰샤
(구별 가능하며 현상적인)
다섯 가지 기본 요소
알링가 및 아비셰샤
(구별 불가능하며 본체적인)
다섯 가지 기본 요소의 하부 원자 구조

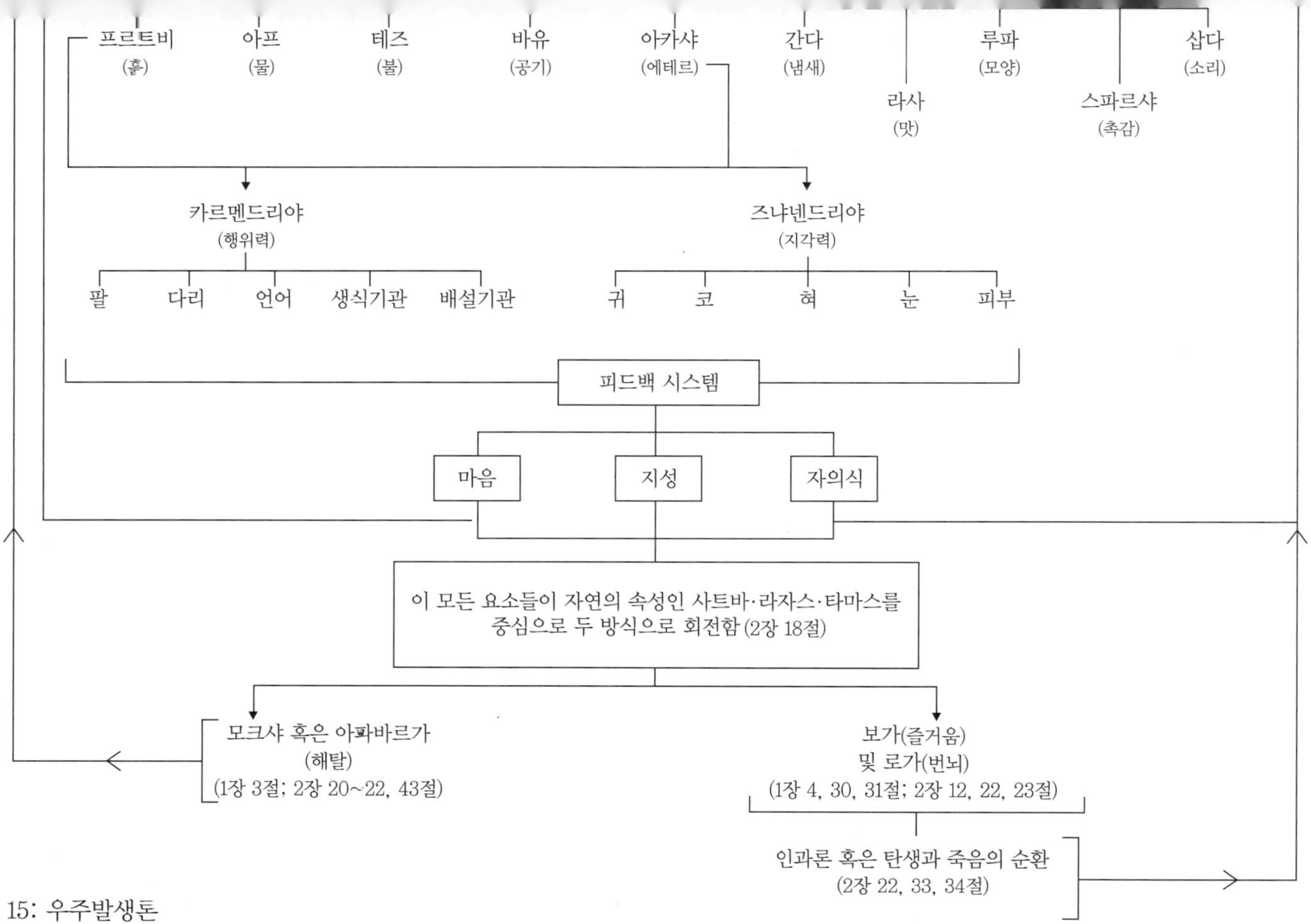

프르트비
(흙)
아프
(물)
테즈
(불)
바유
(공기)
아카샤
(에테르)
간다
(냄새)
라사
(맛)
루파
(모양)
스파르샤
(촉감)
삽다
(소리)
카르멘드리야
(행위력)
즈냐넨드리야
(지각력)
팔
다리
언어
생식기관
배설기관
귀
코
혀
눈
피부
피드백 시스템
마음
지성
자의식
이 모든 요소들이 자연의 속성인 사트바·라자스·타마스를
중심으로 두 방식으로 회전함 (2장 18절)
모크샤 혹은 아파바르가
(해탈)
(1장 3절; 2장 20~22, 43절)
보가(즐거움)
및 로가(번뇌)
(1장 4, 30, 31절; 2장 12, 22, 23절)
인과론 혹은 탄생과 죽음의 순환
(2장 22, 33, 34절)

표 15: 우주발생론

동요와 절대성의 원인

- 지적 차원 (브르티)(1장 6절)
  - 프라마나(1장 7절) (타당한 지식)
    - 프라티약사 (직접적 인식)
    - 아누마나 (추론)
    - 아가마 (증명)
  - 비파리아야(1장 8절) (잘못된 동일시)
  - 비칼파(1장 9절) (실체가 없는 지식)
  - 니드라(1장 10절) (수면 혹은 불활성 상태)
  - 스므르티(1장 11절) (기억, 즉각적인 물듦)
- 감정 혹은 정신적 차원 (클레샤) (2장 3절)
  - 아비디야(2장 5절) (영적 지식의 부족)
  - 아스미타(2장 6절) ('나', '내 것'이라는 생각)
  - 라가(2장 7절) (욕망과 집착)
  - 드베샤(2장 8절) (고통과 증오)
  - 아비니베샤(2장 9절) (삶에 대한 집착과 죽음에 대한 두려움)
- 환경의 차원(치타 빅세파) (의식을 흩뜨리는 방해물) (1장 31~32절)
  - 비야디(질병)
  - 스티야나(정신적 나태)
  - 삼사야(의심)
  - 프라마다(부주의)
  - 알라시야(게으름)
  - 아비라티(음란함)
  - 브란티다르샤나(잘못된 개념)
  - 알랍다부미카트바 (요점을 파악하지 못함)
  - 아나바스티트바 (발전을 계속하지 못함)
  - 두카(고통)
  - 다우르마나시야(실의)
  - 앙가메자야트바(몸의 불안정)
  - 스바사프라스바사 (불규칙적인 호흡)

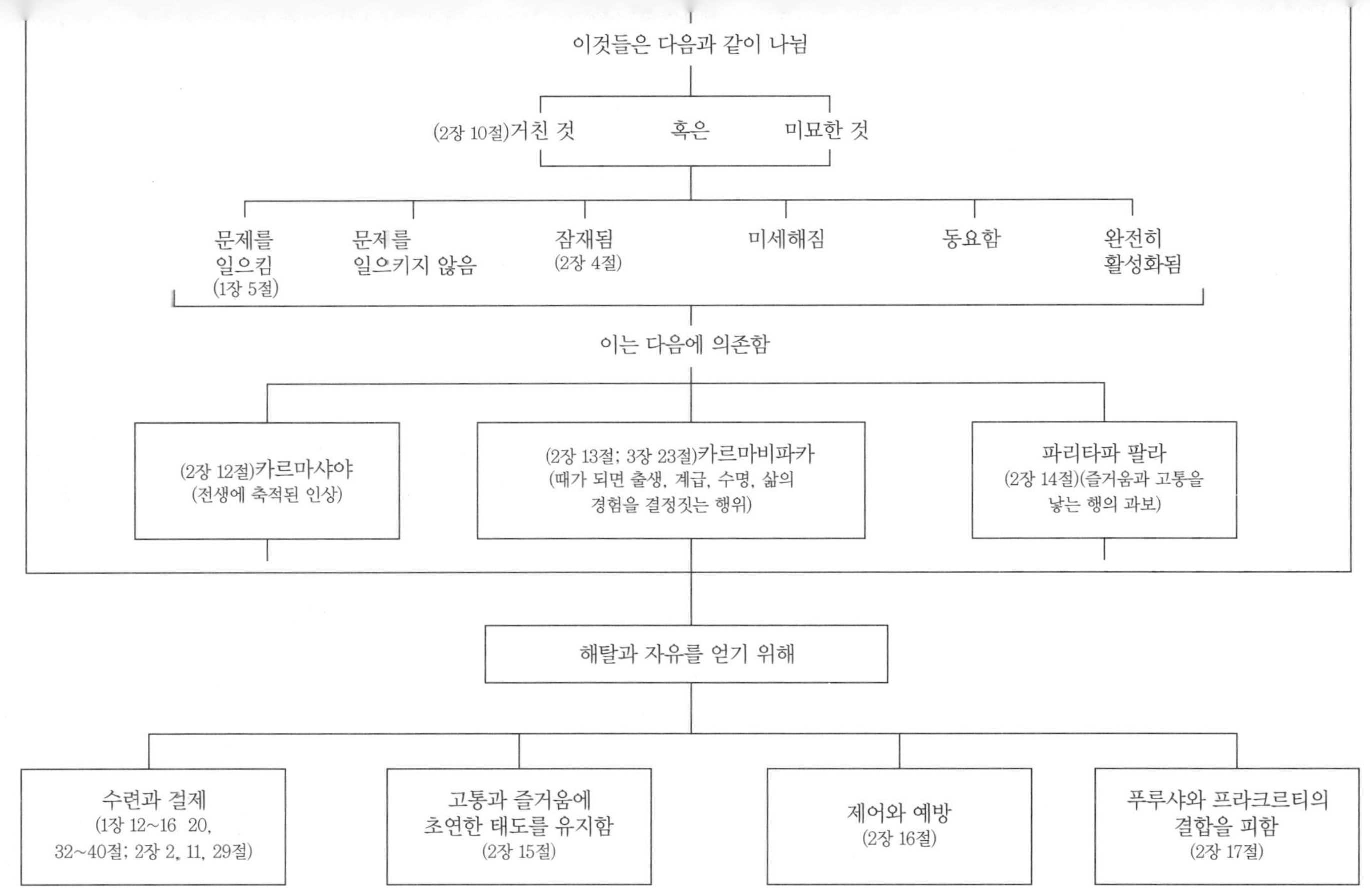
이것들은 다음과 같이 나뉨
(2장 10절)거친 것
혹은
미묘한 것
문제를 일으킴 (1장 5절)
문제를 일으키지 않음
잠재됨 (2장 4절)
미세해짐
동요함
완전히 활성화됨
이는 다음에 의존함
(2장 12절)카르마샤야 (전생에 축적된 인상)
(2장 13절; 3장 23절)카르마비파카 (때가 되면 출생, 계급, 수명, 삶의 경험을 결정짓는 행위)
파리타파 팔라 (2장 14절)(즐거움과 고통을 낳는 행의 과보)
해탈과 자유를 얻기 위해
수련과 절제 (1장 12~16 20, 32~40절; 2장 2, 11, 29절)
고통과 즐거움에 초연한 태도를 유지함 (2장 15절)
제어와 예방 (2장 16절)
푸루샤와 프라크르티의 결합을 피함 (2장 17절)

표 16: 동요와 절대성, 자유와 해탈의 원인

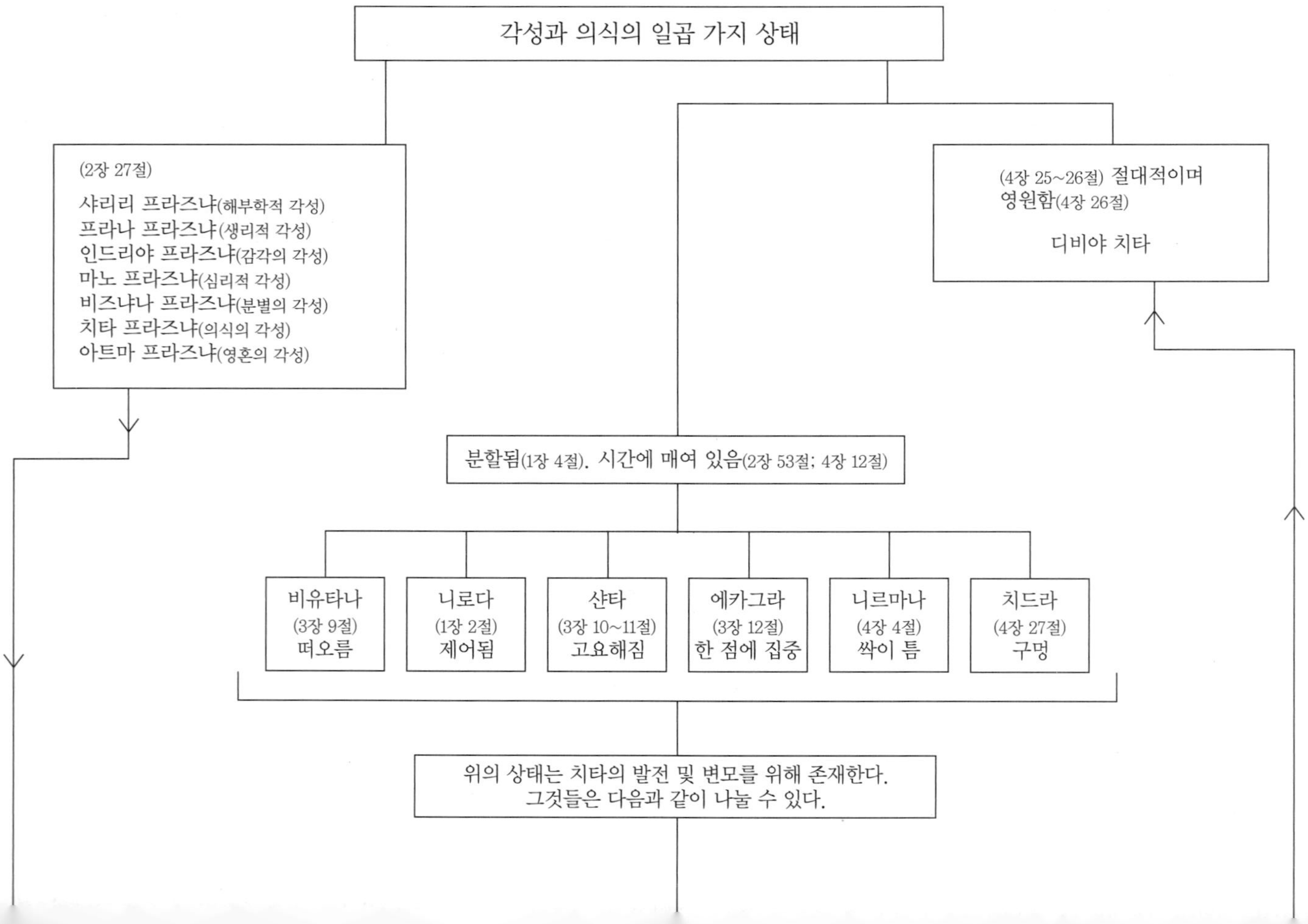
각성과 의식의 일곱 가지 상태
(2장 27절)
샤리리 프라즈냐(해부학적 각성)
프라나 프라즈냐(생리적 각성)
인드리야 프라즈냐(감각의 각성)
마노 프라즈냐(심리적 각성)
비즈냐나 프라즈냐(분별의 각성)
치타 프라즈냐(의식의 각성)
아트마 프라즈냐(영혼의 각성)
(4장 25~26절) 절대적이며 영원함(4장 26절)
디비야 치타
분할됨(1장 4절). 시간에 매여 있음(2장 53절; 4장 12절)
비유타나 (3장 9절) 떠오름
니로다 (1장 2절) 제어됨
샨타 (3장 10~11절) 고요해짐
에카그라 (3장 12절) 한 점에 집중
니르마나 (4장 4절) 싹이 틈
치드라 (4장 27절) 구멍
위의 상태는 치타의 발전 및 변모를 위해 존재한다.
그것들은 다음과 같이 나눌 수 있다.

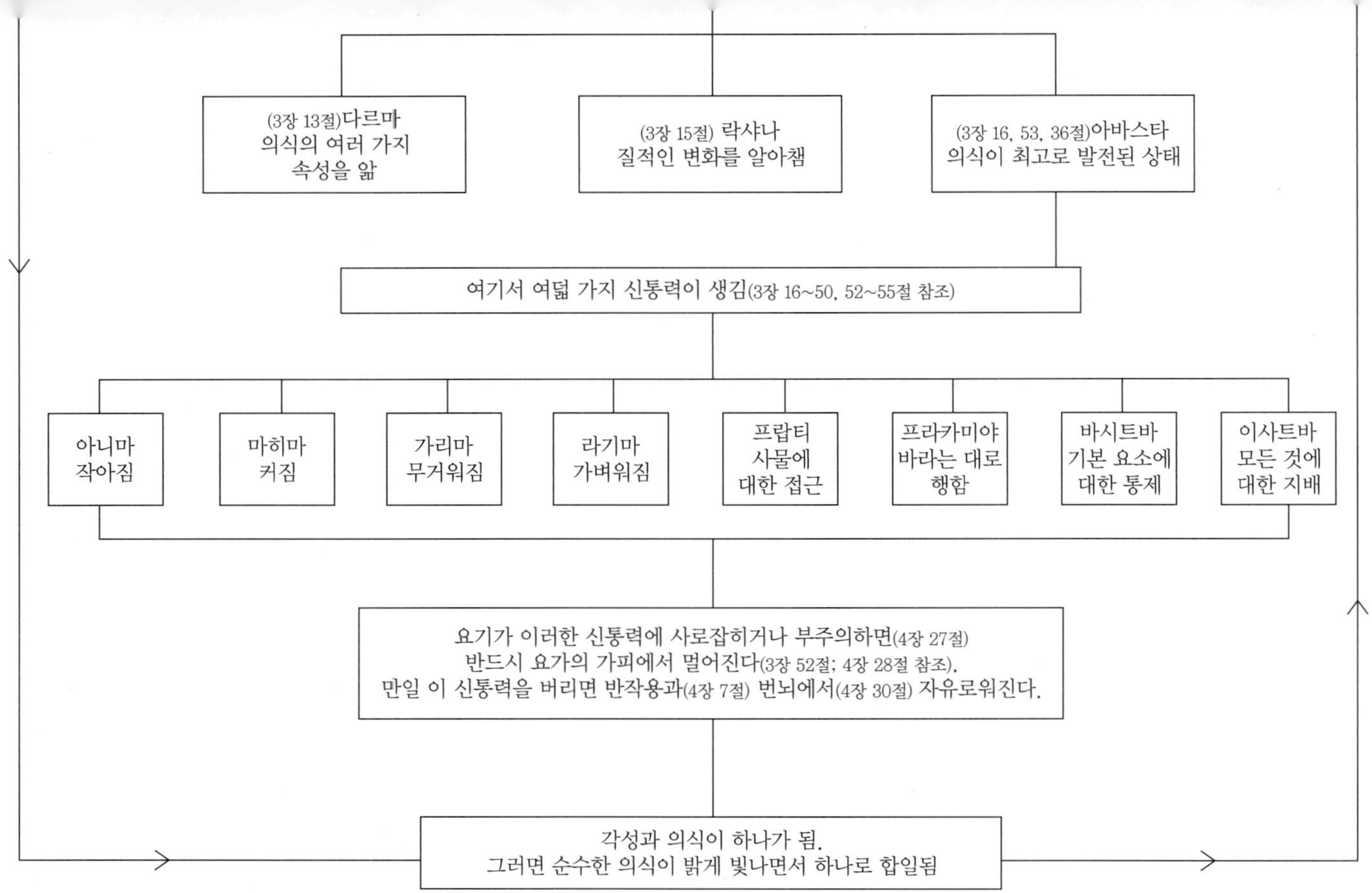

표 17: 각성과 의식의 일곱 가지 상태의 순환

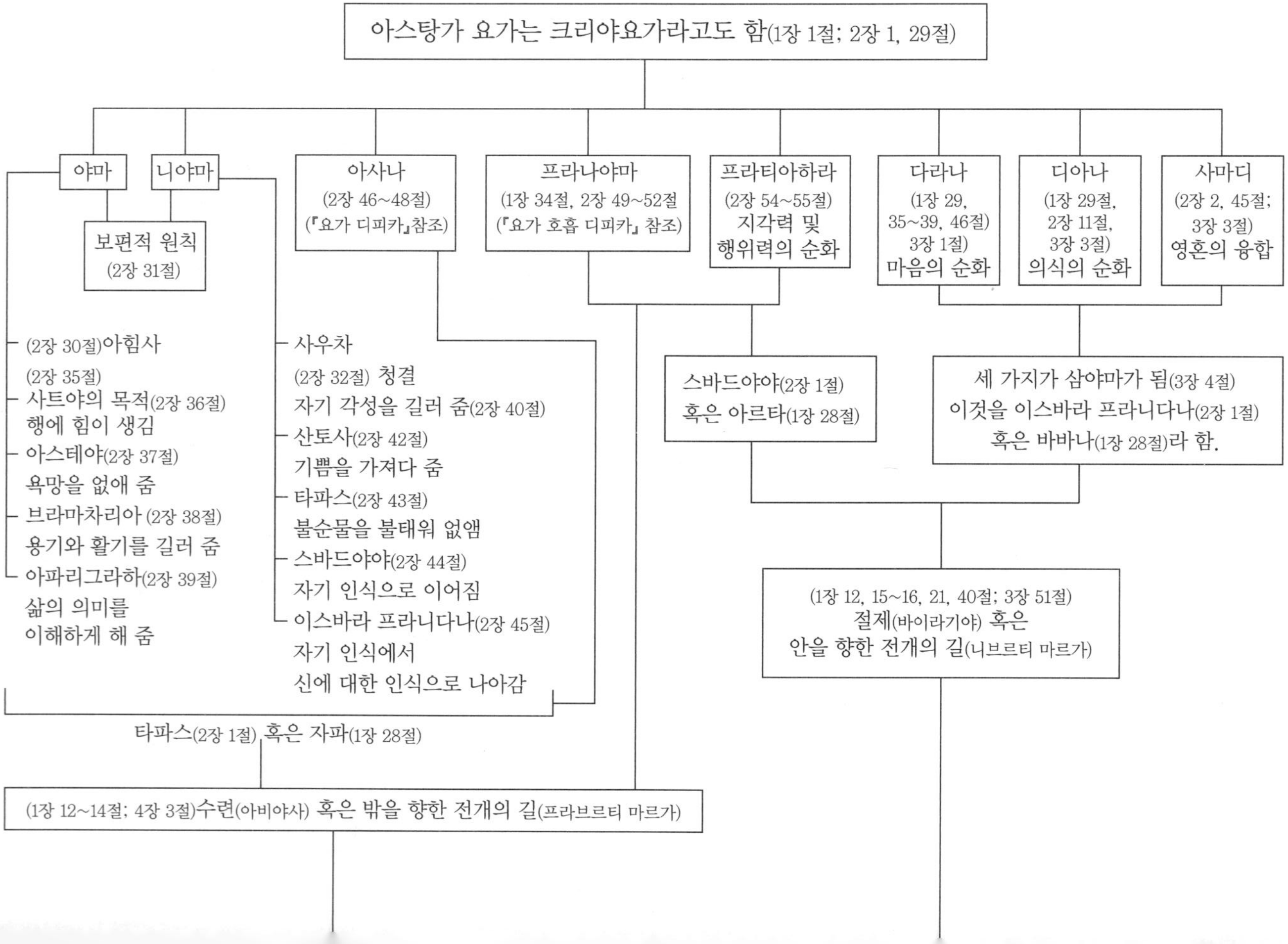
아스탕가 요가는 크리야요가라고도 함(1장 1절; 2장 1, 29절)
야마
니야마
보편적 원칙 (2장 31절)
아사나 (2장 46~48절) (『요가 디피카』참조)
프라나야마 (1장 34절, 2장 49~52절 (『요가 호흡 디피카』 참조)
프라티야하라 (2장 54~55절) 지각력 및 행위력의 순화
다라나 (1장 29, 35~39, 46절) 3장 1절) 마음의 순화
디야나 (1장 29절, 2장 11절, 3장 3절) 의식의 순화
사마디 (2장 2, 45절; 3장 3절) 영혼의 융합
(2장 30절)아힘사
(2장 35절)
사트야의 목적(2장 36절)
행에 힘이 생김
아스테야(2장 37절)
욕망을 없애 줌
브라마차리아 (2장 38절)
용기와 활기를 길러 줌
아파리그라하(2장 39절)
삶의 의미를
이해하게 해 줌
사우차
(2장 32절) 청결
자기 각성을 길러 줌(2장 40절)
산토사(2장 42절)
기쁨을 가져다 줌
타파스(2장 43절)
불순물을 불태워 없앰
스바드야야(2장 44절)
자기 인식으로 이어짐
이스바라 프라니다나(2장 45절)
자기 인식에서
신에 대한 인식으로 나아감
스바드야야(2장 1절)
혹은 아르타(1장 28절)
세 가지가 삼야마가 됨(3장 4절)
이것을 이스바라 프라니다나(2장 1절)
혹은 바바나(1장 28절)라 함.
타파스(2장 1절), 혹은 자파(1장 28절)
(1장 12, 15~16, 21, 40절; 3장 51절)
절제(바이라기야) 혹은
안을 향한 전개의 길(니브르티 마르가)
(1장 12~14절; 4장 3절)수련(아비야사) 혹은 밖을 향한 전개의 길(프라브르티 마르가)

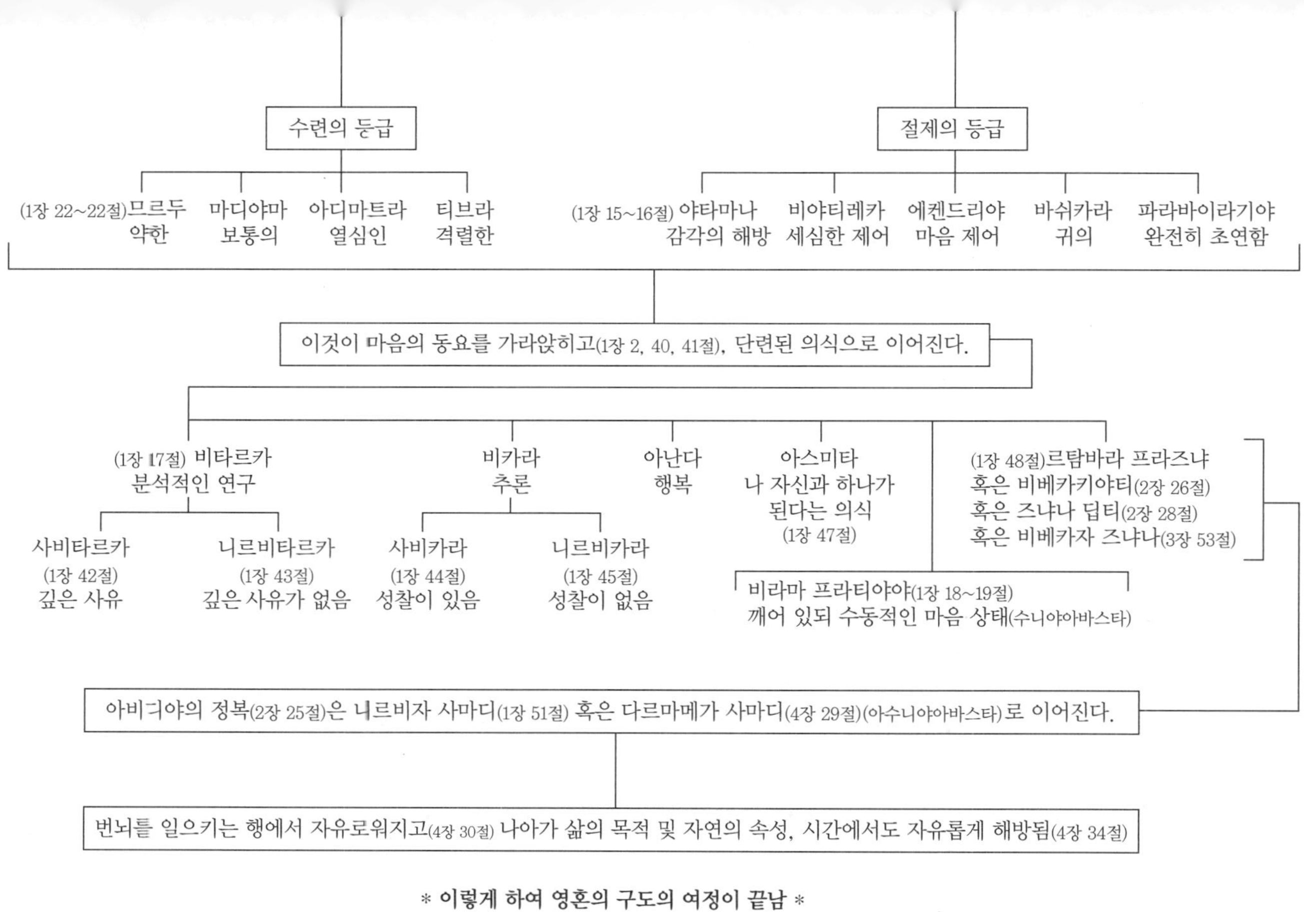

표 18: 아스탕가 요가 분지도分枝圖

표 및 도표 목록

용어 해설

a-	아힘사
ahimsa	(비폭력)에서처럼 부정접두사
abhāva	비존재, 발생하지 않음, 감각의 부재
abhedhya	더 이상 분할할 수 없는 존재
abhibhava	압도적인, 지배적인
abhijāta	솔직한, 박식한, 타고난, 뛰어난, 고상한
abhiniveśa	삶에 대한 집착, 죽음에 대한 공포, 강한 애착
abhivyakti	드러남, 계시
abhyantara	내적인
abhyāsa	수련, 반복
ādarśa	통찰력, 거울
ādhibhautika roga	몸의 구성 요소들의 불균형으로 인해 생기는 질병
ādhidaivika roga	유전병, 알레르기성 질병
adhigama	발견하다, 찾아내다, 통달하다
adhimātra	진지하고 날카로운 이해력을 가진
adhimātratama	아주 진지한
adhiṣṭhatṛtvam	최고의 지배권, 전능한
adhvabheda	다른 조건
ādhyaḥ	나타내다, 상징하다
adhyāsa	이중 인화, 가탁假託
adhyātma	(개별 영혼으로 현현한)최고의 영혼
adhyātma prasādanam	보는 자의 확장, 영혼의 확산, 영혼의 시야

ādhyātmika roga	스스로 초래한 질병
ādi	멀리 떨어져서
ādīni	타인들
Ādiśeṣa	뱀의 왕, 비슈누의 휴식용 의자
adṛṣṭa	눈에 띄지 않는, 보이지 않는, 운명, 숙명
advaitā	상카라차리아에 의해 설해진 일원론
āgama	고대의 신성한 경전
Agastya	현자의 이름
Ahalyā	현자 가우타마의 부인
aham	일인칭 대명사 '나'
ahaṁkāra	자아, 자만심, 자아의 형성, 자기 인식
ahiṁsā	비폭력, 불상해, 해치지 않음
ajñā cakra	양 미간 가운데 위치한 에너지 센터
ajñāna	무지
ajñāta	알려지지 않은
akalpita	상상할 수 없는
ākāṅkṣā	야망
ākāra	형상
akaraṇam	비실행, 비성취
ākāśa	공간, 에테르, 자연의 5가지 요소 중 하나
akliṣṭā	식별할 수 없는, 혼란스럽지 않은, 고통스럽지 않은
akrama	순서 없이, 이어지지 않고
akṛṣṇa	검지 않은
akusīda	갈망과 혐오에서 자유로운

alabdha bhūmikatva	핵심을 파악하지 못함, 시작한 일을 지속하지 못함
ālaṁbana	후원, ~에 의존하는
ālasya	게으름
aliṅga	표시가 없는, 드러나지 않은 형태, 아무런 징표가 없는
āloka	보는 것, 시야, 빛, 광채, 광휘
ālokya	통찰력
alpam	작은, 사소한
amanaskatva	마음의 영향을 받지 않고 존재하는 상태
Amaraka	왕의 이름
amṛta	불멸의 감로
amṛta manthana	천신과 악신이 바다를 휘저을 때 나온 불멸의 감로
anabhighāta	비저항, 불멸, 동요를 그침
anāditvam	아득한 옛날, 영원으로부터 존재한
anāgata	알려지지 않은, 미래
anāhata cakra	심장 부근에 위치한 에너지 센터
ānanda	지고의 행복, 희열감
ānandamaya kośa	지복의 코샤(층)
ānanda prajñā	지복에 대한 지식
ananta	끝없는, 영원한, 가없는, 다함이 없는
anantaryam	끊임없는 연속
anāśayam	인상이나 영향으로부터 벗어남
anaṣṭam	파괴되지 않는, 잃어버리지 않는
anātma	참 자아가 아닌 것, 참 자아와 다른 어떤 것.
anavaccheda	묶이지 않은, 계속되는, 막연한, 한계가 없는

anavadhāraṇam	이해할 수 없는
anavasthitattva	성취한 발전을 유지할 수 있는 능력이 없음
anekeṣām	수없이 많은
aṅga	구성 요소가 되는 한 측면, 사지, 몸, 구성 부분, 일원, 성분
aṅgamejayatva	육체의 불안정, 불안감
Āṅgīrasa	리그 베다의 저자
aṇimā	원자만큼 미세한, 원자화, 자신을 무한히 작게 만드는 능력으로 여덟 가지 신통력 중 하나
aniṣṭa	바람직하지 않은, 불길한
anitya	영원하지 않은, 일시적인
annamaya kośa	인간의 해부학적 차원의 몸
antaḥkaraṇa	양심
antara	내부의, 내적인
antara kuṁbhaka	들숨 뒤 호흡의 중지
antarāṅga	안쪽 부분
antaraṅga sādhana	내면 탐구의 수행
antarātmā	우주적 자아
antarātma sādhana	가장 깊은 내면 탐구의 수행
antara vṛtti	들숨, 내면의 사념의 파장
antarāyā	방해, 장애물, 방해물
antardhānam	눈에 보이지 않음, 사라짐
antardṛśya	직관적 견해
ānubhāvikajñāna	경험에서 얻어진 지식
anubhūta	지각, 인식

anugamāt	뒤따라서, 접근하는
anuguṇānām	따라서
anukāraḥ	모방, 뒤따르는
anumāna	논리, 의심, 반성, 추리
anumodita	타인의 뜻에 따라, 선동
anupaśya	보는 것, 지각하기, 보는 자
anupātī	순서를 따르는, 바짝 뒤따르는
anuśāsanam	가르침, 지시, 행동 규범, 충고, 질서, 명령, 절차적인 형식에 따라 기술된 안내나 지침.
anuśayī	긴밀한 연관, 강한 집착
ānuśravika	듣거나 들리는, 베다 혹은 전승에 의거하는
anuṣṭhāna	헌신적인 수련
anuttama	최고의
anvaya	모든 곳에 두루 퍼짐, 결합, 상호 침투
anya	다른, 또 하나의, 달리, 구별되는
anyaḥ	상이한
āp	물, 자연의 5가지 구성 요소 중 하나
apāna	5가지 생명 에너지 중 하나로 하복부에서 활동하며 대소변과 정액의 배설을 관장함
aparānta	죽음, 마침내
aparigraha	탐욕에서의 해방, 욕심이 없는, 주는 것을 받아들이지 않음
apariṇāmitva	변함없음
āpattau	동일한, 확인된, 가정된, 성취를 이룬

apavarga	해탈, 자유, 지복, 해방
āpetasya	~을 빼앗긴, ~이 없는, 제거된
api	또한, 덧붙여서, 비록
apramāṇakam	인지되지 않은, 관찰되지 않은
apratisaṁkramāyāḥ	변하지 않는, 움직이지 않는
aprayojakam	쓸모없는, 아무 소용이 없는
apuṇya	악덕, 결점
āpūrāt	가득 차게 됨, 가득 찬 상태
āraṁbhāvasthā	초보자 단계
ariṣṭa	징조, 조짐
Arjuṅa	인도의 대서사시 『마하바라타』의 주인공이며, 『바가바드 기타』에서 크리슈나로부터 요가의 지식을 전수받은 자
artha	생계 수단, 목적, 수단, 인생의 4가지 목적 중 두 번째
arthamātra nirbhāsā	가장 순수한 모습으로 홀로 빛나는
arthavatva	목적의식으로 가득 참, 완전
āśā	욕망, 갈망
asaṁprajñātā	구별될 수 없는 상태
asaṁpramoṣaḥ	다른 어떤 것으로부터도 훔치지 않는, 빠져나가지 않는
asaṁprayogaḥ	접촉하지 않는
asaṁsaktaḥ	칭찬과 비방에 무관심함, 무집착
asaṁsargaḥ	비접촉, 교류하지 않음
āsana	앉은 자세, 자세, 행법. 아쉬탕가 요가의 세 번째 단계
asaṅgaḥ	접촉하지 않음

asaṅkhyeya	헤아릴 수 없는
asaṅkīrṇayoḥ	상호 간의 구별
āsannaḥ	가까이 당겨진, 다가간
asat	비존재
āśayaḥ	방, 저장소
āsevitaḥ	열정적으로 수행한, 열심히 연마한
āśīṣah	욕망, 열망
asmitā	자만심, 이기심, '나'라는 의식
āśrama	발전의 단계, 은신처
āśraya	뒷받침
āśrayatvam	토대, 기초, 의존할 수 있는 것
aṣṭāṅga yoga	요가의 여덟 가지 원리 혹은 측면 야마yama, 니야마niyama, 아사나āsana, 프라나야마prāṇāyāma, 프라티아하라pratyāhāra, 다라나dhāraṇā, 디아나dhyāna 그리고 사마디samādhi
aṣṭa siddhi	여덟 가지 신통력. 아니마, 마히마, 라기마, 가리마, 프랍티, 프라캄야, 이사트바 그리고 바시트바
aṣṭau	여덟
asteya	훔치지 않는, 남의 것을 가지지 않는
asthi	뼈
asti	존재하다
aśuci	불순한
aśuddhi	불순물
aśukla	희지 않은

asura	악신
āsvāda	미각
asya	이것의
atadrūpa	자기 자신의 모습을 띠지 않은
atala	하계 혹은 더 낮은 영역, 지하의 일곱 영역 중 첫 번째
atha	지금
atikrānthi bhāvanīya	관조자의 최고의 지식을 느낌, 그리고 가장 순수한 형태의 단념의 힘을 획득함
atiprasaṅgaḥ	너무 많은, 과잉
atīta	과거
ātmā, ātman	개별자, 개별 영혼
ātmabhāva	영혼을 느낌
ātmabīja	영혼의 종자, 씨앗
ātmadarśana	영혼의 반영
ātmajñāna	자아에 대한 지식
ātmajyoti	영혼의 빛
ātmakam	자기 자신과 하나가 됨
ātma prasādanam	영혼을 힐끗 봄, 혹은 영혼의 반영
atma sākṣātkāra	영혼의 인식, 영혼의 거처에 머무름
atyanta	절대적인, 지극한
āuṁ	성스러운 음, 브라만의 소리
aura	영적인 광휘
Aurobindo	인도 폰디체리의 현자
auṣadha	약, 약초, 의약품, 치료제

auṣadhi	약초
āvaraṇa	베일, 덮개
avasthā	조건, 상태
avasthānam	머물다, 쉬다, 거주하다
avasthā pariṇāma	궁극적인 정련 상태로의 변환
āveśaḥ	점령, 들어감
avidyā	영적 지식의 부족, 지혜의 결핍, 무지
aviplavā	동요하지 않는, 방해받지 않는
avirati	갈망, 만족
avisayī	인식되지 않은, 마음이 가 닿을 수 없는
aviśeṣa	지식의 광휘 혹은 정수
avyapadeśya	발현되지 않은, 잠재된 형태로 숨어 있는
āyāma	상승, 팽창, 연장
āyuḥ	수명
āyurveda	생명과 건강에 관한 학문, 인도 전통 의학
bādhana	장애물
bahiraṅga	바깥쪽 부분, 외부의 사지
bahiraṅga sādhana	외향적 탐구
bāhya	바깥의, 외부의
bāhya vṛtti	날숨, 날숨의 움직임, 외부의 생각의 파장
bala	도덕적인 힘, 육체적인 힘
bandha	차난, 삼감, 하타 요가의 수련
Bhagavad Gītā	요가의 고전적 문헌, 크리슈나신과 아르주나 사이의 대화이며 크리슈나신의 거룩한 말씀을 담고 있다.

bhaktan	신도, 신자
bhakti	헌신, 숭배
bhakti mārga	헌신의 길
bhakti yoga	헌신의 요가
bhāram	중력
Bhārata	인도India
Bhāratī	푸르바 미망사 학파의 충실한 수행자인 만다나 미스라Mandana Miśra의 부인
bhāṣya	주석서
bhava	존재의 상태에 있는, 존재
bhāvanā	느낌, 이해, 성찰
bhāvanārthaḥ	의도와 감정을 가지고 숙고하는
bhedaḥ	분열, 분리
bhedāt	다름, 차이
Bhīma	마하바라타의 영웅, 아르주나의 형제
bhoga	향유, 쾌락, 감각적인 즐거움의 경험
bhogāsana	즐거움의 아사나
bhrānti darśana	미혹, 그릇된 생각, 억측, 당혹, 혼동
bhraṣṭa	추락한, 낙오된, ~에서 찢혀 나온, 타락한, 신의 은총을 잃은
bhū	존재, ~가 되는 것, 땅, 육지
bhūloka	이승, 지구
bhūmiṣu	정도, 단계
bhūta	살아 있는 존재

bhūtatvāt	삶 속에서
bhūtendriyeṣu	구성 요소들의 경우, 신체, 지각력, 행위력
bhuvarloka	공중, 우주의 구역들 중 하나, 땅과 하늘 사이의 공간
bīja	종자, 근원, 기원, 시작
biṁba-pratibiṁba vāda	중첩된 반사가 드러남
Brahma	힌두교의 삼신들 중 첫 번째 신, 창조자
brahmacārī	금욕주의자
brahmacarya	금욕, 절제, 순결, 영적인 지식만이 아니라 세속적 지식도 배우는 수련생의 단계, 인생의 4단계 중 첫 단계
brahmacaryāśrama	4가지 종교적 삶의 단계 혹은 순서 중 첫 번째
Brahmajñāna	지고의 존재에 대한 인식, 가장 높은 지식
brahmakapāla	에너지 센터, 머리의 지성, 천 개의 꽃잎을 가진 차크라
Brahman	우주정신, 우주적 영혼
brāhmaṇa	사제 계급, 참된 자아를 깨달은 자, 힌두교의 4계급들 중 하나
Brahma Sūtra	참 자아에 대한 지식을 다룬 논서
brahmavariṣṭa	영혼을 바라보면서 살아감
brahmavid variṣṭa	영혼을 바라보기, 언설을 넘어선
Brahmendra Swāmi	인도 마하라쉬트라의 바지라오 1세의 스승, 야자나무의 잎을 타고 물 위에 떠다녔다고 함
Bṛhaspati	인드라의 스승, 하늘의 신
Buddha	불교의 교조, 부처님
buddhi	지성
buddhi buddheḥ	인식의 인식

ca	그리고, 둘의, ~도 마찬가지로, 또한
Caitanya	인도 벵갈 지방의 성자
cakra	척주 안에 자리 잡은 에너지의 중심들
cakṣu	눈
candra	달, 마음을 상징함
candra sthāna	부교감 신경계의 중심
caritādhikāra	자신의 목적을 달성하는 힘, 목적을 돕는
caturthaḥ	네 번째의 것
ced	만약
chidra	구멍, 갈라진 틈, 균열, 결함
cintā	산만한 생각, 불안감.
cintana	신중한 사유
cit	생각, 감정, 지성, 느낌, 성향, 시각, 인지하기, 알아채기, 알기, 이해하기, 갈망하기
citi	자아, 관조자
citiśakti	자아의 힘
citram	밝은, 다양한, ~를 갖춘
citra nāḍī	나디nāḍīs들의 하나로 심장에서 시작됨
citta	의식, 복합어로서 마음, 지성, 에고(자만 혹은 자의식)를 나타냄
citta bhāva	의식하고 있음을 느낌
citta jñāna	의식에 대한 지식
citta laya	정지된 의식, 의식의 해체
citta maya	의식으로 가득 찬
citta prasādanam	의식의 확산, 의식의 좋은 성질

citta śakti	의식의 힘
citta śuddhi	의식의 순수함
citta vikṣepa	흐트러진 의식, 주의 산만
citta vṛtti	의식의 동요
dairghyatā	확장, 확장되는
darśana	보는 것, 바라보기, 마음을 보는 것, 인식, 시야, 전망, 지식
darśinaḥ	보는 자
daurmanasya	변덕스러운 마음, 절망
dehābhimānatva	죽으면 사라지는 육체를 자기 자신(아트만)이라고 믿음
deśa	장소, 지역, 지점
deva	천신
devadatta	생명을 유지하는 기운 가운데 하나인 우파바유. 하품을 유발하고 잠을 자게 만듦
Devayāni	악신의 스승인 수크라차리아의 딸로 야야티왕의 아내
dhairya	용기
Dhammapāda	법구경
dhanaṁjaya	점액을 만들고 자양분을 주는 우파바유로 죽은 뒤에도 몸에 남아 시신을 부풀게 함
dhāraṇā	집중, 마음을 한곳에 모으는 것, 아스탕가 요가의 여덟 단계 중 여섯 번째
dharma	인생의 4가지 목적 중 첫 번째의 것, 의무의 과학, 종교적인 의무, 미덕
dharma megha	정의의 비구름, 기쁨이 넘치는 덕성의 향기
dharma pariṇāma	견지하거나 지켜야만 하는 것으로 변하기, 미덕, 정의

dharmendriya	미덕에 대한 감각, 내면의 목소리
dharmī	고결한, 종교적인, 경건한, 독특한
dārmic	다르마darma와 관련된
dhātu	몸을 구성하는 요소 또는 필수 성분들
Dhruva	타나파다의 아들로 드루바로카의 왕이 됨. 안정된, 끊임없는, 영원한, 코끝
dhruva nakṣatra	북극성, 북극
dhyāna	명상, 성찰, 관찰, 숙고, 아스탕가 요가의 여덟 단계 중 일곱 번째
dhyānajam	명상에서 태어난
dīpti	방사, 광휘, 광채
dīrgha	(시간이나 공간이)긴, 오래 유지되는
divya	신성한
divya citta	신성한 의식
draṣṭā	푸루샤, 관조자, 보는 이
dṛdhabhūmi	견고한 기반
dṛk	의식의 힘
dṛśam	보이는 대상
dṛṣṭa	볼 수 있는, 인식할 수 있는
dṛṣṭrā	아는 자, 보는 자
dṛśya	보이는, 보여지는, 볼 수 있는
dṛśyatvāt	그것의 아는 능력 또는 인식 능력 때문에
duḥkha	슬픔, 고통, 비애, 비통
dvandvaḥ	이원성, 반대편

dveṣa	반감, 증오, 혐오
eka	단 하나의, 유일한, 독특한
ekāgra	하나의 대상에 집중하는, 한 점에 고정된 집중, 집중. 에카eka는 또한 단 하나를 뜻하며, 아그라agra는 탁월한, 뿌리, 기초, 우수한, 정상, 즉 나눌 수 없는 영혼을 의미한다.
ekāgratā	더 이상 분할할 수 없는 자아에 의식을 하나로 집중함
ekāgratā pariṇāma	한 점에 모아지는 집중을 향해 변화되는 상태
eka rūpatva	하나의 형상을 하고 있는
eka samaya	동시
ekatānatā	집중하고 있는 의식의 끊임없는 흐름
ekātmatā	똑같은 본성을 가진
ekatra	함께, 결합하여
ekatvāt	하나임으로 인하여, 합일된 까닭에
ekendriya	하나의 의식, 즉 마음
ēṣa	신神
eṣām	이것들의, 이것들 중에서
etena	이것으로써
eva	또한, 홀로, 유일한
gamana	통로, 가는 것, 움직임, 동작
gandha	냄새
garimā	여덟 가지 신통력 중 하나로 더 무거워지는 것
gati	움직임, 동작, 길, 사건의 원인
ghaṭāvasthā	몸의 기능을 이해해야 하는 수련의 두 번째 단계

Goṇikā	파탄잘리의 어머니
grahaṇa	파악, 인식, 이해
grāhya	파악되는, 인식되는, 이해되는
gṛhasthāśrama	인생의 4가지 종교적 단계 중 두 번째인 가주기家住期
gṛhītṛ	이해하거나 받아들이는 성향을 가진 자, 인식하는 자
guṇa	자연의 속성 혹은 특질. 사트바, 라자스, 그리고 타마스
guṇaparvāṇi	성질의 변화 혹은 단계
guṇātītan	자연의 3속성으로부터 자유로운
guṇātmānaḥ	속성들을 지닌 자연
guṇavaitṛṣṇyam	자연의 3속성에 무심함
guru	무지를 없애고 지식을 전해주는 스승
ha	보는 자, 태양. 『하타 요가 프라디피카』에서는 프라나를 의미한다.
halāhala	치명적인 독의 한 종류
hānam	떠나는 행위, 중지, 그만 두기
hānopāyaḥ	결함을 없애는 방법
Hanumān	원숭이의 우두머리의 이름, 바람의 아들
hasti	코끼리
haṭha	의지력, 힘
haṭhayoga	격렬하고 엄격한 수행을 통해 참 자아를 깨닫게 하는 특별한 종류의 요가
haṭhayogī	하타 요가hatha yoga 수행자, 하타 요가의 스승
hetu	동기, 원인, 근거, 이유, 목적
hetutvāt	~에 의해 일어나는, ~때문에

heya	비탄, 혐오
heyakśīṇa	버리고 없애고 깨뜨려야 하는 슬픔
Himālayā	눈의 거처
hiṁsā	폭력, 상해
Hiraṇyagarbha	황금 자궁, 브라흐만
hlāda	즐거운
hṛdaya	심장, 마음, 영혼
hṛdaya puṇḍarīka	심장의 연꽃
icchā	욕망이 일어나게 하는 것, 의지
icchā prajñā	의지에 대한 지식
iḍā	교감 신경계에 해당하는 나디(에너지 통로)
Indra	하늘 신
indriya	지각력, 행위력, 마음
indriyamaya	감각과의 합일
Īśaḥ	신
īśatva	모든 것에 대한 최고의 지배권, 여덟 가지 신통력 중 하나
Iśṭa devatā	갈망하는 신성
Īśvara	신, 지배자
Īśvara praṇidhāna	신에게 귀의함
itaratra	다른 때에, 여기가 아닌 다른 곳에
itareṣām	또 하나의, 나머지, 반면에, ~와는 다른, 다른 사람들에게는
itaretara	하나를 위하여 다른 것을
iti	이것이 모두이다, 따라서
iva	~처럼, 다시 말해, 마치 ~인 것처럼, 모습

jaḍa	차가운, 느린, 둔한, 어리석은, 감정이 움직이지 않는
Jaḍa Bhārata	현자의 이름
jaḍa citta	지력이 모자라는, 둔한 상태의 의식
jāgrata	의식하는, 조심스러운, 깨어 있음
jāgratāvasthā	성성하게 깨어있는 상태
jaḥ	태어난
jala	물
janma	출생, 존재, 삶, 생애
jātyantara pariṇāma	출생 상태에서의 변화
jaya	정복, 승리
jāyante	산출된, 낳아진
Jayavantiyāmbikā	자다 바라타의 어머니
jihvāgra	혀뿌리
jijñāsā	알기, 질문하기
jīvāmṛta	생명수, 감로
jīvātmā	인체에 깃들어 살아 있는, 혹은 개별적인 혼, 몸이 움직이고 감각 기능을 가질 수 있게 하는 중요한 생명의 원리
jñāna	알기, 지식, 인식, 지혜
jñāna Gaṅgā	지혜의 갠지스강, 지식의 강
jñānamārga	지식의 길
jñāna yoga	지식의 요가
jñānendriya	지각력
Jñāneśwar	13세기의 마하라쉬트라의 성인

jñānī	학식이 있는 사람, 현자
jñātā	알려진, 인식된, 이해된
jñeyam	인식되고 있는 상태
jugupsā	혐오, 비난, 모욕, 책망
jvalanam	빛나는, 불타는, 타오르는
jyotiṣi	빛
jyotiṣmati	밝은 빛을 내는, 빛나는
Kabīr	15~ 16세기의 시인, 라마 신의 신봉자
kaivalya	절대적인 홀로 있음의 상태, 영원한 해탈
kaivalya pāda	완전한 해탈에 대해 다루는 『요가 수트라』의 제4장
kāka mudrā	무드라의 하나로 이때 혀를 둥글게 말아서 입천장에 붙인다.
kāla	시간, 기간
kāla cakra	시간의 바퀴, 순간들의 움직임
kāla phala	시간의 열매
Kālimātā	파괴의 여신
kāma	소원, 욕망, 사랑, 색정, 인생의 4가지 목표 중 세 번째의 것
kanda	둥근 뿌리
kandasthāna	배꼽 주변에 있는 나디들의 근원지
kaṇṭaka	가시, 바늘이나 핀의 끝
kaṇṭha	목
kaṇṭha kūpa	목에 있는 구멍(비슈디 차크라)
Kapila	현자의 이름, 상키아 철학의 창시자
kāraṇa	원인
kāraṇa śarīra	인과율의 몸

kārita	부추기기
kāritvāt	그것 때문에, 그것으로 인하여
karma	행위, 행동, 실행, 의무, 보편적인 인과 법칙
karma mārga	행위의 길
karma phala	행동의 결과, 과보
karmayoga	행위의 요가
karmendriya	행위력
karuṇā	동정, 자비심
kārya śarīra	거친 몸
kārya śuddhi	행위가 정화된
kathaṁtā	어떻게, 어떤 방식으로, 어디로부터
kauśalam	잘 사는 것, 능숙함, 영리함
kāyā	몸, 몸의 행위, 행동
kevala	혼자인, 순수한, 섞이지 않은, 자신의 자아 안에서 완전한
kevala kuṁbhaka	의도하지 않은 호흡 중지
khecarī mudrā	혀 밑의 주름띠를 잘라 혀의 길이를 늘여 눈썹에 닿게 하고 그것을 다시 말아서 기도와 식도를 막는 것
kiṁ	무엇
kleśa	고통, 아픔, 고난
kliṣṭā	고통 받는, 괴로운, 상처 입은
kośa	덮개, 층위
krama	정상적인 길, 정연한 순서, 질서, 연속
kriyā	행위, 실행, 수련, 이행
kriyāmāṇa karma	다음 생의 과보를 만드는 행동

kriyā yoga	행위의 요가
kṛkara	다섯 가지의 우파바유(생명의 기운) 중 하나로 코로 이물질이 지나가는 것을 막고, 재채기나 기침을 하게 한다.
krodha	분노
Kṛṣṇa	비슈누 신의 여덟 번째의 화신이며 『바가바드 기타』를 영창하였다. 검은 색을 의미하기도 한다.
kṛta	직접적으로 행해진
kṛtārtham	자신의 목적을 달성한
kṛtārthan	완성된 영혼
kṣaṇa	순간, 시간의 무한히 작은 단위
kṣaṇa cakra	정연하고 율동적인 순간들의 행렬
kṣatriya	무사 계급, 호전적인 종족, 힌두교의 4계급 중 하나
kṣaya	사라지다, 파괴하다, 부패하다, 파괴
kṣeṭram	장소, 영역, 기원
kṣetrika	농부, 소작농
ksetrikavat	농부처럼
kṣīṇa	제거된, 파괴된
kṣiptā	무시된, 주의가 산만한
kṣīyate	파괴된, 분해된
kṣut	굶주림
kumbhaka	호흡의 중지
kuṇḍalini	신성한 우주 에너지
kūpa	구멍, 우물
kūrma	거북이, 비슈누 신의 두 번째 화신, 우파바유의 하나로

	눈꺼풀의 움직임을 조절하고, 홍채의 크기를 조절함으로써 빛의 강도를 제어하여 잘 볼 수 있게 한다.
kūrmanāḍī	상복부에 위치한 나디의 이름
kuśala	숙달
kūṭstha nityam	변함없는 관조자
lābhaḥ	획득된, 얻어진, 이익
laghimā	무게가 없음, 여덟 가지 신통력 중 하나
laghu	빛
lakṣaṇa	성격, 특질, 뚜렷한 표시
lakṣaṇa pariṇāma	질적인 변화 쪽으로의 변모
lāvanya	기품, 사랑스러움, 안색
laya	분해, 휴식, 정지
liṅga	표시가 있는
liṅgamātra	표시, 표식
lobha	열망, 탐욕
mada	자만심
madhu	달콤한, 즐거운, 상냥한, 기쁜
madhu bhūmika	두 번째 등급의 요기
madhu pratīka	쾌락의 즐거운 상태를 향하는
Madhva	13세기의 학자로 이원론 철학을 설하였다.
madhya	절제하는, 중도의, 중앙의
madhyama	절제하는
mahā	강력한, 위대한
Mahābhāsya	문법에 관한 논서

mahāloka	천상계의 하나
mahat	위대한, 강력한, 위대한 원리, 우주적 지성, 보편 의식
mahātmā	위대한 영혼
mahāvideha	육체를 벗어난 위대한 상태, 육체를 떠난 상태
mahāvidyā	고귀한 지식
mahāvratam	강력한 서원
mahimā	위대함, 위엄, 영광, 신통력 중 하나로 뜻대로 몸을 커지게 할 수 있음, 무한한 크기
maitrī	우호
majjā	골수, 신체를 구성하는 7가지 요소 중 하나
mala	불순물
māṁsa	살, 신체를 구성하는 7가지 요소 중 하나
manas	마음
manasā	생각
manas cakra	마음의 자리
Maṇḍana Miśra	푸르바 미망사 학파의 추종자('카르마칸다'로 알려짐)
Māṇḍavya	신통력을 가졌던 현자
maṇi	보석, 티 없이 맑은 수정
maṇipūraka cakra	배꼽 부위에 위치한 에너지 센터
manojavitvam	마음의 속도, 마음의 신속함
manojñāna	마음에 대한 지식
manolaya	깨어 있으면서 수용적인 마음의 상태
manomaya kośa	정신의, 혹은 감정의 덮개
maonprajñā	마음을 알아차림

manovṛtti	생각의 파장
mantra	진언, 주문
manuśya	사람
mārga	길, 방법
mātrā	홀로, 오직
mātsarya	악의, 적의, 원한
matsya	물고기
Matsyendranāth	하타 요가의 아버지
meda	지방, 일곱 가지 신체 구성요소 중 하나
meru	산 이름
mithyā jñāna	그릇된 지식
moha	미혹, 광란, 심취, 과오, 매혹된 상태
mokṣa	해탈, 해방, 석방, 인생의 네 번째 종교적 단계 혹은 순서
mṛdu	부드러운, 허약한
mūḍa	멍청한, 둔한, 무지한
muditā	즐거움, 기쁨
mudrā	인印, 하타 요가의 수행법
mūlādhāra cakra	척주의 맨 아래에 위치한 에너지 센터
mūla prakṛti	자연의 근원, 기원
Muṇḍakopaniṣad	중요한 우파니샤드 중 하나
mūrdha	머리, 꼭대기
mūrdhajyoti	아즈나ajna 차크라 자리에 위치한 에너지 센터
mūrdhani	머리의 중심
na	~이 아닌

nābhi	배꼽
nābhi cakra	배꼽주변에 위치한 에너지 통제 센터(마니푸라카 차크라로도 알려짐)
nāḍī	에너지 통로, 미묘한 몸에서 흐르는 에너지의 통로 (주요 나디들은 이다idā, 핑갈라piṅgalā, 수슘나suṣumnā, 치트라citrā, 간다리gāndhāri, 하스티지바hastijihvā, 푸사pūṣā, 야사스비니yaśasvīnī, 알람부사ālambusā, 쿠후kuhū, 사라스바티sarasvatī, 바루니vārunī, 비스보다리visvodharī, 파야스비니payasvinī, 삼키니śaṁkhiṇī, 카우시키kauśikī, 수라sūrā, 라카rākā, 비즈나나vijñāna, 쿠르마kūrma 등이다.)
nāga	우파바유의 하나. 트림에 의해 복부의 압력을 완화시킨다.
Nahūṣa	천상의 신이 된 왕의 이름
Nandanār	남인도의 힌두 신도의 이름
Nandī	카마데누의 아들로 많은 기부를 하였다. 시바의 탈 것
Nārada	현자로서 박티 혹은 헌신에 관한 경구 모음집인 『나라다 박티경』을 저술함
Nara Nārāyaṇa	다르마의 아들이며 브라흐마의 손자
Narasiṁha	비슈누 신의 화신으로 반은 사람이고 반은 사자의 몸을 함
nāsāgra	코끝
naṣṭam	잃어버린, 파괴된, 사라진
nibandhanī	기초, 기원
nidrā	잠, 잠든 상태
nimittam	결과를 가져오는 원인
nirantara	방해 없는, 장애물 없는
nirbhāsam	빛나는, 나타나는

nirbīja	씨앗이 없는
nirgrāhya	분명히 인식할 수 있는
nirmāṇa	형성하는, 만드는, 위조하는
nirmāṇa citta	계발된 의식
nirmita	정량으로 나누어진, 형성된, 만들어진, 창조된
nirmita citta	창조된 의식, 혹은 계발된 의식
nirodha	억제, 차단, 방해
nirodha citta	의식을 억제하기
nirodha kṣaṇa	억제되는 순간
nirodha pariṇāma	억제 상태로의 변모
nirodha saṁskāra	떠오르는 생각의 파장의 억제
niruddha	멈춰진, 억제된, 저지된
nirupakrama	빠른 결과를 가져오지 않는 행위
nirvicāra	반영이 없이
nirvitarka	분석 없이
niśpatti avasthā	몸과 마음과 자아가 하나가 된 상태
nitya	영원한
nivṛtti	물러남, 절제, 중단
nivṛtti mārga	세속적 관심과 일에서 벗어나는 금욕의 길
niyama	개개인이 윤리적으로 지켜야 할 5가지의 준칙, 아스탕가 요가의 여덟 단계 중 두번째. 청결, 만족, 자기 수행, 자아에 대한 탐구, 그리고 신에 대한 귀의
nyāsāt	지도하기, 계획하기, 확장하기
ojas	활기, 힘, 강인함, 힘참, 에너지, 빛, 웅대함

pāda	구역, 부분, 장章
pakṣa	흐름과 함께 하기, 편들기, 어느 한 편을 지지하기
pañcamahābhūtaḥ	자연의 다섯 가지 구성요소. 흙, 물, 불, 공기, 에테르
pañcatayyaḥ	다섯 부분의
paṅka	진흙, 진창
panthaḥ	길, 존재 방식
para	타인의, 또 다른 사람의
parakāya	다른 사람의 몸
parakāya praveśa	다른 사람의 몸 안으로 들어감(신통력의 하나)
parama	최고의, 가장 우수한, 최상의
paramamahatvā	무한히 위대한, 가장 먼
paramāṇu	극미한 입자
paramātmā	신, 지고의 영혼
paramātman	지고의 영혼, 우주적 자아
paraṁparā	전통에 묶인, 혈통, 하나가 다른 하나를 따라가는 것, 하나씩 진행하는
parārthabhāvana	현상의 창조를 다시 거두어들이기, 대상을 지각하지 못함
parāthaṁ	다른 것을 위하여
parārthatvāt	다른 것에서 떨어져 있는
paravairāgya	가장 고귀하고 순수한 형태의 포기
paricaya	친숙함, 친밀함
paricayāvasthā	포착 상태
paridṛṣṭaḥ	조절된, 측정된
parijñāta	알려진

pariṇāma	변화, 변전, 변환
pariṇāma nitya	변이나 변환의 종결
paripakva	고도로 계발된, 아주 성숙한
paripakva citta	성숙한 의식
paripūrṇa	완전히 채워진, 아주 가득 찬, 완전한
pariśuddhi	완전한 정화, 순수함
paritāpa	고통, 비통, 고뇌, 비탄
paryāvasānam	끝, 종결, 결론
pātāla	하계下界의 일곱 영역 중 하나
Patañjali	『요가 수트라』의 저자
phala	열매, 결과
piṅgalā	주요 나디 중 하나로 교감신경계를 조절함
pipāsa	갈증
pracāra	앞으로 나옴, 드러나게 됨, 이용되거나 적용됨
pracchardana	내뿜는
pradhāna	주된 문제, 첫 번째 원인, 제1 원리
prādhurbhāva	존재하게 됨, 현현
prāg	~을 향하여
prāgbhāraṁ	중력의 끌어당김
Praḥlāda	악신 히란야카시푸Hiraṇyakaśipu의 아들
prajñā	각성
prajñā jyoti	지혜의 빛
prajñātan	지혜로운 사람, 학식이 있는 자
prākāmya	의지의 자유, 모든 소원의 성취, 8가지 신통력 중 하나

prākāśa	명백한, 밝음, 찬란함, 화려함
prakṛti	자연
prakṛtijaya	자연의 정복
prakṛti jñāna	자연에 대한 지식
prakṛti laya	자연과 하나가 된
prakṛtīnām	자연의 잠재력
pramāda	부주의
pramāṇa	올바른 견해, 바른 개념
prāṇa	생명력, 생명 에너지, 숨
prāṇa jñāna	생명 에너지에 대한 지식
prāṇamaya kośa	생명력의 몸, 신체의 유기체적 겹(층)
prāṇa prajñā	에너지를 알아차림
praṇava	신성한 음인 옴āuṁ
prāṇavāyu	5가지 생명 에너지 중 하나로 호흡을 주관한다. 이것의 자리는 가슴의 제일 위쪽 부분이다.
prāṇa vṛtti	호흡이나 에너지의 조절
prāṇāyāma	호흡의 억제를 통한 생명 에너지 혹은 생명력의 확장. 아스탕가 요가의 여덟 단계 중 네 번째.
praṇidhāna	전력을 기울임, 지향함, 깊은 종교적 명상, 귀명
prānta bhūmi	요가에 있어서의 발전의 단계들
prāpti	모든 것을 가질 수 있는 능력, 8가지 신통력 중 하나
prāpya	얻기
prārabdha karma	현생에 경험하는 과거 업에 의한 복덕과 손실
prasādaḥ	진정되기, 명징해지기, 순수, 평온한 기질

prasaṅga	사건, 연결
prasaṅkhyena	가장 높은 형태의 지성
praśānta	평정, 평화로운 상태
praśānta citta	평정한 의식, 고요한 의식
praśānta vāhinī	고요함의 흐름
praśānta vṛtti	고요한 움직임
prasava	출산, 생식, 진화
prasupta	잠복 중인, 잠이 든
praśvāsa	날숨
prathamā	처음의, 으뜸가는
prathamā kalpita	진행의 처음 단계, 막 시작한
prati	~에 반대하여, 대항하여
pratibandhī	상반되는, 반대하는, 문책하는
prātibhā	빛, 놀라운 개념, 천재
prātibhāt	지혜의 눈부신 빛
pratipakṣa	반대편, 반대로
pratipattiḥ	이해, 지식
pratiprasavaḥ	위축, 원래의 형태로 되돌아감
pratiṣedha	떨어져 있는, 물리치는
pratiṣṭhā	설립, 헌신
pratiṣṭham	점유하는, 보고 있는
pratiṣṭhāyām	확고하게 서기
pratiyogi	끊임없이 연달아 일어남, 동등하게 배합된
pratyāhāra	아스탕가 요가의 여덟 단계 중 다섯 번째로

	감각을 마음속으로 물러나게 함
pratyakcetana	보는 자
pratyakṣa	참된, 자명한
pratyaya	방법, 장치, 확고한 확신, 신념
pravibhāga	구별, 차이
pravṛtti	진화, 앞으로 나아가기
pravṛtti mārga	진보의 길
prayatna	끈질긴 노력, 노고
prayojakam	유용성, 효과
pṛthvī	다섯 가지 구성 요소 중 하나, 흙
punaḥ	다시
puṇya	덕德
puṇyāpuṇya	덕과 악덕
purāṇa	전설, 아주 옛날에 속하는
Puru	야야티Yayāti 왕의 아들
puruṣa	보는 자, 참 자아
puruṣa jñāna	참 자아에 대한 지식
puruṣa khyāti	보는 자에 대한 인식
puruṣārtha	인생의 네 가지 목표, 즉 다르마dharma(의무의 수행), 아르타artha(재산의 형성), 카마kāma(욕구의 충족), 모크샤mokṣa(최종적인 해탈)
puruṣārtha śūnya	인생의 네 가지 목표가 결여된
puruṣa viśeṣaḥ	특별한 존재, 구별되는 푸루샤, 신
puruṣayoḥ	영혼의

pūrva	~보다 일찍, 이전의, 앞서의, 먼저의
Pūrva Mīmāṁsā	베다의 제사 의식에 관련된 부분을 체계적으로 탐구하는 학파로 자이미니Jaimini에 의해 창시됨
pūrvebhyaḥ	앞의 것들과 관련하여
pūrveśām	첫째의, 가장 중요한
rāga	열망, 집착, 쾌락
rajas	자연의 3가지 속성 중 하나, 활동성
rājasic	라자스의 성질에 속하는
rakta	피, 신체를 구성하는 7가지 요소 중 하나
Rāmakṛṣṇa paramahaṁsa	19세기의 위대한 성자, 깨달은 영혼, 스와미 비베카난다의 스승
Rāmaṇa Māhaṛṣi	20세기 인도 아루나찰라의 성자
Rāmānūjācārya	12세기 스리 바이스나바Sri Vaiṣṇava파派의 스승 (제한적 일원론의 대표적 인물)
rasa	맛, 향미, 유미, 신체를 구성하는 7가지 요소 중 하나
rasātala	하계下界의 7영역 중 하나
rasātmaka jñāna	지정한 지식의 정수
ratna	보석, 귀중품
Ratnākara	현자 발미키의 옛 이름
ratna pūrita dhātu	피의 보석
roga	질병, 병폐, 질환
rogī	병자
Ṛṣabha	자다 바라타Jaḍa Bhārata의 아버지, 바라타의 왕
ṛṣi	존경할 만한 현인, 성자, 보는 자

ṛtambharā	진리로 가득 찬, 지성의 정수로 가득 찬
ṛtambharā prajñā	진리를 지닌 지혜
rūdhaḥ	상승한, 설립된
rūpa	형상, 외관, 아름다움
ruta	소리
sa	이것
śabdha	말, 소리
śabdhādi	소리와 그 밖의 다른 것들
śabdha jñāna	말에 대한 지식
sabīja	씨앗이 있는
Śachi	하늘 신 인드라의 부인
sadā	언제나, 항상
sadājñātā	언제나 깨어있고 알아차리는
sadānandācārya	스리 상카라차리아의 제자로 발에 연꽃무늬가 새겨져 있어 파드마파다차리야로도 알려졌다. 물 위를 걸어 다녔다고 한다.
sādhaka	지망자, 수행자
sādhana	실수행實修行
sādhana pāda	『요가 수트라』의 두 번째 장, 실수행에 관한
sādhāraṇa	모두에게 공통되는, 보편적인
Sagara	아요디아Ayodhyā의 왕
saguṇa	좋은 자질, 덕성
saḥ	저것
sahabhuvaḥ	나란히, 동반하는, 동시에

sahaja	자연의
sahasrāra	머리 정수리에 있는 차크라 혹은 에너지 센터, 천 개의 꽃잎으로 된 연꽃으로 상징된다.
sahita	계획적인, 생각이 깊은, 숙고하는
Sai Bābā	20세기 시르디Śirḍi의 성자
śaithilya	이완, 풀림, 느슨함
sākṣātkāraṇa	자기의 눈과 마음으로 직접 보는 것
śakti	힘, 능력, 기능
sālambana	받치고
samādhi	함께 모으기, 심오한 명상, 아스탕가 요가의 여덟 단계 중 마지막 단계
samādhi pāda	『요가 수트라』의 제1장으로 완전한 몰입을 다룸
samādhi pariṇāma	사마디 상태로의 변모
samādhi samskāra	사마디 상태의 각인
samāhita citta	계발된 의식, 안정된 의식
samāna	바유vayu 중 하나, 소화를 돕는 생명 에너지
samāpatti	변모, 본래의 형태를 생각하는, 깊은 생각
samāpti	끝
samaya	조건, 환경, 시간
saṁbandha	관계
saṁhananatva	조밀함, 견고성
saṁhatya	잘 짜인, 견고하게 결합된
saṁjñā	해명, 이해, 지식
sāṁkhya	미세함, 정확함

Sāṁkhya	철학 분파 중 하나로, 자연과 우주적 영혼의 원리를 열거함
saṁpat	부, 완성
saṁprajñāta	구별하다, 실제적으로 알다
samprajñāta samāpatti	의식의 물들지 않은 변모.
saṁprayoga	합일, 교감, 신성과 교감하는 것
saṁskāra phala	잠재된 인상의 결과
saṁskāra śeṣaḥ	잠재된 인상들의 균형
saṁvedana	인식, 의식, 이해, 알려짐, 이해되어짐
saṁvega	유쾌한, 신속한
saṁyama	함께 붙드는, 통합
saṁyama yoga	통합의 요가
sāmyatā	평정, 침착
sāmye	동등함
saṁyoga	합일, 결합
sānanda	순수한 행복
sañcita karma	과거 생에서 쌓은 선업과 악업
saṅgha	연합, 함께 오는
saṅgṛhītatva	함께 모아진
saṅjīvanī	생명을 회복시키는 식물
Śaṅkarācārya	일원론(아드바이타advaita) 철학을 설한 8세기의 스승
saṅkaraḥ	함께 뒤섞다, 혼합, 혼란
saṅkīrṇa	흩뿌려진, 함께 빻아진
sannidhau	근처, 부근
sannyāsāśrama	종교적 단계의 네 번째로,

	모든 세속적 소유와 욕망이 소멸된 시기
sannyāsī	모든 세속적 소유와 욕망을 버린 사람, 금욕수행자
śānta	충족된, 진정된, 고요해진
śānti	고요한, 평화, 평정, 침착한
saṇtoṣa	만족
saptadhā	일곱 겹의
Saptaṛṣi	일곱 명의 위대한 성인들, 즉 아가스티아Agastya, 앙기라사Aṅgīrasa, 아트리Atri, 바라드바자Bhāradvāja, 자마다그니Jamadagni, 카샤파Kaśyapa, 바시스타Vasiṣṭha
Śāradā	아디 상카라차리아Ādi Śaṅkarācārya가 쉬린게리에 만다나 미스라Maṇḍana Miśra의 부인 바라티를 기리며 세운 사원
śarīra	몸
śarīra jñāna	몸에 대한 지식
śarīra prajñā	몸에 대한 알아차림
Śarmiṣṭha	악신들의 왕의 딸이며 야야티Yayāti의 아내
sarpa	뱀, 빨리 가기
sarpobhava	뱀이 되다
sārūpyam	가까움, 유사성, 밀접함
sarvabhaumāḥ	우주의, 보편적인
sarvajña	모든 것을 아는, 전지의, 모든 지혜를 가진
sarvam	모든, 전체의
sarvārthā	전적으로, 모든 방법으로, 항상
sarvārtham	모든 곳에 퍼져 있는
sarvārthatā	모든 곳을 향함, 많은 곳을 향함

sāsmitā	사트바의 성향
śāstras	논문, 보고서
sat	존재하는, 순수한
satcidānanda	순수하고 섞이지 않은 행복
sati	존재하는, 성취되는
sātkāra	헌신, 열의
sattva	밝음, 하얀, 순수한
sattva buddhi	빛나는 지성
sattvāpatti	순수한 사트바를 체험하는
sattvaśuddhi	사트바의 순수성
satya	진실됨, 정직한, 충실한, 5가지 야마yamas 중 하나
satyaloka	천상의 7영역 중 하나
śauca	청결, 순수
śavāsana	이완과 명상 수련을 위해 행해지는 자세
savicāra	올바른 성찰, 심사숙고, 고려
savitarkā	올바른 분석
siddha	완전한 존재
siddhi vidyā	달성한 것에 대한 지식
siddhiḥ	도달, 달성, 완성
śīlam	미덕
śīrṣāsana	물구나무서기
Śiva	상서로운, 번창하는, 힌두교의 삼신 중 제3의 신, 파괴자
Śiva Saṁhitā	하타 요가의 고전적 문헌
smaya	놀라움, 경이

smṛti	기억, 회상
sopakrama	행위의 즉각적 결과
sparṣa	접촉
śraddhā	신념, 존경심, 확신
śravaṇa	청각 기능
Śrīmad Bhāgavatam	힌두 성전 푸라나puranas의 하나
śrṅgeri śaṅkarācārya maṭha	상카라의 가르침대로 배우기 위한 은둔처
Śrṅgeri	남인도에 있는 예배의 장소
śrotra	청각 기관
staṁbha	제어, 휴지
staṁbha vṛtti	호흡을 멈추는 행위
sthairya	안정, 부동
sthāna	지위, 서열
sthira	확고한
sthita	꾸준한, 견실한
sthita prajñā	완전한 요가 수행자, 확고부동한 사람
sthūla	거친
styāna	무기력, 나태, 흥미 부족
śubhecchā	바른 욕망
śuci	순수한
śuddha buddhi	순수한 지성
śuddhan	순수한 사람
śuddhi	깨끗함, 순수
śūdrā	힌두교의 4계급 중 하나, 노동 계급

Śuka	비야사Vyāsa의 아들
sukha	행복, 기쁨
śukla	하얀
śukra	정액, 인체를 구성하는 7가지 요소 중 하나
Śukrācārya	악신들의 스승이며 불로장생의 감로의 발명자
sūkṣma	미세한, 부드러운, 미묘한, 섬세한
sūkṣma śarīra	미세한 몸
sūkṣmottama	미세한 중 가장 미세한
sūrya	태양
sūrya sthāna	교감 신경계의 에너지 센터
suṣumna	중추 신경을 조절하는 나디
suṣupti	잠, 수면
suṣuptyāvasthā	잠든 상태
sutala	7개의 하계 중 하나
suvarloka	7개의 천상계 중 하나
sva	자기 자신의
svābhāsaṁ	스스로 빛을 발하는
svādhiṣṭāna cakra	생식 기관 위쪽에 위치한 에너지 센터
svādhyāya	자아에 대한 탐구, 성스러운 문헌의 연구
svāmi	소유자, 주인, 군주, 관조자
svapnā	꿈
svapnāvasthā	꿈으로 가득 찬 상태
svarasavāhī	삶에 대한 사랑의 물결
svarasavāhinī	향기 가득한 의식의 흐름

svārtha	자신의 것, 자신에 대한 관심
svarūpa	자기 자신의 상태, 진정한 형태의
svarūpamātrajyoti	자기 자신의 형상의 빛, 자신의 외모, 자신의 시야
svarūpa śūnya	자신의 본성이 결여된
śvāsa	들숨
śvāsa praśvāsa	힘들거나 애써 행해지거나 불규칙한 호흡
svayaṁbhū	자신의 의지에 의한 환생
Swami Rāmdās	인도 마하라쉬트라Mahārāṣṭra의 성자
syat	일어날지도 모르는
tā	그것들은
tad	그들의, 그것의, 그것으로부터
tadā	그러면, 그때에
tadañjanatā	보는 자 혹은 알려지는 것의 형상을 취하는
tadārthah	그것을 위하여, 그 목적으로
tadeva	같은
tajjaḥ	~에서 태어난, ~에서 솟아난
talātala	7개의 하계 가운데 하나
tamas	불활성, 어둠
tāmasic	자연의 3속성 중 하나로 불활성을 의미함
tantraṁ	의존하는
tanu	가느다란, 가늘어진
tanūkaraṇārthaḥ	가늘게 하려는 목적으로 줄이는, 약하게 만들기
tanumānasā	기억과 마음이 사라짐.
tāpa	고통, 슬픔, 열

tapas	고행, 참회, 영적인 수행, 헌신적인 수련, 종교적인 열정
tapoloka	7개의 천상의 세계들 중 하나
tāra	별
tārakam	빛나는, 명료한
tāsām	그것들
tasmin	이것에 대하여
tasya	결합하여, 그것의, 저것, 그를, 그의
tat	그것, 저것, 그의, 그들의
tataḥ	저것으로부터, 그래서, 거기서부터, 그러므로
tathā	똑같이
tatparaṁ	최고의 것, 가장 순수한 것, 지고의 것
tatprabhoḥ	그것의 신의
tatra	그곳에, 이것들의
tatstha	안정된 상태가 되는
tattva	원리, 참된 상태, 실재, 진리, 본질
tayoḥ	거기에, 이 둘 중 에서
te	이것들, 그것들
tejastattva	불의 요소
ṭha	『하타요가 프라디피카Haṭhayoga Pradīpikā』에서 이것은 차고 이우는 '달'로서의 의식을 의미한다.
Tirumangai Ālwār	트리치Trichy 근처 카베리Kāveri 강변의 쉬리랑감Śrīraṅgam에 쉬리 랑가나타Śrī Rañganātha의 사원을 세운 8세기 남인도의 힌두 신자 이름
tīvra	격렬한, 고강도의, 날카로운, 최고의

traya	3, 셋
tridoṣa	신체의 3가지 체액의 이상, 담즙과 혈액, 점액의 부패
Trimūrthi	브라흐마(창조자), 비슈누(유지자), 시바(파괴자)의 3신
trividham	세 겹의
tu	그리고, 그러나
Tukārām	17세기 마하라쉬트라Mahārāṣṭra의 성자
tula	면 섬유
tūlya	동등한, 꼭 닮은
tūryāvasthā	의식의 네 번째 상태, 카이발리아kaivalya
tyāga	버림, 포기
ubhaya	양쪽의
udāna	5가지의 중요한 생명 에너지 중 하나로 목구멍 부위에 위치하며 성대 및 공기와 음식을 받아들이는 것을 조절한다.
udāraṇām	고도로 활성화된
udaya	상승
udita	상승한, 드러난, 생성
uditau	상승하기
uktam	묘사된
upalabdhi	찾기, 인식하기, 알아차리기
upanimantraṇe	초대를 받고, 초대를 받아서
Upaniṣad	말 그대로 영적 가르침을 받기 위해 스승 가까이에 앉은
upaprāṇa	5가지 보조적인 바유vāyu
uparāga	조건 짓기, 착색

uparaktam	물든, 반영된
upasarga	방해물, 장애
upasthānam	접근하는, 다가오는
upavāyu upaprāṇa	우파프라나upaprāṇa와 같음
upāya	자신의 목적을 이루기 위한 것, 수단, 방법, 책략
upekṣā	쾌락과 고통에 대한 무관심 혹은 무집착
upekṣitvāt	기대
Ūrvaśi	나라 나라야나Nara Nārāyaṇa의 딸로 유명한 신비의 소녀
utkrāntiḥ	상승, 공중 부양
utpannā	태어난, 생성된
utsāha	쾌활함
uttareṣām	뒤따르는 것, 이어지는
vā	또는, 선택지, 대안적으로
vācā	말
vācakaḥ	표시하는, 나타내는, 표시, 의미하는
Vācaspati Miśṛa	6세기의 위대한 학자로 『요가 수트라』에 대한 브야샤의 주석서에 용어 해설 부분을 저술함
vāhī	현행의, 지금의
vāhinī(vāhita)	흐름
vaira	증오, 적의
vairāgi	포기한 사람
vairagya	포기, 집착하지 않음, 냉정
vairāgya mārga	포기 혹은 집착하지 않는 길
vaiśāradye	능숙함, 심오한 지식, 방해받지 않는 순수한 흐름

vaiśya	힌두교의 4계급 중 하나, 상인 계급
vajra	금강석, 단단한, 견고한
vāk	말의 힘
Vallabha	16세기 남인도의 학자로 순수 일원론의 신봉자
vāmadeva	현자
vānaprastha	인생의 세 번째 단계 혹은 순서. 이 단계에서는 가족과 함께 살며 집착에서 벗어나는 법을 배움
varaṇam	덮개, 베일, 장애
varṇa	색깔, 덮개, 거처, 종류, 질. 인간의 서로 다른 진화의 단계에 따라 나뉜 4개의 등급으로 브라흐마나brāhmana, 크샤트리아kṣatriya, 바이샤vaiśya 그리고 수드라śūdra로 알려져 있다.
varṇa dharma	자신이 속한 계급에 대한 의무
vārthāha	후각 기능
vāsanā	욕망, 인상
vaśīkāra	욕망으로부터의 벗어나기, 복종시키기
vaśīkāra prajñā	욕망을 정복하는 방법을 아는
vasiṣṭa	현자
vaśitva	사람과 사물을 복속시키는 힘, 신통력 중 하나
vastu	물건, 물질, 대상
vastuśūnyaḥ	물질이 없는, 물건이 없는
vaśyatā	공기, 자연의 5요소 중 하나
Veda	힌두교의 성전
vedanā	촉각 기능

vedanīyaḥ	알려지는 것, 경험되는 것
vedānta	(veda= 지식, anta =끝 – 지식의 끝. 인도 철학의 정통 체계들 중 하나로 후기 미망사mīmāṁsā로 여겨짐. 우파니샤드가 곧 베단타, 즉 베다의 마지막 부분이다.)
vibhaktaḥ	갈라진, 다른, 분할
vibhūti	힘, 요가의 특성
vibhūti pāda	『요가 수트라』의 제3장으로 요가의 특성을 다룸
vicāra	이유, 종합, 구별
vicāraṇā	바른 성찰
vicāra prajñā	정련을 식별하는 지식
viccedaḥ	그침, 중단, 방해
vicchinna	방해받은
videha	육체 없이 존재하는, 무형의
vidhāraṇābhyām	유지하는, 막는, 제어하는
Vidura	인도 서사시 마하바라타의 드르타라스트라Dhṛtarāṣṭra 왕의 조언자
viduṣaḥ	지혜로운 사람, 학자
vidyā	구별하는 지식
vigraha	우상
vijñāna	식별지
Vijñāna Bhikṣu	(1525– 1580 A.D.)위대한 학자로 『요가 수트라』의 주석서인 요가 바르티카Yoga Vārttika의 저자
vijñāna jñāna	지성의 안정
vijñānamaya kośa	지성적 혹은 식별적 몸

vikalpa	상상, 공상
vikaraṇābhāvah	감각의 도움 없이 얻어진 지식, 감각 기관으로부터의 자유
vikṣepa	주의산만
vikśipta	동요하는, 산만한
viniyogaḥ	적용
vipāka	성숙한, 익은, 결과, 과보
viparyaya	정도를 벗어난, 반대의, 비실제적인 인식
viprakṛṣṭa	외딴곳의, 먼
virāma	그침, 휴식, 휴양, 중지
virodhāt	장애, ~ 때문에, 반대의
vīrya	활기, 에너지, 용기, 효능, 지혜와 용기
viṣaya	감각의 대상, 대상, 사물, 지역
viṣayavatī	대상에 딸린, ~에 연관된
viśeṣa	특별한, 특히 그것, 특수한, 구별
viśeṣa darśinaḥ	관조자의 특성
viśeṣa vidhi	특별한 명령
Viṣṇu	힌두교의 삼신 중 두 번째 신, 우주의 유지자 혹은 보호자
viśoka	슬픔이 없는 눈부신 빛
viśuddhi cakra	인후 뒤쪽에 자리한 에너지 센터
vitala	하계下界 중의 하나
vītarāga	(vīta= ~로부터 자유로운, rāga= 욕망)욕망에서 자유로운 사람, 고요한, 평온한
vitarka	분석적인 사유, 분석적인 연구에 몰두하는
vitarka-bādhana	미심쩍은 지식, 분석적 사유를 방해하는

vitarka prajñā	지성적 분석
vitṛṣṇa	욕망에서의 해방, 만족
viveka	식별력, 판별력
vivekaja jñānam	고귀한 지식, 고귀한 지성, 신성한 영적 지식
viveka-khyāti	분별하는 지성, 최고의 지혜
vivekanimnam	의식 속의 고귀한 지성의 흐름
vivekī	눈에 보이는 세계에서 더 이상 분할할 수 없는 영혼을 구별하고 분리하는 사람
vivekinaḥ	깨달은 이, 분별력이 있는 사람.
vṛtti	파도, 움직임, 변화, 기능, 작용, 행위의 조건, 의식에서의 흐름
vyādhi	질병, 육체적인 병
vyākhyātā	연관된, 말해진, 설명된, 해석된, 해설된, 묘사된
vyakta	명백한
vyāna	생명 에너지의 하나로 몸 전체에 퍼져 있으며 음식물과 호흡에서 나오는 에너지를 동맥, 정맥, 신경을 통해 나누어 준다.
Vyāsa	파탄잘리의 『요가 수트라』에 대한 가장 오래된 주석서인 『비야사 바스야Vyāsa Bhāsyā』를 저술한 현자
vyatireka	욕망을 멀리하는
vyavahita	은폐된, 가려진
vyavahitānām	분리된
vyavasāyātmika buddhi	경험된 주관적 지식
vyūha	은하수, 질서 정연한 체계, 기질

vyutthāna	생각이 떠오름, 떠오르는 생각, 외향적인 마음
yama	아스탕가 요가의 여덟 단계 중 첫 번째. 요가의 5가지 윤리적 준칙, 즉 비폭력, 진실, 불투도, 금욕, 불탐
Yama	죽음의 신
yathābhimata	즐거운 것, 선별된 것
yatamāna	행위로부터 감각을 철회하는
yatnaḥ	노력, 지속적인 노력
Yayāti	나후사Nahūṣa 왕의 아들
yoga	멍에를 메우기, 합일, 결합, 접속, 합병, 연합, 연결, 깊은 명상, 집중, 몸과 마음과 영혼의 궁극적 합일에 대한 명상, 신과의 합일
yoga-bhraṣṭa	요가 상태에서 벗어난 사람, 공덕을 빼앗긴, 요가의 은혜를 받지 못하는
Yoga cuḍāmaṇi upaniṣad	요가 우파니샤드 가운데 하나
yoga darśana	(yoga=합일, darśana=거울, 통찰) 마치 거울처럼 요가는 요가 수행자의 생각과 행동으로 그의 영혼을 반영한다.
yogāgni	요가의 불
yogānuśāsanam	요가의 행동 규범
yogāsana	요가 자세
yogaśāstra	요가의 과학
yoga sūtras	파탄잘리의 요가에 관한 경구警句들
yoga-svarūpa	요가의 본래의 구조, 요가의 자연스런 상태

Yoga Vāsiṣṭa	요가에 관한 논서로 바시스타가 비쉬누 신의 7번 째 화신인 아요다Ayodhyā의 왕 라마Rāma에게 설하였음
yogeśvara	요가의 신 크리슈나Krṣṇa
yogī	숙련된 요가 수행자
yoginaḥ	요가 수행자의
yoginī	숙련된 여성 요가 수행자
yogirāja	숙련된 요가 수행자들 중 최고의 존재
yogyatā manasaḥ	(yogyatā=꼭 맞음, 능력, 가능성 ; manasaḥ=마음의) 성숙한 마음
yogyatvāni	보기에 딱 알맞음
Yudhiṣṭira	마하바라타Mahābhārata에 나오는 판두Pāndu의 아들

Yogacharya
B.K.S. Iyengar

아헹가 선생은 1918년 인도에서 태어나 17세부터 요가를 가르치기 시작했다.
혁신적이고 엄격한 스승으로 70여 년 동안 요가를 가르치며 40여 개 국에 걸쳐 수 백 개의 「아헹가 요가 연구소」를 두었다.
요가계를 이끄는, 세계적으로 명망 높은 요가 스승으로 아헹가 선생은 많은 질병과 스트레스성 질환의 치료에 적절한 요가를 개발했다. 그러한 업적으로 유엔 평화 헌장의 '이학박사Doctor of Science', 미국 인명연구소의 '올해의 요가 교육자', 세계전인의학회연맹의 '푸르나 스와스티아Purna Swasthya' 등 영예로운 상을 다수 수상했다. 2002년에는 인도 대통령이 수여하는 최고 시민상인 '파드마 부샨Padma Bhushan'을 받았다.
저서로는 요가의 고전으로 널리 알려진 『Light on Yoga요가 디피카』, 『YOGA:The Path To Holistic Health 아헹가 요가』, 『Light on Pranayama요가 호흡 디피카』, 『Light on Life요가 수행 디피카』 등 삼십여 종이 있으며, 2004년 타임지에 의해 세계에서 가장 영향력 있는 100인 중 한 사람으로 선정되었다.
(2014년 8월 타계)

현천(玄天) 스님

현천스님은 대학시절 요가에 입문했으며 백양사 승가대학에서 수학 후, 동국대학교 불교대학원과 서울 불학승가대학원을 졸업했다. 백담사 무문관(3년 결사) 및 봉암사, 해인사, 범어사, 불국사, 통도사 선원 등에서 10여 년 안거, 참선하였고, 제9교구 동화사 교무국장을 역임했다. 여러 선방에서 좌선하다 문득 해탈 도구로 육신의 중요성을 느끼고 인도의 여러 수행처에서 요가를 배웠다. 특히 요가계 세계 제1의 도장인 인도의 아헹가 요가 연구소(RIMYI)에서 최고급 과정을 20년 동안 10여 차례 수료, 'Advanced Level'을 취득했다. 현재 사단법인 한국 아헹가 요가 협회장으로 파주 본원을 비롯 대구와 부산에 아헹가 요가 센터를 열어 전통 아헹가 요가를 보급하는데 힘을 쏟고 있으며 특히 요가를 학생들에게 가르쳐 전인 교육에도 크게 이바지하고 있다.
현재는 요가와 禪 수행 전문 도량인 유가선원(파주)을 운영하고 있으며 전국 선원 수좌회 통일 분과 위원장을 맡고 있다. 저서로 『현대인을 위한 요가(동영상 포함)』, 역서로 요가의 고전으로 불리는 『요가 디피카』와 『아헹가 요가』, 『아헹가 행법 요가』, 『요가 호흡 디피카(공역)』, 『요가 수행 디피카』, 『초급 아헹가 요가(공역)』, 『요가 수트라』, 『아헹가 임산부 요가』, 『요가와 스포츠』 등 10여 권이 있다.